KB275476

새 예배서

기독교대한감리회

새 예배서

초　판 1쇄　2002년 4월 10일
개정판 1쇄　2011년 9월 2일
　　　3쇄　2021년 10월 19일

신앙과 직제 위원회 편

발 행 인　이　　철
편 집 인　한만철
펴 낸 곳　도서출판kmc

　서울특별시 종로구 세종대로 149 감리회관 16층
　(재)기독교대한감리회 도서출판kmc
　전화 02-399-2008　팩스 02-399-2085
　www.kmcpress.co.kr

인　　쇄　리더스커뮤니케이션

ISBN　978-89-8430-539-7 13230

값 22,000원

※ 본서에 사용한 성경전서 개역개정판의 저작권은 재단법인 대한성서공회 소유로 허락을 받고 사용하였습니다.
※ 이 책의 저작권은 기독교대한감리회 도서출판kmc에 있습니다. 서면 동의 없는 무단 전재 및 복제를 금합니다.

개정판

새 예배서

The Korean Methodist New Book of Worship

기독교대한감리회

발간사

성경은 우리에게 "영과 진리로 예배할지니라."(요 4:24)고 하셨는데 이와 같이 예배는 하나님께 영광과 존귀를 드리고 구원의 은혜를 고백하고 그에 감사하는 기독교인들의 의무요, 신앙과 삶입니다.

우리는 크고 작은 우리 삶과 교회의 모든 행사와 계절과 절기에 따라 예배를 드리게 되는데 특히 공적인 예배에는 형식이 필요합니다.

그동안 감리교회가 사용하던 예문 또는 예배서를 시대에 맞게 수정 보완하여야 함을 느끼던 차에 제23회 총회의 결의로 연구 보완하여 이제 새 예배서를 발간하게 되었습니다. 이 일에 대하여 매우 기쁘며 또 감사합니다.

이번에 출간한 새 예배서의 특색은 감리교신앙과 신학에 근거한 다양한 예배의식과 융통성 있는 예배구조의 제시, 정통적인 순서와 자유로운 순서, 말씀 중심의 예배와 성찬 중심의 예배, 가정의례와 예복에 대한 규정을 담은 것으로 자랑할 만합니다. 이로써 신앙생활과 교회의 모든 예배를 더욱 질서 있게 효과적으로 수행할 수 있을 것입니다.

이 예배서 발간을 위해 그동안 수고하신 총회 예문연구위원, 그리고 이 일을 추진해 온 선교국과 2년간 위대한 감리교회를 사랑하고 아끼며 봉사의 일념으로 적지 않은 비용을 스스로 충당하면서 좋은 예배서를 만드느라 수고하신 선교국의 신앙과 직제 위원들에게도 감사합니다. 그 외에도 수고하신 모든 분에게 감사하며 이 예배서를 함께 사용하는 모든 분에게 하나님의 은혜가 풍성하기를 기원합니다.

2002년 4월 10일   감독회장 장광영

인사말

새 천년에 접어들면서 새 시대에 맞는 새 예배서를 만들어 달라는 교회의 간절한 요청에 부응하고자 선교국에서는 2년 전부터 선교국의 신앙과 직제위원회에서 새 예배서 편찬위원회를 조직하였으며, 제23회 총회 입법의회의 위임을 받아 예배서를 만들기 시작하였습니다. 워낙 방대한 일이어서 오랜 시간과 적지 않은 비용이 들어야만 했습니다. 2년이라는 기간, 정확하게 2년 6개월이라는 기간 동안 만들어서, 이번 제24회 총회 입법의회에서 통과할 수 있게 된 것은 참으로 놀라운 성과라 아니할 수 없습니다. 이 일에 드는 많은 비용까지도 위원들이 자체적으로 충당하면서, 담임한 교회의 목회도 잠시 미루고 감리교회를 아끼고 사랑하는 봉사의 마음으로 매달 정기적으로 모여 예문을 연구하지 않았다면 이 같은 아름다운 결실을 맺지 못했을 것입니다.

이 예배서가 나오기까지 관심을 가져 주시고 수고를 해 주신 분들에게 감사합니다. 장광영 감독회장님, 이유식 전 감독회장님, 배동윤 교리와 장정 위원장님, 선교국 위원장 권용각 감독님, 지난 2년 6개월 동안 매달 정기적으로 모여 수정 보완하며 연구를 주관해 주신 신앙과 직제 위원회 위원장 고흥배 목사님과 서기 유승훈 목사님, 총회 예문연구위원회 위원장 이석만 목사님, 지도위원 박은규 교수님, 김외식 교수님, 나형석 교수님, 남호 교수님, 그리고 예배와 성례 분과 위원장 가흥순 목사님, 예식 분과 위원장 이송관 목사님, 예복 분과 위원장 백구영 목사님, 새 예배서를 짜임새 있게 출판하기까지 애써주신 홍보출판국 국장 이면주 목사님, 교정해 주신 김기창 교수님, 예복을 디자인하신 이봉화 사모님, 찬송 부분을 담당하신 이보철 목사님과 신앙과 직제 위원 여러분, 그리고 선교국 실무자 등 모든 분에게 감사합니다. 이 예배서 사용을 통해 교회에 하나님의 은혜가 충만하기를 바랍니다.

2002년 4월 10일 선교국 총무 이요한

‘새 예배서’는 예식뿐 아니라 성례를 포함한 일반 예배와 예복을 포함하고 있기 때문에 전처럼 ‘예문’이라고 이름을 붙일 수 없었습니다. 그렇다고 예배학의 전문용어인 ‘예식’(Liturgy)이라는 명칭도 마땅하지 않았습니다. 그래서 오랜 토론 끝에 「기독교대한감리회 새 예배서」(The Korean Methodist New Book of Worship)라고 책의 이름을 정하였습니다.

지금까지 우리가 사용하여 온 「예문」에는 주로 사순절이나 고난주간의 성찬으로, 성찬 때마다 ‘주 달려 죽은 십자가’(149장)를 불렀는데, 새 예배서에서는 강림절, 성탄절, 주현절, 사순절, 부활절, 오순절, 감사절과 같이 교회력과 절기에 따라 다양하게 행할 수 있게 예문을 만들었습니다. 장례에서도 시대의 흐름에 맞추어 화장식, 납골식을, 그리고 임종식 순서도 넣었습니다. 결혼식에서도 국제결혼식과 결혼기념식을 추가했습니다. 그리고 출생, 돌, 회갑 등 가정의례를 포함했습니다.

이렇게 편리하게 사용할 수 있는 예배서를 만들기 위해서 미국감리교회 예배서와 라마예식서는 물론 국내외에 출판된 모든 예식서와 예배학을 참고하였습니다. 이 책에서는 일일이 출처를 밝히지 못했지만 이들에게 진심으로 감사합니다.

용어에 있어서도 틀린 용어는 바르게, 어려운 용어는 쉽게, 여러 개로 혼동하여 쓴 용어는 하나의 용어로 통일하였으며, 뜻도 모르고 단순히 형식적인 기호로만 쓰던 용어들은 쉽게 풀어서 분명히 이해하며 사용하게 하였습니다. 성경은 개역개정판을 사용하였습니다. 이는 기성 교회가 쓰기에는 불편하지만 다음 세대를 위해서라도 개역개정판을 사용해야 한다는 책임감 때문입니다.

이 '새 예배서'가 제24회 총회 입법의회에서 통과되면서 그동안 여러 이유로 하나 되지 못한 감리교회가 명실공히 예배를 통한 일치와 화합이 가능하게 되었습니다. 단원마다 신학해설, 절차와 과정에 대한 지침을 넣은 이유도 여기에 있습니다. 이번 총회 입법의회에서 통과시키기 어려운 여러 가지 여건이 있었음에도 이 '새 예배서'가 한 사람의 반대도 없이 통과된 것은 감리교회가 하나의 공동체로서 조화와 일치를 보여 준 성숙한 신앙의 모습이라고 하겠습니다.

이 책이 나오기까지 최선을 다했음에도 아쉬운 점이 많습니다. 이렇듯 부족한 것은 앞으로 계속 보완하고 추가할 것입니다. 주일 낮 예배만 예배가 아니라 언제나 우리 생활 속에서 예배가 이루어져서 우리 삶이 하나님께서 주시는 은혜로 더욱 풍성하기를 진심으로 기원합니다.

신앙과 직제 위원회
위원장 고흥배

기독교대한감리회에서는 지금까지 「예문」(1991)과 「예배서」(1992)를 병행하여 사용해 왔으나, 시간이 흐름에 따라 보충할 필요를 느꼈고, 또 두 권으로 나누어져서 사용하기도 불편하므로 불가불 다시 개정하여야만 했다. 그래서 제23회 총회에서 교리와 장정 중에 예배서 부분에 대한 법 조항을 대폭 보완하는 한편, 연회별로 예배서연구위원회를 조직하였다.

한편 기독교대한감리회의 선교국에서는 '신앙과 직제 위원회'에 속한 예배학 교수, 목사, 장로들로 새 예배서 편찬위원회를 구성하여 매달 정기적인 모임을 갖고 정성을 기울여, 전에 쓰던 예문을 대폭 보완 수정하였다. 일반 예배와 가정 의례, 예복, 그리고 일반 예배의 부록을 추가하면서 「기독교대한감리회 새 예배서」(The Korean Methodist New Book of Worship)라는 이름으로 개정판을 내놓게 되었다. 이 예배서를 효과적으로 사용할 수 있게 하기 위하여 편의상 다음과 같이 분류하여 정리하였으며 사용 준칙을 정한다.

1. 일반 예배(General Worship)

일반 예배는 주일 낮 예배, 주일 저녁(오후) 예배, 수요일 저녁 예배, 절기 또는 기념 예배(부활절, 감사절, 성탄절, 3·1절, 광복절, 새해 등과 같이 절기를 기념하는 주일 낮 예배)를 말한다. 이 중에 주일 낮 예배와 주일 저녁(오후) 예배를 공중 예배라고 하며, 이는 교인들이 주일마다 교회에 모여서 하나님께 예배하며 성경을 연구하는 것으로, 일반 예배는 하나님을 영광스럽게 하며 교인들이 은혜 받는 방법의 하나다.(교리와 장정 [101], 제4조 은혜받는 집회의 종류)

초대교회 예배의 전통에 따르면 주일 낮 예배마다 성찬을 행하였다. 오늘날에도 교회는 이 전통을 따라 주일마다 성찬을 행하는 것이 바람직하다.

2. 성례(Sacrament)

그리스도께서 제정(制定)하신 성례는 그리스도인을 공인하는 표적과 증거가 될 뿐 아니라, 하나님께서 우리에게 주신 은혜다. 또한 성례는 우리를 돌보시는 하나님의 선한 의지의 확실한 표다. 하나님께서는 이 성례를 통하여 우리 안에서 묵묵히 활동하셔서 우리의 신앙을 굳게 할 뿐 아니라, 신앙생활을 활발하게 하신다.

복음서에는 우리 주 예수 그리스도께서 제정하신 성례가 둘 있으니, 곧 세례와 성찬이다. 견신례와 참회와 신품과 혼인과 도유식[1], 이 다섯 가지를 성례라고 하는 사람이 있으나, 이는 복음적 성례로 볼 수 없다. 그 중 어떤 부분은 사도의 도를 오해함으로 된 것이요, 어떤 부분은 성경에 허락하신 정형으로 된 것이다. 하나님께서 명하신 드러나는 증거와 의식이 없으므로 여기에는 세례와 성찬과 같은 성질이 없다.

예수 그리스도께서 제정하신 성례는 우리가 보기만 하거나 휴대하고 다니라고 한 것이 아니요, 우리로 하여금 정당하게 사용하도록 만드셨다. 그러므로 성례를 합당하게 받는 이에게만 유익한 결과와 효력이 있고, 합당치 않게 받는 이는 사도 바울이 말한 바와 같이 정죄를 받을 것이다.(교리와 장정 [30], 제16조 성례)

1) 세례(Baptism) : 세례는 그리스도인을 공인하는 표일 뿐 아니라 신생의 표다. 감리교회에서는 어린이에게도 세례를 행한다.

2) 성찬(Lord's Supper) : 성찬은 그리스도인 안에 당연히 있는 사랑의 나눔을 표한 것일 뿐 아니라, 그리스도께서 죽으심으로 우리를 구속하신 성례다. 그러므로 믿음으로 합당하게 받는 이들에게는 성찬에서 뗀 떡을 먹는 것이 곧 그리스도의 몸을 먹는 것이요, 또한 그 복된 잔을 마시는 것도 그리스도의 피를 마시는 것이다.

---

1) 도유 : 성별된 기름을 몸 전체 또는 일부에 바르는 의식을 지칭하는 말이다.

그러나 화체(化體), 즉 성찬의 떡과 포도주가 그 자체로 그리스도의 몸과 피로 변화한다 함은 성경으로 증거할 수 없다. 이는 성경의 명백한 증거를 거스르며 성례의 본뜻을 그르치는 것이다. 이 같은 잘못된 생각에서 미신이 많이 생기므로, 그런 잘못된 가르침에 미혹되어서는 안 된다.

3. 일반 예배 부록

감리교회 특성에 맞는 예배를 하기 위해서 한국찬송가공회에서 발행한 찬송가에는 없으나 예배 때에 부르는 찬송가(입례송, 자비송, 성찬송, 삼위영가 등)를 보완하였다. 그리고 교회력과 이에 따른 색깔을 실었다. 강림절, 성탄절, 주현절, 사순절, 부활절, 오순절, 감사절 등 절기에 따른 예배 부름, 기원, 오늘의 기도 등 절기에 따른 예배 보조 자료와 죄를 회개하는 기도, 확신의 말씀, 용서와 사죄의 기도, 간구와 중보의 기도, 봉헌성구와 기도, 성찬 분급, 축도 등 공중 예배 보조 자료와 새해 기도, 설날 기도, 3 · 1절 기도, 맥추감사절 기도, 광복절 기념예배 기도 등 일반 기도문과 예배의 보조 자료가 필요할 때는 1992년에 출간한 「예배서」를 활용하기 바란다.

4. 예식(禮式)

여기서 '예식' 이라 함은 편의상 일반 예배와 성례를 제외한 결혼식, 장례식, 기공식, 정초식, 입당식, 봉헌식, 교회 설립(개척)식, 입교식, 교회 임원 임명식, 찬양대원 임명식, 교회학교 교사 임명식, 취임식, 이임식, 파송식, 안수식, 허입식 등을 말한다. 예법과 의식은 각 곳에서 동일하게 할 필요는 없다. 대개 예법과 의식은 예로부터 같지 않았다. 또 나라에 따라 다르고, 각 시대와 민족의 풍속에 따라 변할 수 있다. 다만 하나님의 말씀과 달라서는 안 된다. 자기가 소속한 교회에서 하나님의 말씀과 다름이 없는 예법과 의식을 만들어 실행하여 일반적으로 인정된 것을 사사로운 주견으로 파괴하는 자는 그가 어떤 사람이든지 이를 책벌하되, 교회에서 통용하는 법을 반항하는 자와 연약한 형제의 양심을 상하게 한 이도 처벌할 것이다. 이는 다른 사람으로 하여금 두려워하여 그와 같이 하지 못

하게 함이다.(교리와 장정 [36] 제22조 교회의 예법과 의식)

따라서 이 책에 기록한 예식은 교회 형편에 따라 추가하거나 줄이는 등 변형할 수 있으되, 어떤 형편이든지 성경과 기독교대한감리회 교리와 장정에 어긋나서는 안 된다.

기독교 의식은 그 의식을 통하여 하나님을 경외하며 영광스럽게 하여야 한다. 어떤 기념할 만한 행사를 의미 있게 행할 필요가 있더라도 호화로운 기념품 증정이나 지나친 축사를 통하여 인간이 주관하는 행사나 개인을 주님보다 더 영광스럽게 해서는 안 될 것이다.

기독교 예식은 의식을 통하여 하나님께 신앙을 고백하고, 어떤 행사에 대한 의미를 부여하여 하나님께 영광을 드리는 형식이나 절차다. 그러므로 예배와 예식을 반드시 구별해야 한다고 주장하는 것은 아무 의미가 없다. 예를 들어 장례식이나 결혼식은 누가, 어디서, 어떤 방법으로 행하느냐에 따라 예배가 될 수 있고, 단순한 기념행사에 불과할 수도 있다.

예식에는 반드시 절차가 필요하고, 그 절차에는 하나님을 향한 경건이 있어야 한다. 이러한 예식이 되기 위해서는 집례자의 역할이 매우 중요하므로, 풍부한 지식과 능숙한 요령이 요구된다. 존엄하시고 거룩하신 하나님에 대한 깊은 신앙의 표현을, 의식이라는 형식과 절차를 통하여 잘 나타내야 하기 때문에, 집례자가 충분히 숙지하고 준비해야 참여한 모든 사람에게 깊은 신앙을 불러일으킬 수 있다.

모든 의식은 우리의 실생활 속에서 하나님의 임재하심을 체험할 수 있는 기회다. 그러므로 예식을 집례하는 이들은 진심에서 우러나오는 신앙적 감동을 지니고 있어서 그것이 외관으로도 표출되게, 준비된 자세로 경건하게 행하여야 한다.

5. 가정의례

가정에서는 크고 작은 행사가 많다. 결혼, 장례, 추모를 비롯하여 출생, 백일, 돌, 생일, 육순, 회갑, 진갑, 칠순, 입주(이사) 등 여러 가지 행사들이 있다. 이런 크고 작은 행사 때마다 의식을 치러야 하는데, 이 모든 행사를 말씀에 따라 그리스도의 이름으로 교회의 규례에 어긋나지 않게 해야 한다.

물론 우리나라 전통적인 의식을 무조건 배제해서는 안 된다. 그러나 대부분 비복음적 요소가 많으므로 가정의례를 행할 때 이에 치우치지 않게 주의해야 한다.

가정의례를 성경에 어긋나게 사사로이 만들어 행하지 말 것이며, 교회 규례와 예배서에서 정한 바를 따라 행하기를 권면한다. 그리고 가정의례라고 하여 가족끼리만 행할 것이 아니라 교역자를 모시고 행함을 원칙으로 한다.

6. 예복

그리스도인이 수행해야 할 직무(Leitourgia) 중에 하나는 하나님께만 영광을 드리며, 온 백성이 기쁨으로 예배하는 것이다. 그리고 예배를 집례하거나 도울 때, 이에 적합한 의상을 입고 예를 갖추는 것이 바른 자세다. 예배할 때는 하나님의 현존과 미를 나타내는 예복을 입는 것이 바람직하다.

만인사제직을 강조하는 개신교회는 천주교회와는 달리 예복을 반드시 입어야 한다고 강조하지 않는다. 그러나 적어도 주일 아침 예배, 성례, 특별한 예식일 경우에는 이를 집례하거나 돕는 사람들이 예복을 입는 것이 적합하다. 감리교회도 이런 전통 위에서 예복을 사용해 왔는데, 이 책의 예복 부분에서 그 지침을 마련하였으니, 그 지침에 따라 예복을 올바르게 입어야 한다.

하나님을 예배하는 행위나 예수 그리스도의 이름으로 행하는 모든 의식, 그리고 주님을 주인으로 모시는 가정의례는 대단히 중요한 행사들이다. 이를 통해서 우리가 신앙을 고백하고 주님 안에서 우리의 삶을 결단한다. 그리고 하나님의 인도하심을 따르겠다는 순종을 드러낸다. 그러므로 우리는 신령과 진정으로 예배해야 한다. 모든 예배 행위는 단순한 행사나 의식으로 끝날 것이 아니라, 우리의 일상생활을 예배화하여 산 제사로 하나님께 영광 드림을 우리의 목적으로 삼는다.

7. 용어

바람직한 예배용어 사용을 위하여 특별한 경우가 아니면 아래와 같이 통일하여 사용한다.

1) '예배'와 '예전'(Liturgy)은 같은 뜻으로 사용한다. 그 까닭은 '예전'은 로마 가톨릭(전례라고 함), 영국 성공회, 개혁교회 예배학자들이 학문적으로 사용하는 용어로, 교회의 공중예배(public worship)와 같은 뜻으로 사용되기 때문이다. '성찬'과 '세례'는 '예배' 또는 '예전'에 포함되지만 이들은 특별히 '성례'로 구분하여 쓴다.

2) '복'과 '축복'을 구별하여 쓴다. 하나님은 복의 근원이시지 '축복', 즉 복을 비는 분이 아니시기 때문이다.

   (보기 – 멜기세덱이 아브라함을 축복(祝福)하였고, 하나님께서는 그에게 복을 주셨다(降福).)

3) '목회자'는 목사에게만, '교역자'는 목사와 전도사를 함께 지칭할 때 쓴다.

4) 예배나 예식의 진행은 '집례자'로, 회갑, 생일 등 교역자가 아니라도 진행을 맡아볼 수 있는 경우는 '인도자'(예배를 이끄는 이)로 구별하여 쓴다.

5) '헌금' 또는 '헌금기도'는 '봉헌'과 '봉헌기도'로 통일한다. 봉헌은 단순히 물질만 드리는 것이 아니다. 참된 봉헌은 시간, 물질, 생명 등 우리가 가진 모든 것을 산 제사의 의미로 하나님께 드리는 것이다.

6) '주기도문'은 '주님이 가르치신 기도'로, 짧게 사용할 필요가 있을 때는 '주님의 기도'로 표기한다.

7) '설교' 또는 '말씀 선포' 중 어느 하나를 사용할 수 있다.

8) 주일 낮 예배 때 '대표기도'는 '오늘의 기도'로 표기한다.

9) '성가대'는 '찬양대'로 부른다.

10) 공식 명칭은 '기독교대한감리회'로 하되, '감리회'만 별도로 사용할 때는 '감리교회'라고 표기한다.

11) 공식적으로 쓰는 성경 용어는 개역개정판 성경에 준한다.

차례

일반 예배

Ⅰ. 예배에 대한 이해

Ⅱ. 예배 순서

예복

일반 예배

Ⅰ. 예배에 대한 이해

1. 예배의 신학적 의미

예배는 그리스도교 신앙의 궁극적(窮極的) 표현이다. 그리스도인은 자신의 신앙을 여러 면으로 나타내는데, 예배는 자신의 신앙을 표현할 수 있는 그 절정이다. 이는 예배가 예수 그리스도에 의하여 성취된 구속(救贖)의 역사를 깨닫고 경배, 찬양, 감사하며, 성부 성자 성령 삼위일체이신 하나님께 모든 영광과 존귀를 드리는 최상의 봉헌과 헌신의 행위로 나타나기 때문이다.

그리스도교 예배란 예수 그리스도 안에서 자신을 보여주신 하나님의 계시(啓示)와 그에 대한 인간의 응답이다. 즉 예배의 중심 개념은 하나님의 자기계시와 인간의 응답이다.

이 양자의 중심은 예수 그리스도이시다. 그는 우리에게 하나님을 계시하시며, 우리는 그를 통하여 하나님께 응답한다. 계시와 응답은 상호관계적인 것으로, 하나님께서 주도권을 잡고 예수님에 의하여 우리에게 찾아오시며, 인간은 예수님을 의존하여 다양한 감정, 말, 행위로써 하나님께 응답한다. 그러므로 예배란 "인류의 역사 속에 개입하신 성육신(Incarnation) 사건으로서 구속의 역사를 새롭게 확인하고 집약하는 것"이다.

이처럼 예배 안에는 구속사가 집약되어 있다. 그리고 예수 그리스도께서 성령의 역사와 함께 하나님의 구속 사업을 완성하심을 예배 때마다 확인할 수 있다. 따라서 예배 안에서 성령의 역할을 결코 간과해서는 안 된다. 즉 성령께서는 회중의 마음 문을 열게 하여 하나님을 갈망하게 하고, 하나님께 감사하는 마음으로 기도와 찬양으로 응답할 수 있도록 도와준다. 이와 같이 회중은 반드시 성령의 인도를 받아 하나님께 응답하여야 하며, 성령 안에서만 진정한 예배를 드릴 수 있다.

그러므로 예배의 본질은 회중이 중보자 예수님으로 말미암아 하나님을 직접 만나며, 성령의 역사에 의하여 고백과 찬양, 감사와 헌신의 응답으로 거룩하신 하나님을 체험하는 것이다. 이처럼 회중은 예배를 통해 하나님을 만나 은혜를 받고, 하나님께 영광을 드리며 성화(聖化)를 경험한다. 이와 동시에 하나님의 뜻과 명령에 순종하겠다는 결단을 함으로 신앙의 성장을 얻고, 세상을 향한 헌신의 사명을 감당하게 된다.

한편 예배의 역사를 살펴보면, '말씀과 성례(聖禮)가 조화를 이룬 예배'가 초대교회 때부터 지금까지 전래된 예배의 전통이다. 앞서 예배의 현장을 '계시와 응답이 만나는 지점'이라고 보았듯, 초대교회의 예배에서는 하나님의 계시(啓示)가 말씀과 성례의 두 가지 방법으로 나타난다. 설교는 하나님께서 인간의 언어로 하나님 자신을 우리에게 나타내시는 자기 수여(self-giving)이며, 성례 또한 상징적인 행동을 통하여 나타내시는 하나님의 자기 수여로, 이 예배 자체가 하나님이 주시는 기쁜 소식이다. 따라서 그리스도교의 예배에서는 말씀과 성례를 통하여 하나님이 자신을 전체적으로 완전히 계시하시며, 회중은 하나님의 계시를 받아들여 그 응답과 감사로서 하나님께 헌신하며 봉사와 섬김의 자세를 취한다.

이러한 '균형 잡힌 예배'는 전도와 봉사를 할 수 있는 동기를 부여해 주고, 이 땅에 하늘나라가 실현되는 데 헌신하도록 일깨워 준다. 즉 예배 안에 있는 찬양, 기도, 말씀선포, 봉헌, 성찬 나눔, 친교, 파송 등의 순서를 통하여 역동적인 '예배 공동체'를 이루게 하며, 동시에 하나님의 교회를 '선교 공동체'(missional community)로 나아가게 한다.

결국 예배는 예수 그리스도 '안에서' 자신을 계시하신 하나님을 깨닫고, 예수님을 '통하여' 사랑과 구원의 은혜를 베풀어 주신 하나님을 만나며, 함께하시는 성령의 도우심을 받아, 죄인인 우리가 그리스도로 말미암아 하나님과 화해되고 구원받았다는 확신으로 하나님께 영광을 드리는 예배 공동체의 의식(儀式)적 응답이요, 인간 개개인이 삶 전체를 드리는 헌신이며 봉사다.

2. 예배의 기본 구조와 요소

예배 구성에는 집을 짓는 것과 같이 골격이 있고 순서가 있다. 이를 예배의 구조라고 한다. 예배의 구조는 예배신학에 입각한 것이어야 하며, 구조를 따라 하나하나 예배의 요소를 이루는 것이 바로 순서다. 예배의 구조가 예배 전체의 골격을 이룬다면, 예배의 순서에서는 어떤 요소가 먼저 오고 나중 올 것인가 하는 것을 결정짓는다.

그러면 예배의 기본 구조와 요소가 무엇인지 생각해 보자. 이를 위해서는 두 가지 전이해(前理解)가 필요한데, 먼저 예배신학에 따른 이해다. 그리스도교 예배는 예수님 안에서 자신을 나타내신 하나님의 계시에 대하여 회중이 그리스도를 통하여 찬양하고 헌신하는 응답 행위로서 '계시와 응답의 구조' 다.

다음으로는 예배의 역사적인 이해다. 초대교회의 예배는 유대교의 영향과 예수님의 최후 만찬에 근거하여 '말씀과 성찬의 구조' 로 이루어졌다.

이러한 예배의 역사적 이해는 하나님의 계시에 대해 회중이 감사와 헌신으로 응답함에 있어서 예수님과 사도, 그리고 초대교회의 전통을 바르게 계승하도록 도와준다. 그러나 오늘의 그리스도교 예배는 이러한 구조에서 균형을 이루지 못하여, 이를 바르게 회복하려는 예배갱신 운동이 전개되고 있는 실정이다.

이런 의미에서 오늘날 우리가 예배를 준비하거나 진행함에 있어서 유의해야 할 예배의 요소들을 생각해 보기로 한다.

첫째, 예수 그리스도 안에 나타난 하나님의 계시를 회중이 경청하고 받아 모시는 요소들이다.

여기에는 예배로 부름, 용서의 말씀, 성시 교독, 구약봉독, 서신서 봉독, 복음서 봉독, 찬양대의 찬양, 말씀 선포, 성례 등 예배의 주요 요소들이 등장한다. 순서로 볼 때 하나님의 계시가 먼저이기에 이러한 요소들은 대부분 예배의 전반부에 위치하는 것이 타당하다. 하나님의 계시는 물론 설교와 성례에서 절정을 이루지만, 구약과 신약을 봉독하고 듣는 데서도 이루어진다. 그러기에 이러한 성경봉독은 설교에 종속되는 부수적인 요소가 결코 아니다. 말씀선포는 하나님의 계시

부분에서 매우 큰 비중을 차지한다. 하나님을 예배하러 나올 때에 그리스도인들은 오늘의 상황에서 하나님께서 세운 일꾼들의 입에 위탁하신 구원의 말씀, 즉 기쁜 소식을 듣기를 기대하고 있다. 오늘날 성례가 점차 강조되고 있으나, 성례가 있다 하여 설교 시간을 축소하거나 설교의 비중을 감소해서는 안 될 것이다.

둘째, 예수 그리스도를 통하여 회중이 하나님의 계시와 은혜에 대하여 찬양하고 응답하는 요소들이다.

하나님의 계시는 그리스도인들의 삶 속에서 구원과 복, 그리고 은총으로 표현할 수 있는 구체적인 사건으로 나타난다. 회중은 바로 이러한 하나님의 계시에 대하여 찬양과 감사, 헌신 등으로 응답한다. 여기에는 찬송, 기원, 죄의 고백, 삼위영가(Gloria Patri), 신앙고백, 주님의 기도, 오늘의 기도, 결단의 기도, 찬양, 봉헌, 봉헌기도, 봉헌찬송 등이 속한다. 이러한 순서들은 계시 부분보다 뒤에 나오기에 전체적으로 볼 때 예배의 후반부를 차지한다. 그러나 어떤 순서들은 계시에 속하는 요소와 짝을 이룰 경우, 전반부에 위치하기도 한다.

감사와 찬송은 하나님을 영화롭게 하는 중요한 예배의 요소다. 송영과 기도송을 포함하여 회중 전체로 하여금 부르게 하는 모든 찬송을 가리켜 회중 찬송이라 말하는데, 이러한 회중 찬송을 가능하면 많이 활용해야 할 것이다.

봉헌은 단순히 물질만 드리는 것이 아니다. 참된 봉헌은 시간, 물질, 생명 등 우리가 가진 모든 것을 산 제사의 의미로 하나님께 드리는 것이다. 찬송과 봉헌은 하나님의 은혜의 계시에 대한 회중의 응답에서 절정을 이룬다고 하겠다.

셋째, 성례에 해당하는 요소들이다.

예배에서 하나님의 말씀은 두 가지로 나타나는데, 선포되고 들을 수 있는 말씀(설교)과 볼 수 있고 만질 수 있는 말씀(성례)이다. 개신교회의 성례는 성찬과 세례다. 특히 초대교회는 하나님의 말씀을 선포하는 설교와 예수님의 살과 피를 나누는 성찬을 주일마다 균형 있게 집례하였다. 종교개혁자 마르틴 루터와 존 칼뱅은 물론이고 존 웨슬리도 이러한 초대교회 전통을 바르게 회복하려고 노력하였다. 성찬은 예수님을 보내 주사 우리의 죄를 사하시고, 죽음을 깨치고 부활하게 하신 하나님의 구원 역사에 대한 감사의 예배인 동시에, 그리스도의 죽음과 부활을 기념(anamnesis)함으로써 오늘 우리의 삶 속에 다시 한 번 그리스도의 죽음과 부활을 재현하는 성례다. 성찬은 예수님께서 제정하신 대로 집례자가 떡을 드사 (떡과 잔을 취하여) 축사하시고(성찬 제정사, 기념사, 성령 임재의 기원) 떡을 떼어(분병례) 나누어 주는(분급) 기본적 구조를 지니고 있다.

또한 세례는 수세자(受洗者)가 그리스도와 함께 죽고 다시 살아남으로써 모든 죄에서 씻음 받고 하나님 나라의 새로운 백성으로 태어나며, 성령을 받아 머리되신 그리스도의 몸된 공동체의 일원으로 인침 받는 것을 경축하는 성례다. 여기에는 세례받을 이 호명, 세례식사, 기도, 신앙의 확증을 위한 문답, 신앙고백(사도신경), 성경봉독, 세례 물에 대한 성결의 기도, 세례, 안수, 주님의 기도, 회중의 응답, 공포 등의 요소가 있다. 초대교회는 세례에 이어 곧 성찬을 집례하여 수세자가 세례 당일에 첫 번째 성찬을 받을 수 있게 하였다.

넷째, 예배와 선교를 이어주는 요소들이다.

진정한 예배는 하나님의 은총을 세상에 전하고 세상과 함께 나눌 때 그 생명력을 발휘할 수 있다. 그리스도께서 그의 살과 피를 우리에게 나누어 주셨듯 그리스도인들은 예배에서 경험한 것을 세상에 나가서 나누어야 한다. 따라서 예배의 마지막 부분은 단순히 예배의 끝을 알리는 순서가 아니다. 이 부분은 회중이 하나님에게서 복음을 위임받고, 세상을 향해 주신 선교의 사명을 수행하기 위하여 파송받으며 복을 받는 요소로 이루어진다. 여기에는 설교 후 목회 기도 혹은 중보 기도, 파송(혹은 위임)의 말씀, 축도, 축복송 등이 있다.

이상과 같은 예배의 구조들은 한 마디로 조화로운 예배라 할 수 있다. 신령과 진정으로 하는 예배에는 회중이 하나님께서 주신 구원에 감격하여 심령 깊은 데서 우러나오는 경외심, 통회하는 마음, 찬양하는 마음이 있어야 한다.

한편 하나님의 말씀에 비추어 자신을 깊이 성찰하고 각성하며, 성례에 참여함으로써 그 속에 감춰진 하나님의 신비를 체험하는 일도 있어야 할 것이다. 존 웨슬리가 물려 준 감리교 예배 전통은 설교와 성찬이 조화를 이루었고, 성례의 면을 견실하게 유지하면서도 그 속에 성령의 역사를 제한하지 아니하는 자유로움과 역동성이 있었다. 초대교회에서 시작하여 개혁자들이 계승하였던 이러한 예배 전통과 구조가 오늘 우리의 예배 속에서 이 시대의 상황과 조화를 이루어, 매 주일 활력을 지닌 신령과 진정으로 하는 예배가 되어야 한다.

3. 예배 순서에 대한 해설

그리스도교 역사상 교회에서 가장 중요한 일은 하나님을 예배하는 행위다. 예배란 말 그대로 예(禮)를 갖춰 하나님을 경배하는 것이다. 즉 예를 갖춰 하나님을 뵙고, 그분과 성스러운 만남을 가진 후, 다시금 일상의 삶으로 돌아오는 것이다. 따라서 예배는 하나님 앞에 있는 그 시간만이 아니라, 그에 대한 준비와 다시금 일상으로 돌아오는 과정 모두를 포함한다. 그러므로 그리스도인의 삶은 전체가 다 예배여야 한다. 그러나 우리의 삶의 구조는 특정한 시간에, 특정한 장소에서, 특정한 형식과 절차를 통하여, 하나님을 예배하게끔 되어 있기 때문에 성경과 그리스도교의 전통에 근거한 예배의식이 필요하고, 이를 정형화하고 나아가 설명하는 예식이 필요한 것이다.

인사와 예절이 시대와 장소에 따라 변하고 발전하였듯, 하나님을 예배하는 모든 순서와 형식과 내용도 시대와 장소에 따라 조금씩 차이가 있다. 그러나 예배의 역사를 자세히 관찰해 보면, 성경의 전통과 그리스도교 역사나 신학적 전통에 따라 예배의 일정한 형식과 내용이 상규(常規)로 전해져 내려오고 있다. 그러므로 전승되어 오는 예배 순서의 신학적 의미를 바로 이해하는 것이 예배 순서를 배열하는 일보다 선행되어야 할 과제다.

또한 예배 순서는 순서 작성원리에 위배되지 않는 범위 내에서, 예배신학에 입각하여 구성해야 한다. 즉 예배의 모든 요소를 분산시키지 않고, 유기적인 통일성 속에서 논리적으로 잘 배열하여 '예수 그리스도를 통한 하나님과 회중의 만남'을 구현해야 한다. 이에 근거하여 주일 낮 예배의 형식을 다음과 같이 다섯 마당으로 크게 엮는다.

하나님 앞으로 나아옴
말씀의 선포
감사와 응답
성찬
세상으로 나아감

하나님 앞으로 나아옴

예배는 일상의 생활을 벗어나 거룩한 날, 거룩한 장소에서, 거룩한 의식을 통하여 하나님 앞으로 나아오는 것에서 시작한다.

1) 전주(예배 시작 연주, Prelude) : 전주는 회중으로 하여금 주님의 부르심과 임재에 대하여 감사하며, 신령과 진정으로 하는 예배가 되도록 기도로 준비하는 일을 도와준다. 따라서 회중은 예배 시작 전에 미리 나와서, 반주자가 전주를 하는 동안에 조용히 기도해야 한다.

• 입당의식(入堂儀式)

예배의 시작은 순례 여행의 상징, 즉 입당으로 시작한다. 회중이 성단[2]을 향하여 모두 일어선 채로 하나님을 찬양하는 가운데 먼저 촛불 점화자가 하나님의 임재를 상징하는 촛불을 들고 입장하고, 이어 집례자와 예배위원들, 찬양대원의 입당으로 예배를 시작한다. 촛대에 불을 켜서 하나님의 임재를 표현하고, 집례자와 예배위원들, 찬양대원이 자리를 잡으면 입당은 완료된다. 이 입당하는 동안 입당자와 회중 모두 입례송을 부를 수 있다.

---

2) 성단(chancel)은 설교대, 성찬대, 세례대, 사회대, 찬양대석 등이 위치한 예배당 전면의 공간을 말한다.
3) '입례송'은 '입당송'이라고도 한다. 성직자들이 예배를 인도하기 위하여 성단으로 나아갈 때 부르는 노래다.

2) **입례송**(Introit)[3] : 예배의 시작과 함께 집례자와 예배위원들, 찬양대원들이 성단을 향해 나아올 때 모든 회중이 함께 부르는 찬송이다. 이 찬송은 대제사장이신 예수님께서 회중을 이끄시고 하나님께 감사하고 찬미하며 예배하려고 입당하는 것을 환영하는 것으로서, 이 찬송을 통하여 회중의 일치를 강화하고 예배의 신비를 깨닫도록 그 마음을 준비시키며, 그 입례 행렬에 가담하게 한다. 여기서 모든 회중은 입례 행렬에 동참하는 의미에서 일제히 서서 찬송한다. 입례송은 찬송가 '찬양과 경배' 중에서 선택하여 부르거나 이 책의 일반 예배 부록에 있는 입례송을 참고한다.

입례의 방식에는 각 교회의 현실에 따라 다음과 같은 방법 중에서 선택할 수 있다.

(1) 촛불 점화자(Acolyte)와 함께 입례하는 방법 – 촛불 점화자를 선두로 하여 집례자와 예배위원들, 찬양대원들이 제단을 향하여 나아온다. 이때 점화자는 입례송을 부르는 동안 제단 위에 있는 두 초에 불을 붙인다. 이 행위는 하나님께서 이 예배에 임재하심을 나타내고, 특히 이 두 초는 그리스도의 신성과 인성을 나타내는 것이므로 초에 불을 밝히는 것은 주님을 중심으로 하는 예배, 그리고 주님의 이름으로 드리는 예배를 상징한다.

(2) 촛불 점화 없이 입례하는 방법 – 촛불 점화 없이, 회중이 입례송을 부르는 동안 집례자와 예배위원들, 찬양대원들이 입당할 수도 있다.

(3) 종소리가 울려 퍼지는 가운데 입례하는 방법 – 입례송을 부르지 않고, 집례자, 예배위원들, 찬양대원들이 종소리(음향기기를 통한 종소리 혹은 오르간 종소리)를 들으며 입례하는 방법도 있다.

(4) 집례자가 회중과 인사(greetings)를 하면서 예배를 시작하는 방법 – 촛불 점화나 입례 행렬 없이 집례자는 회중과 간단한 인사말을 나누고, 다음과 같이 말함으로 예배를 시작할 수도 있다.

"이제 우리 모두 신령과 진정으로 하나님께 예배하겠습니다."

(입례 행렬이 없는 교회에서는 ① 찬양대가 입례송을 부르게 하거나 ② 입례송은 생략한 채 '예배로 부름과 기원'으로 예배를 시작하고, 회중 모두가 일어서서 '경배찬송'을

부른 후 '죄의 고백' 등의 순서로 진행한다.)

3) **예배로 부름**(Call to Worship)**과 기원**(Invocation) : '예배로 부름'은 주님의 이름으로 회중을 예배로 부르는 순서로, 집례자가 성경을 인용하거나 집례자와 회중이 교독할 수 있는 문장을 사용하며, 부름의 성구는 교회력에 맞추어 하나님께서 초청하는 말씀으로 선택한다. '기원'은 하나님께서 이 예배에 임재하시기를 청원하며, 예배에 임하는 성도를 성결케 하사 이 예배를 통하여 하나님께서 영광 받으시기를 간구하는 간결한 기도다. 이 기원에 대한 응답으로서 찬양대의 '예배를 시작하는 송영'이 이어진다.

4) **경배찬송**(Hymn of Praise) : 회중을 부르시는 거룩하신 하나님의 초청 앞에서 죄인된 인간을 예배로 불러 주신 은혜를 감사하면서 경배의 찬송으로 응답한다. 그러나 앞서 입례송을 불렀을 경우에는 경배찬송을 생략할 수도 있다.

5) **죄의 고백**(Prayer of Confession): 회중이 공동으로 드리는 '회개의 기도'다. 이 '죄의 고백'은 거룩한 하나님 앞에 설 수 없는 죄인된 회중이 자신들의 죄를 함께 고백함으로써 하나님의 용서하심을 받고 깨끗한 마음으로 예배에 임하게 하는 것이다. 이 순서는 하나님을 예배하는 이들이 죄악된 모습 그대로 거룩한 하나님을 만날 수 없는 이유 때문에, 초대교회 때부터 예배의 중요한 순서로 받아들여졌다. 이처럼 '죄의 고백'은 그리스도교 예배의 원형으로 8세기경까지는 땅에 엎드려 묵묵히 속죄의 표현을 해 왔으나, 9세기경부터는 죄의 고백으로 바뀌었으며, 종교개혁자들도 이 전통을 개신교회 예배의 중요한 순서로 계승하였다. '죄의 고백'을 효과적으로 수행하려면 이미 만들어진 공동 기도문을 이용하거나, 교회력과 절기에 맞추어 새롭게 만들어 예배 순서지에 인쇄하여 함께 고백하도록 한다. '죄의 고백'은 '자비송'과 '용서의 말씀'과 분리되어서는 안 되며, 이 순서는 설교 후에 위치할 수도 있다.

6) **자비송**(Kyrie) : '죄의 고백' 후에 하나님의 자비를 간구하는 노래로, 하나님께 우리의 잘못과 연약함을 탄원하면서 "우리를 긍휼히 여겨 주소서."라고 호소하는 찬송이다.

7) **용서의 말씀**(Words of Forgiveness): 회중의 '죄의 고백' 에 대하여 하나님의 용서하심을 확증하는 순서다. 그런데 '용서의 말씀' 은 오직 하나님만이 하실 수 있기 때문에, 집례자는 하나님의 말씀인 성경을 인용하여 하나님의 용서를 선언한다. 따라서 '용서의 말씀' 을 통하여 회중은 하나님께 용서받았음을 확신한다.

8) **교독**(성시 교독, The Responsive Reading): '교독' 은 먼저 하나님을 예찬하는 행위다. '교독' 은 구약시대의 회당예배시 시편으로 하나님을 찬양했던 전통을 계승한 것으로 성시를 교독한다. 지금은 찬송가 뒷부분에 있는 교독문을 집례자와 회중이 번갈아 읽는다.

9) **삼위영가**(영광송, Gloria Patri) : 하나님의 용서가 선언된 다음 회중의 응답으로 모두가 일어서서 삼위영가를 부른다. 이 순서는 초대교회 때부터 지금까지 전통적으로 지켜오는 것으로, 그 내용은 회중이 용서받은 기쁨 속에 감사의 마음을 담아 성부 성자 성령 삼위일체이신 하나님께 영광을 드리는 찬송이다. 이때 성단 위의 십자가를 바라보며 삼위영가를 불러도 좋을 것이다.

10) **오늘의 기도**(Collect) : '오늘의 기도' 는 '교독' 이나 '삼위영가' 후, '성경봉독' 전에 한다. '오늘의 기도' 는 지금까지 어떤 교회에서는 '대표기도' 라는 말로도 부르고 있는데, 그것은 기도자가 회중을 대표해서 하나님께 드리는 기도라는 의미일 것이다. 그러나 기도 인도자는 그와 함께 머리를 숙인 다른 사람들과 분리될 수 없고 하나님 앞에서는 대표성이 인정될 수 없다. 반면 '오늘의 기도' 는 단순한 기도가 아니라, 교회력에 따라 예수 그리스도의 생애를 경축하기 위해 모인 바로 오늘 주일의 회중의 상황을 잘 반영하는 기도라는 뜻을 함축하고 있다.

그러므로 '오늘의 기도' 속에는 그날 주일에 해당하는 예수 그리스도의 생애를 반영하는 내용이 있어야 하고, 이에 따른 감사, 오늘 주시는 말씀과 성찬을 위한 기도, 청원, 간구, 중보의 내용이 있어야 한다. 만일 설교 후에 목회 기도가 있다면 오늘의 기도에는 중보를 포함하지 않아도 된다.(성찬이 없을 경우에는 '오늘의 기도' 후에 '주님의 기도'를 넣도록 한다.)

11) 기도 응답송(Response of Prayer): '오늘의 기도'에 대하여 회중의 응답과 기원의 내용을 찬양대가 대신하여 부르는 찬양이다.

말씀의 선포

12) 성경봉독(Scripture Lesson): 성경봉독은 설교를 위한 부수적인 순서가 아니라, 하나님께서 회중에게 직접 주시는 말씀이다. 따라서 성경봉독은 예배 안에서 독자적인 중요성을 지니고 있다.

또한 성경을 봉독하는 시간은 하나님의 말씀을 직접 듣는 시간이기 때문에 경청의 예표로 모든 회중이 일어나서 듣는 것이 바람직하다.

전통적으로 그리스도교 예배는 구약성경, 신약의 서신서, 그리고 복음서를 정해진 규칙에 따라 읽게 되어 있지만, 개신교회에서는 편의에 따라 구약과 신약으로 대신하기도 한다. 때로는 구약, 신약 중에 어느 한 곳의 말씀만을 읽을 수도 있다.

(1) 그날의 설교 본문과 연관된 구약봉독을 먼저 한다.

구약봉독이 끝남과 동시에 찬양대의 말씀 응답송이 이어진다.

(2) 다음으로 신약봉독을 한다.

13) 찬양(Anthem): 찬양대의 찬양은 들려주신 말씀에 대하여 감사와 찬양의 뜻으로 부르는 응답과 드림의 노래로, 이 찬양을 통하여 회중의 마음을 말씀 앞

에 서게 한다. 따라서 회중은 찬양대의 찬양을 감상만 할 것이 아니라 찬양에 동참하는 자세를 가져야 한다. 찬양대의 찬양은 그 주일의 성경 본문이나 설교 내용과 같은 주제로 일치시키도록 한다.

14) 설교(Sermon) : 설교는 성령께서 설교자의 음성을 통하여 직접 말씀하시는 선언의 행위다. 설교자는 이미 봉독한 하나님의 말씀을 현대의 언어로 회중에게 다시 해석해 주고, 그들의 생활 속에 구체적으로 현장화(現場化)해야 한다. 따라서 설교란 기록된 하나님 말씀의 선포이며 해석이고, 적용이다. 회중은 하나님께서 그 설교 속에서 자신에게 주시는 말씀을 경청하고, 응답의 결단을 내리는 것이 필요하다.

• 설교 전 기도 – 이 기도는 여러 예배 전통에서 폭넓게 사용되고 있다. 이 기도의 목적은 말씀을 선포하기 전에 성령께서 임재하시어 성경을 봉독하는 이와 설교자에게 능력 주심을 간구하며, 회중의 마음을 열어주셔서 하나님 말씀을 듣고 순종할 수 있도록 간구하는 것이다. 따라서 이 기도의 초점은 회중으로 하여금 말씀을 들을 수 있게 하고, 설교자로 하여금 말씀을 선포할 수 있도록 인도하는 성령의 역사에 있다.

감사와 응답

15) 합심기도(Congregation's Prayer) : 설교자와 회중이 마음을 합하여 선포된 말씀에 응답하는 기도다. 이것은 성령의 역사하심을 통해 뿌려진 말씀의 씨앗이 잘 자라나서 믿음의 결실을 맺게 해 달라는 기도다. 또한 하나님께서 주신 그 말씀대로 순종하며 살겠다는 결단의 표현이다. 합심기도는 교회의 형편에 따라 생략할 수 있다.

16) 신앙고백(Affirmation of Faith): 집례자와 회중 모두 '사도신경' (또는 감리교인은 '기독교대한감리회 신앙고백')으로 자신의 신앙을 확증할 수 있다. 설교 후에 드려지는 신앙고백은 하나님께서 내려 주신 말씀에 대하여 신앙을 고백하는 행위다. 로마 가톨릭교회, 루터교회, 영국 성공회, 감리교회, 개혁교회 모두 설교 후에 신앙고백을 하고 있다. '신앙고백' (사도신경)은 하나님의 말씀에 근거하여 사도가 고백한 것이기 때문에 성경봉독 후나 설교 후에 그 뜻을 생각하면서 암송하는 것이 타당하다.

17) 찬송(감사와 응답의 찬송, Hymn of Response): 설교자를 통하여 하나님의 말씀이 선포된 다음, 회중이 즉각적으로 감사함을 응답으로 표현하는 행위다. 이때 받은 은혜에 감사하여 하나님을 찬양하며, 하나님께 헌신하고자 하는 결심을 아뢰며, 하나님의 인도하심을 간구하는 찬송을 부른다.

18) 봉헌(Offering): 봉헌은 선포된 말씀에 대한 감사의 응답이며, 아울러 우리의 간절한 소원을 아뢰는 행위다. 따라서 봉헌은 우리 자신을 희생제물로 바치는 행위로서, 우리의 삶 전체가 하나님의 것이라는 신앙으로 예물을 준비해야 할 것이다. 그리고 이 봉헌 순서는 성례(세례와 성찬)로 이어질 수 있다. 초대교회의 예배 전승에 따르면 말씀이 끝나고 성찬이 시작되기 전, 성찬을 위한 떡과 포도주를 바치는 순서가 있었다. 그와 아울러 빈궁한 성도를 위한 물질을 드렸다. 이러한 예배 전승에 따라 미국 연합감리교회에서도 봉헌 시간에 헌금과 함께 떡과 포도주를 제단에 바칠 것을 권장하고 있다.

봉헌은 두 가지 방법 중에 하나를 선택하여 시행할 수 있다. 그 첫째 방법은 회중이 예배 전에 미리 헌금하여 수합된 헌금을 봉헌위원들이 제단 앞에 나아와 봉헌하며, 이때에 성찬위원들이 성찬을 위한 떡과 포도주도 함께 봉헌하는 것이다. 이 순서에서 모든 회중은 자신을 하나님께 봉헌하는 의미에서 다함께 일어나서 십자가를 바라보며 봉헌찬송, 혹은 봉헌송영(Offertory Doxology)을 부른다. 또 다른 방법은 모든 회중이 이 봉헌 순서에서 헌금을 하는데, 이때에 찬양대, 반주자 혹은 특별히 준비된 찬양자가 봉헌찬양(Offertory Song)을 연주하거나 부른다. 헌금을 다 드린 후 수합된 헌금을 봉헌위원들이 제단 앞에 나아와 봉헌하며, 이때에 성찬위원들이 성찬을 위한 떡과 포도주도 함께 봉헌한다. 회중은 모두 일어나서 십자가를 바라보며 봉헌찬송 혹은 봉헌송영을 부른다.

19) 봉헌 및 목회기도(Offertory, Pastoral Prayer): 봉헌기도와 목회기도는 분리된 순서지만, 시간의 절약을 위해 편의상 함께 드릴 수 있다. 여기서 집례자는 드려진 예물에 대하여 감사하고 축복하면서, 동시에 목회적인 중보와 간구의 기도를 한다. 이 중보의 기도에서는 어려움을 당한 교인들을 위하여, 그리고 교회와 지역사회, 나아가서는 나라와 세계를 위한 기도를 한다. 이때에 집례자는 십자가를 바라보고 기도할 수 있다.

20) 봉헌 응답송(Response of Offertory): 집례자의 '봉헌 및 목회기도'에 대하여 회중의 응답과 봉헌의 내용을 찬양대가 대신하여 부르는 찬양이다.(예배 중에 세례가 있을 경우에는 봉헌 응답송 순서 후에 세례를 행한다. 자세한 해설과 순서는 성례의 세례 부분을 참조하라.)

성찬

21) 성찬 : 성찬은 예수님께서 제정하신 대로 집례자가 ① 떡을 드사(떡과 잔을 취하여) ② 축사하시고(성찬 제정사, 기념사, 성령 임재의 기원) ③ 떡을 떼어(분병례) ④ 나누어 주시는(분급) 기본적 구조를 지니고 있다. 성찬은 하나님의 구원 역사에 대한 기억과 감사와 찬양의 표현이요, 그리스도의 은혜로우신 구속의 재연(再演)이며, 나아가 믿는 이들의 친교이고 앞으로 참여할 하나님 나라 잔치의 예증이다.

(1) 성찬으로 초대(Invitation to the Table)

이제부터 집례자는 성례의 시작을 알림과 동시에 회중을 성찬으로 초대한다. 이 초대의 순서는 회중을 초청하는 인사의 말로서 초대교회 때부터 있어 온 순서다. 이 초대의 말씀은 교회력과 절기에 맞추어 행한다.

(2) 떡과 포도주를 성별하는 감사기도(The Great Thanksgiving)

이것은 성찬의 '축사하시고' 부분에 해당하는 것으로, 시작기도에서부터 마침 기원까지 연결된다. 예수 그리스도께서 하늘을 우러러 축사하신 대로 감사기도를 하는데 그 기도의 내용은 교회력과 절기에 따라 바꿀 수 있으나, 그 기도의 순서들은 어느 하나도 빠뜨릴 수 없는 중요한 내용들이다.

① 시작기도(Preface) — 전통적으로 '감사기도의 서언'으로 알려져 있는데, 성부 하나님이 행하신 놀라운 구원 역사를 서술하는 내용이다. 이 감사 내용은 교회력과 절기에 따라 조금씩 달라진다. 왜냐하면 절기에 따라 성부 하나님께서 우리에게 행하신 구원의 역사가 다른 면으로 조명될 수 있기 때문이다.

② 삼성창(Sanctus, 거룩 거룩 거룩) — 성부 하나님께 대한 놀라움과 거룩하심을 다함께 소리 높여 찬미하는 것으로, 성부께 대한 감사의 절정이다. 이 찬미는 전통적으로 가락을 붙여 노래해 왔다.

③ 감사의 기도(Thanks to Jesus Christ) — 예수 그리스도에 대한 감사의 기도는 성자 예수님을 보내 주신 하나님의 구원 역사에 대하여 드려진다. 이 성자께 대한 감사기도의 핵심 내용은 예수님께서 우리를 위하여 십자가에서 당하신 고난과 죽으심이다. 여기서 성자 예수님에 대한 감사기도를 간략히 하거나 생략하고, 이어서 직접 성찬 제정사를 할 수도 있다.

④ 성찬 제정사(Institution) — '축사하시고' 부분의 핵심을 이루는 순서로서, 예수님께서 떡과 포도주로 최후 만찬을 베푸시던 모습을 재현(再現)한다. 이 성찬 제정사를 꼭 해야 하는 이유는 현재 행하고 있는 성찬이 주님의 명령으로 제정된 것임을 알려 주기 위함이다. 이 성찬은 주님이 제정하시고 명령하신 것으로 그리스도교 예배의 가장 존엄한 전통으로 이어져 왔으며, 이 예식을 통하여 주님의 희생의 실재(實在)를 새롭게 경험하고 재현하는 의미가 선포되는 것이다.

⑤ 기념사(Anamnesis) — 이 성찬이 그리스도의 구속과 사랑의 역사라는 것을

기억하고, 또 그 구원의 역사가 지금 여기서도 현존하는 것을 증언하면서, 나아가 그 신비의 의미를 되새기는 감사와 영광의 말씀을 드린다.

⑥ 성령 임재의 기원(*Epiclesis*) ─ 성찬에서 성령 임재의 기원은 대단히 중요한 순서다. 왜냐하면 그리스도를 기념하는 것은 성령 임재에 의해서만 가능하기 때문이다. 성령은 그리스도를 성찬의 현장에 임재하게 하시고, 예수님께서 최후의 만찬 때에 말씀하셨던 성찬 제정의 말씀들을 현존하는 살아 있는 말씀으로 만들어 준다. 그러므로 성령 임재의 기원에서는 성령께서 성찬에 임재하셔서 떡과 포도주, 그리고 회중을 성별시켜 달라는 내용의 기도를 해야 한다.

⑦ 영광 찬양(Doxology) ─ 이와 같은 구원의 성취에 대하여 삼위일체 하나님께 영광을 드림으로 감사기도를 마친다.

(3) 주님의 기도(Lord's Prayer)

'주님의 기도'는 그리스도인이 주님의 살과 피를 받기 전에 하나님 나라의 은총과 영광이 지상에 충만하기를 갈망하며 일용할 양식을 구하고, 우리의 잘못을 용서해 주시기를 청하며, 모든 유혹으로부터 보호해 달라는 내용이다. 이 기도는 모든 그리스도인을 그리스도의 몸에 연합하게 하고, 같은 성령 안에서 새 생명이 주어진다는 것을 기억하게 해 준다. 이러한 그리스도인들의 일치를 통하여 주님께서 가르치신 기도를 함께 할 수 있으며, 그리스도의 평화를 새롭게 창출하고 서로 화해와 우정의 징표를 교환할 수 있는 것이다.(말씀 중심의 예배일 경우 '오늘의 기도' 후에 '주님의 기도'를 하도록 한다. '주님의 기도'를 찬송으로 부를 수도 있다.)

(4) 평화의 인사(Peace Giving)

회중은 제단에 예물을 바치기 전에 원수와 화해하라는 예수님의 말씀을 상기하며, 떡과 포도주를 받기 전에 "주님의 평화가 당신과 함께하시기를 빕니다."라는 인사를 나눈다. 이 순서는 서로의 사랑과 화해를 도모하며, 나아가서는 교회와 전 인류의 평화와 일치를 간구하는 것이다.(말씀 중심의 예배일 경우 '봉헌' 전에 '평화의 인사'를 하도록 한다.)

(5) 분병례(떡을 뗌, Breaking the Bread)

성찬의 '떡을 떼어' 부분으로서 집례자는 그리스도께서 떡을 떼셔서 나누어 주시고, 잔을 들어 돌리신 행위를 재연(再演)한다.

(6) 분급(떡과 잔을 나눔, Giving the Bread and Cup)

성찬의 '나누어 주시며' 부분으로 집례자와 보조자들이 떡과 포도주를 회중에게 나누어 준다. 이때 "이는 그리스도의 몸입니다." "이는 그리스도의 피입니다." 혹은 "하늘의 떡, 예수 그리스도입니다." "구원의 잔, 예수 그리스도입니다."라고 말한다.

(7) 성찬 후 감사기도(Post-Communion Prayer)

이제 성찬을 듦으로 구속의 은총을 확증하고, 하나님 나라의 기쁨과 평화와 영광을 체험한 회중이 그리스도의 일꾼으로 다시 세상으로 나아가기 위하여 기도한다. 여기서 세례의 일치와 성찬의 기쁨을 감사하며, 이미 주어진 화해의 의미를 깨닫도록 서로를 위해서 기도하고 장차 하늘나라의 잔치에 모두 참여할 것을 기원한다.

세상으로 나아감

22) 교회 소식(News of Church) : 이 순서에서는 교회 안팎의 모든 행사에 대한 안내와 여러 종류의 모임, 교우들의 동정을 알리며, 동시에 새신자를 환영한다. 원래 교회 소식은 예배의 정식 순서는 아니었지만, 이 순서가 예배 안에 들어간 것은 그 내용이 그리스도의 몸된 교회에 관한 소식이며, 성도가 교회와 세상에서 행해야 할 구체적인 행동지침이 포함되어 있기 때문이다. 성찬이 없을 때에는 '교회 소식' 순서에서 '평화의 인사'를 함께 나눌 수 있다.

23) 찬송(Hymn) : 이 마지막 찬송은 설교 주제와 맞는 것으로 세상으로 나아가기 전 새로운 결심을 다짐하고 헌신할 것을 새기면서 힘있게 부른다.

24) 파송의 말씀(The Words of Commission): 이 순서는 회중을 세상으로 파송

하면서 주는 마지막 권면이다. 예배 공동체는 예배행위 자체만으로 끝날 것이 아니라, 증인 공동체로 발전되어 나아갈 때 진정한 예배생활을 성취할 수 있다. 따라서 회중은 세상으로 흩어져 나가기 전에 예수님의 명령을 다시 기억하며, 그 명령을 따르기로 다짐해야 한다. 그러므로 집례자는 그날의 설교 내용을 한두 문장으로 요약해 주면서, 말씀대로 한 주간을 살아갈 것을 권면한다.(이 '파송의 말씀'은 '축복송' 뒤에 할 수도 있다. 여기서 파송의 말씀을 축복송 뒤에 하는 이유는 집례자의 축도로 모든 예배가 끝나는 것이 아니라, 회중의 삶은 끊임없이 세상으로 나아가야 함을 강조하기 위함이다.)

25) **축도**(축복, Benediction, Blessing): 이 순서는 하나님 앞에 예배하고 세상으로 나아가는 회중을 향하여 집례자가 복을 비는 부분으로 '축복'이라고도 한다. 축도는 또 하나의 연장된 기도가 아니라, 복을 받을 사람들에게 하나님의 선하신 뜻과 사랑을 '소원'하는 일이다.

26) **축복송**(Hymn of Benediction): 집례자의 축복에 대하여 회중의 응답과 기원의 내용을 찬양대가 대신하여 부르는 찬양이다.

27) **후주**(Postlude) : 후주는 예배를 마치고 돌아가는 회중에게 예배의 감동을 간직하고 나아갈 수 있도록 도와주는 순서다. 따라서 후주 음악의 내용과 표현은 기쁨에 넘치고 정열적인 것으로 세상을 향해 나아가는 행진곡 스타일(2박자, 4박자 계열)의 찬양으로 연주한다.(찬송을 부르며 퇴장하는 교회에서는 후주를 생략할 수도 있다.)

28) **세상을 향해 나아감**(Going Forth) : 예배에서는 교회를 떠나서 세상으로 나아가는 일까지 거룩한 순례의 일부분이다. 그러므로 퇴장의 방식도 앞부분의 입례방식에 준하여 다음과 같은 방법 중에서 선택한다.

(1) 입례할 때에 촛불 점화 순서가 있었을 경우에는 찬양대가 축복송을 한 후

촛불 점화자는 점화봉에 다시 불을 붙이고 나서, 제단 위의 두 촛불은 끄고, 회중이 지켜보는 가운데 점화자, 집례자, 예배위원들, 그리고 찬양대원들이 찬송을 부르며 세상을 향해 행진하고, 그 뒤를 이어 회중이 따라 부르며 퇴장한다. 이때에 점화봉에 다시 불을 붙이고 퇴장하는 것은 '그리스도의 증인으로서 세상을 향하여 빛을 비추라.' 는 의미의 상징적 표현이다.

(2) 입례할 때에 촛불 점화 순서가 없었을 경우에는 집례자, 예배위원들, 그리고 찬양대원들 순서로 퇴장하며, 그 뒤를 따라 회중이 찬송하며 퇴장한다.

(3) 퇴장 행렬이 없는 교회에서는 '후주' 로 예배를 끝마칠 수도 있다.

Ⅱ. 예배 순서

1. 말씀 중심의 주일 낮 예배 순서

집례 : 교회담임자

하나님 앞으로 나아옴

※ 전주 ·· 반주자

※ 입례송 ····························· (찬송가   장) ······················· 다함께

※ 예배로 부름과 기원 ······································· 집례자

※ 경배찬송 ························· (찬송가   장) ······················· 다함께

※ 죄의 고백 ·· 다함께

※ 자비송 ·· 다함께

※ 용서의 말씀 ·· 집례자

※ 교독 ····························· (교독문   번) ······················· 다함께

※ 삼위영가 ························· (찬송가   장) ······················· 다함께

　오늘의 기도 ··· 맡은이

　주님의 기도 ··· 다함께

　기도응답송 ·· 찬양대

말씀의 선포

※ 성경봉독 ······················· 구약성경 :   ······················· 집례자

　　　　　　　　　　　　 서 신 서 :

　　　　　　　　　　　　 복 음 서 :

찬양 ··· 찬양대

설교 전 기도 ··· 담임자

설교 ··· 담임자

감사와 응답

합심기도 ··· 다함께

신앙고백 ················· 사도신경 ·············· 다함께

찬송 ··················· (찬송가   장) ············· 다함께

평화의 인사 ··· 다함께

※ 봉헌 ··· 다함께

봉헌 및 목회기도 ····································· 집례자

봉헌응답송 ··· 찬양대

세상으로 나아감

교회소식 ··· 다함께

※ 찬송 ················· (찬송가   장) ············· 다함께

※ 파송의 말씀 ··· 집례자

※ 축도[4] ·· ○○○ 목사

※ 축복송 ··· 찬양대

※ 후주 ··· 반주자

※ 한 곳은 일어선다.

---

4) 담임자가 목사가 아닐 경우에는 '오늘의 기도' 다음에 있는 '주님의 기도'를 여기서 행한다.

2. 말씀과 성찬이 함께 있는 주일 낮 예배 순서

집례 : ○○○ 목사

하나님 앞으로 나아옴

※ 전주 ··· 반주자

※ 입례송 ································· (찬송가   장) ························· 다함께

※ 예배로 부름과 기원 ··· 집례자

※ 경배찬송 ····························· (찬송가   장) ····················· 다함께

※ 죄의 고백 ·· 다함께

※ 자비송 ··· 다함께

※ 용서의 말씀 ·· 집례자

※ 교독 ································· (교독문   번) ························ 다함께

※ 삼위영가 ····························· (찬송가   장) ····················· 다함께

　오늘의 기도 ··· 맡은이

　기도응답송 ··· 찬양대

말씀의 선포

※ 성경봉독 ···························· 구약 : ························· 집례자

　　　　　　　　　　신약 :

　찬양 ··· 찬양대

　설교 ··· ○○○ 목사

감사와 응답

합심기도 ·· 다함께
신앙고백 ····························· 사도신경 ································· 다함께
찬송 ····························· (찬송가   장) ····························· 다함께
※ 봉헌 ····························· (봉헌찬송을 부르면서) ····························· 다함께
봉헌 및 목회기도 ·· 집례자
봉헌응답송 ·· 찬양대

성찬

(찬송가   장   절)
성찬으로 초대
시작기도
삼성창
성찬 제정사
기념사
성령 임재의 기원
영광 찬양
주님의 기도
평화의 인사
분병례
분급
(찬송가   장   절)
성찬 후 감사기도

<h2 style="text-align:center">세상으로 나아감</h2>

교회소식 ·· 다함께

※ 찬송 ························· (찬송가   장) ····································· 다함께

※ 파송의 말씀 ·· 집례자

※ 축도 ·· ○○○ 목사

※ 축복송 ·· 찬양대

※ 후주 ·· 반주자

※ 한 곳은 일어선다.

1) 말씀과 성찬이 함께 있는 주일 낮 예배의 실례

(이 예배의 순조로운 진행을 위해서는 성찬 부분의 순서를 인쇄하거나 간략한 성찬 예문집을 회중에게 미리 나누어 준다. 집례자만 예문집을 가지고 진행하고자 할 때는 이 책 139쪽의 2) '여러 목사가 함께 할 수 있는 성찬 순서'를 활용할 수 있다.)

집례 : ○○○ 목사

하나님 앞으로 나아옴

※ **전주** / 반주자

(회중은 예배시작 전 미리 자리를 정돈하고 앉아 전주를 들으면서 하나님의 임재하심과 부르심에 감사하며 조용히 기도한다.)

※ **입례송**(찬송가 35장) / 다함께(다른 찬송을 할 수 있다.)

(모든 회중이 일어서서 입례송을 부르는 동안 집례자와 예배위원들, 성가대원들이 함께 입장한다. 이때에 촛불 점화가 있을 경우에는 촛불 점화자가 선두에 서서 입장하여 제단 위에 있는 두 초에 불을 밝힌다. 입례 행렬과 촛불 점화가 없는 교회일지라도 회중은 모두 일어서서 입례송을 부른다. 입례 행렬이 있는 교회에서는 긴 입례송을, 입례 행렬이 없는 교회에서는 짧은 입례송을 부를 수 있다. 입례송은 일반 예배 부록의 예배 찬송가를 참조하거나 찬송가 '찬양과 경배' 중에서 선택한다.)

※ **예배로 부름과 기원** / 집례자

(여기서 집례자는 먼저 그 주일이나 계절에 맞는 성경의 말씀을 인용하여 하나님의 부르심을 대신한다. 곧 하나님의 자녀를 부르시는 초청의 말씀을 통하여 예배로 초대하는 것이다. 초청의 말씀도 그 주일이나 계절에 맞게 정한다. 예배로 부름에 이어 집례자가 예배를 위한 기원을 한다.)

오호라 너희 모든 목마른 자들아 물로 나아오라. 돈 없는 자도 오라. 너희는 와서 사 먹되 돈 없이, 값없이 와서 포도주와 젖을 사라. 너희가 어찌하여 양식이 아닌 것을 위하여 은을 달아 주며 배부르게 하지 못할 것을 위하여 수고하느냐? 내게 듣고 들을지어다. 그리하면 너희가 좋은 것을 먹을 것이며 너희 자신들이 기름진 것으로 즐거움을 얻으리라.(이사야 55:1~2)

찬송과 영광을 받으시기에 합당하신 하나님! 저희에게 거룩한 주님의 날을 허락하여 주시사, 하나님 앞에 불러 주심을 감사합니다. 이제 이 시간 예수 그리스도를 통하여 계시하신 하나님의 구원 역사를 경험하게 하시며, 또한 이 자리에 성령께서 임재하셔서 저희로 하여금 신령과 진정으로 예배하게 하옵소서. 이 예배로 하나님께 모든 영광을 드리게 하시고, 저희에게는 은혜와 기쁨의 시간이 되게 하옵소서. 예수 그리스도의 이름으로 기원합니다. 아멘.

※ 경배찬송(찬송가 64장) / 다함께

(이 부분의 찬송은 찬송가 '찬양과 경배' 중에서 그 주일에 맞게 선택하여 부른다. 앞서 입례송을 부른 경우에는 경배찬송을 생략할 수도 있다.)

※ 죄의 고백 / 다함께

(이미 만들어진 공동 기도문을 이용하거나 교회력과 절기에 맞추어 새롭게 만들어 예배 순서지에 인쇄하여 함께 고백하도록 한다.)

집례자 : 이제 다함께 하나님 앞에 죄를 고백하겠습니다.

다함께 : 사랑의 하나님! 저희는 때때로 주님의 곁을 떠나 길 잃은 양처럼 방황하며 육신의 욕망에 집착하며 살아왔습니다. 또한 주님이 주신 생명의 말씀을 저버리고, 빛의 자녀된 삶을 살지도 못하였습니다. 용서의 하나님! 죄를 고백하고 회개하는 저희의 기도를 들으시고 자비와 긍휼을 베풀어 주옵소서. 이후부터는 하나님의 자녀답게 주님의 이름을

영화롭게 하는 삶을 살게 하옵소서. 우리 주 예수 그리스도의 이름으로 기도합니다. 아멘.

※ **자비송** / 다함께

('죄의 고백' 후에 하나님의 자비를 간구하는 찬송을 다함께 부르는 순서로, 일반 예배 부록 중 예배찬송가에 나오는 자비송 중에서 선택한다.)

※ **용서의 말씀** / 집례자

(죄의 고백에 대한 하나님의 용서하심을 확증하는 순서로, 집례자는 그 주일에 맞게 하나님의 말씀인 성경을 인용하여 하나님의 용서를 선언한다.)

죄사함 받기를 원하는 교우 여러분! 용서하시는 하나님의 말씀을 들으십시오.

만일 우리가 우리 죄를 자백하면 그는 미쁘시고 의로우사 우리 죄를 사하시며 우리를 모든 불의에서 깨끗하게 하실 것이요.(요한1서 1:9)

※ **교독**(교독문   번) / 다함께

※ **삼위영가**(찬송가   장) / 다함께

(모든 회중이 일어서서 십자가를 바라보며 감사와 기쁨으로 성부 성자 성령 삼위일체이신 하나님을 찬양한다.)

오늘의 기도 / 맡은이

기도 응답송 / 찬양대

말씀의 선포

※ 성경봉독(구약성경, 서신서, 복음서) / 집례자

　(집례자 혹은 성경봉독자로 선택된 이는 본문의 성경을 읽는다. 전통적으로 그리스도교 예배는 구약성경, 신약의 서신서, 복음서를 정해진 규칙에 따라 읽지만, 편의에 따라 구약과 신약으로 대신하기도 한다. 성경을 봉독할 때에는 모든 회중이 일어날 수 있다. 설교 본문과 연관된 구약봉독을 먼저 하고, 구약봉독이 끝남과 동시에 찬양대의 응답찬양이 이어지며, 그 후에 신약을 봉독한다. 때로는 구약, 신약 중에 어느 한 곳의 말씀만을 읽을 수도 있다. 말씀을 봉독한 후에는 집례자와 회중이 다음과 같이 말하고 응답할 수 있다.)

집례자 : 이는 살아 계신 하나님의 말씀입니다.
회　중 : 주님을 찬양합니다.

찬양 / 찬양대

설교 / ○○○ 목사

감사와 응답

합심기도 / 다함께

　(설교자와 회중이 합심하여 선포된 말씀에 응답하는 기도를 통성으로 한다. 이 기도는 하나님께서 주신 말씀대로 순종하며 살겠다는 결단의 표현으로 한다.)

신앙고백(사도신경) / 다함께

　(합심기도 후에, 집례자와 회중 모두 '사도신경'이나 '기독교대한감리회 신앙고백'으로 신앙을 확증한다.)

찬송(찬송가   장) / 다함께

(하나님의 말씀에 대한 감사와 응답의 표현으로 찬송하면서 헌신의 삶을 결단한다.)

※ **봉헌**(봉헌찬송을 부르면서) / 다함께

(봉헌은 두 가지 방법 중에 하나를 선택하여 시행할 수 있다. 그 첫째 방법은 회중이 예배 전에 미리 헌금하여 수합된 헌금을 봉헌위원들이 제단 앞에 나아와 봉헌하며, 이 때에 성찬위원들이 성찬을 위한 떡과 포도주도 함께 봉헌하는 것이다. 이 순서에서 모든 회중은 자신을 하나님께 봉헌하는 의미에서 다함께 일어나서 십자가를 바라보며 봉헌찬송, 혹은 봉헌송영 〈Offertory Doxology〉 을 부른다. 또 다른 방법은 모든 회중이 이 봉헌 순서에서 헌금을 하는데, 이때에 찬양대, 반주자 혹은 특별히 준비된 찬양자가 봉헌찬양 〈Offertory Song〉 을 연주하거나 부른다. 헌금을 다 드린 후 수합된 헌금을 봉헌위원들이 제단 앞에 나아와 봉헌하며, 이때에 성찬위원들이 성찬을 위한 떡과 포도주도 함께 봉헌한다. 회중은 모두 일어나서 십자가를 바라보며 봉헌찬송 혹은 봉헌송영을 부른다.)

봉헌 및 목회기도 / 집례자

(집례자는 헌금에 대하여 감사하고 축복하면서, 동시에 목회적인 중보와 간구의 기도를 한다. 이때에 집례자는 십자가를 바라보고 기도할 수도 있다.)

봉헌 응답송 / 찬양대

성찬 [5]

(찬송 198장 '주 예수 해변서' 1~2절 또는 다른 찬송을 택할 수 있다. 회중이 성찬 찬송 1~2절을 부르는 동안, 성찬 보좌위원들이 등단한다. 성찬 보좌위원들은 성찬대의

---

5) 이 예문은 교회력과 절기에 관계없이 사용할 수 있는 평주일 예문이다.

보를 걷은 후, 차려 놓은 떡과 포도주 그릇의 덮개를 연다.)

성찬으로 초대 / 집례자(성찬대 앞으로 나아가)

집례자 : 예수님을 구주로 믿고 그의 뜻에 따라 살기를 결심하며 생명의 양식을 받아먹기를 원하는 성도를 이 거룩한 은혜의 자리에 초대합니다.

회　중 : 성부 성자 성령 삼위일체이신 하나님, 영원히 찬양과 영광을 받으옵소서.

집례자 : 주님께서 여러분과 함께하시기를 빕니다.

회　중 : 목사님과도 함께하시기를 바랍니다.

집례자 : 여러분의 마음을 드높이십시오.

회　중 : 주님을 향해 우리의 마음을 높이 듭니다.

집례자 : 주님께 감사합시다.

회　중 : 이는 주님의 백성이 마땅히 해야 할 바입니다.

시작기도 / 집례자와 회중

집례자 : 전능하신 창조주 하나님, 언제 어디서나 주님께 감사함이 지극히 당연하고도 기쁜 일입니다.

회　중 : 저희를 하나님의 형상대로 창조하시어 생명의 숨을 불어넣으사 주님의 영광을 드러내게 하셨습니다.

집례자 : 때로는 저희가 주님에게서 멀리 떠나고 말씀의 법도를 벗어나 살 때에도

회 중 : 주님은 한결같이 저희를 사랑해 주시고 구원의 바른 길로 이끌어 주
셨습니다.

집례자 : 저희가 하나님의 자녀된 본분을 다하지 못하고 죄로 인하여 탄식하며
살아왔으나

회 중 : 하나님께서는 예수 그리스도를 보내 주셔서 저희를 죄에서 구원하시
고 길과 진리와 생명을 찾게 하셨습니다.

집례자 : 또한 저희를 그리스도 안에서 선택하시고 그리스도의 몸된 교회로 세
워 주셔서 하나님의 구원 역사를 선포하게 하심을 감사합니다.

회 중 : 더욱이 그리스도께서 성찬을 제정하사 저희가 떡과 포도주를 먹고 마
실 때마다 주님의 임재를 맛보게 하셨습니다.

집례자 : 그러하기에 이 땅 위의 온 백성과 하늘의 거룩한 성도, 또한 천군 천
사들과 함께 주님의 이름을 소리 높여 찬양합니다.

삼성창(거룩 거룩 거룩) / 다함께

거룩 거룩 거룩 전능하신 하나님, 하늘과 땅에 가득한 그 영광, 지극히 높은
곳에서 호산나! 주님의 이름으로 오시는 분을 찬양합시다. 지극히 높은 곳에서
호산나!

집례자 : 거룩하신 하나님, 복되신 성자 예수님, 그리스도의 은총과 사랑을 힘
입어 저희가 구원의 확증을 받고 성령과 함께 약속의 소망 속에서 살
아갑니다.

성찬 제정사 / 집례자

주님께서 자신의 몸을 내어 주시던 밤, 떡을 손에 드시고(떡을 두 손으로 든다.) 감사기도를 하신 다음, 떼어(이때 떡을 두 손으로 뗀다.) 제자들에게 주시며 말씀하셨습니다.

"받아먹어라. 이는 너희를 위해 내어 주는 나의 몸이니, 먹을 때마다 나를 기억하여라."(떡을 내려놓는다.)

식후에, 주님께서는 잔을 드시고(잔을 두 손으로 든다.) 감사기도를 하신 후에, 제자들에게 돌리시며 말씀하셨습니다.

"이 잔을 마시라. 이는 죄사함을 얻게 하려고 많은 사람을 위해 흘린 새 언약의 피니 이를 행할 때마다 나를 기념하여라."(잔을 내려놓는다.)

기념사 / 집례자와 회중

집례자 : 오! 거룩하신 주님, 사랑이 많으신 하나님. 저희를 죄와 부끄러움에서 구원하시려고 아들을 세상에 보내사 십자가에 못 박으시고 죽임을 당하게 하셨으나 죽은 이 가운데서 살리시어 부활의 영광을 얻게 하시고, 저희의 주님이시요, 그리스도가 되게 하셨습니다. 그리스도의 영광 가운데 하늘에 오르셨으며 거기서 대제사장으로서 이 땅을 위해 간구하시며 마지막 날 심판주로 다시 오실 것을 저희가 믿고 기다립니다.

회　중 : 구원의 주 하나님, 저희를 항상 인도하시는 대제사장이신 예수 그리스도의 이름으로 기도하오니 온 땅에 주님의 구원을 베풀어 주옵소서.

성령 임재의 기원 / 집례자와 회중

집례자 : (떡과 잔 위에 손을 얹고) 거룩하신 하나님, 일찍이 주님께서 세상에 보
내셨던 성령을 지금 다시 보내 주시사 차려 놓은 떡과 포도주 위에 임
하셔서 이 식탁을 성별하여 주옵소서. 또한 성령께서 여기 모인 저희
위에 함께하사 이 떡과 포도주로 영원한 생명의 양식이 되게 하시며,
이를 먹고 마심으로 그리스도의 새로운 몸을 입어 세상을 변화시키는
능력을 받게 하옵소서.

회　중 : 오! 주님, 어서 오셔서 이를 이루옵소서.

영광 찬양 / 집례자와 회중

집례자 : 그리스도께서 최후의 승리 속에 다시 오실 때까지 우리 모두 천국 잔
치에 참여할 때까지

회　중 : 그리스도와 하나가 되게 하옵소서. 서로서로 하나가 되게 하옵소서.
온 교회가 하나가 되게 하옵소서.

집례자 : 하나님의 아들이신 예수 그리스도를 통하여, 위로의 거룩하신 성령과
더불어, 모든 영광과 존귀가 영원토록 전능하신 하나님 아버지께 있
사옵니다.

회　중 : 아멘.

주님의 기도 / 다함께

집례자 : 이제, 하나님의 백성으로서 주님께서 가르쳐 주신 기도를 함께 합
시다.

다함께 : 하늘에 계신 우리 아버지여……

평화의 인사 / 집례자와 회중

집례자 : 주님의 평화가 여러분과 함께

회　중 : 또한 목사님과 함께하시기를 바랍니다.

집례자 : 이제 화해와 평화의 징표로 서로 인사를 나눕시다.

(모두 전후 좌우의 성도와 함께 인사를 나눈다.)

회　중 : 주님의 평화가 함께하시기를 바랍니다.

분병례 / 집례자

집례자 : (떡을 두 손으로 들고 떼면서) 이 떡이 하나이듯, 여기 모인 우리도 하나

입니다. 하나의 떡을 함께 나누기 때문입니다. 이로써 우리는 모두 그

리스도의 한 몸에 참여합니다.(떡을 내려놓는다.)

회　중 : 아멘.

집례자 : (잔을 두 손으로 든 후) 이 잔을 함께 나눌 때에도 우리는 그리스도의 피

에 동참하게 됩니다.(잔을 내려놓는다.)

회　중 : 아멘.

분급 / 집례자와 보좌

(먼저 집례자가 떡과 함께 포도주를 먹고 마시거나, 혹은 떡을 떼어 포도주에 담갔다

가 먹는다. 그리고 먼저 성찬 보좌위원들에게 떡과 포도주를 분급한 후, 이어서 회중에

게 분급한다. 분급은 회중을 성찬대로 나오게 하되, 경우와 형편에 따라서는 자리에 앉

힌 채 할 수도 있다. 분급하는 동안 반주자는 성찬 찬송을 연주하고 회중은 조용히 찬

송하거나 기도한다.)

집례자 : (떡을 주면서) 이는 그리스도의 몸입니다.

(혹은 "하늘의 떡, 예수 그리스도입니다."라고 말한다.)

(잔을 주면서) 이는 그리스도의 피입니다.

(혹은 "구원의 잔, 예수 그리스도입니다."라고 말한다.)

회 중 : (받는 이는 목례를 하면서) 아멘.

(왼손은 위로, 오른손은 아래로 십자형을 만들어 떡을 받은 후, 오른손으로 떡을 집어 포도주에 담갔다가 먹거나, 또는 떡과 함께 포도주잔을 받아먹고 마신다.)

성찬 후 감사기도 / 다함께

사랑과 은총이 풍성하신 하나님, 그리스도를 통하여 저희를 구원하시고 생명의 양식 주심을 감사합니다. 성령의 도우심으로 저희가 하나 되어 주님의 공의와 진리를 위해 힘쓰고 하나님 나라의 유업을 함께 누리게 하옵소서. 예수 그리스도의 이름으로 기도합니다. 아멘.

세상으로 나아감

교회 소식 / 다함께

(교회의 소식을 알리며, 새신자를 환영하는 시간을 갖는다.)

※ 찬송(찬송가   장) / 다함께

(이 마지막 찬송은 설교 주제와 맞는 것으로 '세상으로 나아가기' 전 새로운 결심을 다짐하고 헌신할 것을 새기면서 힘있게 한다.)

※ 파송의 말씀 / 집례자

집례자 : 그리스도의 일꾼인 여러분! 성령과 함께 선교와 봉사를 위해 세상으

　　　　　로 나아가십시오.
회　중 : 아멘, 주님! 우리와 동행하여 주옵소서.

※ **축도** / ○○○ 목사

※ **축복송** / 찬양대

※ **후주** / 반주자

　(입례와 퇴장 행렬이 없는 교회에서는 후주로 예배를 끝마친다. 찬송하며 퇴장하는 교회에서는 후주를 생략할 수도 있다. 입례와 퇴장 행렬이 있는 교회에서는 찬양대가 축복송을 한 후 촛불 점화자가 점화봉에 다시 불을 붙이고 나서, 제단 위의 두 촛불은 끄고, 회중이 지켜보는 가운데 점화자, 집례자, 예배위원들, 그리고 찬양대원들이 찬송가 505장을 부르면서 퇴장할 때 회중이 그 뒤를 따라 세상으로 나아간다.)

※ 한 곳은 일어선다.

3. 성찬을 약식으로 행할 경우의 예배 순서

(예배 중에 성찬을 짧은 시간 안에 약식으로 행할 경우에도 성찬의 위치에는 변함이 없다. 단, 여기서는 약식 형태의 성찬 예문을 사용한다. 약식 성찬은 다음과 같은 순서로 진행된다.)

집례 : ○○○ 목사

성찬으로 초대 / 집례자(성찬대 앞으로 나아가)

집례자 : 하나님을 믿고 그리스도를 따르는 여러분을 이 거룩한 식탁에 초대합니다.

집례자 : 주님께서 여러분과 함께하시기를 빕니다.
회　중 : 목사님과도 함께하시기를 바랍니다.

집례자 : 여러분의 마음을 드높이십시오.
회　중 : 주님을 향해 우리의 마음을 높이 듭니다.

집례자 : 주님께 감사합시다.
회　중 : 이는 주님의 백성이 마땅히 해야 할 바입니다.

시작기도 / 집례자와 회중

집례자 : 전능하신 창조주 하나님, 언제나 주님께 감사함이 당연하고도 기쁜 일입니다.
회　중 : 저희를 하나님의 형상대로 창조하시어 주님의 영광을 드러내게 하셨

습니다.

집례자 : 때로는 저희가 주님을 멀리 떠나도
회 중 : 주님은 언제나 저희를 사랑해 주셨습니다.

성찬 제정사 / 집례자

주님께서 몸소 몸을 내어 주시던 밤, 떡을 손에 드시고(떡을 두 손으로 든다.) 감사기도를 하신 다음, 떼어(이때 떡을 두 손으로 뗀다.) 제자들에게 주시며 말씀하셨습니다.

"받아먹어라. 이는 너희를 위해 내어 주는 나의 몸이니, 먹을 때마다 나를 기억하여라."(떡을 내려놓는다.)

식후에, 주님께서는 잔을 드시고(잔을 두 손으로 든다.) 감사기도를 하신 후에 제자들에게 돌리시며 말씀하셨습니다.

"이 잔을 마시라. 이는 죄사함을 얻게 하려고 많은 사람을 위해 흘린 새 언약의 피니 이를 행할 때마다 나를 기념하여라."(잔을 내려놓는다.)

성령 임재의 기원 / 집례자(떡과 잔 위에 손을 얹고)

거룩하신 하나님, 일찍이 주님께서 세상에 보내셨던 성령을 지금 다시 보내 주시사 차려 놓은 떡과 포도주 위에 임하셔서 이 식탁을 성별하여 주옵소서. 또한 성령께서 여기 모인 저희 위에 함께하사 이 떡과 포도주로 영원한 생명의 양식이 되게 하시며, 이를 먹고 마심으로 그리스도의 새로운 몸을 입어 세상을 변화시키는 능력을 받게 하옵소서. 아멘.

주님의 기도 / 다함께

집례자 : 이제, 주님께서 가르쳐 주신 기도를 함께 합시다.
다함께 : 하늘에 계신 우리 아버지여…….

분병례 / 집례자

집례자 : (떡을 두 손으로 들고 떼면서) 이 떡을 나눌 때에 우리는 그리스도의 한 몸에 참여합니다.(떡을 내려놓는다.)
회　중 : 아멘.

집례자 : (잔을 두 손으로 든 후) 이 잔을 나눌 때에도 우리는 그리스도의 피에 동참합니다.(잔을 내려놓는다.)
회　중 : 아멘.

분급 / 집례자와 보좌

집례자 : (떡을 주면서) 이는 그리스도의 몸입니다.
　　　　(혹은 "하늘의 떡, 예수 그리스도입니다."라고 말한다.)
　　　　(잔을 주면서) 이는 그리스도의 피입니다.
　　　　(혹은 "구원의 잔, 예수 그리스도입니다."라고 말한다.)
회　중 : (받는 이는 목례를 하면서) 아멘.
　　　　(왼손은 위로, 오른손은 아래로 십자형을 만들어 떡을 받은 후, 오른손으로 떡을 집어 포도주에 담갔다가 먹거나, 또는 떡과 함께 포도주잔을 받아먹고 마신다.)

성찬 후 감사기도 / 다함께

저희에게 생명을 주신 하나님, 이 거룩한 신비에 감사하오며 성령의 능력 안에서 새 사람이 되어 하나님 나라가 이 땅 위에 임할 때까지 그리스도의 일꾼으로 살게 하옵소서. 저희에게 성찬을 허락하신 예수 그리스도의 이름으로 기도합니다. 아멘.

4. 세례와 성찬이 함께 있을 경우의 예배 순서

예배 중에 세례와 성찬이 함께 있을 경우에는 '봉헌 응답송' 순서 후에 바로 이어서 '세례'와 '성찬'을 행한다.(여기서 세례를 받은 교우는 입교한 후에 첫 번째 성찬에 참여한다.)

세례와 성찬이 함께 있을 때에는 오랜 시간이 소요되기 때문에 시간의 절약을 위하여 성찬을 약식으로 할 수 있다.

1) 세례

세례받을 이 호명
세례식사
기도
신앙의 확증을 위한 문답
신앙고백(사도신경)
성경봉독
세례 물에 대한 성결의 기도
세례
안수
주님의 기도
기도
회중의 응답
공포

2) 성찬

(찬송가　　　장　　　절)
성찬으로 초대
시작기도
성찬 제정사
기념사
성령 임재의 기원
주님의 기도
분병례
분급
(찬송가　　　장　　　절)
성찬 후 감사기도

5. 자유형 주일 낮 예배 순서(1)

(말씀 중심의 예배 순서)

집례 : ○○○ 목사

보좌 : ○○○ 목사

※ 전주 ─────────── 촛불 점화와 입장 ─────────── 반주자

　(두 점화자가 성단의 초에 각각 불을 붙이는 동안 회중은 조용히 기도를 한다.

　설교자, 집례자, 예배위원들, 찬양대원들은 행진하여 입장한다.)

※ 입례송 ─────────── (찬송가　장) ─────────── 찬양대

　(피아노의 첫 음이 있은 후 찬양대원은 힘차게 합창한다.)

※ 회중의 열린 찬양 ─────────────────────── 다함께

　(성령의 인도하심에 따라 두 팔을 올리며 찬송한다.)

※ 예배로 부름과 기원 ─────────────────────── 집례자

　(집례자는 다양하게 '예배로 부름'을 시행한 후 간단히 기원한다.)

※ 오늘의 기도 ─────────────────────────── 맡은이

　(맡은이는 간단히 여는 기도를 한다.)

※ 경배찬송 ─────────── (찬송가　장) ─────────── 다함께

　(3절 후 간주를 할 수 있다.)

죄의고백 ───────────────────────────── 다함께

　　사랑과 은혜가 풍성하신 하나님, 저희는 말과 행실과 마음으로 죄를 지었습

니다. 저희는 하나님의 명령을 성실하게 따르지 않았습니다. 저희의 죄와 허

물을 용서해 주옵소서. 앞으로는 저희가 다시 죄를 짓지 않도록 더 큰 믿음과

절제력을 주옵소서. 예수 그리스도의 이름으로 기도합니다. 아멘.

회개의 기도송 ─────────── (찬송가　장) ─────────── 다함께

　(두 손을 맞잡거나 합장하여 기도송을 드릴 수 있다.)

용서의 말씀···집례자
　집례자 : 우리 죄가 주홍 같을지라도 눈과 같이 희어질 것이라고 말씀
　　　　　하신 하나님의 약속을 믿습니다.
　회　중 : 아멘.

주님의 기도···다함께
※ 교독························(교독문　　번)·····················다함께
※ 신앙고백 ····················사도신경 ························다함께
※ 삼위영가 ··················(찬송가　　장)···················다함께
　찬양 ···찬양대
　성경봉독···맡은이
　　(부부가 성경구절을 나누어 읽을 수 있다.)
　찬송 ·····················(찬송가　　장)·····················다함께
　설교 전 송영 ··찬양대
　설교···○○○ 목사
　기도··설교자
　말씀 응답송···다함께
　교회소식··다함께
　　(평화송을 부른 후 서로 인사를 나누고, 알림과 돌봄의 시간을 갖는다.)
　봉헌···다함께
　　(헌금위원이 행진하여 성단에 있는 담임목사에게 헌금을 전달한다.)
　봉헌 및 목회기도···담임목사
※ 찬송 ·····················(찬송가　　장)·····················다함께
※ 파송의 말씀 ···집례자
　집례자 : 하나님은 여러분을 사랑하십니다. 세상에 나가서 하나님의 뜻
　　　　　을 실현하십시오.
　회　중 : 하나님의 나라와 의를 위하여 열심히 전도하며 봉사하겠나이

다. 아멘.

※ 평화송(샬롬송) ·· 다 함 께
　　(옆 사람과 손을 잡고 성가를 부른다. 마지막 부분에서는 잡은 손을 위로 올린다.)
※ 축도·· ○○○ 목사
※ 송영·· 성 가 대
※ 후주·· 반 주 자

※ 한 곳은 일어선다.

6. 자유형 주일 낮 예배 순서(2)

(찬양팀과 함께 하는 예배 순서)

집례 : ○○○ 목사

설교 : ○○○ 목사

※ 전주 ················점화, 찬양대의 입례송, 차임종 ················ 반주자
※ 예배로 부름과 기원 ·· 집례자
※ 경배찬송 ·····························(찬송가   장) ························· 다함께
　개회기도 ··· ○○○ 장로
　특별찬양 ························· 1. 찬양팀의 찬양 ························ 맡은이
　　(경배와 찬양)　　　　　2. 온 회중과 함께 찬양
　성경봉독 ··· ○○○ 권사
　하나님께 드리는 감사 ····· 시, 산문, 성경구절 ················· 성도중
　특별찬양 ························· 1. 찬양팀의 찬양 ················· 맡은이
　　(감사와 찬양)　　　　　2. 온 회중과 함께 찬양
　설교 ··· ○○○ 목사
　회개기도 ··················· (잠시 묵상 기도 후)················· ○○○ 권사
　신앙고백 ························· 사도신경 ························· 다함께
　봉헌 ························· 찬양팀의 찬양························· 다함께
　성도의 교제 ················· (새신자소개, 교회소식) ················· 담임목사
　기도 ························· (봉헌, 목회기도)························· 담임목사
　찬양························· 찬양팀의 찬양························· 찬양팀
※ 찬송 ························· (찬송가   장)························· 다함께
※ 파송의 말씀·· ○○○ 목사
※ 축도 ··· ○○○ 목사
※ 후주·· 반주자
※ 한 곳은 일어선다.

7. 주일 저녁(오후) 예배 순서

집례 : ○○○

전주 ·· 반주자

예배로 부름 ··· 집례자

찬송 ······················ (찬송가   장) ··············· 다함께

기도 ·· 맡은이

성경봉독 ·· 집례자

찬양 ·· 찬양대

설교 ·· ○○○ 목사

설교 후 기도 ··· 설교자

찬송 ······················ (찬송가   장) ··············· 다함께

성도의 교제 ·· 집례자

축도6) ·· ○○○ 목사

후주 ·· 반주자

---

6) 집례자가 목사가 아니면 '주님의 기도'로 마칠 수 있다.

8. 수요일 저녁 예배 순서

집례 : ○○○

전주 ·· 반주자

예배로 부름 ·· 집례자

찬송 ··························· (찬송가   장) ······················· 다함께

기도 ·· 맡은이

성경봉독 ·· 집례자

찬양 ·· 맡은이

설교 ·· ○○○ 목사

설교 후 기도 ··· 설교자

찬송 ··························· (찬송가   장) ······················· 다함께

성도의 교제 ·· 집례자

주님의 기도[7] ·· 다함께

후주 ·· 반주자

---

[7] 집례자가 목사라면 축도로 마칠 수 있다.

성례

■ 성례

성례(聖禮)는 예수 그리스도께서 시작하셨다. 그러므로 개신교회는 그리스도께서 제자들에게 지키라고 명령하신 '세례와 성찬' 만을 인정한다. 성례, 즉 세례와 성찬은 그리스도인임을 공인하는 표적과 증거로써 교회 공동체 안에서 행해져야 한다. 성례는 구원받은 그리스도인에게 역사하시는 하나님의 은혜의 방편으로, 존 웨슬리는 "성례는 하나님의 자녀들에게 성령의 은총을 전달하는 통로이며, 성령을 통한 그리스도의 임재를 상징하는 것"이라고 하였다.

세례는 초대교회 때부터 시행된, 그리스도교 신앙공동체에 들어오는 의식으로서 죄의 용서(벧전 3:21), 그리스도와 연합(롬 6:3~5), 성령의 은사(행 2:38), 새 생명의 부활(롬 6:3~5), 그리스도의 몸의 지체가 됨(고전 12:13)을 의미한다.

성찬은 예수께서 잡히시던 밤에 제자들에게 떡과 포도주를 주시면서 "이것은 너희를 위하는 내 몸이니 이것을 행하여 나를 기념하라."는 말씀(눅 22:14~20; 고전 11:23~26)에 따른 것으로 그리스도를 통한 하나님의 구원 역사에 대한 감사, 그리스도와 현재적인 거룩한 친교, 소망의 선포 등의 의미가 담겨 있다.

이처럼 세례와 성찬은 예수님께서 십자가에 죽으셔서 우리를 구원하시고, 모든 죽은 자 가운데서 부활하셔서 우리에게 영원한 생명을 주시는 구원 역사의 징표(徵表)로 예배 속에 중요한 위치를 차지하고 있다.

Ⅰ. 세례

1. 세례의 신학적 의미

1) 세례의 기원

세례는 그리스도교의 역사와 함께 변함없는 전통과 깊은 의미를 갖고 있는 성례로, 그 기원을 유대교의 종교생활에서 유추해 볼 수 있다. 구약의 유대교에는 하나님 앞에서 물을 통하여 깨끗해지는 정결식과 새로운 신앙 공동체의 일원이 되기를 원하였던 개종자들의 세례가 있었다. 이후에 요한은 회개와 죄씻김을 위한 세례를 베풀었는데, 그 세례는 '메시아와 하나님 나라'에 대한 준비 작업이었다.

오늘날 그리스도교에서 행하는 세례는 부활하신 예수님께서 "너희는 가서 모든 민족을 제자로 삼아 아버지와 아들과 성령의 이름으로 세례를 베풀고"(마 28:19)라고 명령하심에 기인한다고 말할 수 있다. 이 새로운 명령은 성부 성자 성령의 이름으로 세례가 베풀어져야 한다는 것과 복음을 받아들이는 사람들에게 그리스도의 사람으로 인치는 의식으로 지켜 나가야 할 의무를 포함한다. 따라서 세례는 그리스도인임을 공인하며, 그리스도 안에서 새 삶, 곧 거듭남의 징표로 행해지는 성례다.

2) 세례의 신학적 의미

세례는 성도로 하여금 예수 그리스도의 죽으심과 부활에 동참케 하는 것이다 (롬 6:3~11). 세례는 과거의 죄악된 삶에서 떠나 예수님 안에서 하나님의 자녀로 다시 태어나는 것을 보여 주는 가시적인 상징으로, '그리스도와 성도의 연합'을 의미한다. 여기서 세례는 그리스도인으로서 자신의 정체성(Identity)을 확인해 주는 역할을 한다.

세례는 자신의 죄를 회개하고 하나님의 용서를 받아 정결케 되는 의식이다(행 22:16). 세례를 받을 때에 개인적으로 전제되는 일은 내적인 회개와 그리스도를 영접하고 그의 복음을 믿는 일이다. 따라서 회개와 하나님의 용서가 이루어지지 않는다면 진정한 의미에서 세례라고 할 수 없다.

세례는 성령의 은사를 나타낸다. 예수 그리스도께서 세례를 받을 때에 성령이 임하였으며(마 3:16), 오순절 이후 초대교회에서도 세례를 받을 때에 성령을 선물로 받았다(행 2:38). 성령의 강림은 세례의 한 부분인 ‘안수’에 의하여 더욱 분명하게 표현되는데, 하나님께서는 수세자들에게 성령으로 기름 부으사 그들을 하나님의 자녀로 인치신다. 또한 성령께서는 그리스도인들이 완전한 구원에 이르기까지 영생의 믿음을 간직하며 성화의 삶으로 나아갈 수 있도록 인도하신다.(고후 1:12~22; 엡 1:13~14)

세례는 새로운 피조물로 탄생함을 의미한다(요 3:5; 딛 3:5). 곧 세례는 죄의 세계에서 의의 세계로, 속박에서 자유로, 율법 아래의 죽음에서 예수님 안의 생명으로 옮겨지는 거듭남의 시작이며, ‘죽은 자들 가운데서 일으키신 하나님의 역사’(골 2:11~12)이다. 이 중생(重生)의 삶은 세례 가운데 임재하시는 성령으로 말미암아 하나님의 자녀로 새롭게 변화되었음을 의미한다.

세례는 교회 공동체와의 연합과 하나님 나라의 백성이 되는 것을 의미한다(갈 3:27~28; 고전 12:13). 세례에서 그리스도와 연합하게 된 성도는 동일한 세례를 받은 모든 그리스도인과 함께 ‘한 그리스도의 몸’인 교회 공동체를 이룬다. 옛 언약에서는 할례가 하나님 나라의 백성으로 한 지체가 되는 연합을 의미하듯, 이제 새 언약에 근거하여 믿는 사람들은 세례를 통해 그리스도의 몸의 지체로 연합하는 것이다. 이 합일의 과정 속에서 수세자에게 하나님 나라가 임하며, 세례 받은 사람은 천국의 백성으로 살아갈 권리와 의무를 동시에 갖게 된다.

• 유아세례의 의미 : 종교개혁시대에 이르러 재세례파는 “세례란 장성한 인간

이 자신의 신앙에 의하여 받는 것이 타당하다.”는 이유로 유아세례에 대하여 반론을 제기하였다. 그러나 대부분의 신·구교회는 여전히 유아세례의 전통을 고수하고 있다. 유아세례에 있어서 유의해야 할 중요한 요소는 하나님과 부모사이의 언약, 부모의 공동신앙, 부모의 책임 있는 기독교적 양육, 신앙 공동체의 성실한 돌봄과 양육, 그리고 부모와 어린이가 함께 공유하는 신앙이다.

• **초대교회의 세례** : 초대교회의 세례는 부활절에 행하여졌다. 당시 세례받을 이들(Candidate)은 세례를 받기 전까지 여러 해 동안 철저하게 신앙훈련 과정을 거쳐야만 했다. 당시의 세례 모습을 살펴보면, 세례받을 사람들은 세례소(baptistry)로 인도되어 세례를 받았다. 여기서 감독은 세례반(font)을 성별하는 성령 임재의 기도를 하여 세례가 단순한 물리적 씻음이 아님을 나타냈다. 그리고 세례자에게 악령을 물리치는 기름(oil of exorcism)을 발라준 후, 세례자로 하여금 사탄(죄악의 세력)을 거부하는 결심을 하게 하고, 성부 성자 성령에 대한 신앙을 확인하기 위하여 세 번의 문답을 거쳤다. 그리고 나서 성부 성자 성령의 이름으로 세 번의 침례를 행했다. 침례를 받고 세례반에서 나오면 세례자들의 머리에 기름을 부었는데, 이는 왕이며 제사장이신 그리스도의 몸에 동참함을 상징했다. 그리고 세례자들은 흰 옷으로 갈아입은 후, 초를 들고 세례소에서 나와 회중이 모여 있는 교회로 인도되었고, 감독이 세례자들을 위해 성령 임재를 간구하는 기도와 안수를 한 후, 이마에 십자 성호를 그으며 기름을 발랐다. 이처럼 물과 성령으로 거듭나고 성령에 의해 택함과 인치심을 받은 세례자들은 비로소 첫 성찬에 참여할 수 있었다.

2. 세례의 순서 해설

세례에 포함되는 중요 내용으로는 다음과 같은 것들이 있다.

1) 세례받을 이 호명 : 집례자가 세례받을 이들을 호명하여 앞으로 인도한다.

2) 세례식사 : 집례자가 세례의 거행을 선언하고, 온 성도의 참여를 권면한다.

3) 문답과 신앙고백 : 집례자와 세례받을 이들 사이의 문답을 통하여 서약하는 순서다. 세례받을 이가 어린아이, 장애인, 환자일 경우에 부모 혹은 후견인이 대리로 대답할 수 있다. 이때의 문답은 형편에 맞게 만들어 사용할 수 있으며, 문답이 끝난 후에 모든 회중과 함께 사도신경을 교독함으로 믿음의 서약을 할 수도 있다. 초대교회 후 그리스도교 예배에서 서약은 모든 악한 세력의 부인과 그리스도에 대한 신앙과 헌신의 고백으로 구성된다. 여기서 집례자의 질문에 대하여 세례받을 이가 '아멘' 으로 대답함으로써 문답의 통일성을 이룰 수도 있다.

4) 세례 물에 대한 성결의 기도 : 이 기도는 거룩한 세례에 대한 성경의 의미를 환기할 수 있도록 짜여 있으며, 이때에 집례자는 모든 회중이 보고 들을 수 있게 적당량의 물을 세례기에 붓는다. 세례 물은 맑고 깨끗한 것으로 사용한다. 그리고 물을 성결케 하기 위한 기도를 할 때에 기도내용에는 성경에 기록된, 물과 관계된 하나님의 섭리와 역사(창조, 노아, 홍해, 요단 등), 예수님의 물로 세례 받으심, 성령강림 기원(사죄와 구원, 승리에 연결되는 내용) 등이 들어가야 한다. 이때 세례 물은 물 자체에 능력이 있는 것이 아니라, 물을 통한 성령의 역사가 중요함을 나타낸다.

5) 세례 : 세례는 전통적으로 침수(immersion), 물 붓기(pouring), 물 뿌리기(sprinkling) 세 가지 방법으로 행해져 왔는데, 교회에서는 세 가지 방법들 중에 한

가지를 선택하여 세례를 행할 수 있다. 침수는 영적으로 옛 사람을 그리스도의 십자가와 함께 장사지내고, 그리스도의 부활과 함께 새 사람이 되어 새로운 삶을 시작하는 것을 상징한다. 물 붓기는 구약성경 요엘 2장 28절과 신약성경 사도행전 2장 17절에 근거한 것으로 교회에 주어지는 성령의 은사를 의미한다. 물 뿌리기는 에스겔 36장 25~26절에 언급된 언약의 성취를 상징한다. 이 세 가지 상징행위들은 모두 세례의 본질에 합당한 것으로, 어느 형태를 취하든 세례의 신학적의미를 다 포함하는 것으로 여긴다. 즉 하나님께서 그리스도의 죽음과 부활을 통하여 우리를 죄에서 깨끗하게 하시고, 새 삶으로 인도하시며 성령의 능력으로 하나님께 충성을 다할 수 있는 마음을 제공하시는 것이다.

세례의 구체적인 방법에 있어서 물 붓기는 물주전자나 물병을 사용하고, 물 뿌리기는 손으로 뿌리거나 작은 그릇(전통적으로는 세례의 상징인 조개껍데기나 조개껍데기 형태의 그릇을 사용했다.)을 사용해 물을 약간 떠서 머리 위에 뿌려 주는 것이며, 교회에 따라서는 침수를 택하기도 한다. 손으로 물을 뿌릴 때에는 세례를 보조하는 사람이 수건을 준비하여 세례를 베푼 집례자의 손을 닦고 이어 안수를 하는 것이 좋다.

6) 안수 : 초대교회 때부터 성령의 역사를 의미하는 안수의식은 물로 세례를 주는 행위 후에 뒤이어 행해졌는데, 근래에 와서 이 안수가 세례의 한 부분으로 받아들여지는 경향이다. 그러나 전통적인 세례에 의하면 세례와 안수, 이 두 가지 행위가 섞여서는 안 된다. 왜냐하면 물로 세례를 주는 것과 안수는 엄연히 다른 행위이며, 성경적으로나 역사적으로 각기 다른 의미를 갖고 있기 때문이다. 신약성경에서 안수는 성직 임명, 축복, 치유를 위해서 행해졌는데, 이 안수를 통해 세례자는 성령의 능력으로 힘을 얻고 보호를 받는다.

초대교회의 세례에서는 안수를 하고 이마에 올리브기름으로 십자가 성호를 그려준 후 새 옷을 입히고 촛불을 켜 주었다. (오늘날 촛불을 켜 줄 경우에 "당신의 선한 행실을 통해 당신의 빛을 다른 사람들에게 비추어서 하늘에 계신 하나님께 영광을 돌리십시오."라고 말해 줄 수 있다.) 따라서 오늘날 이러한 행위들은 각 교회에서 부수적인 순서로 선택할 수 있다.

　7) 주님의 기도 : '우리 아버지'(Our Father, Nostra Patri)라고 하나님을 부르며 함께 기도를 드릴 수 있는 것은 모든 세례자가 하나님의 자녀가 되었음을 의미한다. 그와 함께 하나님의 이름을 거룩하게 하고, 하나님의 나라가 도래함을 기다리는 종말론적인 성격이 이 순서 속에 드러나 있다.

　8) 회중의 응답 : 세례는 교회 공동체와 연합을 의미하기 때문에 반드시 회중의 응답이 있어야 한다. 세례의 공동체적 성격 때문에 목회자는 병상세례 등 긴급한 경우를 제외하고는 개인적으로 세례를 베풀어서는 안 된다. 전체 회중과 함께 하는 예배 이외의 경우에 세례가 거행되었을 경우, 목회자는 돌아오는 주일 예배 때에 전체 회중에게 그 사실을 공포해야 한다.

　9) 공포 : 세례자들이 개체 교회에서 받아들이며, 그들을 환영하는 순서다.

3. 세례가 있을 경우의 예배 순서

　예배 중에 '세례'를 행할 경우에는 '봉헌 응답송' 순서 후에 '세례'를 행하게
된다. '세례' 후에는 '교회 소식'으로 이어진다.

　세례의 순서는 다음과 같다.

　　　세례받을 이 호명
　　　세례식사
　　　기도
　　　신앙의 확증을 위한 문답
　　　신앙고백(사도신경)
　　　성경봉독
　　　세례 물에 대한 성결의 기도
　　　세례
　　　안수
　　　주님의 기도
　　　기도
　　　회중의 응답
　　　공포

　예배 안에 세례가 있을 경우, '신앙고백(사도신경)'과 '주님의 기도'는 세례 안
에 우선적으로 들어가야 할 순서다. 그러므로 일반 예배 순서의 '신앙고백(사도
신경)'과 '주님의 기도'는 그대로 반복할 수도 있고, 혹은 생략할 수도 있다.

4. 세례의 실례

1) 유아세례

집례 : 담임목사

세례받을 유아 호명 / 집례자

(세례받을 유아들의 이름을 불러, 부모나 보호자로 하여금 세례받을 유아를 데리고 앞으로 나오게 한다.)

유아세례식사 / 집례자

사랑하는 교우 여러분! 이제 예수 그리스도의 명령에 따라 유아세례를 행하려고 합니다. 우리는 세례를 통하여 하나님의 구원 역사에 동참하며, 물과 성령으로 거듭나서 그리스도의 몸된 교회의 지체가 됩니다. 예수님께서는 유아들에게도 은혜를 베풀어 주시사 하나님 나라의 백성이 될 수 있음을 보여 주셨습니다. 이 모든 것이 우리에게 주신 하나님의 크신 은총입니다. 하나님의 은혜와 평강이 오늘 세례받는 유아들과 그 부모와 보호자들, 이 자리에 참여한 모든 교우, 그리고 하나님의 거룩한 교회 위에 함께하도록 기도합시다.

기도 / 집례자

전능하시고 영원하신 하나님! 주님 앞에 세례를 받으려고 나온 유아들을 받아 주시사 저희의 죄를 용서하여 주시고 거듭나게 하여 주옵소서. 주님께서 약속하시기를 "구하라, 그러면 주실 것이요. 찾으라, 그러면 찾을 것이요. 문을 두드리라, 그러면 열릴 것이라."고 말씀하셨습니다. 이제 저희가 구하는 것을 얻게 하시고, 찾는 것을 발견하게 하시며, 두드리는 문이 열리게 하옵소서. 세례를 받는 유아들이 주님께 나아와 겸손히 머리 숙여 구하오니, 세례를 통하여 베풀어 주시는 영원한 복을 즐거워하며, 그리스도께서 약속하신 하나님의 나라에 들어가게 하여 주옵소서. 세례를 통하여 천국백성으로 살아가기를 원하시는 구원자 예수님의 이름으로 기도합니다. 아멘.

신앙의 확증을 위한 문답 / 집례자와 세례받을 유아들 부모

(집례자가 유아들의 부모 혹은 보호자에게 묻는다. 집례자의 질문에 대하여 상황에 맞게 응답할 수도 있고, 혹은 모든 질문에 '아멘' 으로 응답하여 문답의 통일성을 이룰 수도 있다.)

집례자 : 교회 전체를 대신하여 유아들의 부모님(혹은 보호자)에게 묻습니다. 사랑하는 이(들이)여, 당신(여러분)이 유아(들)를(을) 데리고 세례를 받고자 나왔으니 하나님과 모든 교우 앞에서 진실하게 대답하시기 바랍니다.

집례자 : 당신(여러분)은 이 유아(들)에게 세례를 베풂에 있어서 예수님이 구세주이시며, 주님이심을 믿습니까?

부모(혹은 보호자) : 예, 믿습니다.(혹은 '아멘' 으로 응답한다.)

집례자 : 당신(여러분)은 이 유아(들)가(이) 성장하는 대로 성례의 뜻을 가르치며, 성경을 읽고 기도하며 예배에 참여하는 것과 그리스도인의 생활에 대하여 가르치시겠습니까?

부모(혹은 보호자) : 예, 가르치겠습니다.(혹은 '아멘' 으로 응답한다.)

집례자 : 당신(여러분)은 생활 속에서 경건한 모범을 보이기를 힘쓰며, 이 유아(들)를(을) 그리스도 안에서 믿음으로 양육하여 하나님의 자녀로 살아가도록 인도하시겠습니까?

부모(혹은 보호자) : 예, 인도하겠습니다.(혹은 '아멘' 으로 응답한다.)

집례자 : 당신(여러분)은 이 유아(들)가(이) 하나님이 주시는 구원의 은혜를 스스
로 받아들이고, 입교를 통하여 거룩한 교회의 책임 있는 교인이 될 때
까지 교회의 가르침과 지도를 받을 수 있도록 노력하시겠습니까?
부모(혹은 보호자) : 예, 노력하겠습니다.(혹은 '아멘' 으로 응답한다.)

신앙고백(사도신경) / 다함께

집례자 : 이제 우리 다함께 사도신경으로 신앙고백을 하겠습니다.
다함께 : 전능하사 천지를 만드신…….

성경봉독 / 집례자

(아래의 성경구절 중에 하나를 선택하여 봉독한다.)

성경봉독 1 : 사람들이 예수께서 만져 주심을 바라고 어린 아이들을 데리고 오
매 제자들이 꾸짖거늘 예수께서 보시고 노하시어 이르시되 어린
아이들이 내게 오는 것을 용납하고 금하지 말라. 하나님의 나라가
이런 자의 것이니라. 내가 진실로 너희에게 이르노니 누구든지 하
나님의 나라를 어린 아이와 같이 받들지 않는 자는 결단코 그 곳
에 들어가지 못하리라 하시고 그 어린 아이들을 안고 그들 위에
안수하시고 축복하시니라.(마가복음 10:13~16)

성경봉독 2 : 삼가 이 작은 자 중의 하나도 업신여기지 말라. 너희에게 말하노
니 그들의 천사들이 하늘에서 하늘에 계신 내 아버지의 얼굴을
항상 뵈옵느니라.(마태복음 18:10)

세례 물에 대한 성결의 기도 / 집례자

(모든 회중이 볼 수 있도록 세례대에 물을 부어 넣은 후에, 다음과 같이 기도한다.)

천지만물을 창조하신 하나님, 성례를 행하도록 저희에게 이 물을 주시니 감사합니다. 태초에 하나님의 거룩한 영이 흑암의 수면 위를 운행하시고, 빛을 창조하셨습니다. 노아의 때에 방주를 통해 물 속에서 구원하셨고, 애굽에서 종살이하던 주님의 백성을 홍해의 물을 가르심으로 구원하셨으며, 요단 물을 건너게 하심으로 약속의 땅으로 인도하셨습니다. 하나님께서 보내신 예수님은 물과 성령으로 세례를 받으시고, 또한 제자들을 부르시사 그리스도의 죽으심과 부활에 연합하여 세례받게 하시고, 모든 나라 백성을 그리스도의 제자로 삼아 주셨습니다.

이제 하나님께서 이 물을 성별하여 주옵소서. 성령의 능력이 이 물 위에 임하셔서 세례받는 주님의 백성에게 복 주옵소서. 또한 세례받은 이들의 죄를 씻어 주시고 의의 옷을 입혀 주시사, 부활하신 예수님과 함께 영원히 살아가게 하여 주옵소서. 성부와 성자와 성령께 모든 찬양과 영광을 드리옵나이다. 아멘.

세례 / 집례자

(집례자는 부모가 서서 유아를 안고 있는 자세에서, 혹은 집례자가 부모에게서 유아를 받아 안고서, 성부 성자 성령의 이름으로 눈에 보이게 그리고 천천히 유아 머리 위에 세 번 물을 붓거나 뿌린다.)

집례자 : ○○○, 내가 성부와 성자와 성령의 이름으로 세례를 주노라.
회　중 : 아멘.

안수 / 집례자

(물로 세례를 베푼 후, 집례자는 세례자의 머리 위에 손을 얹고 성령의 역사를 간구한다.)

집례자 : 성령께서 ○○○ 안에 역사하셔서, 항상 강건하며 그리스도의 충성
된 제자로 살게 하시기를 축원합니다.
회　중 : 아멘.

주님의 기도 / 다함께

(주님의 기도를 암송하거나, 혹은 찬양으로 할 수도 있다.)

기도 / 집례자

거룩하신 하나님, 주님 앞에 나아온 이 유아(들)에게 세례를 베푸시사 하나님의 사랑을 밝히 드러내 주심을 감사합니다. 하나님께서 처음부터 이 유아(들)를(을) 사랑하셨듯이, 주님의 은총 가운데 이들을 보호해 주시고 이끌어 주옵소서. 성령의 인도하심이 이 유아(들)에게 함께하시사 예수 그리스도의 은혜와 지식 안에서 자라나게 하시며, 언제나 주님을 진실히 섬기게 하옵소서. 하나님께서 능력의 손으로 이 유아(들)를(을) 강건하게 하시고 위험한 시험에 빠지지 않게 하시며, 허망한 생각과 정욕으로 범죄치 않게 하옵소서. 또한 이 유아(들)의 부모(보호자)에게 은혜를 베푸시사 사랑으로 돌보게 하시며, 믿음의 모범을 보이게 하옵소서. 그리하여 이 유아(들)가(이) 항상 굳건한 믿음의 생활로 인도함을 받아 의의 열매를 맺고 영원한 기쁨과 평화를 누리며 살게 하여 주옵소서. 우리 주 예수 그리스도의 이름으로 기도합니다. 아멘.

회중의 응답 / 집례자와 회중(회중을 일어서게 하여 다음과 같이 문답한다.)

집례자 : 사랑하는 교우 여러분, 여러분은 그리스도의 몸된 교회의 지체로서,
죄를 멀리하고 그리스도에게서 받은 사명을 감당하고 있음을 다시금
확신합니까?
회　중 : 예, 확신합니다.(혹은 '아멘' 으로 응답한다.)

집례자 : 나는 여러분에게 오늘 우리 교회의 한 가족이 된 이 유아(들)를(을) 기
도로 돕고 사랑으로 돌보아 줄 것을 권고합니다. 신앙 안에서 이 유아
(들)를(을) 사랑하고, 격려하고, 후원함으로써 이들이 주님 안에서 성
령의 인도하심에 따라 믿음의 장성한 분량에 이르기까지 그리스도이
신 예수님의 은혜를 받으며 하나님을 아는 지식과 그분의 사랑 안에
자랄 수 있도록 돕고 돌보겠습니까?
회　중 : 저희가 기도로 돕고 사랑으로 돌보겠습니다.(혹은 ‘아멘’으로 응답한
다.)

공포 / 집례자

이 유아(들)는(은) 오늘 거룩한 세례를 받고 우리 ○○교회의 세례 아동이 되
었음을 공포합니다.
교우 여러분은 사랑으로 환영하시기를 바랍니다.

2) 아동세례

집례 : 담임목사

세례받을 어린이 호명 / 집례자

(세례받을 어린이의 이름을 불러 앞에 나와 서게 한다.)

아동세례식사 / 집례자

사랑하는 교우 여러분, 모든 사람은 죄 가운데 태어났으므로 우리 주 예수 그리스도께서는 물과 성령으로 거듭나지 않고는 결코 하나님 나라에 들어갈 자가 없으리라고 말씀하셨습니다. 우리는 세례를 통하여 하나님의 구원 역사에 동참하며 물과 성령을 통하여 새롭게 태어나 그리스도의 몸된 교회의 지체가 됩니다. 이 모든 것이 우리에게 주어진 하나님의 크신 은총입니다. 이제 우리가 그리스도의 명령을 따라 세례를 행하려고 합니다.

우리 주님께서는 어린이들도 하나님의 백성이 됨을 명백히 하셨고 어린이들에게도 거룩한 은혜가 임함을 보이셨습니다. 우리 모두 하나님 아버지께서 예수 그리스도를 통하여 이 어린이(들)에게 크신 자비를 내려 주셔서 이 어린이(들)가(이) 물과 성령으로 세례를 받고 그리스도의 거룩한 교회에 받아들여져 영육이 성장해 가는 귀중한 생명이 될 수 있도록 간구하시기 바랍니다.

기도 / 집례자

전능하시고 영원하신 하나님, 하나님은 모든 사람의 피난처가 되시며 믿는 자들의 생명이 되시고 능력이 되십니다. 주님의 한이 없으신 자비를 이 어린이(들)에게 베푸시어, 이 어린이(들)의 죄를 씻어주시고 성결하게 하옵소서. 그리하여 하나님의 분노로부터 벗어나며 그리스도의 몸된 교회인 구원의 방주로 들어가게 하옵소서. 이 어린이(들)가(이) 믿음에 굳게 서서 소망을 가지고 기뻐하게 하시며 사랑에 뿌리를 내려 거친 세상의 풍파를 헤치고 나아갈 수 있게 하옵소서. 하나님께서 이 어린이(들)를(을) 받으셔서 예수 그리스도께서 약속하신 것과 같이 구하는 것을 얻고 찾는 것을 발견하며 두드린 것을 열 수 있도록 하옵소서. 이 어린이(들)가(이) 세례를 통해 영원한 복을 받아 그리스도께서 약속하신 영원한 나라에 들어갈 수 있게 하옵소서. 우리 주 예수 그리스도의 이름으로 기도합니다. 아멘.

신앙의 확증을 위한 문답 / 집례자와 세례받을 어린이

집례자 : 교회 전체를 대신하여 어린이(들)에게 묻습니다. 어린이(들)는(은) 거룩한 세례를 받고자 나왔으니 하나님과 모든 교우 앞에서 큰 소리로 진실하게 대답하기 바랍니다.

집례자 : 어린이(여러분)는(은) 예수님이 구세주이시며 주님이심을 믿습니까?
세례받을 어린이 : 예.(혹은 '아멘' 으로 응답한다.)

집례자 : 어린이(여러분)는(은) 교회에 항상 출석하여 하나님의 말씀을 열심히 배워 믿음이 커지도록 하겠습니까?
세례받을 어린이 : 예.(혹은 '아멘' 으로 응답한다.)

집례자 : 어린이(여러분)는(은) 언제나 기도하며 하나님의 말씀에 따라 살겠습니까?
세례받을 어린이 : 예.(혹은 '아멘' 으로 응답한다.)

신앙고백(사도신경) / 다함께

집례자 : 이제 우리 다함께 사도신경으로 신앙고백을 하겠습니다.
다함께 : 전능하사 천지를 만드신…….

성경봉독 / 집례자

사람들이 예수께서 만져 주심을 바라고 어린 아이들을 데리고 오매 제자들이 꾸짖거늘 예수께서 보시고 노하시어 이르시되 어린 아이들이 내게 오는 것을 용납하고 금하지 말라. 하나님의 나라가 이런 자의 것이니라. 내가 진실로 너희에게 이르노니 누구든지 하나님의 나라를 어린 아이와 같이 받들지 않는 자는 결단코 그 곳에 들어가지 못하리라 하시고 그 어린 아이들을 안고 그들 위에 안수하시고 축복하시니라.(마가복음 10:13~16)

세례 물에 대한 성결의 기도 / 집례자

(모든 회중이 볼 수 있도록 세례대에 물을 부어 넣은 후에, 다음과 같이 기도한다.)

천지만물을 창조하신 하나님, 성례를 행하도록 저희에게 이 물을 주시니 감사합니다. 태초에 하나님의 거룩한 영이 흑암의 수면 위를 운행하시고 빛을 창조하셨습니다. 노아의 때에 방주를 통해 물 속에서 구원하셨고, 애굽에서 종살이하던 주님의 백성을 홍해의 물을 가르심으로 구원하셨으며, 요단 물을 건너게 하심으로 약속의 땅으로 인도하셨습니다. 하나님께서 보내신 예수님은 물과 성령으로 세례를 받으시고, 또한 제자들을 부르시사 그리스도의 죽으심과 부활에 연합하여 세례받게 하시고, 모든 나라 백성을 그리스도의 제자로 삼아 주셨습니다. 이제 하나님께서 이 물을 성별하여 주옵소서. 성령의 능력이 이 물 위에 임하셔서 세례받는 주님의 백성에게 복 주옵소서. 또한 세례받은 이들의 죄를 씻어 주시고 의의 옷을 입혀 주시사, 부활하신 예수님과 함께 영원히 살아가게 하여 주옵소서. 성부와 성자와 성령께 모든 찬양과 영광을 드리옵나이다. 아멘.

세례 / 집례자

(집례자는 성부 성자 성령의 이름으로, 눈에 보이게 그리고 천천히 어린이 머리 위에

세 번 물을 붓거나 뿌린다.)

집례자 : ○○○, 내가 성부와 성자와 성령의 이름으로 세례를 주노라.
회　중 : 아멘.

안수 / 집례자

(물로 세례를 베푼 후, 집례자는 세례자의 머리 위에 손을 얹고 성령의 역사를 간구한다.)

집례자 : 성령께서 ○○○ 안에 역사하셔서서 항상 강건하며 그리스도의 충성된
　　　　 제자의 삶을 살아가게 하시기를 축원합니다.
회　중 : 아멘.

주님의 기도 / 다함께

(주님의 기도를 암송하거나, 혹은 찬양으로 할 수도 있다.)

기도 / 집례자

거룩하신 하나님, 주님께 나온 이 어린이(들)에게 물과 성령으로 세례를 베푸시어 하나님의 자녀로 받아 주시고 주님의 거룩한 교회에 연합하게 하시니 감사합니다. 저희가 간절히 간구하오니 이 어린이(들)가(이) 죄에 대해 죽고 의에 대해 살며, 그리스도와 함께 죽어 옛 사람을 십자가에 못박아 죄를 온전히 제거할 수 있게 하시며, 그리스도의 죽음에 참여함과 같이 또한 그리스도의 부활에 참예할 수 있게 하옵소서.

이제 주님의 종이 된 이 어린이(들)를(을) 지키시고 돌보시며 이끌어 주시사 이 어린이(들)를(을) 건강하게 하시고, 위험한 시험에 빠지지 않게 하시며 허망한 생각과 정욕으로 범죄치 않게 하옵소서. 이 어린이(들)에게 은총을 베푸사

예수 그리스도를 아는 지혜가 자라게 하시며, 성령께서 이 어린이(들)를(을) 늘 새롭게 하셔서 언제나 주님을 진실하게 섬기게 하옵소서. 또한 이 어린이(들)의 부모(보호자)에게 은혜를 베푸사 이 어린이(들)를(을) 사랑으로 돌보게 하시며 바른 길로 인도하게 하옵소서. 이 어린이(들)가(이) 항상 굳건한 믿음의 생활로 인도함을 받아 의의 열매와 영원한 기쁨과 평화를 누리게 하옵소서. 우리 주 예수 그리스도의 이름으로 기도합니다. 아멘.

회중의 응답 / 집례자와 회중(회중을 일어서게 하여 다음과 같이 문답한다.)

집례자 : 사랑하는 교우 여러분, 여러분은 그리스도의 몸된 교회의 지체로서, 죄를 멀리하고 그리스도에게서 받은 사명을 감당하고 있음을 다시금 확신합니까?

회   중 : 예, 확신합니다.(혹은 '아멘' 으로 응답한다.)

집례자 : 나는 여러분에게 오늘 우리 교회의 한 가족이 된 이 어린이(들)를(을) 기도로 돕고 사랑으로 돌보아 줄 것을 권고합니다. 신앙 안에서 이 어린이(들)를(을) 사랑하고, 격려하고, 후원함으로써, 이들이 주님 안에서 성령의 인도하심에 따라 믿음의 장성한 분량에 이르기까지 예수 그리스도의 은혜를 받으며 하나님을 아는 지식과 그분의 사랑 안에 자랄 수 있도록 돕고 돌보겠습니까?

회   중 : 저희가 기도로 돕고 사랑으로 돌보겠습니다.(혹은 '아멘' 으로 응답한다.)

공포 / 집례자

이 어린이(들)는(은) 오늘 거룩한 세례를 받고 우리 ○○교회의 세례 아동이 되었음을 공포합니다.
교우 여러분은 사랑으로 환영하시기를 바랍니다.

3) 성인세례와 입교를 함께 하는 경우

(청소년세례는 성인세례에 준한다.)

집례 : 담임목사

(1) 성인세례

(성인세례와 입교를 함께 할 경우, 성인세례를 먼저 행하고 이어서 입교한다.)

세례받을 이 호명 / 집례자

(세례받을 이들의 이름을 불러 앞으로 인도한다.)

세례식사 / 집례자

사랑하는 교우 여러분! 이제 예수 그리스도의 명령에 따라 세례를 행하려고 합니다. 우리는 세례를 통하여 하나님의 구원 역사에 동참하며, 물과 성령으로 거듭나서 그리스도의 몸된 교회의 지체가 됩니다. 이 모든 것이 우리에게 주신 하나님의 크신 은총입니다. 하나님의 은혜와 평강이 오늘 세례받는 이들과 이 자리에 참여한 모든 교우, 그리고 하나님의 거룩한 교회 위에 함께하도록 우리 모두 기도합시다.

기도 / 집례자

전능하시고 영원하신 하나님! 주님 앞에 세례를 받으려고 나온 이들을 받아 주시사 저희의 죄를 용서하여 주시고 거듭나게 하여 주옵소서. 주님께서 약속하시기를 "구하라, 그러면 주실 것이요. 찾으라, 그러면 찾을 것이요. 문을 두드리라, 그러면 열릴 것이라."고 말씀하셨습니다. 이제 저희가 구하는 것을 얻게 하시고, 찾는 것을 발견하게 하시며, 두드리는 문이 열리게 하옵소서. 오늘 이 시간 세례받기를 원하는 이들이 옛 사람을 벗어 버리고 새 사람을 덧입게 하옵시며, 성령의 권능으로 함께하셔서 악의 세력에 승리하게 하옵소서. 또한 세례를 통하여 베풀어 주시는 영원한 복을 즐거워하며, 그리스도께서 약속하신 하나님의 나라에 들어가게 하여 주옵소서. 우리 주 예수 그리스도의 이름으로 기도합니다. 아멘.

신앙의 확증을 위한 문답 / 집례자와 세례받을 이

(집례자가 세례받을 이들에게 묻는다. 집례자의 질문에 대하여 상황에 맞게 응답할 수도 있고, 혹은 모든 질문에 '아멘' 으로 응답하여 문답의 통일성을 이룰 수도 있다.)

집례자 : 교회 전체를 대신하여 세례를 받을 당신(여러분)에게 묻습니다. 사랑하는 이(들이)여, 당신(여러분)이 거룩한 세례를 받고자 나왔으니, 하나님과 모든 교우 앞에서 진실하게 대답하시기 바랍니다.

집례자 : 당신(여러분)은 이 세상의 모든 악과 그 악의 세력을 거부하겠습니까?
세례받을 이 : 예, 거부합니다.(혹은 '아멘' 으로 응답한다.)

집례자 : 당신(여러분)은 하나님에게서 멀어지게 하는 죄의 욕망들을 버렸습니까?
세례받을 이 : 예, 버렸습니다.(혹은 '아멘' 으로 응답한다.)

집례자 : 당신(여러분)은 하나님의 뜻과 성경에 어긋나는 것들을 모두 버리기로 결심하였습니까?
세례받을 이 : 예, 결심하였습니다.(혹은 '아멘' 으로 응답한다.)

집례자 : 당신(여러분)은 진정으로 죄를 뉘우치며 예수 그리스도를 구세주로 믿

습니까?

세례받을 이 : 예, 믿습니다.(혹은 '아멘' 으로 응답한다.)

집례자 : 당신(여러분)은 예수 그리스도의 은혜와 사랑을 믿으며, 주님만을 영
　　　　원토록 섬기며 살 것을 약속하십니까?

세례받을 이 : 예, 약속합니다.(혹은 '아멘' 으로 응답한다.)

집례자 : 당신(여러분)은 하나님의 도우심으로 언제나 주님의 거룩하신 뜻과 계
　　　　명을 준행하겠습니까?

세례받을 이 : 예, 준행하겠습니다.(혹은 '아멘' 으로 응답한다.)

신앙고백(사도신경) / 다함께

(집례자와 세례받을 이들은 회중과 함께 사도신경으로 신앙을 고백한다.)

집례자 : 이제 우리 다함께 사도신경으로 신앙고백을 하겠습니다.

다함께 : 전능하사 천지를 만드신…….

성경봉독 / 집례자

(아래의 성경구절 중에 하나를 선택하여 봉독한다.)

성경봉독 1 : 그런데 바리새인 중에 니고데모라 하는 사람이 있으니 유대인의
　　　　　지도자라 그가 밤에 예수께 와서 이르되 랍비여 우리가 당신은 하
　　　　　나님께로부터 오신 선생인 줄 아나이다 하나님이 함께 하시지 아
　　　　　니하시면 당신이 행하시는 이 표적을 아무도 할 수 없음이니이다
　　　　　예수께서 대답하여 이르시되 진실로 진실로 네게 이르노니 사람
　　　　　이 거듭나지 아니하면 하나님의 나라를 볼 수 없느니라 니고데모
　　　　　가 이르되 사람이 늙으면 어떻게 날 수 있사옵나이까 두 번째 모

태에 들어갔다가 날 수 있사옵나이까 예수께서 대답하시되 진실
로 진실로 네게 이르노니 사람이 물과 성령으로 나지 아니하면 하
나님의 나라에 들어갈 수 없느니라 육으로 난 것은 육이요 영으로
난 것은 영이니 내가 네게 거듭나야 하겠다 하는 말을 놀랍게 여
기지 말라 바람이 임의로 불매 네가 그 소리는 들어도 어디서 와
서 어디로 가는지 알지 못하나니 성령으로 난 사람도 다 그러하니
라.(요한복음 3:1~8)

성경봉독 2 : 무릇 그리스도 예수와 합하여 세례를 받은 우리는 그의 죽으심과
합하여 세례를 받은 줄을 알지 못하느냐 그러므로 우리가 그의
죽으심과 합하여 세례를 받음으로 그와 함께 장사되었나니 이는
아버지의 영광으로 말미암아 그리스도를 죽은 자 가운데서 살리
심과 같이 우리로 또한 새 생명 가운데서 행하게 하려 함이라 만
일 우리가 그의 죽으심과 같은 모양으로 연합한 자가 되었으면
또한 그의 부활과 같은 모양으로 연합한 자도 되리라 우리가 알
거니와 우리의 옛 사람이 예수와 함께 십자가에 못 박힌 것은 죄
의 몸이 죽어 다시는 우리가 죄에게 종 노릇 하지 아니하려 함이
니(로마서 6:3~6)

성경봉독 3 : 물은 예수 그리스도께서 부활하심으로 말미암아 이제 너희를 구
원하는 표니 곧 세례라 이는 육체의 더러운 것을 제하여 버림이
아니요 하나님을 향한 선한 양심의 간구니라.(베드로전서 3:21)

성경봉독 4 : 그러므로 이제부터 너희는 외인도 아니요 나그네도 아니요 오직
성도들과 동일한 시민이요 하나님의 권속이라 너희는 사도들과
선지자들의 터 위에 세우심을 입은 자라 그리스도 예수께서 친히
모퉁잇돌이 되셨느니라 그의 안에서 건물마다 서로 연결하여 주

안에서 성전이 되어 가고 너희도 성령 안에서 하나님이 거하실 처소가 되기 위하여 그리스도 예수 안에서 함께 지어져 가느니라.(에베소서 2:19~22)

세례 물에 대한 성결의 기도 / 집례자

(모든 회중이 볼 수 있도록 세례대에 물을 부어 넣은 후에, 다음과 같이 기도한다.)

천지만물을 창조하신 하나님, 성례를 행하도록 저희에게 이 물을 주시니 감사합니다. 태초에 하나님의 거룩한 영이 흑암의 수면 위를 운행하시고, 빛을 창조하셨습니다. 노아의 때에 방주를 통해 물 속에서 구원하셨고, 애굽에서 종 살이하던 주님의 백성을 홍해의 물을 가르심으로 구원하셨으며, 요단 물을 건너게 하심으로 약속의 땅으로 인도하셨습니다. 하나님께서 보내신 예수님은 물과 성령으로 세례를 받으시고, 또한 제자들을 부르시사 그리스도의 죽으심과 부활에 연합하여 세례받게 하시고, 모든 나라 백성을 그리스도의 제자로 삼아 주셨습니다. 이제 하나님께서 이 물을 성별하여 주옵소서. 성령의 능력이 이 물 위에 임하셔서 세례받는 주님의 백성에게 복 주옵소서. 또한 세례받은 이들의 죄를 씻어 주시고 의의 옷을 입혀 주시사, 부활하신 예수님과 함께 영원히 살아가게 하여 주옵소서. 성부와 성자와 성령께 모든 찬양과 영광을 드리옵나이다. 아멘.

세례 / 집례자

(세례의 방법은 물을 붓거나〈pouring〉, 물을 뿌리는〈sprinkling〉 방식을 사용한다. 후보자는 세례대 밑에 자신의 머리를 숙이고, 집례자는 성부와 성자와 성령의 이름으로, 눈에 보이게 그리고 천천히 후보자 머리 위에 세 번 물을 붓거나 뿌린다.)

집례자 : ○○○, 내가 성부와 성자와 성령의 이름으로 세례를 주노라.
회　중 : 아멘.

안수 / 집례자

(물로 세례를 베푼 후, 집례자는 세례자의 머리 위에 손을 얹고 성령의 역사를 간구한다.)

집례자 : 성령께서 ○○○ 안에 역사하셔서, 항상 강건하며 그리스도의 충성된 제자로 살게 하시기를 축원합니다.

회　중 : 아멘.

주님의 기도 / 다함께

(주님의 기도를 암송하거나, 혹은 찬양으로 할 수도 있다.)

기도 / 집례자

거룩하신 하나님, 주님 앞에 나아온 이들에게 세례를 베푸시사 모든 죄를 사해 주시고, 거듭난 삶으로 인도해 주심을 감사합니다. 이제부터 이들과 함께하여 주시사 언제 어디서나 하나님의 사랑과 은혜를 간직하여, 구원의 기쁨과 소망 속에서 성령의 도우심을 따라 그리스도의 복음을 전하며 살게 하여 주옵소서. 우리 주 예수 그리스도의 이름으로 기도합니다. 아멘.

회중의 응답 / 집례자와 회중

(모든 회중을 일어서게 하여 다음과 같이 문답한다.)

집례자 : 사랑하는 교우 여러분, 여러분은 그리스도의 몸된 교회의 지체로서 죄를 멀리하고 그리스도에게서 받은 사명을 감당하고 있음을 다시금 확신합니까?

회　중 : 예, 확신합니다.(혹은 '아멘' 으로 응답한다.)

집례자 : 저는 여러분에게 오늘 우리 교회의 한 가족이 된 이 사람(들)을 기도

로 돕고 사랑으로 돌보아 줄 것을 권고합니다. 신앙 안에서 이 형제
자매들을 사랑하고, 격려하고, 후원함으로써 이들이 주님 안에서 성
령의 인도하심에 따라 믿음의 장성한 분량에 이르기까지 예수 그리스
도의 은혜와 하나님을 아는 지식과 사랑 안에서 자랄 수 있도록 돕고
돌보겠습니까?

회 중 : 저희가 기도로 돕고 사랑으로 돌보겠습니다.(혹은 '아멘'으로 응답한
다.)

공포 / 집례자

이 사람(들)은 오늘 거룩한 세례를 받고 우리 ○○교회의 세례인이 되었음을
공포합니다.

교우 여러분은 사랑으로 환영하시기를 바랍니다.

(세례 후에 입교할 사람은 계속 그 자리에 서 있으며, 다른 이들은 모두 예배석으로
돌아간다. 세례인으로 18세 이상이 되어 입교할 사람도 집례자의 호명에 따라 앞으로
나아온다.)

(2) 입교

입교식사 / 집례자

사랑하는 교우 여러분, 교회는 하나님의 집이요, 그리스도는 교회의 머리이며, 우리는 그 지체입니다. 교회는 말씀을 선포하고 가르치며 성례를 행하며, 성도의 교제와 봉사로써 하나님의 뜻을 이 땅에 이루어야 합니다. 또한 우리의 말과 생활로 불신자들에게 복음을 전하여 주님 앞으로 인도해야 함이 우리의 사명입니다. 이제 이 일에 동참할 결심을 가지고 주님 앞에 나온 이(들)를(을) 우리 교회의 입교인으로 받아들이고자 합니다. 이제 입교하는 이(들)를(을) 위해 함께 기도하여 주시기 바랍니다.

입교 문답 / 집례자와 입교할 이

집례자 : 당신(여러분)은 이미 세례를 받은 사람으로서 입교인이 되고자 이 자리에 나왔습니다. 하나님은 은혜로 당신(여러분)을 부르셔서 그리스도의 제자로 삼아 주셨습니다. 당신(여러분)은 주님의 교회가 매우 귀하고 거룩한 것임을 다시 깨달아야 할 것입니다. 이제 입교하기 전에 하나님과 모든 교우 앞에서 세례받을 때의 약속을 새롭게 하고, 믿음의 결심을 확인하기 위하여 다음과 같이 묻고자 하니 묻는 말에 진실하게 대답하시기를 바랍니다.

집례자 : 당신(여러분)은 하나님과 여러 교우 앞에서 세례받을 때에 약속한 모든 것을 그대로 힘써 지키겠습니까?

입교할 이 : 예, 힘써 지키겠습니다.(혹은 '아멘' 으로 응답한다.)

집례자 : 당신(여러분)은 우리 기독교대한감리회의 장정과 전통을 지키고 성례

에 참여하며, 몸과 마음과 재능, 그리고 시간과 재물을 바쳐 교인된 의무를 준행하시겠습니까?

입교할 이 : 예, 준행하겠습니다.(혹은 '아멘'으로 응답한다.)

집례자 : 당신(여러분)은 성령의 능력을 힘입어 선교와 교육과 봉사 등 교회의 모든 활동에 적극적으로 참여하시겠습니까?

입교할 이 : 예, 참여하겠습니다.(혹은 '아멘'으로 응답한다.)

집례자 : 당신(여러분)은 교인으로서 의무와 권리를 바르게 행사하며, 교회의 관할과 치리에 순종하고, 교회의 덕을 세우는 데 힘쓰겠습니까?

입교할 이 : 예, 힘쓰겠습니다.(혹은 '아멘'으로 응답한다.)

신앙고백(감리회 신앙고백) / 다함께

집례자 : 우리는 우주 만물을 창조하시고 섭리하시며 주관하시는 거룩하시고 자비하시며 오직 한 분이신 아버지 하나님을 믿습니다.

회 중 : 우리는 말씀이 육신이 되어 우리 가운데 오셔서 하나님의 나라를 선포하시고 십자가에 달려 죽으셨다가 부활승천 하심으로 대속자가 되시고 구세주가 되시는 예수 그리스도를 믿습니다.

집례자 : 우리는 우리와 함께 계셔서 우리를 거듭나게 하시고 거룩하게 하시며 완전하게 하시며 위안과 힘이 되시는 성령을 믿습니다.

회 중 : 우리는 성령의 감동으로 기록된 하나님의 말씀인 성경이 구원에 이르는 도리와 신앙생활에 충분한 표준이 됨을 믿습니다.

집례자 : 우리는 하나님의 은혜로 믿음을 통해 죄사함을 받아 거룩해지며 하나님의 구원의 역사에 동참하도록 부름받음을 믿습니다.

회　중 : 우리는 예배와 친교, 교육과 봉사, 전도와 선교를 위해 하나가 된 그
리스도의 몸인 교회를 믿습니다.

집례자 : 우리는 만민에게 복음을 전파함으로 하나님의 정의와 사랑을 나누
고 평화의 세계를 이루는 모든 사람들이 하나님 앞에 형제됨을 믿습
니다.

회　중 : 우리는 예수 그리스도의 재림과 심판, 우리 몸의 부활과 영생 그리고
의의 최후 승리와 영원한 하나님 나라를 믿습니다. 아멘.

기도 / 집례자

전능하신 하나님, 주님께서 택하신 이(들)에게 은혜를 베푸시사 이 세상에서
하나님의 자녀로 신실하게 살아가게 하시고, 성령의 능력으로 그리스도의 몸
된 교회의 사명을 감당하게 하시며, 영원한 하나님 나라의 백성으로 인도하여
주옵소서. 저희를 죄와 죽음에서 구원하신 예수님 이름으로 기도합니다. 아멘.

공포 / 집례자

이 사람(들)은 하나님과 모든 교우 앞에서 성실히 서약하였으므로, 우리 ○
○교회 입교인이 된 것을 성부와 성자와 성령의 이름으로 공포합니다.
교우 여러분은 사랑으로 환영하시기를 바랍니다.

4) 유아세례, 아동세례, 청소년세례, 성인세례, 입교를 함께 하는 경우

(아동세례와 청소년세례도 이 예식에 따른다. 그러나 18세가 되기 전에는 입교할 수 없다.)

집례 : 담임목사

(1) 세례

세례받을 이 호명 / 집례자

(집례자가 세례받을 이들의 이름을 불러 앞으로 나오게 한다. 유아세례의 경우는 부모나 보호자로 하여금 세례받을 유아를 데리고 앞으로 나오게 한다.)

세례식사 / 집례자

사랑하는 교우 여러분! 이제 예수 그리스도의 명령에 따라 세례를 행하려고 합니다. 우리는 세례를 통하여 하나님의 구원 역사에 동참하며, 물과 성령으로 거듭나서 그리스도의 몸된 교회의 지체가 됩니다. 이 모든 것이 우리에게 주신 하나님의 크신 은총입니다. 하나님의 은혜와 평강이 오늘 세례받는 이들과 이 자리에 참여한 모든 교우와 하나님의 거룩한 교회 위에 함께하도록 우리 모두 기도합시다.

기도 / 집례자

전능하시고 영원하신 하나님! 주님 앞에 세례를 받으려고 나온 이들을 받아 주시사 저희의 죄를 용서하여 주시고 거듭나게 하여 주옵소서. 주님께서 약속 하시기를 "구하라, 그러면 주실 것이요. 찾으라, 그러면 찾을 것이요. 문을 두

드리라, 그러면 열릴 것이라.”고 말씀하셨습니다. 이제 저희가 구하는 것을 얻게 하시고, 찾는 것을 발견하게 하시며, 두드리는 문이 열리게 하옵소서. 세례 받기를 원하는 이들이 주님께 나아와 겸손히 머리 숙여 구하오니, 세례를 통하여 베풀어 주시는 영원한 복을 즐거워하며, 그리스도께서 약속하신 하나님의 나라에 들어가게 하여 주옵소서. 우리 주 예수 그리스도의 이름으로 기도합니다. 아멘.

신앙의 확증을 위한 문답

유아세례 받을 어린이의 부모들에게

(집례자가 유아들의 부모 혹은 보호자에게 묻는다. 집례자의 질문에 대하여 상황에 맞게 응답할 수도 있고, 혹은 모든 질문에 ‘아멘’ 으로 응답하여 문답의 통일성을 이룰 수도 있다.)

집례자 : 교회 전체를 대신하여 먼저 유아들의 부모님(혹은 보호자)에게 묻습니다. 사랑하는 이(들이)여, 당신(여러분)이 유아(들)를(을) 데리고 세례를 받고자 나왔으니 하나님과 모든 교우 앞에서 진실하게 대답하시기를 바랍니다.

집례자 : 당신(여러분)은 이 유아(들)에게 세례를 베풂에 있어서 예수님이 구세주이시며 주님이심을 믿습니까?
부모(혹은 보호자) : 예, 믿습니다.(혹은 ‘아멘’ 으로 응답한다.)

집례자 : 당신(여러분)은 이 유아(들)가(이) 성장하는 대로 성례의 뜻을 가르치며, 성경을 읽고 기도하며 예배에 참여하는 것과 그리스도인의 생활에 대하여 가르치시겠습니까?
부모(혹은 보호자) : 예, 가르치겠습니다.(혹은 ‘아멘’ 으로 응답한다.)

집례자 : 당신(여러분)은 생활 속에서 경건한 모범을 보이기를 힘쓰며, 이 유아
(들)를(을) 그리스도 안에서 믿음으로 양육하여 하나님의 자녀로 살아
가도록 인도하시겠습니까?

부모(혹은 보호자) : 예, 인도하겠습니다.(혹은 '아멘' 으로 응답한다.)

집례자 : 당신(여러분)은 이 유아(들)가(이) 하나님이 주시는 구원의 은혜를 스스
로 받아들이고, 입교를 통하여 거룩한 교회의 책임 있는 교인이 될 때
까지 교회의 가르침과 지도를 받을 수 있도록 노력하시겠습니까?

부모(혹은 보호자) : 예, 노력하겠습니다.(혹은 '아멘' 으로 응답한다.)

아동 · 청소년 · 성인세례 받을 이들에게

(이제 집례자가 세례를 받을 후보자들에게 묻는다.)

집례자 : 교회 전체를 대신하여 세례를 받을 당신(여러분)에게 묻습니다. 사랑
하는 이(들이)여, 당신(여러분)이 거룩한 세례를 받고자 나왔으니, 하나
님과 모든 교우 앞에서 진실하게 대답하시기를 바랍니다.

집례자 : 당신(여러분)은 이 세상의 모든 악과 그 악의 세력을 거부하겠습니까?
세례받을 이 : 예, 거부합니다.(혹은 '아멘' 으로 응답한다.)

집례자 : 당신(여러분)은 하나님에게서 멀어지게 하는 죄의 욕망들을 버렸습니
까?
세례받을 이 : 예, 버렸습니다.(혹은 '아멘' 으로 응답한다.)

집례자 : 당신(여러분)은 하나님의 뜻과 성경에 어긋나는 것들을 모두 버리기로
결심하였습니까?
세례받을 이 : 예, 결심하였습니다.(혹은 '아멘' 으로 응답한다.)

집례자 : 당신(여러분)은 진정으로 죄를 뉘우치며 예수 그리스도를 구세주로 믿
습니까?
세례받을 이 : 예, 믿습니다.(혹은 '아멘' 으로 응답한다.)

집례자 : 당신(여러분)은 예수 그리스도의 은혜와 사랑을 믿으며, 주님만을 영
원토록 섬기며 살 것을 약속하십니까?
세례받을 이 : 예, 약속합니다.(혹은 '아멘' 으로 응답한다.)

집례자 : 당신(여러분)은 하나님의 도우심으로 언제나 주님의 거룩하신 뜻과 계
명을 준행하겠습니까?
세례받을 이 : 예, 준행하겠습니다.(혹은 '아멘' 으로 응답한다.)

신앙고백(사도신경) / 다함께

집례자 : 이제 우리 다함께 사도신경으로 신앙고백을 하겠습니다.
다함께 : 전능하사 천지를 만드신······.

성경봉독 / 집례자

그런데 바리새인 중에 니고데모라 하는 사람이 있으니 유대인의 지도자라 그가 밤에 예수께 와서 이르되 랍비여 우리가 당신은 하나님께로부터 오신 선생인 줄 아나이다 하나님이 함께 하시지 아니하시면 당신이 행하시는 이 표적을 아무도 할 수 없음이니이다 예수께서 대답하여 이르시되 진실로 진실로 네게 이르노니 사람이 거듭나지 아니하면 하나님의 나라를 볼 수 없느니라 니고데모가 이르되 사람이 늙으면 어떻게 날 수 있사옵나이까 두 번째 모태에 들어갔다가 날 수 있사옵나이까 예수께서 대답하시되 진실로 진실로 네게 이르노니 사람이 물과 성령으로 나지 아니하면 하나님의 나라에 들어갈 수 없느니라

육으로 난 것은 육이요 영으로 난 것은 영이니 내가 네게 거듭나야 하겠다 하
는 말을 놀랍게 여기지 말라 바람이 임의로 불매 네가 그 소리는 들어도 어디
서 와서 어디로 가는지 알지 못하나니 성령으로 난 사람도 다 그러하니라.(요한
복음 3:1~8)

세례 물에 대한 성결의 기도 / 집례자

(모든 회중이 볼 수 있도록 세례대에 물을 부어 넣은 후에, 다음과 같이 기도한다.)

천지만물을 창조하신 하나님, 성례를 행하도록 저희에게 이 물을 주시니 감
사합니다. 태초에 하나님의 거룩한 영이 흑암의 수면 위를 운행하시고, 빛을
창조하셨습니다. 노아의 때에 방주를 통해 물 속에서 구원하셨고, 애굽에서 종
살이하던 주님의 백성을 홍해의 물을 가르심으로 구원하셨으며, 요단 물을 건
너게 하심으로 약속의 땅으로 인도하셨습니다. 하나님께서 보내신 예수님은
물과 성령으로 세례를 받으시고, 또한 제자들을 부르시사 그리스도의 죽으심
과 부활에 연합하여 세례받게 하시고, 모든 나라 백성을 그리스도의 제자로 삼
아 주셨습니다.

이제 하나님께서 이 물을 성별하여 주옵소서. 성령의 능력이 이 물 위에 임
하셔서 세례받는 주님의 백성에게 복 주옵소서. 또한 세례받는 이들의 죄를 씻
어 주시고 의의 옷을 입혀 주시사, 부활하신 예수님과 함께 영원히 살아가게
하여 주옵소서. 저희를 죄와 죽음에서 구원하신 예수님의 이름으로 기도합니
다. 아멘.

세례 / 집례자

(세례의 방법은 물을 붓거나〈pouring〉, 물을 뿌리는〈sprinkling〉 방식을 사용한다.
후보자는 세례대 밑에 자신의 머리를 숙이고, 집례자는 성부와 성자와 성령의 이름으
로, 눈에 보이게 그리고 천천히 후보자 머리 위에 세 번 물을 붓거나 뿌린다. 유아세례
의 경우에는 부모가 서서 유아를 안고 있는 자세에서 세례를 베풀거나, 집례자가 부모

에게서 유아를 받아 안고서 세례를 베풀 수도 있다.)

집례자 : ○○○, 내가 성부와 성자와 성령의 이름으로 세례를 주노라.
회　중 : 아멘.

안수 / 집례자

(물로 세례를 베푼 후, 집례자는 세례자의 머리 위에 손을 얹고 성령의 역사를 간구
한다.)

집례자 : 성령께서 ○○○ 안에 역사하셔서, 항상 강건하며 그리스도의 충성
　　　　된 제자로 살게 하시기를 축원합니다.
회　중 : 아멘.

주님의 기도 / 다함께(주님의 기도를 암송하거나, 혹은 찬양으로 할 수도 있다.)

기도 / 집례자

거룩하신 하나님, 주님 앞에 나아온 이들에게 세례를 베푸시사 모든 죄를 사
해 주시고, 거듭난 삶으로 인도해 주심을 감사합니다. 이제부터 이들과 함께하
여 주시사 언제 어디서나 하나님의 사랑과 은혜를 간직하여 구원의 기쁨과 소
망 속에서 성령의 도우심을 따라 그리스도의 복음을 전하며 살게 하여 주옵소
서. 저희를 거듭난 삶으로 인도해 주신 구세주 예수님 이름으로 기도합니다.
아멘.

회중의 응답 / 집례자와 회중(모든 회중을 일어서게 하여 다음과 같이 문답한다.)

집례자 : 사랑하는 교우 여러분, 여러분은 그리스도의 몸된 교회의 지체로서

죄를 멀리하고 그리스도에게서 받은 사명을 감당하고 있음을 다시금 확신합니까?

회　중 : 예, 확신합니다.(혹은 '아멘'으로 응답한다.)

집례자 : 저는 여러분에게 오늘 우리 교회의 한 가족이 된 이 사람(들)을 기도로 돕고 사랑으로 돌보아 줄 것을 권고합니다. 신앙 안에서 이 형제 자매들을 사랑하고, 격려하고, 후원함으로써 이들이 주님 안에서 성령의 인도하심에 따라 믿음의 장성한 분량에 이르기까지 예수 그리스도의 은혜와 하나님을 아는 지식과 사랑 안에 자랄 수 있도록 돕고 돌보겠습니까?

회　중 : 저희가 기도로 돕고 사랑으로 돌보겠습니다.(혹은 '아멘'으로 응답한다.)

공포 / 집례자

이 사람(들)은 오늘 거룩한 세례를 받고 우리 ○○교회의 세례인이 되었음을 공포합니다.

교우 여러분은 사랑으로 환영하시기를 바랍니다.

(세례 후에 입교할 사람은 계속 그 자리에 서 있으며, 다른 이들은 모두 예배석으로 돌아간다. 세례인으로 18세 이상이 되어 입교할 사람도 집례자의 호명에 따라 앞으로 나아온다.)

(2) 입교

(집례자가 성인세례를 받고 입교할 이들과 세례인으로 18세 이상이 되어 입교하는 이들8)의 이름을 불러 앞에 세우고 교우들에게 말한다.)

입교식사 / 집례자

사랑하는 교우 여러분, 교회는 하나님의 집이요, 그리스도는 교회의 머리이며, 우리는 그 지체입니다. 교회는 말씀을 선포하고 가르치며 성례를 행하며, 성도의 교제와 봉사로써 하나님의 뜻을 이 땅에 이루어야 합니다. 또한 우리의 말과 생활로 불신자들에게 복음을 전하여 주님 앞으로 인도해야 함이 우리의 사명입니다. 이제 이 일에 동참할 결심을 가지고 주님 앞에 나온 이(들)를(을) 우리 교회의 입교인으로 받아들이고자 합니다. 이제 입교하는 이(들)를(을) 위해 함께 기도하여 주시기 바랍니다.

입교 문답 / 집례자와 입교할 이

집례자 : 당신(여러분)은 이미 세례를 받은 사람으로서 입교인이 되고자 이 자리에 나왔습니다. 하나님은 은혜로 당신(여러분)을 부르셔서 그리스도의 제자로 삼아 주셨습니다. 당신(여러분)은 주님의 교회가 매우 귀하고 거룩한 것임을 다시 깨달아야 할 것입니다. 이제 입교하기 전에 하나님과 모든 교우 앞에서 세례받을 때의 약속을 새롭게 하고, 믿음의 결심을 확인하기 위하여 다음과 같이 묻고자 하니 묻는 말에 진실하게 대답하시기를 바랍니다.

---

8) 다른 교파에서 세례, 영세, 침례를 받은 후 본 교회로 이명한 18세 이상 된 이들은 기독교대한감리회 입교식의 과정을 필하여야 한다.

집례자 : 당신(여러분)은 하나님과 여러 교우 앞에서 세례받을 때에 약속한 모
든 것을 그대로 힘써 지키겠습니까?

입교할 이 : 예, 힘써 지키겠습니다.(혹은 '아멘' 으로 응답한다.)

집례자 : 당신(여러분)은 우리 기독교대한감리회의 장정과 전통을 지키고 성례
에 참여하며, 몸과 마음과 재능, 그리고 시간과 재물을 바쳐 교인된
의무를 준행하시겠습니까?

입교할 이 : 예, 준행하겠습니다.(혹은 '아멘' 으로 응답한다.)

집례자 : 당신(여러분)은 성령의 능력을 힘입어 선교와 교육과 봉사 등 교회의
모든 활동에 적극적으로 참여하시겠습니까?

입교할 이 : 예, 참여하겠습니다.(혹은 '아멘' 으로 응답한다.)

집례자 : 당신(여러분)은 교인으로서 의무와 권리를 바르게 행사하며, 교회의
관할과 치리에 순종하고, 교회의 덕을 세우는 데 힘쓰겠습니까?

입교할 이 : 예, 힘쓰겠습니다.(혹은 '아멘' 으로 응답한다.)

신앙고백(감리회 신앙고백) / 집례자와 회중

집례자 : 우리는 우주 만물을 창조하시고 섭리하시며 주관하시는 거룩하시고
자비하시며 오직 한 분이신 아버지 하나님을 믿습니다.

회 중 : 우리는 말씀이 육신이 되어 우리 가운데 오셔서 하나님의 나라를 선
포하시고 십자가에 달려 죽으셨다가 부활승천 하심으로 대속자가 되
시고 구세주가 되시는 예수 그리스도를 믿습니다.

집례자 : 우리는 우리와 함께 계셔서 우리를 거듭나게 하시고 거룩하게 하시며
완전하게 하시며 위안과 힘이 되시는 성령을 믿습니다.

회   중 : 우리는 성령의 감동으로 기록된 하나님의 말씀인 성경이 구원에 이르
는 도리와 신앙생활에 충분한 표준이 됨을 믿습니다.

집례자 : 우리는 하나님의 은혜로 믿음을 통해 죄사함을 받아 거룩해지며 하나
님의 구원의 역사에 동참하도록 부름받음을 믿습니다.

회   중 : 우리는 예배와 친교, 교육과 봉사, 전도와 선교를 위해 하나가 된 그
리스도의 몸인 교회를 믿습니다.

집례자 : 우리는 만민에게 복음을 전파함으로 하나님의 정의와 사랑을 나누
고 평화의 세계를 이루는 모든 사람들이 하나님 앞에 형제됨을 믿습
니다.

회   중 : 우리는 예수 그리스도의 재림과 심판, 우리 몸의 부활과 영생 그리고
의의 최후 승리와 영원한 하나님 나라를 믿습니다. 아멘.

기도 / 집례자

전능하신 하나님, 주님께서 택하신 이(들)에게 은혜를 베푸시사 이 세상에서
하나님의 자녀로 신실하게 살아가게 하시고, 성령의 능력으로 그리스도의 몸
된 교회의 사명을 감당하게 하시며, 영원한 하나님 나라의 백성으로 인도하여
주옵소서. 우리 주 예수 그리스도의 이름으로 기도합니다. 아멘.

공포 / 집례자

이 사람(들)은 하나님과 모든 교우 앞에서 성실히 서약하였으므로, 우리 ○
○교회 입교인이 된 것을 성부와 성자와 성령의 이름으로 공포합니다.
교우 여러분은 사랑으로 환영하시기를 바랍니다.

5) 입교만 하는 경우

집례 : 담임목사

(집례자는 성인세례를 받고 입교할 이들, 세례인으로 18세 이상이 되어 입교하는 이들, 다른 교파에서 세례, 영세, 침례를 받고 감리교회로 이명한 18세 이상된 이들의 이름을 불러 앞에 세우고 교우들에게 말한다.)

입교식사 / 집례자

사랑하는 교우 여러분, 교회는 하나님의 집이요, 그리스도는 교회의 머리이며, 우리는 그 지체입니다. 교회는 말씀을 선포하고 가르치며 성례를 행하며, 성도의 교제와 봉사로써 하나님의 뜻을 이 땅에 이루어야 합니다. 또한 우리의 말과 생활로 불신자들에게 복음을 전하여 주님 앞으로 인도해야 함이 우리의 사명입니다. 이제 이 일에 동참할 결심을 가지고 주님 앞에 나온 이(들)를(을) 우리 교회의 입교인으로 받아들이고자 합니다. 이제 입교하는 이(들)를(을) 위해 함께 기도하여 주시기 바랍니다.

입교문답 / 집례자와 입교할 이

집례자 : 당신(여러분)은 이미 세례를 받은 사람으로서 입교인이 되고자 이 자리에 나왔습니다. 하나님은 은혜로 당신(여러분)을 부르셔서 그리스도의 제자로 삼아 주셨습니다. 당신(여러분)은 주님의 교회가 매우 귀하고 거룩한 것임을 다시 깨달아야 할 것입니다. 이제 입교하기 전에 하나님과 모든 교우 앞에서 세례받을 때의 약속을 새롭게 하고, 믿음의 결심을 확인하기 위하여 다음과 같이 묻고자 하니 묻는 말에 진실하게 대답하시기를 바랍니다.

집례자 : 당신(여러분)은 하나님과 여러 교우 앞에서 세례받을 때에 약속한 모
든 것을 그대로 힘써 지키겠습니까?

입교할 이 : 예, 힘써 지키겠습니다.(혹은 '아멘' 으로 응답한다.)

집례자 : 당신(여러분)은 우리 기독교대한감리회의 장정과 전통을 지키고 성례
에 참여하며, 몸과 마음과 재능, 그리고 시간과 재물을 바쳐 교인된
의무를 준행하시겠습니까?

입교할 이 : 예, 준행하겠습니다.(혹은 '아멘' 으로 응답한다.)

집례자 : 당신(여러분)은 성령의 능력을 힘입어 선교와 교육과 봉사 등 교회의
모든 활동에 적극적으로 참여하시겠습니까?

입교할 이 : 예, 참여하겠습니다.(혹은 '아멘' 으로 응답한다.)

집례자 : 당신(여러분)은 교인으로서 의무와 권리를 바르게 행사하며, 교회의
관할과 치리에 순종하고, 교회의 덕을 세우는 데 힘쓰겠습니까?

입교할 이 : 예, 힘쓰겠습니다.(혹은 '아멘' 으로 응답한다.)

신앙고백(감리회 신앙고백) / 집례자와 회중

집례자 : 우리는 우주 만물을 창조하시고 섭리하시며 주관하시는 거룩하시고
자비하시며 오직 한 분이신 아버지 하나님을 믿습니다.

회 중 : 우리는 말씀이 육신이 되어 우리 가운데 오셔서 하나님의 나라를 선
포하시고 십자가에 달려 죽으셨다가 부활승천 하심으로 대속자가 되
시고 구세주가 되시는 예수 그리스도를 믿습니다.

집례자 : 우리는 우리와 함께 계셔서 우리를 거듭나게 하시고 거룩하게 하시며
완전하게 하시며 위안과 힘이 되시는 성령을 믿습니다.

회　중 : 우리는 성령의 감동으로 기록된 하나님의 말씀인 성경이 구원에 이르
　　　　는 도리와 신앙생활에 충분한 표준이 됨을 믿습니다.

집례자 : 우리는 하나님의 은혜로 믿음을 통해 죄사함을 받아 거룩해지며 하나
　　　　님의 구원의 역사에 동참하도록 부름받음을 믿습니다.

회　중 : 우리는 예배와 친교, 교육과 봉사, 전도와 선교를 위해 하나가 된 그
　　　　리스도의 몸인 교회를 믿습니다.

집례자 : 우리는 만민에게 복음을 전파함으로 하나님의 정의와 사랑을 나누
　　　　고 평화의 세계를 이루는 모든 사람들이 하나님 앞에 형제됨을 믿습
　　　　니다.

회　중 : 우리는 예수 그리스도의 재림과 심판, 우리 몸의 부활과 영생 그리고
　　　　의의 최후 승리와 영원한 하나님 나라를 믿습니다. 아멘.

기도 / 집례자

　전능하신 하나님, 주님께서 택하신 이(들)에게 은혜를 베푸시사 이 세상에서
하나님의 자녀로 신실하게 살아가게 하시고, 성령의 능력으로 그리스도의 몸
된 교회의 사명을 감당하게 하시며, 영원한 하나님 나라의 백성으로 인도하여
주옵소서. 저희를 거듭나게 하사 그리스도의 몸된 교회의 일원으로 삼아 주신
구세주 예수 그리스도의 이름으로 기도합니다. 아멘.

공포 / 집례자

　이 사람(들)은 하나님과 모든 교우 앞에서 성실히 서약하였으므로, 우리 ○
○교회 입교인이 된 것을 성부와 성자와 성령의 이름으로 공포합니다. 교우 여
러분은 사랑으로 환영하시기를 바랍니다.

6) 급할 때 행하는 세례

(병상과 임종에서와 같이 긴급한 경우, 상황에 따라 약식으로 할 수도 있다.)

집례 : 담임목사

기도 / 집례자

부활의 소망이 되시는 영원하신 하나님, 주님께서는 예수님 이름으로 세례를 받는 이에게 죄 사함을 선물로 주신다고 약속하셨습니다. 이제 세례를 받으려는 ○○○ 씨(양, 군)를(을) 성령으로 충만케 하사, 예수 그리스도의 죽으심과 부활에 동참케 하여 주옵소서. 세례를 통하여 구원의 확신을 얻게 하시고, 하나님의 새로운 피조물로 거듭나는 체험이 있게 하여 주옵소서. 그리하여 ○○○ 씨(양, 군)가(이) 주님의 백성으로 영원한 복을 받게 하시고, 그리스도께서 약속하신 하나님 나라에 들어가 영생을 누리게 하옵소서. 저희에게 새로운 삶을 주신 예수 그리스도의 이름으로 기도합니다. 아멘.

신앙의 확증을 위한 문답 / 집례자와 세례받을 이

(세례받을 이가 말을 할 수 없을 경우에는 생략한다.)

집례자 : 이제 하나님 앞에서 당신의 신앙을 담대히 시인하시기 바랍니다.

집례자 : 당신은 모든 죄를 회개하며, 예수님을 당신의 주님과 구세주로 영접하셨습니까?

세례받을 이 : 예, 영접하였습니다.(혹은 '아멘' 으로 응답한다.)

집례자 : 당신은 어떤 어려움과 아픔 속에서도 하나님의 사랑과 은혜를 믿고

114

의지합니까?

세례받을 이 : 예, 의지합니다.(혹은 '아멘'으로 응답한다.)

집례자 : 당신은 부활하신 예수님께서 당신에게 위로와 영생의 소망을 주심을
　　　　믿습니까?

세례받을 이 : 예, 믿습니다(혹은 '아멘'으로 대답한다.)

신앙고백(사도신경) / 집례자와 세례받을 이

　　(세례받을 이가 말을 할 수 없을 경우에는 생략한다.)

집례자 : 이제 우리 함께 사도신경으로 신앙고백을 하겠습니다.

다함께 : 전능하사 천지를 만드신……

성경봉독 / 집례자

　　(아래의 성경구절 중에 하나를 선택하여 봉독한다.)

성경봉독 1 : 그런데 바리새인 중에 니고데모라 하는 사람이 있으니 유대인의
　　　　　　지도자라 그가 밤에 예수께 와서 이르되 랍비여 우리가 당신은 하
　　　　　　나님께로부터 오신 선생인 줄 아나이다 하나님이 함께 하시지 아
　　　　　　니하시면 당신이 행하시는 이 표적을 아무도 할 수 없음이니이다
　　　　　　예수께서 대답하여 이르시되 진실로 진실로 네게 이르노니 사람
　　　　　　이 거듭나지 아니하면 하나님의 나라를 볼 수 없느니라 니고데모
　　　　　　가 이르되 사람이 늙으면 어떻게 날 수 있사옵나이까 두 번째 모
　　　　　　태에 들어갔다가 날 수 있사옵나이까 예수께서 대답하시되 진실
　　　　　　로 진실로 네게 이르노니 사람이 물과 성령으로 나지 아니하면 하
　　　　　　나님의 나라에 들어갈 수 없느니라 육으로 난 것은 육이요 영으로
　　　　　　난 것은 영이니 내가 네게 거듭나야 하겠다 하는 말을 놀랍게 여

기지 말라 바람이 임의로 불매 네가 그 소리는 들어도 어디서 와
서 어디로 가는지 알지 못하나니 성령으로 난 사람도 다 그러하니
라.(요한복음 3:1~8)

성경봉독 2 : 무릇 그리스도 예수와 합하여 세례를 받은 우리는 그의 죽으심과
합하여 세례를 받은 줄을 알지 못하느냐 그러므로 우리가 그의
죽으심과 합하여 세례를 받음으로 그와 함께 장사되었나니 이는
아버지의 영광으로 말미암아 그리스도를 죽은 자 가운데서 살리
심과 같이 우리로 또한 새 생명 가운데서 행하게 하려 함이라 만
일 우리가 그의 죽으심과 같은 모양으로 연합한 자가 되었으면
또한 그의 부활과 같은 모양으로 연합한 자도 되리라 우리가 알
거니와 우리의 옛 사람이 예수와 함께 십자가에 못 박힌 것은 죄
의 몸이 죽어 다시는 우리가 죄에게 종 노릇 하지 아니하려 함이
니(로마서 6:3~6)

성경봉독 3 : 물은 예수 그리스도께서 부활하심으로 말미암아 이제 너희를 구
원하는 표니 곧 세례라 이는 육체의 더러운 것을 제하여 버림이
아니요 하나님을 향한 선한 양심의 간구니라.(베드로전서 3:21)

성경봉독 4 : 그러므로 이제부터 너희는 외인도 아니요 나그네도 아니요 오직
성도들과 동일한 시민이요 하나님의 권속이라 너희는 사도들과
선지자들의 터 위에 세우심을 입은 자라 그리스도 예수께서 친히
모퉁잇돌이 되셨느니라 그의 안에서 건물마다 서로 연결하여 주
안에서 성전이 되어 가고 너희도 성령 안에서 하나님이 거하실
처소가 되기 위하여 그리스도 예수 안에서 함께 지어져 가느니
라.(에베소서 2:19~22)

세례 물에 대한 성결의 기도 / 집례자

천지만물을 창조하신 하나님, 성례를 행하도록 저희에게 이 물을 주시니 감사합니다. 태초에 하나님의 거룩한 영이 흑암의 수면 위를 운행하시고, 빛을 창조하셨습니다. 노아의 때에 방주를 통해 물 속에서 구원하셨고, 애굽에서 종살이하던 주님의 백성을 홍해의 물을 가르심으로 구원하셨으며, 요단 물을 건너게 하심으로 약속의 땅으로 인도하셨습니다. 하나님께서 보내신 예수님은 물과 성령으로 세례를 받으시고, 또한 제자들을 부르시사 그리스도의 죽으심과 부활에 연합하여 세례받게 하시고, 모든 나라 백성을 그리스도의 제자로 삼아 주셨습니다. 이제 하나님께서 이 물을 성별하여 주옵소서. 성령의 능력이 이 물 위에 임하셔서 세례받는 주님의 백성에게 복 주옵소서. 또한 세례받은 이들의 죄를 씻어 주시고 의의 옷을 입혀 주시사, 부활하신 예수님과 함께 영원히 살아가게 하여 주옵소서. 성부와 성자와 성령께 모든 찬양과 영광을 드리옵나이다. 아멘.

세례 / 집례자

(세례의 방법은 물을 붓거나 뿌리는 방식을 사용한다. 집례자는 성부와 성자와 성령의 이름으로, 눈에 보이게 그리고 천천히 세례받을 이 머리 위에 세 번 물을 붓거나 뿌린다.)

집례자 : ○○○, 내가 성부와 성자와 성령의 이름으로 세례를 주노라.
회　중 : 아멘.

안수 / 집례자

(물로 세례를 베푼 후, 집례자는 세례자의 머리 위에 손을 얹고 성령의 역사를 간구한다.)

집례자 : 성령께서 ○○○ 안에 역사하셔서, 능력의 보호자가 되시사 큰 위로
와 평화를 주시며 소망의 삶을 살게 하시기를 축원합니다.
회　중 : 아멘.

주님의 기도 / 집례자와 세례받을 이

(주님의 기도를 암송한다. 세례받을 이가 말을 할 수 없을 경우에는 생략한다.)

기도 / 집례자

전능하시고 영원하신 하나님, 물과 성령으로 세례를 베푸시사 ○○○ 씨(양, 군)를(을) 하나님의 자녀로 삼아주신 은혜에 감사합니다. 모든 죄를 용서하시고 부활의 삶을 허락하여 주옵소서. 성령께서 ○○○ 씨(양, 군)에게 임재하시어 영원히 함께하여 주옵소서. 하나님의 사랑과 은혜를 지켜 나가며, 예수님께서 베풀어 주시는 구원의 기쁨을 누리고, 성령의 놀라운 역사 가운데 소망을 품고 살아가게 하옵소서.

(임종의 긴급한 경우에 다음 내용을 추가한다.)

주님께서 ○○○ 씨(양, 군)에게 영생의 확신을 주셔서 이제 하나님 나라에서 영원히 안식하게 하옵소서. 저희에게 영원한 생명을 주시는 구세주 예수님 이름으로 기도합니다. 아멘.

Ⅱ. 성찬(Lord's Supper)

1. 성찬의 신학적 의미

1) 성찬의 기원

복음서인 마태복음 26:26~29, 마가복음 14:22~25, 누가복음 22:15~20과 고린도전서 11:23~26에 의하면, 성찬은 예수 그리스도께서 친히 제정하셨음이 분명하다. 즉 성찬은 예수님의 최후 만찬(Last Supper)에서 유래하였다. 예수님께서는 십자가에 달리시기 전날 밤, 유월절을 언급하는 가운데 행하신 만찬석상에서 떡과 포도주를 돌리시면서 "이는 나의 몸, 나의 피"라고 말씀하심으로써 자신을 유월절 어린 양과 관련된 희생제물로 표현하셨다. 이는 십자가 상의 죽음이 온 인류의 죄를 대속하고 구원에 이르는 행위임을 나타내시려는 것이었다. 또한 예수님께서는 떡과 포도주를 나누어 주시면서 "나를 기념하라."고 명령하심으로써 성찬을 제정하셨다.

후에 사도에 의해 계승되었으며 그리스도교회는 성찬을 예배의 핵심으로 받아들였다.

2) 성찬에 대한 신학적 이해

(1) 하나님께 감사(*Eucharist*, Thanksgiving to God) - 성찬은 하나님께서 예수 그리스도를 통해 성령의 도우심 가운데 인간을 위하여 행하신 구원의 역사를 찬양하며, 장차 하나님 나라를 완성하실 모든 역사에 대하여 감사로 응답하는 것이다.

(2) 그리스도의 희생(Sacrifice of Christ) - 성찬은 그리스도께서 단 한 번 바치신 희생을 통하여 지금도 온 인류의 구원을 위해 역사하시는 효과적인 표징이다. 예수님께서는 대제사장이시며 동시에 온 인류의 대속을 위한 희생제물이 되심으로써 자기 비움과 순종적 희생을 나타내셨다. 따라서 성찬에는 예수님의 희생과 함께 그를 따르는 그리스도인들이 마땅히 드려야 할 희생이 담겨져야만 한다. 그러므로 성찬은 '우리가 그리스도의 희생에 연합하여 하나님께 감사와 찬양의 희생제물이 되는 것'이라고 할 수 있다.

(3) 그리스도를 기념(*Anamnesis*, Memorial of Christ) - 성찬에서 기념은 십자가 상에서 죽음을 당하시고 부활하신 그리스도에 대한 기념이다. 이 기념을 통하여 그리스도께서 과거에 하신 일에 대한 회상, 그분이 이루신 구속의 현재화, 그리고 구원의 종말론적 완성에 대한 기대가 성찬에서 입체적으로 실현된다. 따라서 성찬은 단지 과거의 기념행위가 아니라, 현재 참여하는 모든 성도에게 그리스도의 희생을 재현하는 기념행위다.

(4) 성령 임재(*Epiclesis*, Invocation of the Spirit) - 성찬에서 성령 임재의 기원은 예수님을 성찬의 현장에 임재하게 하시고, 최후의 만찬 때 말씀하셨던 성찬 제정사를 현존하는 살아 있는 말씀으로 만들어 준다. 즉 그리스도의 현존(Christ's Presence)은 성령의 역사를 통해서만 가능해지는 것이다.

(5) 그리스도인들의 친교(*Koinonia*, Communion of the Christian) - 성찬은 그리스도와의 연합을 통하여 성도의 교제를 이룬다. 여기서 친교란 그리스도와 하나됨, 서로 간에 하나됨, 그리고 세상을 향한 사역에 서로 하나됨을 의미한다. 따라서 성찬은 예수님과 그리스도인, 그리스도인과 그리스도인, 교회와 교회, 그리고 더 나아가 교회와 세계의 일치를 이루는 데 기여하여 세상을 향한 섬김과 나눔의 사명을 결단하게 한다.

(6) 은총의 수단(Means of Grace) — 성찬은 성령의 은총이 하나님의 모든 자녀에게 전달되는 큰 통로다. 그러나 이것은 은혜의 대용품이거나 은혜를 강제하는 것이 아니며, 그것은 성찬에 의해서 우리에게 오는 현재의 은혜(present grace)를 뜻한다. 그런데 성찬은 중요한 은혜의 방법이기는 하지만 이것은 어디까지나 방법에 불과하며, 성찬 자체에서는 아무런 유익이 없으며, 오직 하나님이 주시는 성령의 능력 안에서만 은혜 받는 것이 가능하다. 하나님께서 비록 성찬을 제정하셨다 해도 우리가 하나님을 신뢰하지 못한다면 우리에게 아무런 은혜가 되지 못한다.

(7) 하나님 나라의 잔치(Meal of the Kingdom) — 성찬은 미래의 메시아 만찬에 대한 소망과 관계되어 있다. 따라서 성찬은 하나님의 통치를 대망케 하며, 하나님의 나라에서 있게 될 '어린 양의 혼인잔치'를 미리 맛보는 것이다. 이것은 성찬의 종말론적 의미로서 마지막 때에 천국잔치에 참여하여 누리게 될 하나님의 나라를 예시하는 것이다. 따라서 그리스도교회는 성찬에서 하나님 나라의 완성을 위한 그리스도의 재림을 기다린다.

2. 성찬 순서

1) 절기에 따른 성찬 순서

(예배 순서의 '봉헌'과 '봉헌기도' 다음에 이 순서를 넣어 사용한다. 순조로운 진행을 위해 성찬 예문집이나 성찬 순서를 미리 인쇄하여 회중에게 나누어 준다.)

(성찬 보좌위원들은 성찬대의 보를 걷은 후, 차려 놓은 떡과 포도주 그릇의 덮개를 연다.)

(1) 성찬으로 초대 / 집례자

◎ 평주일의 경우

집례자 : (성찬대 앞으로 나아가) 예수님을 구주로 믿고 그의 뜻에 따라 살기를 결심하며 생명의 양식을 받아먹기를 원하는 성도를 이 거룩한 은혜의 자리에 초대합니다.

회 중 : 성부 성자 성령 삼위일체이신 하나님, 영원히 찬양과 영광을 받으옵소서.

◎ 강림절의 경우

집례자 : (성찬대 앞으로 나아가) 어두움 뒤에 밝음이 오듯 기다림 끝에 충만히 채워짐이 있습니다. 말씀이 육신으로 찾아오시길 기다리는 이 거룩한 강림절에 희망의 식탁으로 나오시길 바랍니다.

회 중 : 저희의 소망을 채워 주시는 하나님, 감사와 기쁨으로 주님 앞에 나아 갑니다.

◎ 성탄절의 경우

집례자 : (성찬대 앞으로 나아가) 하늘의 영광과 땅의 평화로 충만한 이때에 그리
스도 탄생의 기쁜 소식을 듣고 구원의 주님을 경배하는 여러분을 이
거룩한 식탁에 초대합니다

회　중 : 구원의 소망으로 오시는 하나님, 감사와 기쁨으로 주님 앞에 나아갑
니다.

◎ 주현절의 경우

집례자 : (성찬대 앞으로 나아가) 말씀이 육신이 되어 저희 가운데 나타나시고,
세례를 받으시사 예수님이 하나님의 아들이심을 나타내시며, 저희에
게 구원의 소망을 주신 하나님께 영광을 드리며 주현절의 기쁨으로
여러분을 초대합니다.

회　중 : 영광과 찬양을 받으실 거룩하신 하나님, 감사와 기쁨으로 주님 앞에
나아갑니다.

◎ 사순절(또는 고난주간)의 경우

집례자 : (성찬대 앞으로 나아가) 주님의 수난을 기념하는 거룩한 사순절(고난주
간)에 그리스도의 희생에 합당한 삶을 살려고 굳게 결심하는 분들
을 이 거룩한 식탁에 초대합니다. 겸손한 마음으로 이 성찬에 참여
합시다.

회　중 : 저희를 위해 고난당하신 주님, 감사하는 마음으로 주님 앞에 나아갑
니다.

◎ 부활절의 경우

집례자 : (성찬대 앞으로 나아가) 그리스도 부활의 기쁜 소식을 듣고 절망과 사망
에서 벗어나 영원한 생명의 대열에 서는 믿음의 성도를 이 거룩한 식
탁에 초대합니다. 이전의 죄된 것을 다 떨쳐버리고 기쁨과 소망으로

이 성찬에 참여하시기를 바랍니다.

회　중 : 영원한 생명의 근원이신 하나님, 감사와 기쁨으로 주님 앞에 나아갑
　　　　니다.

◎ 오순절의 경우

집례자 : (성찬대 앞으로 나아가) 오순절 마가의 다락방에 모였던 120명의 성도
　　　　처럼 성령의 충만한 능력을 덧입기 원하는 여러분을 이 거룩한 식탁
　　　　에 초대합니다. 이 식탁에는 사랑의 교제와 진실한 화해와 성령의 능
　　　　력을 함께 나누게 됩니다.

회　중 : 성부와 성자와 성령 삼위일체이신 하나님, 감사와 기쁨으로 주님 앞
　　　　에 나아갑니다.

◎ 감사절의 경우

집례자 : (성찬대 앞으로 나아가) 하나님의 말씀을 듣고, 자신의 죄를 뉘우치며
　　　　눈물로 씨를 뿌리고 기쁨으로 단을 거두는 삶을 살면서, 저희에게 풍
　　　　요로운 열매를 거두게 하신 하나님께 감사하는 분들을 이 거룩한 식
　　　　탁에 초대합니다.

회　중 : 사랑과 자비가 풍성하신 하나님, 감사와 기쁨으로 주님 앞에 나아갑
　　　　니다.

　　（ '성찬으로 초대' 이후 공동으로 사용한다.）

집례자 : 주님께서 여러분과 함께하시기를 빕니다.

회　중 : 목사님과도 함께하시기를 바랍니다.

집례자 : 여러분의 마음을 드높이십시오.

회　중 : 주님을 향해 우리의 마음을 높이 듭니다.

집례자 : 주님께 감사합시다.

회 중 : 이는 주님의 백성이 마땅히 해야 할 바입니다.

(2) 시작기도 / 집례자와 회중

(공동으로 사용한다.)

집례자 : 저희 주님이 되시고 거룩하신 아버지가 되시며 전능하사 영생하시는 하나님께 언제 어디서나 주님께 감사함이 지극히 당연하고도 기쁜 일입니다.

회 중 : 그러므로 저희 모든 성도는 주님의 이름을 받들어 끝없이 찬미합니다.

◎ 평주일의 경우

집례자 : 저희가 하나님의 자녀된 본분을 다하지 못하고 죄로 인하여 탄식하며 살아왔으나

회 중 : 하나님께서는 예수 그리스도를 보내 주셔서 저희를 죄에서 구원하시고, 길과 진리와 생명을 찾게 하셨습니다.

집례자 : 또한 저희를 그리스도 안에서 선택하시고 그리스도의 몸된 교회로 세워 주셔서 하나님의 구원 역사를 선포하게 하심을 감사합니다.

회 중 : 더욱이 그리스도께서 성찬을 제정하사 저희가 떡과 포도주를 먹고 마실 때마다 주님의 임재를 맛보게 하셨습니다.

집례자 : 그러하기에 이 땅 위의 온 백성과 하늘의 거룩한 성도, 또한 천군 천사들과 함께 주님의 이름을 소리 높여 찬양합니다.

◎ 강림절의 경우

　집례자 : 저희가 죄와 어둠 속에서 방황하고 불신과 두려움의 골짜기에서 헤맬
　　　　　때에도

　회　중 : 주님은 언제나 저희와 함께하시며 희망의 불빛을 비춰 주셨습니다.

　집례자 : 저희를 어둠에서 구하시고자 예언자들을 통하여 미리 말씀하시고 주
　　　　　님께서 육신을 입으시고 이 땅에 오시사 저희 곁에 계심을 믿습니다.

　회　중 : 말씀이 육신이 되어 저희 가운데 거하실 그 영광과 평화를 기다리며 옷
　　　　　깃을 여미고 자리를 정돈하고 마음의 마구간을 준비하게 하셨습니다.

　집례자 : 그러하기에 이 땅 위의 온 백성과 하늘의 거룩한 성도, 또한 천군 천
　　　　　사들과 함께 주님의 이름을 소리 높여 찬양합니다.

◎ 성탄절의 경우

　집례자 : 예언자들을 통하여 저희를 깨우쳐 주시고 죄의 포로된 상태에서 구원
　　　　　해 주셨사오며

　회　중 : 때가 차매 약속하신 독생자이신 예수님을 보내 주시사 저희의 구원자
　　　　　가 되게 하셨습니다.

　집례자 : 그러하기에 이 땅 위의 온 백성과 하늘의 거룩한 성도, 또한 천군 천
　　　　　사들과 함께 주님의 이름을 소리 높여 찬양합니다.

◎ 주현절의 경우

　집례자 : 하나님의 외아들 예수 그리스도께서 인간으로 나타나사 영광을 나타
　　　　　내시고 저희를 어둠에서 건지사 새로운 빛으로 인도하셨습니다.

　회　중 : 이 땅 위의 모든 백성이 주현절의 밝은 빛을 바라보면서 하나님의 자
　　　　　녀들로 살게 하셨습니다.

집례자 : 그러하기에 이 땅 위의 온 백성과 하늘의 거룩한 성도, 또한 천군 천
사들과 함께 주님의 이름을 소리 높여 찬양합니다.

◎ 사순절(또는 고난주간)의 경우
집례자 : 저희를 죄와 사망에서 구원해 내시려고 그 아들 예수 그리스도를 보
내시사 저희의 죄와 악을 한 몸에 지시고 고난까지 당하게 하셨습니
다. 그 은혜와 사랑으로 구원받은 저희가 주님의 고난에 동참하기를
원하게 하셨습니다.
회   중 : 저희에게 참된 믿음을 더하시고 다가오는 천국을 준비하게 하셨습니다.

집례자 : 그러하기에 이 땅 위의 온 백성과 하늘의 거룩한 성도, 또한 천군 천
사들과 함께 주님의 이름을 소리 높여 찬양합니다.

◎ 부활절의 경우
집례자 : 더욱이 저희를 죄와 사망에서 구원하시고자 몸소 사람의 몸으로 이
땅에 찾아오셔서 저희의 죄와 허물을 그 한 몸에 지시고 고난까지 당
하셨습니다.
회   중 : 이제 그리스도의 부활로 구원을 맛보며 주님의 은총과 사랑을 충만히
체험하고 약속하신 영생을 누릴 소망 속에서 영광의 주님만을 한결같
이 기다립니다.

집례자 : 그러하기에 이 땅 위의 온 백성과 하늘의 거룩한 성도, 또한 천군 천
사들과 함께 주님의 이름을 소리 높여 찬양합니다.

◎ 오순절의 경우
집례자 : 그리스도께서 약속하신 성령을 저희 마음속에 보내시사 복음의 기쁜
소식을 모든 사람에게 선포하게 하시며, 하나님의 자녀들을 깨우치고

진리에로 인도하셨습니다.

회 중 : 이제 성령의 충만함을 힘입어 거룩함과 의로움과 영생의 후사를 따라
승리하며 살게 하였습니다.

집례자 : 그러하기에 이 땅 위의 온 백성과 하늘의 거룩한 성도, 또한 천군 천
사들과 함께 주님의 이름을 소리 높여 찬양합니다.

◎ 감사절의 경우
집례자 : 전능하사 천지만물을 다스리시는 창조주 하나님, 온 누리에 풍성한
결실과 자연의 아름다움을 볼 때에 언제 어디서나 주님께 감사함이
지극히 당연하고도 기쁜 일입니다.
회 중 : 온 세계와 생명을 풍요롭게 지으시고 그 가운데에 저희를 살게 하셔
서 주님의 영광을 드러내게 하셨습니다.

집례자 : 때로는 저희가 주님에게서 멀리 떠나고 말씀의 법도를 벗어나 살 때
에도
회 중 : 주님은 저희에게 풍성한 복을 내려 주시사 씨 뿌린 곳에 열매가 있게
하시며 심은 대로 거두는 은총을 베풀어 주셨습니다.

집례자 : 그러하기에 이 땅 위의 온 백성과 하늘의 거룩한 성도, 또한 천군 천
사들과 함께 주님의 이름을 소리 높여 찬양합니다.

(3) 삼성창 / 다함께

거룩 거룩 거룩 전능하신 하나님, 하늘과 땅에 가득한 그 영광, 지극히 높은 곳
에서 호산나! 주님의 이름으로 오시는 분을 찬양합시다. 지극히 높은 곳에서 호
산나!

◎ 평주일의 경우

집례자 : 거룩하신 하나님, 복되신 성자 예수님. 그리스도의 은총과 사랑을 힘
입어 저희가 구원의 확증을 받고 성령과 함께 약속의 소망 속에서 살
아갑니다.

◎ 강림절의 경우

집례자 : 거룩하신 하나님, 찬양 받으실 성자 예수님. 그리스도의 은총과 사랑
을 힘입어 저희가 죄에서 씻음과 거룩함과 의롭게 되어 영생의 소망
을 따라 성령과 함께 주님의 후사로 살아갑니다.

◎ 성탄절의 경우

집례자 : 거룩하신 하나님, 찬양 받으실 성자 예수님. 그리스도께서 육신을 입
고 이 땅에 오셨을 때에 머무를 곳도 없으시어 마구간 말구유에 누이
시고 가난과 멸시, 고난과 고통을 감당하시고 주님의 몸된 교회가 이
세상을 자유와 평화로 인도하도록 성령의 충만함을 받아 마땅히 행할
큰 사명을 맡기셨습니다.

◎ 주현절의 경우

집례자 : 거룩하신 하나님, 찬양 받으실 성자 예수님. 그리스도의 은총과 사랑
을 힘입어 저희가 구원의 확증을 받아 성령과 함께 어둠에 살지 않고
소망의 빛 가운데 살아갑니다.

◎ 사순절의 경우

집례자 : 거룩하신 하나님, 찬양 받으실 성자 예수님. 그리스도의 은총과 사랑
을 힘입어 성령으로 말미암아 저희가 인내로 유혹을 이기고 자신을
위하여 살지 않고 다만 주님을 위하여 살아갑니다.

◎ 부활절의 경우

집례자 : 거룩하신 하나님, 복되신 성자 예수님. 십자가의 고난과 죽으심으로
　　　　저희는 새롭게 태어났고 잃었던 길을 되찾아 생명의 길을 가게 되었
　　　　습니다. 해마다 이 부활의 절기만 되면 성령으로 말미암아 수난의 역
　　　　사 속에서도 승리의 감격을 상기합니다.

◎ 오순절의 경우

집례자 : 거룩하신 하나님, 찬양을 받기에 합당하신 성자 예수님. 그리스도께
　　　　서 약속하신 성령을 저희에게 보내사 복음의 기쁜 소식을 모든 사람
　　　　에게 선포하게 하셨사오니 저희는 날마다 성령으로 덧입어 사명으로
　　　　살아갑니다.

◎ 감사절의 경우

집례자 : 거룩하신 하나님, 복되신 성자 예수님. 그리스도의 은총과 사랑을 힘
　　　　입어 저희가 풍요로운 추수의 기쁨으로 구원의 확실한 열매를 맺으며
　　　　성령과 함께 영생의 소망 속에서 살아갑니다.

(4) 성찬 제정사 / 집례자

집례자 : 주님께서 자신의 몸을 내어 주시던 밤, 떡을 손에 드시고,(떡을 두 손으
　　　　로 든다.) 감사기도를 하신 다음, 떼어(이때 떡을 두 손으로 뗀다.) 제자들
　　　　에게 주시며 말씀하셨습니다.
　　　　"받아먹어라. 이는 너희를 위해 내어 주는 나의 몸이니, 먹을 때마다
　　　　나를 기억하여라."(떡을 내려놓는다.) 식후에, 주님께서는 잔을 드시고
　　　　(잔을 두 손으로 든다.) 감사기도를 하신 후에, 제자들에게 돌리시며 말
　　　　씀하셨습니다.

"이 잔을 마시라. 이는 죄사함을 얻게 하려고 많은 사람을 위해 흘린 새 언약의 피니 이를 행할 때마다 나를 기념하여라."(잔을 내려놓는다.)

(5) 기념사 / 집례자와 회중

◎ 평주일의 경우

집례자 : 오! 거룩하신 주님, 사랑이 많으신 하나님. 예수 그리스도 안에서 이루신 하나님의 놀라운 구속의 역사를 기억하면서 그리스도께서 저희를 위해 희생하신 것처럼 찬양과 감사 가운데 저희 자신을 거룩한 산 제물로 드립니다. 이 신앙의 신비를 소리 높여 찬양하오니

회 중 : 그리스도께서 죽으셨다가 그리스도께서 다시 사셨네. 그리스도께서 다시 오시리라.

◎ 강림절의 경우

집례자 : 오! 거룩하신 주님, 긍휼이 풍성하신 하나님. 시므온과 안나가 성전에서 메시아를 기다리다가 아기 예수님을 보고 기쁨의 찬양을 불렀듯 저희도 이 거룩한 식탁에서 주님의 탄생을 다시 한 번 기억합니다. 이 신앙의 신비와 구원의 역사를 소리 높여 찬양하오니

회 중 : 그리스도께서 죽으셨다가 그리스도께서 다시 사셨네. 그리스도께서 다시 오시리라.

◎ 성탄절의 경우

집례자 : 오! 거룩하신 주님, 사랑이 풍성하신 하나님. 성육신 하신 그리스도를 통하여 하나님께서 이루신 구속의 역사를 기억하면서 저희도 그리스도를 본받아 희생과 섬김의 삶을 결심합니다. 이 신앙의 신비를 소리 높여 찬양하오니

회 중 : 그리스도께서 죽으셨다가 그리스도께서 다시 사셨네. 그리스도께서

다시 오시리라.

◎ 주현절의 경우

　집례자 : 오! 거룩하신 주님, 자비가 많으신 하나님. 예수 그리스도 안에서 이
　　　　　루신 하나님의 놀라운 구속의 역사를 기억하면서 그리스도께서 저희
　　　　　를 위해 자신을 희생하신 것처럼 찬양과 감사 가운데 저희 자신을 거
　　　　　룩한 산 제물로 드립니다. 이 신앙의 신비를 소리 높여 찬양하오니
　회　중 : 그리스도께서 죽으셨다가 그리스도께서 다시 사셨네. 그리스도께서
　　　　　다시 오시리라.

◎ 사순절의 경우

　집례자 : 오! 거룩하신 주님, 우리를 속량하시는 하나님. 예수 그리스도 안에서
　　　　　이루신 하나님의 놀라운 구속의 역사를 기억하면서 그리스도께서 저
　　　　　희를 위해 희생하신 것처럼 찬양과 감사 가운데 저희 자신을 거룩한
　　　　　산 제물로 드립니다. 이 신앙의 신비를 소리 높여 찬양하오니
　회　중 : 그리스도께서 죽으셨다가 그리스도께서 다시 사셨네. 그리스도께서
　　　　　다시 오시리라.

◎ 부활절의 경우

　집례자 : 오! 생명의 근원이신 하나님, 주님께서 죽음에서 다시 살아나셔서 함
　　　　　께 떡을 떼실 때에 제자들이 예수님을 알아보았듯 저희가 떡과 포도
　　　　　주를 먹고 마실 때마다 주님의 임재를 체험케 하셨습니다. 이제 부활
　　　　　하신 그리스도를 따라 찬양과 감사 가운데 저희 자신을 거룩한 산 제
　　　　　물로 드립니다. 이 신앙의 신비를 소리 높여 찬양하오니
　회　중 : 그리스도께서 죽으셨다가 그리스도께서 다시 사셨네. 그리스도께서
　　　　　다시 오시리라.

◎ 오순절의 경우

집례자 : 오! 거룩하신 하나님, 주님의 구원의 역사를 기억할 때마다 찬양과 감
사 가운데 저희 자신을 거룩한 산 제물로 드립니다. 예수 그리스도께
서 이 땅에 오셔서 선지자 요한을 통하여 세례를 받으셨으며, 사도와
더불어 최후의 만찬을 드시고 마침내 십자가에 죽음을 당하셨습니다.

회 중 : 그러나 죽은 자 가운데 부활하시어 하늘에 오르셨으며, 약속한 성령
을 보내 주시사 많은 사도로 하여금 땅끝까지 복음을 전하게 하심을
상기합니다.

집례자 : 저희가 대제사장이 되신 그리스도를 힘입어 이 기념의 말씀을 드리며
감사하오니, 장차 하늘나라에서 주님과 함께 영원한 생명의 식탁에
참여할 때까지 그리스도의 구원의 사역을 성취하게 하옵소서. 이 신
앙의 신비를 소리 높여 찬양하오니

회 중 : 그리스도께서 죽으셨다가 그리스도께서 다시 사셨네. 그리스도께서
다시 오시리라.

◎ 감사절의 경우

집례자 : 사철을 운행하시는 하나님, 생명의 첫 열매로 영생을 확증하신 예수
님의 구속 역사를 기억합니다. 주님의 몸을 내어 주사 모든 생명을 살
리시고 한 알의 밀이 썩어 많은 열매를 맺은 것처럼 저희가 하나님 나
라를 위한 한 알의 씨앗이 되고자 찬양과 감사 가운데 저희 자신을 거
룩한 산 제물로 드립니다. 이 신앙의 신비를 소리 높여 찬양하오니

회 중 : 그리스도께서 죽으셨다가 그리스도께서 다시 사셨네. 그리스도께서
다시 오시리라.

(6) 성령 임재의 기원 / 집례자와 회중

　　집례자 : (떡과 잔 위에 손을 얹고) 거룩하신 하나님, 일찍이 주님께서 세상에 보
　　　　　 내셨던 성령을 지금 다시 보내 주시사 차려 놓은 떡과 포도주 위에 임
　　　　　 하셔서 이 식탁을 성별하여 주옵소서. 또한 성령께서 여기 모인 저희
　　　　　 위에 함께하사 이 떡과 포도주로 영원한 생명의 양식이 되게 하시며,
　　　　　 이를 먹고 마심으로 그리스도의 새로운 몸을 입어 세상을 변화시키는
　　　　　 능력을 받게 하옵소서.
　　회　중 : 오! 주님, 어서 오셔서 이를 이루옵소서.

(7) 영광 찬양 / 집례자와 회중

　　집례자 : 그리스도께서 최후의 승리 속에 다시 오실 때까지 우리 모두 천국잔
　　　　　 치에 참여할 때까지
　　회　중 : 그리스도와 하나가 되게 하옵소서. 서로서로 하나가 되게 하옵소서.
　　　　　 온 교회가 하나가 되게 하옵소서.

　　집례자 : 하나님의 아들이신 예수 그리스도를 통하여, 위로의 거룩하신 성령과
　　　　　 더불어, 모든 영광과 존귀가 영원토록 전능하신 하나님 아버지께 있
　　　　　 사옵니다.
　　회　중 : 아멘.

(8) 주님의 기도 / 다함께

　　집례자 : 이제 하나님의 백성으로서 주님께서 가르쳐 주신 기도를 함께 합시다.
　　다함께 : 하늘에 계신 우리 아버지여…….

(9) 평화의 인사 / 집례자와 회중

집례자 : 주님의 평화가 여러분과 함께

회　중 : 또한 목사님과 함께하시기를 바랍니다.

집례자 : 이제 화해와 평화의 징표로 서로 인사를 나눕시다.(모두 전후 좌우의 성
　　　　도와 함께 인사를 나눈다.)

회　중 : 주님의 평화가 함께하시기를 바랍니다.

(10) 분병례 / 집례자

집례자 : (떡을 두 손으로 들고 떼면서) 이 떡이 하나이듯, 여기 모인 우리도 하나
　　　　입니다. 하나의 떡을 함께 나누기 때문입니다. 이로써 우리는 모두 그
　　　　리스도의 한 몸에 참여합니다. (떡을 내려놓는다.)

회　중 : 아멘.

집례자 : (잔을 두 손으로 든 후) 이 잔을 함께 나눌 때에도 우리는 그리스도의 피
　　　　에 동참하게 됩니다.(잔을 내려놓는다.)

회　중 : 아멘.

(11) 분급 / 집례자와 보좌

　　(먼저 집례자가 떡과 함께 포도주를 먹고 마시거나, 혹은 떡을 떼어 포도주에 담갔다
가 먹는다. 그리고 먼저 성찬 보좌위원들에게 떡과 포도주를 분급한 후, 이어서 회중에
게 분급한다. 분급은 회중을 성찬대로 나오게 하되, 경우와 상황에 따라서는 자리에 앉
힌 채 할 수도 있다. 분급하는 동안 반주자는 성찬 찬송을 연주하고 회중은 조용히 찬
송하거나 기도한다.)

집례자 : (떡을 주면서) 이는 '그리스도의 몸' 입니다.

   (혹은 "하늘의 떡, 예수 그리스도입니다."라고 말한다.)

   (잔을 주면서) 이는 '그리스도의 피' 입니다.

   (혹은 "구원의 잔, 예수 그리스도입니다."라고 말한다.)

회 중 : (받는 이는 목례를 하면서) 아멘.

   (왼손은 위로, 오른손은 아래로 십자형을 만들어 떡을 받은 후, 오른손으로 떡을 집어 포도주에 담갔다가 먹거나, 또는 떡과 함께 포도주잔을 받아먹고 마신다.)

(12) 성찬 후 감사기도 / 다함께

◎ 평주일의 경우

   사랑과 자비가 풍성하신 하나님, 저희를 위하여 온 몸을 내어주신 이 거룩한 신비에 감사합니다. 저희가 성령의 능력 안에서 전심으로 하나님과 이웃을 사랑하고 그리스도의 빛과 소금이 되도록 희망과 용기 속에 나아가게 하옵소서. 저희를 죄와 죽음에서 구원하신 구세주 예수님 이름으로 기도합니다. 아멘.

◎ 강림절의 경우

   참소망이 되시는 하나님, 거룩하신 성령의 권능을 힘입어 이 어두운 세상을 힘있게 살아가며 언제 어디서나 이웃에게 빛된 삶을 살게 하옵소서. 주님의 몸 된 교회로 이 세상의 등대가 되게 하옵소서. 저희의 참소망 되시는 예수 그리스도의 이름으로 기도합니다. 아멘.

◎ 성탄절의 경우

   임마누엘의 하나님, 저희 모두 성령의 능력 안에서 주님과 맺은 언약을 신실히 지키고 언제 어디서나 하나님과 동행하며, 교회를 섬기고 세상을 변화시키는 하나님의 일꾼들로 살게 하옵소서. 저희와 항상 함께하시는 예수 그리스도의 이름으로 기도합니다. 아멘.

◎ 주현절의 경우

전능하시고 거룩하신 하나님, 성육신 하신 예수 그리스도로 말미암아 죄에서 죽고 새 사람으로 거듭나게 하심을 감사합니다. 이제 험한 세상에 나아갈 때에 성령의 능력으로 보호해 주시고 날마다 승리하는 삶을 누리게 하옵소서. 우리에게 빛과 생명을 주신 예수 그리스도의 이름으로 기도합니다. 아멘.

◎ 사순절(또는 고난주간)의 경우

영원하신 하나님, 구원의 신비를 저희에게 보여 주시고 생명의 양식과 성령의 능력을 부어 주시니 감사합니다. 성찬에 참여한 저희로 하여금 자기의 십자가를 지고 주님을 따르게 하시며, 이제 세상에 나아갈 때에 주님의 일꾼으로 승리하게 하옵소서. 저희에게 새 삶을 주신 예수 그리스도의 이름으로 기도합니다. 아멘.

◎ 부활절의 경우

전능하시고 영원하신 하나님, 부활과 구원의 신비 속에 생명의 양식을 채워 주시니 감사합니다. 이제 험한 세상에 나아갈 때에 성령으로 보호하여 주시고, 날마다 승리하는 삶을 누리게 하옵소서. 부활의 첫 열매가 되시는 예수 그리스도의 이름으로 기도합니다. 아멘.

◎ 오순절의 경우

우리의 삶 속에 함께하시는 하나님, 그리스도의 삶과 부활을 통해 우리가 구원의 길에 이르게 하심을 깊이 감사합니다. 날마다의 삶 속에서 성령의 임재를 느끼게 하시고 어려움을 이기게 하옵소서. 예수 그리스도의 이름으로 기도합니다. 아멘.

심은 대로 거두게 하시는 하나님, 주님의 섭리와 도우심 속에서 아름다운 믿음의 열매를 맺게 하심을 감사합니다. 이 복된 추수의 계절에 성령의 거룩하신 능력을 힘입어 저희의 이웃과 후손에게 믿음과 사랑을 심음으로 이 땅 위에 하나님의 나라가 속히 임하게 하여 주옵소서. 예수 그리스도의 이름으로 기도합니다. 아멘.

2) 여러 목사가 함께 할 수 있는 성찬 순서

(1) 총회, 연회, 지방회에서 여러 명의 목사가 성찬을 함께 진행할 경우[9] 2) 평주일에 성찬 예문집이나 순서지를 나누어 주지 않고 집례자만이 성찬 예문으로 진행할 경우 사용한다. 2)의 경우는 보좌의 역할도 집례자가 행할 수 있다.)

(총회, 연회, 지방회의 개회예배나 기타 예배 순서의 '봉헌'과 '봉헌기도' 다음에 이 순서를 넣어 사용한다.)

집례 : ○○○ 목사

보좌 : ○○○ 목사

○○○ 목사

○○○ 목사

○○○ 목사

○○○ 목사

◉ 한 곳은 집례자가 한다.

성찬 찬송(찬송가 198장) / 다함께

집례자 : 다함께 찬송가 198장을 부르심으로 성찬을 시작하겠습니다.

(성찬 찬송을 부르는 중에 보좌위원들이 성찬대 앞으로 와서, 성찬대의 보를 걷는다. 다른 찬송을 부를 수 있다.)

---

9) 이 경우에는 집례목사와 보좌목사들이 순서를 분담하여 진행한다. 단, 평화의 인사와 성찬 제정사, 성령 임재의 기원과 성찬 분병례의 순서는 집례목사가 하도록 한다. 상황에 따라서 기념사 순서는 생략할 수도 있다.

(집례자와 회중이 아래와 같이 교독한다. 회중이 교독할 수 있게 미리 인쇄한다.)

집례자 : 주님께서 여러분과 함께하시기를 빕니다.
회　중 : 목사님과도 함께하시기를 바랍니다.

집례자 : 여러분의 마음을 드높이십시오.
회　중 : 주님을 향해 우리의 마음을 높이 듭니다.

집례자 : 주님께 감사합시다.
회　중 : 이는 주님의 백성이 마땅히 해야 할 바입니다.

성경봉독 / 보좌위원 1, 2
　(아래에 기록된 성경말씀 중에 몇 구절을 선택하여, 보좌위원들이 한 절씩 봉독한다.)

집례자 : 성찬을 위하여 우리에게 주시는 하나님의 말씀을 들으십시오.

성경봉독 1 : 나는 하늘에서 내려온 살아 있는 떡이니 사람이 이 떡을 먹으면
　　　　　　영생하리라. 내가 줄 떡은 곧 세상의 생명을 위한 내 살이니라 하
　　　　　　시니라.(요한복음 6:51)

성경봉독 2 : 우리가 축복하는 바 축복의 잔은 그리스도의 피에 참여함이 아니
　　　　　　며 우리가 떼는 떡은 그리스도의 몸에 참여함이 아니냐. 떡이 하
　　　　　　나요 많은 우리가 한 몸이니 이는 우리가 다 한 떡에 참여함이
　　　　　　라.(고린도전서 10:16~17)

성경봉독 3 : 친히 나무에 달려 그 몸으로 우리 죄를 담당하셨으니 이는 우리

로 죄에 대하여 죽고 의에 대하여 살게 하려 하심이라. 그가 채찍에 맞음으로 너희는 나음을 얻었나니(베드로전서 2:24)

성경봉독 4 : 사랑하는 자들아 우리가 서로 사랑하자. 사랑은 하나님께 속한 것이니 사랑하는 자마다 하나님으로부터 나서 하나님을 알고 사랑하지 아니하는 자는 하나님을 알지 못하나니 이는 하나님은 사랑이심이라. 하나님의 사랑이 우리에게 이렇게 나타난 바 되었으니 하나님이 자기의 독생자를 세상에 보내심은 그로 말미암아 우리를 살리려 하심이라.(요한1서 4:7~9)

초청의 말씀 / 보좌위원 3

예수 그리스도를 구주로 믿고 그의 뜻에 따라 새로운 삶을 살고자 결심하는 여러분을 이 거룩한 은혜의 자리에 초대합니다. 이전의 죄된 것을 다 떨쳐버리고 겸손한 마음으로 성찬에 참여합시다.

회개의 기도 / 다함께

(일반 예배 순서에 '고백의 기도' 순서가 있었으면 성찬에서는 '회개의 기도'를 생략한다. 그러나 가능한 이곳에서 회개의 기도를 한다.)

집례자 : 우리 다함께 회개의 기도를 하겠습니다.
다함께 : 거룩하사 이 세상 만민을 심판하시는 하나님, 하나님의 뜻대로 살아야 할 저희가 말씀을 거역하고, 언행심사에 있어서 주님의 영광을 가렸던 죄를 회개합니다. 자비하신 주님, 저희를 불쌍히 여기시고 예수님의 십자가 공로로, 지은 죄를 용서하여 주옵소서. 이제부터 새로운 믿음과 변화된 모습으로 하나님의 영광을 위하여 살게 하여 주옵소서. 저희를 구속하신 예수 그리스도의 이름으로 기도합니다. 아멘.

용서의 말씀 / 보좌위원 4

(일반 예배 순서에서 '고백의 기도' 가 있었으면 생략한다.)

집례자 : 여러분, 이제 진심으로 회개하는 사람들에게 주시는 주님의 용서의
　　　　말씀을 들으십시오.

(아래에 기록된 성경말씀 중에 한 구절만 선택하여, 보좌위원이 봉독한다.)

성경봉독 1 : 수고하고 무거운 짐 진 자들아, 다 내게로 오라. 내가 너희를 쉬게
　　　　　　하리라.(마태복음 11:28)

성경봉독 2 : 하나님이 세상을 이처럼 사랑하사 독생자를 주셨으니 이는 그를
　　　　　　믿는 자마다 멸망하지 않고 영생을 얻게 하려 하심이라.(요한복음
　　　　　　3:16)

성경봉독 3 : 미쁘다. 모든 사람이 받을 만한 이 말이여. 그리스도 예수께서 죄
　　　　　　인을 구원하시려고 세상에 임하셨다 하였도다.(디모데전서 1:15 상)

성경봉독 4 : 만일 우리가 우리 죄를 자백하면 그는 미쁘시고 의로우사 우리
　　　　　　죄를 사하시며 우리를 모든 불의에서 깨끗하게 하실 것이요.(요한
　　　　　　1서 1:9)

성경봉독 5 : 나의 자녀들아, 내가 이것을 너희에게 씀은 너희로 죄를 범하지
　　　　　　않게 하려 함이라. 만일 누가 죄를 범하여도 아버지 앞에서 우리
　　　　　　에게 대언자가 있으니 곧 의로우신 예수 그리스도시라. 그는 우
　　　　　　리 죄를 위한 화목 제물이니 우리만 위할 뿐 아니요 온 세상의 죄
　　　　　　를 위하심이라.(요한1서 2:1~2)

⊙ **평화의 인사** / 집례자와 회중

　(집례자와 회중이 아래와 같이 교독한다. 회중이 교독할 수 있게 예배 순서지에 '평화의 인사' 부분을 미리 인쇄한다.)

집례자 : 주님의 평화가 여러분과 함께,

회　중 : 또한 목사님과 함께하시기를 바랍니다.

집례자 : 이제 화해와 평화의 징표로 서로 인사를 나눕시다.

회　중 : (전후좌우의 사람들과 인사하며) 주님의 평화가 함께하시기를 바랍니다.

기도 / 보좌위원 5

　전능하사 천지를 창조하신 하나님, 언제 어디서나 주님께 영광을 드리며 감사합니다. 그리스도를 통하여 저희를 먼저 선택하시고, 연합하여 그리스도의 교회를 이루게 하사 하나님의 구원 역사를 이루어 가심을 감사합니다. 또한 그리스도께서 제정하신 성찬에 저희가 참여하여 떡과 포도주를 먹고 마실 때마다 주님의 임재를 체험케 하심을 감사합니다. 이 시간 성령의 도우심으로 저희를 성별하여 주시고, 하나님의 거룩하신 이름에 합당한 찬양과 감사를 하게 하여 주옵소서. 저희를 죄에서 구원하신 예수 그리스도의 이름으로 기도합니다. 아멘.

⊙ **성찬 제정사** / 집례자

　주님께서 자신의 몸을 내어 주시던 밤, 떡을 손에 드시고(떡을 두 손으로 든다.) 감사기도를 하신 다음, 떼어(이때 떡을 두 손으로 뗀다.) 제자들에게 주시며, 말씀하셨습니다.

"받아먹어라. 이는 너희를 위해 내어 주는 나의 몸이니, 먹을 때마다 나를 기억하여라."(떡을 내려놓는다.)

식후에, 주님께서는 잔을 드시고(잔을 두 손으로 든다.) 감사기도를 하신 후에, 제자들에게 돌리시며 말씀하셨습니다. "이 잔을 마시라. 이는 죄사함을 얻게 하려고 많은 사람을 위해 흘린 새 언약의 피니 이를 행할 때마다 나를 기념하여라."(잔을 내려놓는다.)

기념사 / 보좌위원 6

(상황에 따라 생략할 수도 있다.)

사랑의 하나님! 예수 그리스도 안에서 이루신 구원의 은혜를 상기하오며 그리스도께서 저희를 위해 자신을 희생하신 것처럼 찬양과 감사 가운데 저희 자신을 거룩한 산 제물로 드립니다. 이 구속의 역사를 소리 높여 찬양하오며 그리스도의 죽음과 부활, 그리고 마지막 날 심판주로 다시 오실 것을 믿고 기다립니다.

⊙ 성령 임재의 기원 / 집례자(떡과 잔 위에 손을 얹고 기도한다.)

거룩하신 하나님! 일찍이 주님께서 세상에 보내셨던 성령을 지금 다시 보내 주시사 차려 놓은 떡과 포도주 위에 임하셔서 이 식탁을 성별하여 주옵소서. 또한 성령께서 여기 모인 저희 위에 함께하사 이 떡과 포도주로 영원한 생명의 양식이 되게 하시며, 이를 먹고 마심으로 그리스도의 새로운 몸을 입어 세상을 변화시키는 능력을 받게 하옵소서. 아멘.

주님의 기도 / 다함께

집례자 : 이제, 하나님의 백성으로서 주님께서 가르쳐 주신 기도를 함께 합시다.

다함께 : 하늘에 계신 우리 아버지여…….

분급 / 집례자와 보좌위원 7, 8

(먼저 집례자가 떡과 함께 포도주를 먹고 마시거나, 혹은 떡을 떼어 포도주에 담갔다가 먹는다. 그리고 먼저 성찬 보좌위원들에게 떡과 포도주를 분급한 후, 이어서 회중에게 분급한다. 분급은 회중을 성찬대로 나오게 하되, 경우와 상황에 따라서는 자리에 앉힌 채 할 수도 있다. 분급하는 동안 반주자는 성찬 찬송을 연주하고 회중은 조용히 찬송하거나 기도한다. 집례자는 떡을 주면서 "이는 그리스도의 몸입니다."라고 말한다. 그리고 회중은 목례를 하면서 "아멘"으로 성찬을 받는다. 이때에 왼손은 위로, 오른손은 아래로 십자형을 만들어 떡을 받은 후, 오른손으로 떡을 집어 포도주에 담갔다가 먹거나, 또는 떡과 함께 포도주잔을 받아먹고 마신다. 순서가 진행되는 동안 반주자가 찬송을 조용히 연주할 수 있다.)

(회중에게 성찬을 분급할 때에 두 명의 보좌위원이 성찬 분급이 끝날 때까지 아래와 같이 교독한다.)

여러분을 위해 죽으신 우리 주 예수 그리스도의 몸이 여러분을 영생에 이르도록 보호해 주십니다. 그리스도께서 여러분을 위해 죽으셨음을 기억하면서 믿음과 감사로 이 떡을 받으시기 바랍니다. 여러분을 위해 흘리신 우리 주 예수 그리스도의 피가 여러분을 영생에 이르도록 보호해 주십니다. 그리스도께서 여러분을 위해 흘리신 피를 기억하면서 믿음과 감사로 이 잔을 받으시기 바랍니다.

성찬 후 감사기도 / 다함께

(분급이 모두 끝나면 보좌위원들이 남겨진 떡과 포도주를 성찬대 위에 정리하고 보로 덮은 후에, 다음과 같이 기도한다.)

집례자 : 이제 다함께 감사의 기도를 하겠습니다.

다함께(또는 맡은이) : 은혜와 사랑이 충만하신 하나님, 그리스도를 통하여 저희
를 구원하시고, 생명의 양식 주심을 감사합니다. 저희를 위하여 온 몸
을 내어주신 십자가의 사랑과 희생의 신비를 기억하면서, 저희 자신
을 온전한 헌신의 제물로 하나님께 드립니다. 이제 성찬에 참여한 저
희로 하여금 그리스도와 하나되게 하시고, 서로서로 하나되게 하시
며, 온 교회가 하나되게 하여 주옵소서. 이제 세상을 향하여 나아가야
할 저희가 성령의 능력 안에서 전심으로 하나님과 이웃을 사랑하며
그리스도의 빛과 소금이 되게 하여 주시사 주님 오시는 날, 하나님 나
라의 유업을 함께 누리게 하옵소서. 저희에게 영생의 양식을 주신 예
수 그리스도의 이름으로 기도합니다. 아멘.

일반 예배 부록

Ⅰ. 예배찬송가

■ 선곡해설

1. 곡의 이름과 분류 : 이 책의 22~40쪽 '예배에 대한 이해' 에 나와 있는 해설을 근거로 하였다.

2. 선곡기준 : 역사적으로 검증된 예배찬송과 초교파적으로 국내외에서 널리 사용되고 있는 곡 중에서 가려 뽑았으며, 창작찬송도 오래 전에 창작되어 불리고 있는 곡 중에서만 선별하였다.

3. 사용범위 : 이 선곡들은 어디까지나 예배찬송의 전통계승과 토착화를 위한 기초자료이며, 예배자의 재량에 따라 얼마든지 다른 적합한 찬송을 사용할 수 있다.

　예) 회중찬송으로서 입례송, 경배찬송, 설교전후 찬송, 찬양대의 입례송, 기도응답송, 봉헌송, 축복송 등.

4. 저작권 : 각 찬송은 저작권자의 허락을 받아 수록하였다.(우측 아래 표시)

입례송(1)

가사 : Anonymous
곡조 : Traditional Serbian Melody

입례송(2)

가사 : Anonymous
곡조 : John Porter

입례송(3)

가사 : 이영조
곡조 : 이영조

※ 경동찬송가 수록곡(경동교회, 1995)

입례송(4)

가사 : Anonymous
곡조 : French Traditional Carol

※ 개편찬송가 수록곡(한국찬송가공회, 1967)

자비송(1)

가사 : 전례예문
곡조 : 이건용

※ 경동찬송가 수록곡(경동교회, 1995)

가사 : Simei Monteiro 역)나영수
곡조 : Simei Monteiro

※ 경동찬송가 수록곡(경동교회, 1995)

가사 : 역)나영수
곡조 : 러시아정교회

※ 경동찬송가 수록곡(경동교회, 1995)

영광송[삼위영가](1)

가사 : Traditional
곡조 : H W. Greatorex

※ 통일찬송가 수록곡(한국찬송가공회, 1983)

영광송[삼위영가](2)

가사 : Traditional
곡조 : C. Meineke

※ 통일찬송가 수록곡(한국찬송가공회, 1983)

영광송[삼위영가](3)

가사 : Tate and Brady
곡조 : A. Williams

※ 통일찬송가 수록곡(한국찬송가공회, 1983)

영광송[삼위영가](4)

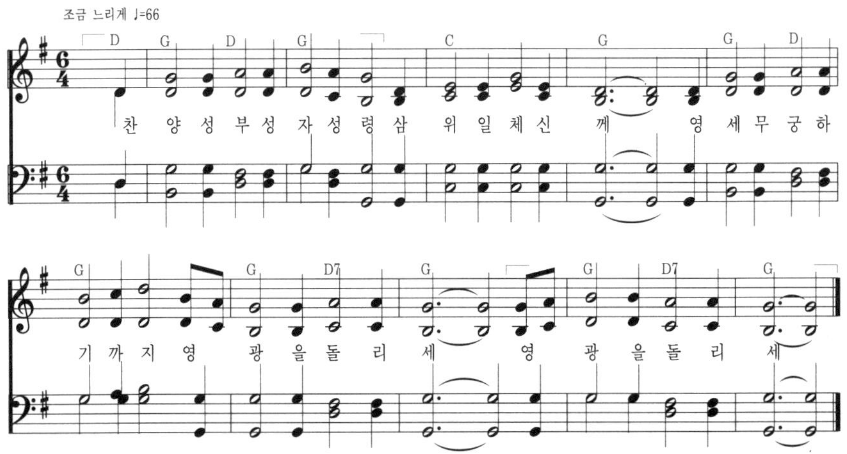

가사 : Tate and Brady
곡조 : T. Hastings

※ 통일찬송가 수록곡(한국찬송가공회, 1983)

영광송[삼위영가](5)

가사 : Anonymous
곡조 : 오소운

※ 한국찬송가 수록곡(한국찬송가공회, 1978)

영광송[삼위영가](6)

가사 : 개)나영수
곡조 : 경동찬송가 16장

※ 경동찬송가 수록곡(경동교회, 1995)

기도송

가사 : Anonymous
곡조 : Plain Song

주님의 기도송(1)

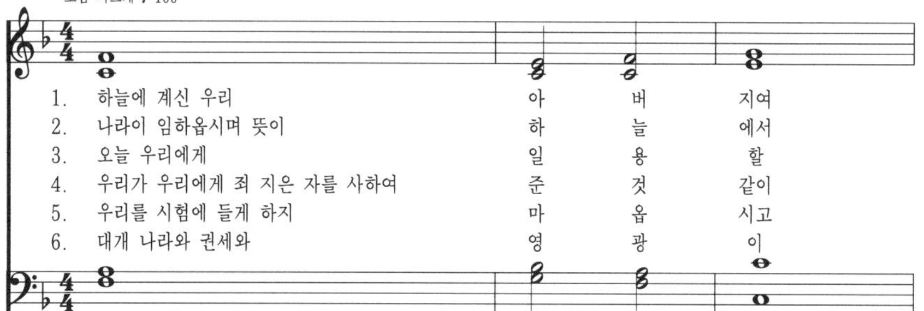

가사 : The Lord's Prayer
곡조 : L.T. Downes

※ 통일찬송가 수록곡(한국찬송가공회, 1983)

주님의 기도송(2)

가사 : The Lord's Prayer
곡조 : Albert H. Malotte

봉헌송(1)

가사 : T. Ken
곡조 : L. Bourgeois

※ 통일찬송가 수록곡(한국찬송가공회, 1983)

봉헌송(2)

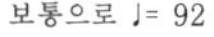

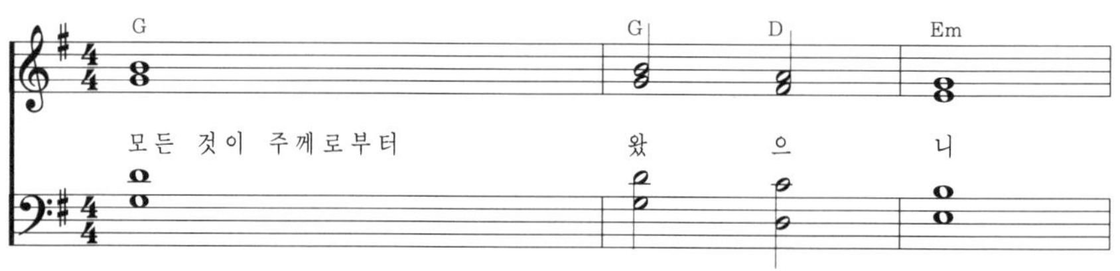

가사 : Based on I Chr.
곡조 : Arr. from L. van Beethoven

※ 통일찬송가 수록곡(한국찬송가공회, 1983)

봉헌송(3)

가사 : W.W.How
곡조 : Arr. from R.A.Schumann

※ 통일찬송가 수록곡(한국찬송가공회, 1983)

성경봉독 응답송

가사 : Ombrio 개)경동교회
곡조 : Ombrio

※ 경동찬송가 수록곡(경동교회, 1995)

삼성창(1)

가사 : Based on Isa. 6:3
곡조 : Arr. by John Marbeke

※ 개편찬송가 수록곡(한국찬송가공회, 1967)

삼성창(2)

가사 : Based on Isa. 6:3
곡조 : Alexander S. Cooper

※ 개편찬송가 수록곡(한국찬송가공회, 1967)

삼성창(3)

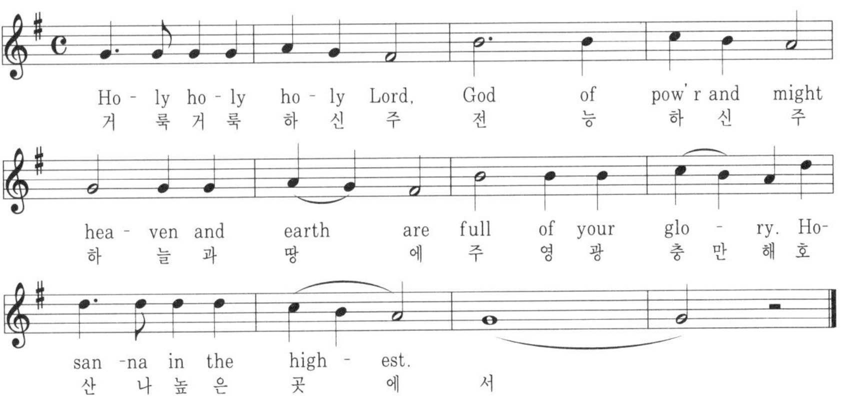

가사 : Anonymous
곡조 : Australia Hymn

삼성창(4)

가사 : Anonymous
곡조 : The Russian Liturgy

삼성창(5)

가사 : Anonymous
곡조 : Argentina Hymn

성찬송(1)

가사 : M.A.Lathbury, A.Groves
곡조 : W.F.Sherwin

※ 통일찬송가 수록곡(한국찬송가공회, 1983)

성찬송(2)

가사 : E.H. Bickersteth
곡조 : F.C. Atkinson

※ 통일찬송가 수록곡(한국찬송가공회, 1983)

성찬송(3)

가사 : Horatius Bonar
곡조 : Edward Dearle

※ 개편찬송가 수록곡(한국찬송가공회, 1967)

성찬송(4)

가사 : 문성모
곡조 : 문성모

※ 작곡가 문성모 교수의 허락을 받아 게재하였음

170

성찬송(5)

가사 : 흑인영가 역)김문환
곡조 : 흑인영가

※ 경동찬송가 수록곡(경동교회, 1995)

성찬송(6)

가사 : 시리아 및 남인도지방 예문
곡조 : J. Clark

※ 경동찬송가 수록곡(경동교회, 1995)

축복송(1)

가사 : Based on Num. 6:24~26
곡조 : P.C. Lutkin

※ 통일찬송가 수록곡(한국찬송가공회, 1983)

축복송(2)

가사 : Anonymous
곡조 : Anonymous

축복송(3)

곡조 : G.F. Händel

II. 교회력과 색깔

교회력은 교인들의 예배와 신앙생활을 위하여 만든 전통적인 연력(年歷)[10]으로, '예수 그리스도를 통하여 계시된 하나님의 구속 역사를 재현한 것'이다. 교인은 이 교회력에 따라 예수님 안에서 이루신 구원의 내용을 상기하면서, 또한 예수님의 삶과 교훈을 규칙적으로 음미하면서 실천하게 된다.

절기	기간	의미	색깔
강림절 (Advent), 강림절 1 강림절 2 강림절 3 ▼	예수 그리스도의 오심과 또한 그분의 재림을 기다리는 절기로서, 성탄주일 4주 전부터 성탄일 전야까지 4주 동안의 기간을 말한다.	그리스도의 강림을 즐거워하며 기대하는 준비의 시기다. 강림의 의미는 1) 육신으로 오신 그리스도(과거-초림)와 2) 말씀과 성령으로 임재하시는 그리스도(현재), 3) 영광 중에 다시 오실 그리스도(미래-재림)를 대망하게 한다.	자색(희망, 대망, 준비, 겸손, 존엄)
성탄절 (Christmas) ▼	성육신 하신 그리스도의 탄생을 축하하고 기념하는 절기로서, 성탄일로부터 주현일 전날까지의 기간을 말한다.	기다리던 메시아의 오심을 기뻐하며, 영광과 평화의 감격을 경험한다. 왕의 왕으로 오신 그리스도를 감사와 기쁨으로 영접하며, 임마누엘의 은총 가운데 믿음과 소망으로 살아간다.	백색(순결, 성결, 영광, 빛, 기쁨, 승리, 영접의 즐거움, 진리, 완전)

---

10) 연력이란 예수 그리스도의 생애를 1년에 맞추어 순서적으로 배열하였음을 의미한다. 교회력의 상반기(강림절–부활절)는 예수님의 전 생애를 기억하면서 그리스도의 삶을 본받는 것이라면, 하반기(성령강림절 후)는 성령의 역사와 은사와 열매를 통한 교회의 삶과 연관되어 있다.

절기	기간	의미	색깔
주현절 (Epiphany) ▼	예수 그리스도의 나타나심(동방박사의 방문, 예수님이 세례 받으심, 주님의 산상변화)[11]을 기념하며, 그리스도의 신성을 깨닫는 절기로서, 주현일(1월 6일)로부터 성회수요일 전날까지의 기간이다.	주님의 현현을 경축하며, 세상의 빛으로 오신 그리스도를 증거하며, 교인의 선교적 사명을 증거한다. 현현(epiphany)은 빛이 어둠을 밝히듯이 하나님이 예수 그리스도를 통하여 계시하시고, 하나님의 영광이 예수님에게서 나타나심을 의미한다.	첫 주일인 세례주일과 마지막 주일인 변화주일에는 백색(순결, 성결, 영광, 빛, 기쁨, 승리), 그 외는 녹색(생명, 성장)
사순절 (Lent) 성회수요일[12] 고난주간[13] 종려주일 세족목요일 성금요일 ▼	예수님의 고난과 죽으심을 기억하며, 교인의 경건한 신앙 자세를 가다듬는 절기로서, 성회수요일부터 부활주일까지 주일을 제외한 40일 동안의 기간이다.	예수님의 고난에 동참하며, 회개를 통하여 예수님의 부활을 준비하는 시기다. 교회는 십자가의 수난을 통하여 구속의 진리를 선포하며, 성도는 기도와 금식, 영적 성장의 기회로 삼는다.	성회수요일에는 백색, 성금요일에는 흑색, 그 외는 자색(회개, 정결, 영적 씻음, 인내, 고난, 금식, 슬픔, 결손, 준비)

---

11) 동방교회는 주님이 세례 받으심을 중심으로 주현절을 경축하였으나, 서방교회에서는 동방박사의 방문에 초점을 맞추어 주현절을 지켰다. 이처럼 서방교회에서는 이방인들을 향한 그리스도의 현현에 큰 의미를 두고 있다. 그런 의미에서 주현절에는 복음전도를 강조한다.

12) 성회수요일은 부활주일 46일 전 수요일로서, 사순절이 시작되는 날이다. 교인이 이마에 재를 묻혀 속죄를 표시하는 데서 성회수요일(Ash Wednesday)이라는 이름이 붙여졌다. 속죄일이라고도 한다.

13) 고난주간은 종려주일에서 시작하여 부활주일 전 한 주간을 말하며, 사순절의 절정기다. 종려주일은 예수님의 예루살렘 입성을 축하하는 주일로서, 이 날은 왕으로 오시는 예수님을 기쁨으로 영접하며 한편 우리를 위하신 왕, 예수님의 고난과 십자가를 묵상하는 주일이다. 세족목요일은 예수님께서 발을 씻으시고 마지막 만찬을 드신 날이며, 성금요일은 십자가에서 고난을 당하신 고난일로 기념한다.

절기	기간	의미	색깔
부활절 (Easter) 승천일14) ▼	죽음에서 살아나신 예수 그리스도를 경축하는 절기로서, 부활주일부터 성령강림주일 전날까지 계속된다.	예수님께서 부활의 첫열매가 되셔서 모든 믿는 자는 구원과 영생, 부활을 기념하며 기뻐한다. 모든 교인은 그리스도의 부활을 통하여 죄와 죽음의 권세에서 벗어나 승리와 희망의 삶으로 나아간다.	백색(순결, 소망, 기쁨, 승리, 새생명, 축하, 잔치, 진리)
성령강림절 (오순절, Pentecost) 삼위일체 주일15) 왕국주일 창조주일 ▼	예수님의 부활 후 50일째 되는 성령강림주일부터 강림절 전날까지 계속되는 약 6개월간의 기간이다.	예수님의 승천 후 모든 교인에게 약속하신 성령의 강림을 감사하며, 성령 안에서 교회의 탄생과 성도의 신앙 성장을 축하한다. 성도는 성령의 열매를 맺어 생활 속에서 신앙의 증인이 되어야 한다.	성령강림주일에는 적색(성령, 보혈, 불, 희생의 삶, 열심, 일, 헌신, 경건), 성령강림주일 후 첫 주일인 삼위일체주일과 마지막 주일인 왕국주일에는 백색, 그 외는 녹색

---

14) 승천일은 예수님께서 부활하신 후 40일째 되는 목요일로서, 그리스도께서 시공을 초월한 주님이심을 확증하여 기념하는 날이다.

15) 삼위일체주일은 성령강림주일 후 다음 주일로서, 주님께서 성부 성자 성령 삼위일체이신 하나님의 역사하심을 기념하는 주일이다.

예식

Ⅰ. 결혼

1. 결혼의 의미

하나님이 자기 형상 곧 하나님의 형상대로 사람을 창조하시되, 남자와 여자를 창조하시고(창 1:27) "심히 좋았다."고 하셨다. 그리고 이들을 에덴동산에서 동거하게 하셨으며, 생육하고 번성하라고 복을 주셨다(창 1:28). 여기에서 우리는 결혼 제도의 창시자가 하나님이심을 알 수 있다. 하나님이 결혼식의 창시자라는 말은, 결혼이 신성하며, 하나님의 창조질서와 관련되었다는 의미를 포함한다.

구약에서 결혼과 관계된 또 다른 주제는 '성실'(誠實)과 '신실'(信實)이다. 결혼에 대한 성실은 하나님과 백성 사이에 은혜의 언약 관계에서 나타나며, 그 관계는 특히 남자와 여자 사이의 관계와 비교하여 표현하였다. 하나님의 확고한 사랑이, 한 남자와 한 여자 사이의 성실한 사랑과 비교하여 설명되었다. 한 남자와 여자가 결혼했으면, 죽음으로 나누어질 때까지, 서로 성실하고 신실해야 한다. 여기서 남녀가 합하는 결혼은 성실성과 사랑, 동시에 평생의 헌신을 전제로 함을 말해 준다.

신약에서 예수 그리스도는 결혼에 대하여, "창조 때로부터 사람을 남자와 여자로 지으셨으니 이러므로 사람이 그 부모를 떠나서 그 둘이 한 몸이 될지니라. 이러한즉 이제 둘이 아니요 한 몸이니, 그러므로 하나님이 짝지어 주신 것을 사람이 나누지 못할지니라 하시더라."(막 10:6~9)고 말씀하심으로써, 남녀가 평등하게 창조되었을 뿐 아니라, 결혼이 하나님의 창조의 일부분임을 표현했다. 자녀들이 자라서 부모 곁을 떠나도 될 만큼 성숙하게 되면, 남자와 여자가 결혼하여 진실한 사랑으로 한 몸이 되어 가정을 이룬다. 이같이 예수님은 남녀가 합하여 결혼을 하면 서로에게 충실하여 나누지 말라고 하셨다. 이는 결혼의 신성과 일부일처(一夫一妻)의 남녀평등을 말씀하신 것이다.

서신서에서는, 특히 바울이 그리스도와 교회의 관계를 결혼의 비유로 나타낸다(엡 5:22~33). 바울은 그리스도를 신랑으로, 교회를 신부로 비유함으로써 한 남자와 한 여자로 이루어진 그리스도교인의 가정 공동체가 단순히 개인적인 관계만 아니라 그 이상임을 말해 준다. 즉 가정은 하나님의 권속으로서, 교회라는 믿음의 공동체와 밀접한 관계를 갖는다는 말이다.

그러므로 그리스도인의 가정은 주님을 가정에 모시며, 성경의 교훈과 지혜를 생활에 실천하고, 동시에 자녀를 믿음으로 양육하고, 부모는 말과 행동의 모범을 통하여 자녀들에게 성경적 삶의 지혜를 가르쳐야 한다. 다시 말하면 그리스도인의 가정은 항상 교회와 밀접한 관계를 가져야 한다는 말이다.

그리고 결혼은 남편과 아내가 육체적, 정신적, 영적으로 한 몸을 이루어 아름다운 가정을 이루어 나가는 것으로만 끝나서는 안 된다. 교회와 사회에 의무와 책임을 다해야 한다. 이런 의미에서, 결혼은 결혼한 남녀만의 행복을 추구하는데 한정하지 않고, 가정, 교회, 사회 안에서 하나님 나라를 실현해 나가는 일에 도움을 줄 수 있도록 설정된 하나님의 선물임을 믿고 항상 하나님께 감사해야 한다.

한 번 결혼했으면 그 관계는 죽음 때문에 어쩔 수 없이 헤어질 때까지 계속되어야 한다. 구약에서 하나님과 이스라엘 백성의 관계는 일시적인 것이 아니라 계속될 언약이다. 그리고 서신서에서 비유로 표현된, 신랑으로서 예수님과 신부로서 교회의 관계는 종말까지 지속될 언약(covenant)이다. 그런 뜻에서, 하나님을 결혼의 창시자로 정하고 성실과 신실을 바탕으로 한 결혼은 계약(contract)이 아니라 언약(covenant)이다. 신랑과 신부의 서약은 하나님과 사람들 앞에서 행해지므로, 이해관계에서 이루어지는 계약이라기보다는 신성한 약속이라고 하겠다. 언약은 계약과는 달리, 대상에게 사랑 안에서 전적으로 제한 없이 자기 자신을 주는 것이기 때문이다.

급변하는 사회에서 가정이 흔들리며, 특히 이혼으로 가정의 평화와 행복을 잃고 있다. 이것은 분명히 하나님의 뜻이 아니다. 그러므로 결혼식에 참여한 회중의 가정과 부부들을 위한 순서나 기도를 결혼식 말미에 첨가하여, 결혼의 의미를 다시 상기케 하는 것은 좋은 시도라고 여겨진다. 물론 은혼식이나 금혼식 등 결혼기념식을 행하기도 하지만, 그것보다도 결혼식 때마다 참여한 회중이 결혼하는 당사자들을 축복하는 동시에 자신들의 결혼의 언약이나 감격을 계속 새롭게 되새기도록 하며, 가정의 굳건한 틀을 유지하게 하는 것도 결혼의 의미와 통하며 매우 중요한 것이라고 할 수 있다.

2. 약혼식

1) 약혼식 지침

(1) 국가의 가정의례준칙에는 약혼식이 없다. 이는 낭비와 허례허식의 습관을 없애고자 함이다. 이 점을 고려하여 가능한 한 약혼식은 생략할 것이며, 약혼식을 하더라도 형편에 따라 간소하게 하되, 믿음 안에서 경건하게 행할 것이다.

(2) 약혼식은 미리 집례를 부탁하고, 일시와 장소는 양가가 협의하여 정하되, 주일을 피하여 가정에서 행하도록 한다. 모이는 수는 양가 가족이나 친지 등 소수로 함이 좋다.

(3) 약혼식 중에는 약혼 당사자들만 집례자나 친구가 소개하고, 가족과 친지 소개는 약혼식 후에 축하 순서(친교를 위해 간단히 음식을 나눔)에서 하도록 한다.

(4) 약혼식 때 서로 예물을 주고받을 수도 있다.

(5) 집례자는 예식 전에 식장에 도착하여 준비상태를 점검한다. 약혼식 때 호칭은 신랑과 신부가 아니고, ○○○ 군과 ○○○ 양으로 하며 남녀 구별 없이 약혼자라고 부름이 좋다.

2) 약혼식 순서

집례 : 교회담임자

약혼식사 / 집례자

　　지금 우리는 하나님 앞과 이 자리에 모인 여러분 앞에서, ○○○ 군과 ○○○ 양의 약혼식을 행하고자 합니다. 약혼은 결혼할 것을 약속하는 일입니다. 그러므로 약혼 당사자는 물론 두 가정의 부모나 친척과 친지 되시는 분들도 성실한 마음으로 두 사람의 앞날에 하나님의 크신 복이 있기를 기원하여 주시기 바랍니다.

찬송(찬송가 383장) / 다함께(다른 찬송을 택할 수 있다.)

1. 눈을 들어 산을 보니 도움 어디서 오나
　천지 지은 주 여호와 나를 도와주시네
　나의 발이 실족않게 주가 깨어 지키며
　택한 백성 항상 지켜 길이 보호하시네
2. 도우시는 하나님이 네게 그늘 되시니
　낮의 해와 밤의 달이 너를 상치 않겠네
　네게 화를 주지 않고 혼을 보호하시며
　너의 출입 지금부터 영영 인도하시리 아멘

기도 / 집례자

　　천지와 만물을 지으시고 인생을 주신 하나님 아버지, 오늘 저희로 하여금 약혼식을 할 수 있도록 여기까지 인도하신 하나님의 은혜를 감사합니다. 주님께서 일찍이 ○○○ 군과 ○○○ 양을 이 세상에 보내시고, 하나님의 은총과 사랑으로 성장하게 하신 것을 감사합니다. 더욱이 그들이 주님의 뜻을 따라 서로 사랑하여, 앞으로 결혼하고 아름다운 가정을 이루기 위해 약혼식을 갖게 되었음을 감사합니다. 간구하옵기는, 오늘 이 두 사람의 약속이 하나님의 크신 은총과 도우심으로 변하지 않게 하옵시며, 결혼할 때까지 믿음과 소망과 사랑이 더욱더 깊어지게 하옵소서. 그리고 이 자리에 하나님의 크신 복과 은혜가 충만하기를 원합니다. 우리 주 예수 그리스도의 이름으로 기도합니다. 아멘.

성경봉독 / 집례자(아래의 성경구절 중에 하나를 선택하여 봉독한다.)

성경봉독 1 : 내가 사람의 방언과 천사의 말을 할지라도 사랑이 없으면 소리 나는 구리와 울리는 꽹과리가 되고, 내가 예언하는 능력이 있어 모든 비밀과 모든 지식을 알고 또 산을 옮길 만한 모든 믿음이 있을지라도, 사랑이 없으면 내가 아무 것도 아니요, 내가 내게 있는 모든 것으로 구제하고 또 내 몸을 불사르게 내줄지라도, 사랑이 없으면 내게 아무 유익이 없느니라. 사랑은 오래 참고, 사랑은 온유하며, 시기하지 아니하며, 사랑은 자랑하지 아니하며, 교만하지 아니하며, 무례히 행하지 아니하며, 자기의 유익을 구하지 아니하며, 성내지 아니하며, 악한 것을 생각하지 아니하며, 불의를 기뻐하지 아니하며, 진리와 함께 기뻐하고, 모든 것을 참으며, 모든 것을 믿으며, 모든 것을 바라며, 모든 것을 견디느니라.(고린도전서 13:1~7)

성경봉독 2 : 형제들아 내가 사람의 예대로 말하노니 사람의 언약이라도 정한 후에는 아무도 폐하거나 더하거나 하지 못하느니라.(갈라디아서 3:15)

성경봉독 3 : 복 있는 사람은 악인들의 꾀를 따르지 아니하며, 죄인들의 길에
서지 아니하며, 오만한 자들의 자리에 앉지 아니하고, 오직 여호
와의 율법을 즐거워하여 그의 율법을 주야로 묵상하는도다. 그는
시냇가에 심은 나무가 철을 따라 열매를 맺으며, 그 잎사귀가 마
르지 아니함 같으니, 그가 하는 모든 일이 다 형통하리로다. 악인
들은 그렇지 아니함이여 오직 바람에 나는 겨와 같도다. 그러므
로 악인들은 심판을 견디지 못하며 죄인들이 의인들의 모임에 들
지 못하리로다. 무릇 의인들의 길은 여호와께서 인정하시나, 악
인들의 길은 망하리로다.(시편 1:1~6)

권면의 말씀 / 집례자

약혼 서약 / 약혼 당사자

　(집례자가 양가 부모에게 약혼허락 여부를 물은 다음, 약혼 당사자에게는 약혼서약
을 하게 한다.)

집례자 : 이제 하나님과 여러 증인들 앞에서 서약 문답을 하겠으니 진실한 마
음으로 대답하기 바랍니다.

(양가 부모에게)
집례자 : 오늘 결혼을 약속하는 이 두 사람의 약혼이 인간의 생사화복을 주장
하시는 하나님의 뜻임을 믿고 즐거운 마음으로 허락하십니까?
양가 부모 : 예, 허락합니다.

(약혼하는 남녀에게)
집례자 : ○○○ 군, ○○○ 양, 두 사람은 오늘 이 약혼을 하나님과 부모님의
은혜인 것을 믿고 감사하는 마음으로 서약합니까?

약혼자 : 예, 서약합니다.

집례자 : 두 사람은 오늘 약혼을 한 후, 행복한 결혼과 그리스도인의 가정을 이
　　　　루어 가기 위하여 서로 예의를 지키며, 신앙으로 교제하고, 사랑하여
　　　　주 안에서 높은 덕을 세워 갈 것을 서약합니까?
약혼자 : 예, 서약합니다.

약혼감사(또는 축복)기도 / 집례자

　　만물을 지으시고 다스리시는 하나님, 오늘 ○○○ 군과 ○○○ 양이 하나
님의 섭리 가운데서 약혼한 것을 감사합니다. 주님께 간구하옵기는 저들이 결
혼할 때까지 하나님의 뜻을 좇아 서로 사랑하며, 존중하며, 서로 섬기는 정신
을 배우게 하시며, 앞으로 아름다운 가정을 이룰 때까지 성령의 감화 감동하심
이 충만하며, 하나님의 크신 복 아래 살게 하여 주옵소서. 우리 주 예수 그리스
도의 이름으로 기도합니다. 아멘.

예물 교환 / 약혼 당사자

약혼 공포 / 집례자

　　○○○ 군과 ○○○ 양이 하나님과 여러 증인들 앞에서 피차에 굳은 서약
과 함께 약혼한 것을 널리 알립니다.

소개 / 집례자 혹은 친구(약혼하는 남녀를 간단히 소개한다.)

축가 / 맡은이(상황에 따라 생략할 수 있다.)

인사와 알리는 말씀 / 맡은이

찬송(찬송가 384장) / 다함께

1. 나의 갈 길 다가도록 예수 인도하시니
   내 주 안에 있는 긍휼 어찌 의심하리요
   믿음으로 사는 자는 하늘위로 받겠네
   무슨 일을 만나든지 만사형통 하리라
   무슨 일을 만나든지 만사형통 하리라
2. 나의 갈 길 다가도록 예수 인도하시니
   어려운 일 당한 때도 족한 은혜 주시네
   나는 심히 고단하고 영혼 매우 갈하나
   나의 앞에 반석에서 샘물나게 하시네
   나의 앞에 반석에서 샘물나게 하시네
3. 나의 갈 길 다가도록 예수 인도하시니
   그의 사랑 어찌 큰지 말로 할 수 없도다
   성령감화 받은 영혼 하늘나라 갈 때에
   영영 부를 나의 찬송 예수 인도하셨네
   영영 부를 나의 찬송 예수 인도하셨네 아멘

축도 / 맡은이

(예배 후 축하 순서에는 양가 가족 소개, 축하 케이크 절단, 약혼 당사자들의 다짐 낭
송, 간단한 음식을 함께 나누는 친교시간을 가질 수 있다.)

3. 결혼식

1) 결혼식 지침

(1) 결혼할 장소는 공개된 곳이면 어느 곳이나 좋지만, 가능한 한 교회로 하며, 사순절 기간은 피하도록 한다. 또한 담임목사를 집례자로 모심이 제일 좋다. 왜냐하면 결혼은 일생의 중대사 중에 하나이므로 집례자가 결혼 전에 결혼할 당사자를 만나 성인으로서 책임, 직업, 가정의 경제, 성에 대한 지식, 가족계획, 교회와 가정관계, 특히 결혼에 대한 신앙적 지도, 결혼식에 대한 정신적 자세, 결혼식 순서에 대한 설명과 이해에 대한 상담을 해 줄 필요가 있기 때문이다.

(2) 집례자는 나라의 결혼법과 풍속에 관하여 잘 알아 이들의 결혼이 합법적인 절차에 따르고 있는지를 검토해야 한다. 주례한 후 교회 혼인 명부에 명기해 주어야 한다.

(3) 교회 시설을 이용한 경우 장소, 시간, 사용할 물건, 준비할 것들을 결혼 준비위원에게 미리 알려 차질이 없도록 한다. 예행연습은 하루 전에 해 보며, 이때 반주자도 참석하여 입장 절차에서 퇴장까지 충분히 연습한다.

(4) 집례자는 예식 전에 도착하여, 장내의 좌석 배치를 확인할 뿐만 아니라, 결혼식이 산만하지 않게 주변을 정돈시킨다. 반주자는 예식이 시작하기 전부터 연주를 시작함이 좋다.

(5) 신랑 · 신부의 위치는 집례자가 보는 방향에서 신랑은 오른쪽에, 신부는 왼쪽에 서도록 한다.

(6) 집례자 외에 사회자가 필요한 경우에는 신부 입장까지만 사회자가 담당한다.

(7) 서약이나 성혼 공포 때 신랑 · 신부가 손을 얹었던 성경은 집례자의 결혼기념 선물로 주면 좋다.

2) 결혼식 순서

집례 : 교회담임자

입장

교회 안에서 행할 경우

　(1) 집례자는 예배당 입구에서 신랑·신부를 맞아 인사를 나눈 후 입장을 시작한다. 입장 행렬은 촛불 점화자들, 집례자, 양가 부모, 신랑과 신부 순으로 한다. 행진하는 동안 회중은 모두 일어서며 함께 찬송하거나 악기에 의한 반주나 찬양대의 찬양이 있을 수 있다. 행진이 끝난 후, 양가 부모는 준비한 좌석 앞자리에 서고 신랑·신부는 집례자 앞에 선다. 신랑은 신부의 왼쪽에 선다. 반주나 찬송이 끝난 후 양가 부모와 회중은 자리에 앉는다.

　(2) 보다 간단한 입장을 원한다면, 집례자가 이미 강단에 서 있고 부모들과 신랑·신부가 함께 입장할 수도 있다.

　(3) 일반적으로 지금까지 해 오던 방법과 같이 신랑이 먼저 입장하고, 신부가 친권자와 함께 입장하여 신랑에게 넘겨지는 방법을 택할 수도 있다.

교회 밖에서 행할 경우

　(2)와 (3)의 방법을 택한다. 촛불 점화는 양가 어머니들이 입장 전에 하거나, 양가 부모들이 신랑·신부와 함께 입장할 때는 입장하여 바로 점화한다.

결혼식사 / 집례자

　예수 그리스도의 은혜와 하나님의 사랑과 성령의 교통하심이 우리 모두에게 있기를 바랍니다. 사랑하는 여러분, 오늘 우리가 하나님과 여러 증인들 앞에 함께 모여 신랑 ○○○ 군과 신부 ○○○ 양의 거룩한 결혼식을 베풀고자 합니다. 결혼은 하나님께서 주신 귀한 선물로서, 하나님께서 인류를 창조하실 때에 한 남자와 한 여자를 지으시고 복 주사 함께 살게 하심으로 시작한 것이며, 또 이로써 예수 그리스도와 교회가 연합하는 신비적 합일을 사람들에게 가르치기 위한 것입니다. 또한 예수님께서는 갈릴리 가나에서 이 거룩한 예식을 아름답게 여기시고, 사랑의 하나님 나라에 들어가는 징표로 복을 주셨습니다. 그러므로 우리는 이 결혼을 신성하게 여겨 가장 엄숙하고 경건한 마음으로 하여야 합니다. 이제 이 두 사람이 거룩한 결혼을 통해 결합하려고 이 자리에 나왔습니다. 여러분은 이 두 사람의 결혼을 마음껏 축복하면서, 기도하시고 기쁨을 함께 나누시기 바랍니다.

찬송(찬송가 605장) / 다함께

1. 오늘 모여 찬송함은 형제자매 즐거움
   거룩하신 주 뜻대로 혼인예식 합니다
   신랑신부 이 두 사람 한 몸 되게 하시고
   온 집안이 하나되고 한 뜻 되게 하소서
2. 세상에서 사는 동안 한길 가게 하시고
   맘과 뜻이 하나되어 주 따르게 하소서
   서로 믿고 존경하며 서로 돕고 사랑해
   고와 낙을 함께하며 승리하게 하소서
3. 아버지여 우리들이 기도하고 바람은
   저들 부부 세상에서 해로하게 하소서
   이 두 사람 감화하사 항상 주를 섬기며
   이 세상을 살아갈 때 행복하게 하소서 아멘

결혼 의사 확인 / 집례자

(회중에게)

집례자 : 두 사람을 하나로 맺어주는 이 거룩한 예식에 증인이 된 여러분에게
　　　　 묻습니다. 만일 여러분 중에 이 두 사람이 합법적으로 결혼할 수 없는
　　　　 이유가 있다면 그 이유를 지금 말하십시오. 여러분은 이 두 사람의 결
　　　　 혼이 합당하다고 여기시면 이후로는 침묵하시기 바랍니다. 기쁜 마음
　　　　 으로 받아들이십니까?

회　중 : 예.(또는 아멘.)

(신랑 · 신부에게)

집례자 : 신랑 · 신부에게 묻습니다. 신랑 ○○○ 군과 신부 ○○○ 양은 서로
　　　　 를 아내와 남편으로 맞아 서로 사랑하고 위로하며 존경하고 지켜주는
　　　　 가운데 서로에게 성실하게 살아가기를 기꺼이 원하십니까?

신랑 · 신부 : 예.

(양가 부모에게)

집례자 : 이제 양가 부모와 어른들에게 묻습니다. 여러분은 새로 태어나는 가
　　　　 정을 기쁨으로 받으시고 축복하시겠습니까?

양가 부모 : 예.

기도 / 집례자

　　영광스러운 하나님, 주님께서는 독생자 예수님을 세상에 보내시어 주님의
크신 사랑을 모든 사람에게 보여 주셨습니다. 주님께서 주시는 귀중한 은혜가
이 두 사람에게 차고 넘쳐서 이들이 함께 살아가는 삶을 통해 주님의 사랑을
드러내게 하옵소서. 하나님과 여러 증인들 앞에 선 이 두 사람이 거룩한 결혼
을 통해 부부가 되고자 하오니, 이 두 사람에게 복 주시고 받아 주옵소서. 두
사람이 정성된 마음으로 서약하여 신성한 가정을 이루게 하옵소서. 이 예식이

하나님의 크신 은총 가운데 진행되기를 우리 주 예수 그리스도의 이름으로 기도합니다. 아멘.

성경봉독 / 집례자

(집례자는 "오늘 이 결혼식을 위해 하나님께서 주시는 말씀입니다."라고 말한 후 성경을 읽고, 다 읽은 후 "이는 살아 계신 하나님의 말씀입니다."라고 말하며, 회중은 "아멘."으로 답한다. 사용할 성경 말씀에 대해서는 215쪽 결혼식에서 사용하는 성경말씀을 참조할 것.)

아내들이여! 자기 남편에게 복종하기를 주께 하듯 하라. 이는 남편이 아내의 머리 됨이 그리스도께서 교회의 머리 됨과 같음이니 그가 바로 몸의 구주시니라. 그러므로 교회가 그리스도에게 하듯 아내들도 범사에 자기 남편에게 복종할지니라.

남편들아! 아내 사랑하기를 그리스도께서 교회를 사랑하시고 그 교회를 위하여 자신을 주심 같이 하라. 이는 곧 물로 씻어 말씀으로 깨끗하게 하사 거룩하게 하시고 자기 앞에 영광스러운 교회로 세우사, 티나 주름 잡힌 것이나 이런 것들이 없이 거룩하고 흠이 없게 하려 하심이라. 이와 같이 남편들도 자기 아내 사랑하기를 자기 자신과 같이 할지니, 자기 아내를 사랑하는 자는 자기를 사랑하는 것이라. 누구든지 언제나 자기 육체를 미워하지 않고 오직 양육하여 보호하기를 그리스도께서 교회에게 함과 같이 하나니, 우리는 그 몸의 지체임이라. 그러므로 사람이 부모를 떠나 그의 아내와 합하여 그 둘이 한 육체가 될지니 이 비밀이 크도다. 나는 그리스도와 교회에 대하여 말하노라. 그러나 너희도 각각 자기의 아내 사랑하기를 자신 같이 하고 아내도 자기 남편을 존경하라.(에베소서 5:22~33)

권면의 말씀 / 집례자

혼인 서약 / 신랑 · 신부

집례자 : 우리 마음속에 있는 모든 비밀을 아시는 하나님 앞과 여러 증인들 앞
  에서 신랑 · 신부 두 사람은 혼인 서약을 하겠습니다. 신랑 · 신부 두
  사람은 손을 마주 잡고 크고 명확한 음성으로 서약하기 바랍니다.

  (신랑 · 신부는 회중을 보고 서서 본인들 스스로 자연스럽게 서약한다. 또는 전처럼
  성경에 손을 얹고 서약한다.)

신　랑 : 나 ○○○는, 그대 ○○○를 내 아내로 맞아, 이제부터 평생토록, 즐
  거우나 괴로우나, 부할 때나 가난할 때나, 병들거나 건강하거나, 어떤
  환경 중에서라도 그대를 귀중히 여기고 사랑하며, 하나님의 거룩한
  명령에 따라 죽음이 우리를 나눌 때까지, 이 약속을 지키기로 하나님
  앞과 여러 증인들 앞에서 서약합니다.

신　부 : 나 ○○○는, 그대 ○○○를 내 남편으로 맞아, 이제부터 평생토록,
  즐거우나 괴로우나, 부할 때나 가난할 때나, 병들거나 건강하거나, 어
  떤 환경 중에서라도 그대를 귀중히 여기고 사랑하며, 하나님의 거룩
  한 명령에 따라 죽음이 우리를 나눌 때까지, 이 약속을 지키기로 하나
  님 앞과 여러 증인들 앞에서 서약합니다.

  (또는 다음과 같이 서약할 수 있다.)

신　랑 : 나 ○○○는, 그대 ○○○를 내 아내로 맞아, 죽음이 우리를 나눌 때
  까지 그대의 사랑스럽고 신실한 남편이 되어, 그대를 온유함과 존중함
  으로 섬기며 그대에게 있는 하나님의 귀한 은사들을 잘 드러낼 수 있
  도록 격려할 것을 하나님과 여러 증인들 앞에서 서약합니다.

신　부 : 나 ○○○는, 그대 ○○○를 내 남편으로 맞아, 죽음이 우리를 나눌 때까지 그대의 사랑스럽고 신실한 아내가 되어, 그대를 온유함과 존중함으로 섬기며 그대에게 있는 하나님의 귀한 은사들을 잘 드러낼 수 있도록 격려할 것을 하나님과 여러 증인들 앞에서 서약합니다.

예물 교환 / 신랑 · 신부

(결혼반지를 교환하는 경우에는 먼저 목사가 반지를 받아 들고 다음과 같이 말한다.)

집례자 : 결혼반지는 신랑과 신부가 거룩한 결혼을 통해 하나가 되는 영적인 은총을 외적으로 눈에 보이게 나타내는 징표입니다. 하나님의 신령한 은혜가 이 반지 위에 임하기를 우리 모두 기도합시다.

(반지를 들고) 오, 주님 이 반지를 성별하여 주옵소서. 이 반지를 간직할 이들과 함께하셔서 이들이 계속 하나님의 평강 안에 머무르며, 하나님의 사랑을 받게 하옵소서. 예수 그리스도의 이름으로 기도합니다. 아멘.

신　랑 : (집례자에게 반지를 받아 신부의 왼손 무명지에 끼워 주며, 준비된 아래 서식을 따라 다음과 같이 크게 말한다.) 그대 ○○○여, 내가 성부와 성자와 성령의 이름으로, 이 반지를 오늘 우리가 맺은 언약의 증거와 우리 결혼의 영원한 사랑의 징표로 드립니다. 아멘.

신　부 : (집례자에게 반지를 받아 신랑의 왼손 무명지에 끼워 주며, 준비된 아래 서식을 따라 다음과 같이 크게 말한다.) 그대 ○○○여, 내가 성부와 성자와 성령의 이름으로, 이 반지를 오늘 우리가 맺은 언약의 증거와 우리 결혼의 영원한 사랑의 징표로 드립니다. 아멘.

결혼감사(또는 축복)**기도** / 집례자(신랑과 신부는 무릎을 꿇을 수도 있다.)

　　사랑이 충만하신 하나님 아버지, 오늘 하나님의 영원하신 섭리와 크신 은총 안에서 이 두 사람이 혼인 예식을 행하여 피차에 굳은 서약을 하고 징표를 주고받음으로 부부가 되게 하시니 감사합니다. 하나님께서 이 두 사람에게 복을 내려 주옵소서. 이들이 오늘 하나님 앞에서 맺은 서약을 존중히 여겨 하나님의 뜻을 따라 서로 사랑하고 협력하며 원만하고도 평화로운 가정을 이루게 하옵소서. 아버지의 거룩한 뜻이 이 가정에서 실현되어 이 땅 위에서부터 천국의 생활을 맛보며, 항상 하나님께 영광을 드리는 가정이 되게 하옵소서. 예수 그리스도의 이름으로 기도합니다. 아멘.

　　(또는 다음과 같이 기도한다.)

　　인류의 창조주이시며, 섭리자이시고, 영적인 은총과 영생을 베풀어 주시는 영원하신 하나님, 저희가 주님의 이름으로 소원한 대로 이 신랑과 신부에게 복을 내려 주옵소서. 이들이 피차 맹세한 약속을 확실히 지킬 수 있게 도와주시고, 완전한 사랑과 평화 속에 머물면서, 하나님의 명령에 따라 살게 하여 주옵소서. 또한 이들에게 은혜를 베푸사 이들이 서로 사랑하고, 존경하며, 아껴 주고, 신실과 인내와 지혜와, 거룩한 성품을 가지고 살아서, 이들의 가정이 복되고 평화로운 안식처가 되게 하여 주옵소서. 예수 그리스도의 이름으로 기도합니다. 아멘.

주님의 기도 / 다함께

　　(신랑 · 신부는 계속하여 무릎을 꿇고 있는 상태에서 기도하는 것이 좋다. 성찬을 행할 경우에는 주님의 기도를 생략한다.)

성혼 공포 / 집례자

(신랑과 신부가 서로 손을 잡게 하고 그 위에 손을 얹고 말하기를)

○○○ 군과 ○○○ 양이 오늘 하나님 앞과 여러 증인들 앞에서 거룩한 결혼식을 행하여 그 손을 서로 잡고 피차에 엄숙히 서약하였으니, 제가 성부와 성자와 성령의 이름으로 이 두 사람이 부부가 되었음을 널리 알립니다. 무릇 하나님께서 짝 지어 준 것을 사람이 나누지 못합니다. 아멘.

성찬 / 집례자

(성찬을 행할 경우 여기에 순서가 들어가며, 교회 안에서 행할 경우에만 행한다. 성찬은 시작기도, 성찬 제정사, 성령 임재의 기원, 주님의 기도, 떡과 잔 나눔, 성찬 후 기원의 순서로 진행한다. 떡과 잔을 나눌 시에는 집례자와 신랑·신부가 먼저 성찬을 받고, 신랑·신부는 집례자 양 옆에 서서 떡과 잔을 나눔을 돕는다. 목사가 아닌 이는 성찬을 집례할 수 없으며, 집례자는 떡을, 신랑·신부는 포도주를 들고 서서 회중이 제단 앞으로 나올 때 나누어 준다. 순서의 마지막인 성찬 후 기원은 다음과 같이 한다.)

성찬 후 기원 / 집례자

영원하신 하나님, 저희 모두와 함께 특별히 ○○○ 군과 ○○○ 양을 주님의 거룩한 식탁에 같이 불러 주심을 감사합니다. 이 두 사람이 사랑으로 하나 되며, 그들 평생의 모든 날을 함께 기뻐하며 하늘의 복을 누리게 하옵소서. 예수 그리스도의 이름으로 기도합니다. 아멘.

축혼가 / 맡은이

인사와 알리는 말씀 / 맡은이

찬송(찬송가 1장) / 다함께(형편에 따라 다른 찬송을 할 수도 있다.)

만복의 근원 하나님 온 백성 찬송 드리고
저 천사여 찬송하세 찬송 성부 성자 성령 아멘

축도 / 집례자

성부와 성자와 성령의 삼위일체 하나님의 크신 은총과 복이 지금 이루어진
새 가정과 여기 모인 회중 가운데 영원토록 함께하기를 축원합니다. 아멘.

신랑 · 신부 인사 / 신랑 · 신부
(신랑 · 신부는 맞절을 한 후, 양가 부모님과 회중에게 인사한다.)

신랑 · 신부 새 출발 / 신랑 · 신부
(양가 부모와 함께 행진할 때 회중은 축하하는 뜻으로 일어서서 박수를 한다.)

4. 국제결혼식 순서

(오늘날 세계는 국제교류가 잦으면서 국제결혼을 많이 한다. 국적이 다른 두 사람이 결혼을 하는 경우 일반결혼식과 같이 하되, 결혼 의사 확인과 서약에서 상대방의 나라에 따라 그 나라 말로 하게 한다. 국제결혼이므로 그 나라 전통에 따른 상징적인 순서를 알맞게 다듬어 사용할 수 있다.)

집례 : 교회담임자

입장

교회 안에서 행할 경우

1) 집례자는 예배당 입구에서 신랑·신부를 맞아 인사를 나눈 후 입장을 시작한다. 입장 행렬은 촛불 점화자들, 집례자, 양가 부모, 신랑과 신부 순으로 한다. 행진하는 동안 회중은 모두 일어서며 함께 찬송하거나 악기에 의한 반주나 찬양대의 찬양이 있을 수 있다. 행진이 끝난 후, 양가 부모는 준비한 좌석 앞자리에 서고 신랑·신부는 집례자 앞에 선다. 신랑은 신부의 왼쪽에 선다. 반주나 찬송이 끝난 후 양가 부모와 회중은 자리에 앉는다.

2) 보다 간단한 입장을 원한다면, 집례자가 미리 제단에 서 있고 부모들과 신랑·신부가 함께 입장할 수도 있다.

3) 일반적으로 지금까지 해 오던 방법과 같이 신랑이 먼저 입장하고, 신부가 친권자와 함께 입장하여 신랑에게 넘겨지는 방법을 택할 수도 있다.

교회 밖에서 행할 경우

2)와 3)의 방법을 택한다. 촛불 점화는 양가 어머니들이 입장 전에 하거나, 양가 부모들이 신랑·신부와 함께 입장할 때는 입장하여 바로 점화한다.

결혼식사 / 집례자

　예수 그리스도의 은혜와 하나님의 사랑과 성령의 교통하심이 우리 모두에게 있기를 바랍니다. 사랑하는 여러분, 오늘 우리가 하나님과 여러 증인들 앞에 함께 모여 신랑 ○○○ 군과 신부 ○○○ 양의 거룩한 결혼식을 베풀고자 합니다. 결혼은 하나님께서 주신 귀한 선물로서, 하나님께서 인류를 창조하실 때에 한 남자와 한 여자를 지으시고 복주사 함께 살게 하심으로 시작한 것이며, 또 이로써 예수 그리스도와 교회가 연합하는 신비적 합일을 사람들에게 가르치기 위한 것입니다. 또한 예수님께서는 갈릴리 가나에서 이 거룩한 예식을 아름답게 여기시고, 사랑의 하나님 나라에 들어가는 징표로 복을 주셨습니다. 그러므로 우리는 이 결혼식을 신성하게 여겨 가장 엄숙하고 경건한 마음으로 하여야 합니다. 이제 이 두 사람이 거룩한 결혼을 통해 결합하려고 이 자리에 나왔습니다. 여러분은 이 두 사람의 결혼을 마음껏 축복하셔서, 이 두 사람을 위해 기도하시고 기쁨을 함께 나누시기 바랍니다.

찬송(찬송가 605장) / 다함께

1. 오늘 모여 찬송함은 형제자매 즐거움
   거룩하신 주 뜻대로 혼인예식 합니다
   신랑신부 이 두 사람 한 몸 되게 하시고
   온 집안이 하나되고 한 뜻 되게 하소서
2. 세상에서 사는 동안 한길 가게 하시고
   맘과 뜻이 하나되어 주 따르게 하소서
   서로 믿고 존경하며 서로 돕고 사랑해
   고와 낙을 함께하며 승리하게 하소서
3. 아버지여 우리들이 기도하고 바람은
   저들 부부 세상에서 해로하게 하소서

이 두 사람 감화하사 항상 주를 섬기며

이 세상을 살아갈 때 행복하게 하소서 아멘

결혼 의사 확인(The Declaration of Intention) / 집례자

(회중에게)

집례자 : 여러분에게 묻습니다. 오늘 이 자리에, 이 두 사람이 거룩한 예식을 행하려고 섰습니다. 만일 여러분 중에 이 두 사람이 합법적으로 결혼할 수 없는 이유가 있다고 한다면 그 이유를 지금 말하십시오. 여러분은 이 두 사람의 결혼이 합당하다고 여기시면, 이후로는 침묵하시기 바랍니다. 기쁜 마음으로 받아들이십니까?

회　중 : 예.(또는 아멘.)

(신부에게)

집례자 : Name(신부 이름), will you have Name(신랑 이름) to be your husband, to live together in the covenant of marriage? Will you love him, comfort him, honor and keep him, in sickness and in health, and forsaking all others, be faithful to him as long as you both shall live?

신　부 : I will.

(신랑에게)

집례자 : Name(신랑 이름), will you have Name(신부 이름) to be your wife, to live together in the covenant of marriage? Will you love her, comfort her, honor and keep her, in sickness and in health, and forsaking all others, be faithful to her as long as you both shall live?

신　랑 : I will.

(양가 부모에게)

집례자 : 이제 양가 부모와 어른들에게 묻습니다. 여러분은 새로 태어나는 가
　　　　정을 기쁨으로 받으시고 축복하시겠습니까?

양가 부모 : 예.

기도 / 집례자

영광스러운 하나님, 주님께서는 독생자 예수님을 세상에 보내시어 주님의 크신 사랑을 모든 사람에게 보여 주셨습니다. 주님께서 주시는 귀중한 은혜가 이 두 사람에게 차고 넘쳐서 함께 살아가는 삶이 주님의 사랑을 드러내게 하옵소서. 하나님과 여러 증인들 앞에 선 이 두 사람이 거룩한 결혼을 통해 부부가 되고자 하오니, 이 두 사람에게 복 주시고 받아 주옵소서. 두 사람이 정성된 마음으로 서약하여 신성한 가정을 이루게 하옵소서. 이 결혼이 하나님의 크신 은총 가운데 진행되기를 예수 그리스도의 이름으로 기도합니다. 아멘.

성경봉독 / 집례자

(집례자는 "오늘 이 결혼식을 위해 하나님께서 주시는 말씀입니다."라고 말한 후 성경을 읽고, 다 읽은 후 "이는 살아 계신 하나님의 말씀입니다."라고 말하며, 회중은 "아멘."으로 답한다. 사용할 성경말씀에 대해서는 215쪽 결혼식에서 사용하는 성경말씀을 참조할 것.)

아내들이여! 자기 남편에게 복종하기를 주께 하듯 하라. 이는 남편이 아내의 머리 됨이 그리스도께서 교회의 머리 됨과 같음이니 그가 바로 몸의 구주시니라. 그러므로 교회가 그리스도에게 하듯 아내들도 범사에 자기 남편에게 복종할지니라.

남편들아! 아내 사랑하기를 그리스도께서 교회를 사랑하시고 그 교회를 위

하여 자신을 주심 같이 하라. 이는 곧 물로 씻어 말씀으로 깨끗하게 하사 거룩하게 하시고, 자기 앞에 영광스러운 교회로 세우사, 티나 주름 잡힌 것이나 이런 것들이 없이 거룩하고 흠이 없게 하려 하심이라. 이와 같이 남편들도 자기 아내 사랑하기를 자기 자신과 같이 할지니, 자기 아내를 사랑하는 자는 자기를 사랑하는 것이라. 누구든지 언제나 자기 육체를 미워하지 않고 오직 양육하여 보호하기를 그리스도께서 교회에게 함과 같이 하나니, 우리는 그 몸의 지체임이라. 그러므로 사람이 부모를 떠나 그의 아내와 합하여 그 둘이 한 육체가 될지니 이 비밀이 크도다. 나는 그리스도와 교회에 대하여 말하노라. 그러나 너희도 각각 자기의 아내 사랑하기를 자신 같이 하고 아내도 자기 남편을 존경하라.(에베소서 5:22~33)

권면의 말씀 / 집례자

혼인 서약(Marriage Vows) / 신랑 · 신부

집례자 : 우리 마음속에 있는 모든 비밀을 아시는 하나님 앞과 여러 증인들 앞에서 신랑 · 신부 두 사람은 혼인 서약을 하겠습니다. 신랑 · 신부 두 사람은 손을 마주 잡고 크고 명확한 음성으로 서약하기 바랍니다.

(신랑 · 신부는 회중을 보고 서서 본인들 스스로 자연스럽게 서약한다. 또는 전처럼 성경에 손을 얹고 서약한다.)

집례자 : Join your hands and declare your vows.

신　랑 : In the presence of God and this community I, Name(신랑 이름), take you, Name(신부 이름), to be my wife; to have and to hold from this day forward, in joy and in sorrow, in plenty and in want, in sickness and in health, to love and to cherish, as long as we both shall live. This is my solemn vow.

신 부 : In the presence of God and this community I, Name(신부 이름), take you, Name(신랑 이름), to be my husband; to have and to hold from this day forward, in joy and in sorrow, in plenty and in want, in sickness and in health, to love and to cherish, as long as we both shall live. This is my solemn vow.

신물 교환(Exchange of Rings) / 신랑 · 신부

집례자 : (반지를 들고 다음과 같이 기도한다.) Bless, O Lord, the giving of these rings; may they who wear them live in love and fidelity, and continue in your service all the days of their lives, through Jesus Christ our Lord. Amen.

신 랑 : (반지를 신부의 손가락에 끼워 주며 모든 사람이 들을 수 있도록 말한다.) Name(신부 이름), I give you this ring, as a sign of the covenant we have made today. In the name of the Father and of the Son and of the Holy Spirit.

신 부 : (반지를 신랑의 손가락에 끼워 주며 모든 사람이 들을 수 있도록 말한다.) Name(신랑 이름), I give you this ring, as a sign of the covenant we have made today. In the name of the Father and of the Son and of the Holy Spirit.

결혼감사(또는 축복)기도 / 집례자(신랑과 신부가 무릎을 꿇을 수도 있다.)

사랑이 충만하신 하나님 아버지, 오늘 하나님의 영원하신 섭리와 크신 은총 안에서 이 두 사람이 혼인 예식을 행하여 피차에 굳은 서약을 하고 징표를 주고받음으로 부부가 되게 하시니 감사합니다. 하나님께서 이 두 사람에게 복을 내려 주옵소서. 이들이 오늘 하나님 앞에서 맺은 서약을 존중히 여겨 하나님의 뜻을 따라 서로 사랑하고 협력하며 원만하고도 평화로운 가정을 이루게 하옵소서. 아버지의 거룩한 뜻이 이 가정에서 실현되어 이 땅 위에서부터 천국의 생활을 맛보며, 항상 하나님께 영광을 드리는 가정이 되게 하옵소서. 우리 주 예수 그리스도의 이름으로 기도합니다. 아멘.

(또는 다음과 같이 기도한다.)

인류의 창조주이시며, 섭리자이시고, 영적인 은총과 영생을 베풀어 주시는 영원하신 하나님, 저희가 주님의 이름으로 소원한 대로 이 신랑과 신부에게 복을 내려 주옵소서. 이들이 피차 맹세한 약속을 확실히 지킬 수 있게 도와주시고, 완전한 사랑과 평화 속에 머물면서, 하나님의 명령에 따라 살게 하여 주옵소서. 또한 이들에게 은혜를 베푸사 이들이 서로 사랑하고, 존경하며, 아껴 주고, 신실과 인내와 지혜와 거룩한 성품을 가지고 살아서, 이들의 가정이 복되고 평화로운 안식처가 되게 하여 주옵소서. 저희를 사랑하되 끝까지 사랑하시는 예수 그리스도의 이름으로 기도합니다. 아멘.

주님의 기도 / 다함께

(신랑·신부는 계속하여 무릎을 꿇고 있는 상태에서 기도하는 것이 좋다. 성찬을 행할 경우에는 주님의 기도를 생략한다.)

성혼 공포 / 집례자

(신랑과 신부가 서로 손을 잡게 하고 그 위에 손을 얹고 말하기를)

　○○○ 군과 ○○○ 양이 오늘 하나님 앞과 여러 증인들 앞에서 거룩한 결혼 식을 행하여 그 손을 서로 잡고 피차에 엄숙히 서약하였으니, 제가 성부와 성자 와 성령의 이름으로 이 두 사람이 부부가 되었음을 널리 알립니다. 무릇 하나님 께서 짝 지어 준 것을 사람이 나누지 못합니다. 아멘.

성찬 / 집례자

　(성찬을 행할 경우 여기에 순서가 들어가며, 교회 안에서 행할 경우에만 행한다. 성 찬은 시작기도, 성찬 제정사, 성령 임재의 기원, 주님의 기도, 떡과 잔 나눔, 성찬 후 기 원의 순서로 진행한다. 떡과 잔을 나눌 시에는 집례자와 신랑·신부가 먼저 성찬을 받 고, 신랑·신부는 집례자 양 옆에 서서 떡과 잔을 나눔을 돕는다. 목사가 아닌 이는 성 찬을 집례할 수 없으며, 집례자는 떡을, 신랑·신부는 포도주를 들고 서서 회중이 제단 앞으로 나올 때 나누어 준다. 순서의 마지막인 성찬 후 기원은 다음과 같이 한다.)

성찬 후 기원 / 집례자

　영원하신 하나님, 저희 모두와 함께 특별히 ○○○ 군과 ○○○ 양을 주님 의 거룩한 식탁에 같이 불러 주심을 감사합니다. 이 두 사람이 사랑으로 하나 되며, 평생의 모든 날을 함께 기뻐하며 하늘의 복을 누리게 하옵소서. 우리 주 예수 그리스도의 이름으로 기도합니다. 아멘.

축혼가 / 맡은이

인사와 알리는 말씀 / 양가 대표 중에서

찬송(찬송가 602장) / 다함께

　1. 성부님께 빕니다 신랑신부 두 사람

하나되는 이 시간 복을 내려 주소서

2. 성자님께 빕니다 이 두 사람 도우사

   서로 위해 섬기며 한길 가게 하소서

3. 성령님께 빕니다 크신 권능 베푸사

   환난시험 만나도 승리하게 하소서

4. 세상에서 살 동안 행복하게 하시고

   하늘나라까지도 함께 가게 하소서 아멘

축도 / 집례자

성부와 성자와 성령의 삼위일체 하나님의 크신 은총과 복이 지금 이루어진 새 가정과 여기 모인 회중 가운데 영원토록 함께하기를 축원합니다. 아멘.

신랑 · 신부 인사 / 신랑 · 신부

(신랑 · 신부는 맞절을 한 후, 양가 부모님과 회중에게 인사한다.)

신랑 · 신부 새 출발 / 신랑 · 신부

(양가 부모와 함께 행진할 때, 회중은 축하하는 뜻으로 일어서서 박수를 한다.)

5. 결혼기념식

1) 결혼기념식 지침

출생과 환경이 다른 남녀가 결혼하여 서로 사랑하며 일생을 살아간다는 것은 그렇게 쉽지만은 않다. 더구나 이혼이 잦은 오늘의 사회에서는 더욱 그렇다. 행복한 가정은 우연이 아니다. 부부가 끊임없이 노력해야 한다. 그런 의미에서 결혼기념일에, 결혼식 때 다짐한 사랑의 서약을 다시 확인하는 것은 대단히 필요한 일이다. 기념하는 당사자는 물론 교회 전체가 결혼의 신성함과 성실함을 재확인하며 하나님께 감사함으로써 함께 기쁨을 나눌 수 있다.

(1) 이 의식은 그동안 결혼생활을 지켜 주신 하나님께 감사하고, 결혼 때 다짐한 서약을 다시 함으로써 결혼의 의미를 더욱 굳게 하려는 데 목적이 있다. 이 의식은 결혼 ○○주년 기념, 금혼기념, 은혼기념으로 활용할 수 있다.

(2) 교회에서 예배의 한 부분으로 베풀 수 있고 가정이나 예식장 또는 가족이나 친구들이 참석한 가운데서 행할 수 있다.

(3) 이 의식만을 행할 수 있고, 성찬을 생략한 예배에서 말씀선포 다음에 사용할 수 있다. 이 의식을 마친 후, 아내와 남편 두 사람은 회중에게 돌아가고 예배는 순서에 따라 행한다.

(4) 예복은 일상생활에서도 계속 사용할 수 있는 옷을 입을 것이며 한복을 정장으로 입어도 좋을 것이다.

(5) 결혼기념식 후에 참석한 사람들과 함께 친교할 수 있는 간단한 음식을 마련하거나 기념품을 함께 나눌 수 있다.

2) 결혼기념식 순서

집례 : 교회담임자

입장 / 남편과 아내

인사와 소개 / 집례자

예수 그리스도의 은혜와 하나님의 사랑과 성령의 교통하심이 우리 모두에게 있기를 바랍니다. 사랑하는 여러분, 오늘 우리가 하나님과 여러분 앞에 함께 모여 ○○○ 님과 ○○○ 님의 거룩한 (결혼, 금혼, 은혼)기념일에 두 분이 맺었던 결혼 서약을 다시 다짐하여 결혼의 신성함과 성실함, 그리고 둘이 하나됨의 신비를 되새겨 보고자 합니다. 이 두 사람이 하나님의 사랑의 징표가 된 것을 고맙게 생각하여 두 분의 결혼기념을 마음껏 축복하시고, 이 두 사람을 위해 기도하시고 기쁨을 함께 나눕시다. 그리고 오늘 이 의식의 당사자께서 결혼생활 동안 한두 가지 잊을 수 없는 기억이 있다면 함께 나눌 수 있도록 설명을 해 주시면 고맙겠습니다.

찬송(찬송가 301장) / 집례자

1. 지금까지 지내온 것 주의 크신 은혜라
   한이 없는 주의 사랑 어찌 이루 말하랴
   자나깨나 주의 손이 항상 살펴 주시고
   모든 일을 주 안에서 형통하게 하시네
2. 몸도 맘도 연약하나 새힘 받아 살았네
   물붓듯이 부으시는 주의 은혜 족하다
   사랑없는 거리에나 험한 산길 헤맬 때

주의 손을 굳게 잡고 찬송하며 가리라
　3. 주님 다시 뵈올 날이 날로날로 다가와
　　무거운 짐 주께 맡겨 벗을 날도 멀잖네
　　나를 위해 예비하신 고향집에 돌아가
　　아버지의 품 안에서 영원토록 살리라

기도 / 집례자

　영광스러운 하나님, 주님께서는 독생자 예수님을 세상에 보내시어 주님의 크신 사랑을 모든 사람에게 보여 주셨습니다. 주님께서 주시는 귀중한 은혜가 이 두 사람에게 차고 넘쳐서 함께 살아가는 삶이 주님의 사랑을 드러내게 하옵소서. 이 앞에 선 두 사람이 거룩한 결혼을 통해 부부로서 살아온 것을 감사하며 그 감사함을 기념하고자 하오니 이 두 사람에게 복 주옵소서. 두 사람이 더 신성한 가정을 이루게 하옵소서. 예수 그리스도의 이름으로 기도합니다. 아멘.

성경봉독 / 집례자

　(집례자는 "오늘 이 의식을 위해 하나님께서 주시는 말씀입니다."라고 말한 후 성경을 읽고, 다 읽은 후 "이는 살아 계신 하나님의 말씀입니다."라고 말하며, 회중은 "아멘."으로 답한다.)

　아내들아! 이와 같이 자기 남편에게 순종하라. 이는 혹 말씀을 순종하지 않는 자라도 말로 말미암지 않고 그 아내의 행실로 말미암아 구원을 받게 하려 함이니, 너희의 두려워하며 정결한 행실을 봄이라. 너희의 단장은 머리를 꾸미고 금을 차고 아름다운 옷을 입는 외모로 하지 말고, 오직 마음에 숨은 사람을 온유하고 안정한 심령의 썩지 아니할 것으로 하라. 이는 하나님 앞에 값진 것이니라. 전에 하나님께 소망을 두었던 거룩한 부녀들도 이와 같이 자기 남편에게 순종함으로 자기를 단장하였나니, 사라가 아브라함을 주라 칭하여 순종한

것 같이 너희는 선을 행하고 아무 두려운 일에도 놀라지 아니하면 그의 딸이
된 것이니라.

남편들아! 이와 같이 지식을 따라 너희 아내와 동거하고 그를 더 연약한 그
릇이요 또 생명의 은혜를 함께 이어받을 자로 알아 귀히 여기라. 이는 너희 기
도가 막히지 아니하게 하려 함이라. 마지막으로 말하노니 너희가 다 마음을 같
이하여 동정하며 형제를 사랑하며, 불쌍히 여기며, 겸손하며, 악을 악으로, 욕
을 욕으로 갚지 말고, 도리어 복을 빌라. 이를 위하여 너희가 부르심을 받았으
니 이는 복을 이어받게 하려 하심이라.(베드로전서 3:1~9)

권면의 말씀 / 집례자(형편에 따라서 생략할 수도 있다.)

다시 서약하기 / 남편과 아내
　(남편과 아내가 서로 마주보게 하거나 손을 맞잡게 한다.)

집례자 : 우리 마음속에 있는 모든 비밀을 아시는 하나님 앞과 여러 증인들 앞
　　　　에서 두 사람은 혼인 서약을 새롭게 하겠습니다.

남　편 : 나 ○○○는, 사랑하는 당신, ○○○의 남편이 된 것을 기쁘게 생각
　　　　합니다. 이제부터 평생토록, 즐거우나 괴로우나, 부할 때나 가난할 때
　　　　나, 병들거나 건강하거나 어떤 환경 중에서라도 그대를 귀중히 여기
　　　　고 사랑하며, 하나님의 거룩한 명령에 따라 죽음이 우리를 나눌 때까
　　　　지, 이 약속을 지키기로 하나님 앞과 여러 증인들 앞에서 새롭게 서약
　　　　합니다.

아　내 : 나 ○○○는, 사랑하는 당신, ○○○의 아내가 된 것을 기쁘게 생각
　　　　합니다. 이제부터 평생토록, 즐거우나 괴로우나, 부할 때나 가난할 때

나, 병들거나 건강하거나, 어떤 환경 중에서라도 그대를 귀중히 여기고 사랑하며, 하나님의 거룩한 명령에 따라 죽음이 우리를 나눌 때까지, 이 약속을 지키기로 하나님 앞과 여러 증인들 앞에서 새롭게 서약합니다.

인정 / 집례자

(두 사람이 무릎을 꿇고 손을 잡게 하고 그 손 위에 집례자의 손을 얹어 다음과 같이 말한다.)

하나님께서 짝 지어 준 이들을 사람이 갈라놓아서는 안 됩니다. ○○○ 님과 ○○○ 님, 이 두 사람은 결혼(금혼, 은혼)기념일을 맞아 서로 사랑의 언약을 다시 했습니다. 하나님께서 두 사람에게 은혜를 주시어 함께 살아갈 때, 두 사람이 사랑의 꽃봉오리가 필 때 매었고, 오늘 하나님 앞에서 다시 새롭게 한 거룩한 약속을 꼭 이루시기 바랍니다.

결혼기념감사(또는 축복)**기도** / 집례자

사랑이 충만하신 하나님 아버지, 오늘 하나님의 영원하신 섭리와 크신 은총 안에서 이 두 사람이 결혼식 때 피차에 굳게 서약한 것을 하나님 앞에서 다시 약속하게 됨을 감사합니다. 하나님께서 이 두 사람에게 복을 내려 주옵소서. 이들이 오늘 하나님 앞에서 새롭게 한 서약을 존중히 여겨 하나님의 뜻을 따라 서로 사랑하고 협력하며 생명이 끝날 때까지 언제나 서로 신실하며 평화로운 가정을 이루게 하옵소서. 아버지의 거룩한 뜻이 이 가정에서 실현되어 이 땅 위에서부터 천국의 생활을 맛보며 항상 하나님께 영광을 드리는 가정이 되게 하옵소서. 우리 주 예수 그리스도의 이름으로 기도합니다. 아멘.

주님의 기도 / 다함께

결혼기념 축가 / 맡은이

인사와 알리는 말씀 / 가족 중에서

찬송(찬송가 384장) / 다함께

1. 나의 갈 길 다가도록 예수 인도하시니
   내 주 안에 있는 긍휼 어찌 의심하리요
   믿음으로 사는 자는 하늘위로 받겠네
   무슨 일을 만나든지 만사형통 하리라
   무슨 일을 만나든지 만사형통 하리라

2. 나의 갈 길 다가도록 예수 인도하시니
   어려운 일 당한 때도 족한 은혜 주시네
   나는 심히 고단하고 영혼 매우 갈하나
   나의 앞에 반석에서 샘물 나게 하시네
   나의 앞에 반석에서 샘물 나게 하시네

3. 나의 갈 길 다가도록 예수 인도하시니
   그의 사랑 어찌 큰지 말로 할 수 없도다
   성령감화 받은 영혼 하늘나라 갈 때에
   영영 부를 나의 찬송 예수 인도하셨네
   영영 부를 나의 찬송 예수 인도하셨네 아멘

축도 / 집례자

성부와 성자와 성령의 삼위일체 하나님의 크신 은총과 복이 지금 새롭게 사랑을 다짐하고 약속한 이 가정과 여기 모인 회중 가운데 영원토록 함께하기를 축원합니다. 아멘.

남편과 아내 인사 / 남편과 아내

　　(남편과 아내가 맞절을 한 후, 회중에게 인사한다. 이때 자녀들이나 친지, 친구들이 꽃다발이나 간단한 선물을 줄 수 있다.)

남편과 아내 다시 출발 / 남편과 아내

　　(행진할 때 회중은 축하하는 뜻으로 일어서서 박수를 한다.)

● **결혼식에서 사용하는 성경말씀**

1. 동방교회(비잔틴)에서 주로 사용하던 구절

   히브리서 12:28~13:8(10세기)   에베소서 5:20~33(15~16세기)
   요한복음 2:1~11(10세기)

2. 서방교회(로마 가톨릭)에서 주로 사용하던 구절

   고린도전서 6:15~20(7세기, 중세에 가장 보편적으로 사용됨)
   고린도전서 7:32~35(7세기)   이사야 61:10(9세기)
   에베소서 5:22~33(12세기)   요한복음 2:1~11(8세기)
   마태복음 19:1~6   마가복음 10:1~9
   마태복음 22:2~14   예레미야 29:5~7(11세기, 스페인)
   고린도전서 7:1~14(11세기, 스페인)

3. 현대 교회에서 사용하는 구절

   창세기 1:26~28, 31   아가서 2:10~14, 8:6~7
   이사야 43:1~7   이사야 55:10~13
   이사야 61:10~62:3   이사야 63:7~9
   예레미야 31:31~34   로마서 8:31~39
   로마서 12:1~2, 9~18   고린도전서 6:17~19
   고린도전서 13:1~13   고린도후서 5:14~17
   에베소서 2:4~10   에베소서 3:14~21
   에베소서 4:1~6   에베소서 4:25~5:2
   빌립보서 2:1~2   빌립보서 4:4~9
   골로새서 3:12~17   요한 1서 3:18~24
   요한 1서 4:7~16   베드로전서 3:1~9
   요한계시록 19:1, 5~9   마태복음 5:1~10
   마태복음 7:21, 24~27   마태복음 19:3~6
   마태복음 22:35~40   마가복음 2:18~22
   마가복음 10:6~9, 42~45   요한복음 2:1~11
   요한복음 15:9~17

II. 장례

1. 장례의 의미

장례(葬禮)란 죽은 이의 시신을 장사하는 예식으로서, 임종(臨終)에서 입관(入棺), 출관(出棺), 하관(下棺), 성분(成墳), 첫 성묘, 그리고 탈상(脫喪)까지 모든 절차를 말한다. 그런데 이 장례(또는 상례)는 나라마다 다르고, 시대마다 변천해 왔으며, 종교에 따라 차이가 있다. 물론 그리스도교 장례도 나라마다 다르며, 역사의 변천과정을 거쳤다. 신교냐 구교냐에 따라 다르고, 같은 신교라도 교파에 따라 조금씩 차이가 있다.

그런 차이에도 불구하고 역사적으로 그리스도교 장례는 다음과 같은 공통적인 동기와 의미를 보존하여 왔다.

오랫동안 친했던 사람이 세상을 떠나면 그 사람과 더불어 우리 삶의 한 부분도 사라진다. 이때 세상을 떠난 사람에 대한 연민과 커다란 상실감, 그리고 미래에 대한 불안과 자신의 죽음에 대한 공포가 생긴다. 그 이유로 애통하는 사람에게 장례를 통해 새로운 믿음과 소망을 심어 주어야 한다.

1) 먼저 하나님의 말씀으로 위로한다

애통하는 사람들을 위로하고, 죽음을 현실로 받아들이도록 소망을 선포해야 하며, 하나님께서 베푸시는 평안을 구하는 기도가 따라야 한다.

그 결과, 사람들은 죽음을 사실로 받아들이고, 생사가 하나님께 있음을 인식하게 된다. 이 같은 행위를 통해 자신들이 그리스도의 사랑으로 이루어진 교회의 일원이라는 사실을 다시 확신하게 된다.

이런 위로의 말씀을 통하여 임종자와 유족은 물론 장례에 참석한 사람들에게 구원의 확신과 장래에 대한 소망의 메시지를 전할 수 있다.

2) 세상을 떠난 사람을 하나님께 의탁한다

예수 그리스도를 믿는 교인은 세례를 받으므로 옛사람은 죽고 그리스도와 함께 다시 산다.

동시에 영원한 하나님의 세계로 들어간 상태에 놓인다. 그러므로 세상을 떠난 사람을 하나님께 의탁하는 일은 장례에서 매우 중요하다. 모든 교인은 세상을 떠난 후에도 하나님께서 돌보신다고 믿는다. 그러므로 살아 있을 때 믿음으로 피차 위로한 것과 마찬가지로, 세상을 떠난 교인을 하나님께 의탁하는 일은 지극히 자연스러운 일이다. 십자가에 달린 예수님께서 자신을 하나님께 맡기신 것처럼(눅 23:46), 세상을 떠난 사람을 하나님께 의탁하는 일은 신앙적으로 아름다운 행위다.

어떤 사람들은 연옥(煉獄)이 있다고 말한다. 천주교의 교리에 따르면, 연옥은 죄를 회개하지 않은 신자들이 회개할 때까지, 죄를 용서받고 아직도 보상하지 않은 신자들이 그것을 보상할 때까지 잠시 머무는 곳으로서, 만약 그들을 위해 기도하면 모든 허물을 용서받을 수 있다고 주장한다. 이러한 천주교의 주장에 대해 종교개혁자들은 반대했으며, 따라서 개신교회들은 받아들이지 않고 있다.

감리교회를 세운 존 웨슬리는 '종교강령 제14조'에서 "연옥과 유형(流刑)의 사죄와 우상과 유물에 경배하고 존중함과 성인의 이름으로 기도함에 관한 로마교의 교리는 허망하고 위조한 것으로 성경에는 이 사실을 증거할 수 있는 근거가 없을 뿐더러, 하나님의 말씀에 반항하는 것이다."라고 말했다. 그래서 기독교대한감리회는 연옥에 관한 모든 주장을 받아들이지 않는다.

3) 장례를 통해 부활에 관한 말씀을 반드시 선포한다

부활 소식은 가장 복된 소식(福音)이다. 그리스도교의 장례는 죽음과 이에 따른 부활의 사실성을 입증하기 때문에 바울은 이것을 복음의 일부로 언급한다.(고전 15:4)

부활 신앙은 성경과 밀접하게 연관되어 있다. 예수님은 우리의 죄 때문에 십자가에서 돌아가시고, 사흘 만에 다시 살아나심으로, 모든 사람에게 사망을 이기고, 새 하늘과 새 땅을 바라보며 희망차게 살 수 있는 은혜를 주셨다. 따라서 누구든지 예수님을 주님으로 믿으면 죄와 죽음에서 벗어날 뿐만 아니라, 부활과 영생의 복을 받는다.

이처럼 장례는 사람들로 하여금 부활 신앙을 갖도록 돕는다. 모든 사람이 죽음을 현실로 맞이하지만, 예수님을 주님으로 믿는 사람들에게는 영생이 보장된다. 예수님처럼 부활하기 때문이다.

그렇다고 부활을 영혼불멸과 똑같은 것으로 생각해서는 안 된다. 또한 그것은 환생이 아니다. 부활은 예수님을 사망에서 일으키신 하나님의 행위이며, 자연적인 결과가 아니라 하나님께서 베푸시는 은혜다. 그 까닭에 장례에서는 부활이 선포되어야 한다. 성도에게는 세상을 떠나는 날이 하나님 나라에서 다시 태어나는 날이므로, 기독교의 장례는 절망이 아니라 부활과 영생으로 나아가는 희망이다.

2. 장례의 절차

1) 임종 절차

(1) 죽음에 대한 준비

그리스도교에서는 죽음을 절망의 끝이 아니라, 희망의 시작으로 본다. 다시 말하면 그리스도인의 죽음은 삶의 끝이 아니라 하나님께로 돌아가는 길목이요, 부활과 영생의 관문이다. 죽음은 운명하는 당사자나 그 유족에게 통과 의례(通過儀禮)로서 중요한 기능을 지니고 있다. 따라서 불의의 사고나 급환(急患)으로 죽는 것은 할 수 없지만, 임종이 가깝다고 판단될 때에는 당사자에게 죽음을 미리 준비할 수 있도록 도와주어야 한다.

교역자가 죽음을 미리 준비하도록 돌보아 주는 것은 죽음을 앞둔 사람이 죽음의 공포와 육체의 고통 속에서 약해지지 않고, 구원의 확신을 갖고 하나님 나라에 이르도록 인도하는 데에 그 목적이 있다.

① 죽음을 앞둔 이들에게 신앙적인 준비가 있어야 한다. 구원의 확신이 없는 이에게는 구원의 확신을 갖도록 도와주며, 이미 그리스도를 믿는 교인에게는 하나님의 주권과 죄의 고백, 그리고 예수 그리스도께 용서받았음을 확신케 하며, 부활 신앙을 통하여 죽음을 긍정적으로 받아들일 수 있도록 준비시킨다. 이때에 천국의 소망에 관한 성경을 읽어 주고, 조용하고 은혜로운 찬송으로 마음의 평안과 소망을 주어야 한다.

② 가족은 유언을 기록하거나 녹음한다. 그리고 가족, 친지, 평소에 가깝게 지내던 사람들에게 연락한다.

③ 목회자와 장례 절차에 대하여 상의한다. 자세한 것은 임종식 후에 의논한다.

(2) 임종(臨終)

사람이 숨을 거두는 것을 운명(殞命, 죽음)이라고 한다. 임종은 운명하는 순간과 가족이 운명을 지켜보는 것을 말한다.

갑작스런 경우가 아니라면 모든 가족이 모인 가운데 임종하는 것이 바람직하며, 또한 교역자가 함께 참여하면 더욱 좋다.

임종식은 운명 전과 운명 후로 나누어 진행한다. 운명 전 예식은 죽음 직전에 있을 때, 그러나 의식이 분명할 때 행하도록 한다. 혹 기력이 없어서 말을 할 수 없을 때도 부르는 찬송이나 기도는 들을 수 있을 것이다. 이때는 본인이 원하는 성구를 낭독하거나 찬송하는 것이 좋다. 임종의 순간, 가족이 하나님을 의지하는 믿음과 부활의 소망으로 슬픔을 극복할 수 있도록 이끌어야 한다. 이때 인위적이거나 형식적인 곡을 하는 것은 삼가는 것이 좋다.

운명 후에는 유족이 믿음 안에 위로와 용기를 얻도록 권면해야 한다. 운명 후 예식은 1부는 시신처리(수시), 2부는 예배로 절차를 행한다. 예배를 먼저 하고, 수시를 후에 해도 상관 없다. 그러나 수시를 한 다음에 유가족을 안정케 하고 잘 정돈된 다음에 예배하는 것이 바람직하다.

(3) 시신(屍身)의 처리

교역자의 지도 아래, 유족과 교우들이 합력하여 시신을 처리한다. 이때 장의사나 전문가(기독교 상조회)의 도움을 받을 수 있으면 더욱 좋을 것이다.

① 준비물 – 솜, 백지, 붕대, 나무판자(고정판), 홑이불(십자 위생보), 병풍, 고인의 사진, 상, 향로, 향, 촛대, 초, 꽃병, 조화 등.

② 시신의 처리는 다음 순서에 따라 진행한다.

　가. 알맞은 높이의 베개로 머리를 바로 잡는다. 깔고 있는 요가 스펀지 제 품이면, 신속히 제거하여 시신의 빠른 부패를 막는다.

　나. 눈을 감지 않았을 경우, 눈꺼풀을 쓸어내려 곱게 감긴다.

　다. 솜으로 턱밑을 고여 입이 열리지 않게 하고, 흐트러진 머리를 손질한다.

　라. 귀, 코, 입 등을 솜이나 백지로 막는다.

　마. 팔과 다리의 관절들을 가볍게 주물러 오그라들지 않게 함으로써, 전신을 곧게 편다.

바. 백지나 붕대로 무릎과 두 발을 함께 당겨 맨다. 손가락들을 주물러서 펴고, 오그라들지 않게 백지나 붕대로 감아, 좌우 손을 배 위에 자연스럽게 얹어 놓고, 흘러내리지 않도록 백지나 붕대로 얽어맨다.

사. 시신을 나무판자 위에 안치한다.

아. 깨끗한 홑이불이나 흰 천으로 시신을 머리까지 덮는다.

자. 시신을 모신 곳은 너무 건조하거나 습하지 않은 곳이어야 한다. 여름철이나 더울 때는 얼음이나 드라이아이스를 가져다 놓아 시신의 보존에 신경을 써야 하고, 그럴 때일수록 입관을 서두르는 게 바람직하다.

차. 성구나 성화가 있는 병풍을 세워 시신을 가린다.

카. 병풍 앞에 작은 상을 놓고, 그 위에 고인의 사진과 성경, 찬송가를 진열한다.

타. 촛불을 켜고 향을 피운다. 그리고 꽃병에 조화를 꽂을 수도 있다.

(4) 임종식 후 준비사항

① 발상(發喪) : 초상을 알리고 상례를 시작하는 절차다. 시신의 처리가 끝나면 가족은 곧 검소한 옷으로 갈아입고 근신하여 애도한다. 흔히 근조(謹弔)라고 쓰인 등을 상가 입구에 달아 놓거나 상중(喪中), 또는 기중(忌中)이라 쓰인 종이를 붙여 초상을 알린다.

가족이 입관식, 출관식(장례식), 하관식을 언제할 것인가를 교역자와 의논 한다. 또한 장지에 대하여 의논해야 하며, 장의사를 불러 장의용품, 장의차 등을 교섭한다. 우선적으로 해야 할 일은 동사무소에 가서 사망 신고를 하고, 매장 또는 화장허가를 받는 일이다. 이때에 의사의 사망진단서나 두 사람 이상의 증인의 서명 날인이 필요하다. 자칫 잘못하면 장례가 순조롭게 진행되지 못할 수도 있으므로, 임종 직후 서둘러 이 일부터 처리하는 것이 좋다.

② 상제, 주상, 주례, 호상의 선정

상제 – 고인의 자녀들

주상 – 상제를 대표하는 사람을 말하는데, 대개 맏아들이 주상이 된다.

주례 – 소속교회의 담임교역자를 세우는 것이 바람직하나, 상황에 따라 상
제들과 협의하여 세울 수도 있다.

호상 – 교인이나 친척 가운데서 선정하여, 주례의 지시에 따라 상사 일체를
총괄한다.

③ 부고 : 모든 장례 절차가 협의되고, 장례일과 장지가 결정되면 곧 부고를 보
낸다. 부고를 친지들에게 개별적으로 보낼 수도 있고, 신문에 알림으로 대신할
수도 있다.

(예문)

○○교회의 고 ○○○씨(장로, 권사, 집사, 교우)께서 ○○○○년 ○○월
○○일 ○○시에 하나님의 부르심을 받았습니다.
아래와 같이 장례 일정을 알려드립니다.

– 아래 –

장례식장 : ○○교회(또는 ○○ 喪家)

일시 : ○○○○년 ○○월 ○○일 ○요일 ○○시

집례 : 목사(또는 담임자) ○○○

상제 : ○○○, ○○○

호상 : ○○○

장지 : ○○묘지

○○○○년 ○○월 ○○일

호상 ○○○

2) 입관 절차

본래 그리스도교 장례 전통에는 입관이 따로 없었다. 하지만 한국적 장례문화에서는 염습(殮襲)과 입관에 관한 의식이 뚜렷이 전해 내려오고 있다.

염습이란 시신을 씻고 수의(壽衣)를 입힌 뒤 염금(殮衾)[16]으로 싸서 염포(殮布)[17]로 묶는 일을 말한다. 입관(入棺)은 염습한 시신을 관속에 넣고 뚜껑을 덮는 것을 말한다. 특별한 상황이 아닌 경우, 임종으로부터 24시간이 경과한 후에 시신을 입관하는 것이 상례다. 시신을 거두는 일은 교역자가 하는 경우도 있지만, 장의사나 전문가나 집안 어른, 혹은 교우 가운데 경험 있는 사람의 도움을 받는 것이 좋다. 실제적인 순서와 방법은 다음과 같다.

(1) 시신 씻기(收屍)

수시하기 전에 집례자가 가운을 입고 시신 앞에 서서 유족을 향하여 선다.(집례자는 식사와 기도를 하고 수시는 다른 사람에게 맡길 수 있다.)

식사 : 이제부터 수시를 하겠습니다. 다함께 기도하겠습니다.

기도 : 위로의 하나님, 사랑하는 고인과 죽음으로 이별하여, 고통당하는 유족을 위로하여 주옵소서. 이제 시신을 거두고자 하오니 정중한 마음으로 처리할 수 있도록 힘과 지혜를 주옵소서. 우리 주 예수 그리스도의 이름으로 기도합니다. 아멘.

수시(시신 씻기)

① 먼저 인도자의 지시에 따라, 시신의 좌우에 두세 사람씩 앉는다.

② 홑이불을 벗기고 손발을 묶었던 붕대나 백지를 제거한 후에 옷을 벗긴다.

③ 남성인 경우는 남자 상주(주상)가, 여성인 경우 여자 상주(주부)가 앞가리개

---

16) 시신을 싸는 홑이불
17) 시신을 묶는 끈(한지나 삼베로 한다.)

(군포)로 가리며 하의를 벗긴다.

④ 상의를 벗긴다.

⑤ 알코올이나 향수를 희석한 물을 수건에 적셔 깨끗이 씻어낸 뒤, 마른 수건
으로 닦는다.

⑥ 빗으로 머리를 빗기고 긴 손톱을 자른다. 머리카락과 손톱은 따로 주머니에
넣거나 종이에 싸서 입관시까지 보관하였다가 함께 입관할 수도 있다.

⑦ 홑이불로 시신의 머리와 수족을 완전히 덮는다.

⑧ 홑이불을 덮고 나서 병풍으로 시신을 가린다. 그리고 시신이 있는 방의 불
을 빼낸다.

(수시를 마치고 어질러진 것들을 큰 보자기에 싸서 나중에 태우기 위하여 눈에 보이지
않는 곳에 둔다. 이렇게 방안을 정돈하고, 병풍 앞에 작은 상을 놓고 고인의 사진, 고인이
쓰던 성경과 찬송가를 둔다. 가능하면 상 좌우편에 국화꽃을 담아 장식한다. 그리고 손을
씻고 바로 임종식을 한다. 임종식 후에 상주와 같이 장례에 대한 사항을 의논하여 결정된
사항을 시행한다.)

(2) 수의 입히기

(집례자와 염습위원들이 흰 가운을 입고 시신을 홑이불로 씌운 채 방안 적당한 곳에 놓
는다.)

식사 : 이제 염습하겠습니다. 밖에 있는 분들도 경건한 분위기를 유지하도록
협조하여 주십시오.

찬송 : 찬송가 494장(다른 찬송을 부를 수도 있다.)

기도 : (집례자는 시신을 보고 기도한다.) 모든 슬픔을 위로하시는 하나님 아버지,
이제 고인의 시신을 입관하려고 수의를 입히고자 합니다. 요셉이 아버
지의 시체를 정결하게 처리하였으며, 아리마대 요셉과 니고데모가 예수
님의 시체를 규정대로 처리함과 같이, 저희도 이제 이 어려운 일을 정성
껏 할 수 있는 힘과 지혜를 주옵소서. 부활의 첫 열매가 되신 예수 그리
스도의 이름으로 기도합니다. 아멘.

수의 입히기

수의의 종류에는 바지, 허리띠, 버선, 대님, 속적삼, 저고리, 두루마기, 악수(손싸개), 면모(머리싸개), 남자일 경우 행전, 여자일 경우 고쟁이, 치마 등이 있다.

수의를 입히는 절차는 다음과 같다.

① 기저귀를 채운 후 손과 발을 창호지로 싼다.

② 버선과 악수를 끼우고 바지를 입힌 다음 허리띠를 묶는다.

③ 속적삼, 저고리, 두루마기를 미리 겹쳐서 단번에 입힌다. 이때 시신의 허리와 다리를 들고 다리 쪽에서부터 머리 쪽으로 입히되 팔을 상의에 끼우면서 입힌다. 옷이 입혀지면서 홑이불은 점차로 벗겨지며 마침내 이 단계에서 홑이불을 완전히 제거한다.

④ 턱걸이를 채운다. 벗긴 옷과 여러 도구들을 치워 실내를 깨끗이 정돈한다.

(면모로 얼굴을 덮는 일은 수의 입히기에서 마지막으로 하는 것이 상례다. 이것은 고인의 얼굴을 뵈어야 할 특별한 사유에 대비하기 위해서이다.)

수의가 준비되지 못하였을 경우에는 고인이 평소에 입던 옷 가운데서 적당한 것을 골라 입힌다.

(3) 입관

① 일반적으로 수의를 입힌 후 곧 이어 입관하는 것이 통례다.

② 먼저 관이 놓일 적당한 자리를 잡는다. 관을 쉽게 들어 옮기기 위해서 받침대를 준비한 후, 그 위에 관을 올려놓는다.

③ 관에 백지와 지요(地衾)를 깔고 시신을 안치한다. 이때 시신의 여러 곳을 백지로 묶었다가, 관에 안치한 후 풀기도 한다.

④ 관의 빈 공간을 백지나 휴지뭉치 등으로 채우고 이불(天衾)을 씌운 후 관의 뚜껑을 덮는다.

⑤ 관의 뚜껑을 덮되 머리 부분은 열어 둔 채 입관식을 한다. 마지막으로 유족들이 고인의 얼굴을 보게 한 후에, 면모로 덮고 나무 못(은정)을 박아 관을 완전히 봉한다. 상황에 따라서 관의 뚜껑을 봉한 후에 입관식을 할 수도 있다.

⑥ 관을 봉한 후, 운구(運柩)가 편리하도록 봉띠를 묶는데, 이를 결관(結棺)이라 한다.

⑦ 입관이 끝나면 '관'(棺)이라 하지 않고 '구'(柩)라고 칭하며, 십자가 표시가 새겨진 보를 씌워 발인 때까지 안치한다.

⑧ 병풍이나 휘장을 뒤로 물리고, 앞에 명정(銘旌)을 걸어 두었다가 운구할 때 그 행차를 표시하는 길잡이 역할을 한다. 하관할 때는 관 위에 덮는다. 명정은 보통 붉은 천에 금빛이나 은빛으로 쓴다. 예를 들면, ' 고 ○○○ 교인 (집사, 권사, 장로)'이라고 할 수 있다. 교회 장례에서는 굳이 명정이 필요 없다. 교인은 흰 천에 붉은색 십자가 표시로 관보를 만들어 관을 덮어두는 것으로 족하다. 고인의 직분과 이름이 필요하면 사진 위에 '고 ○○○ 장로'와 같이 직분을 쓰고 이름을 기록한다.

(이 모든 절차가 끝난 후 집례자는 관머리에 서고, 유족은 아래쪽에 그리고 조객은 적당한 자리에 자리잡게 하고 입관예배를 시작한다.)

(4) 상복

상복은 가정 의례 준칙에 따르는 것이 바람직하다. 간소하고 정결하여 문상객들에게 혐오감을 주지 않도록 해야 한다. 가급적 검은 옷이나 흰 옷이 좋겠지만, 일상복에 상장을 찰 수도 있다. 이때 상주는 왼팔에 상장을 두르는데 상장의 규격은 그림 ①과 같다. 직계 후손들은 같은 크기의 마포에, 같은 크기의 검은 띠가 한 줄 있는 상장을 왼팔에 두르며 규격은 그림 ②와 같다. 나머지 친족들은 검은 띠가 없는 상장을 찬다.

(그림 ① 상주용)

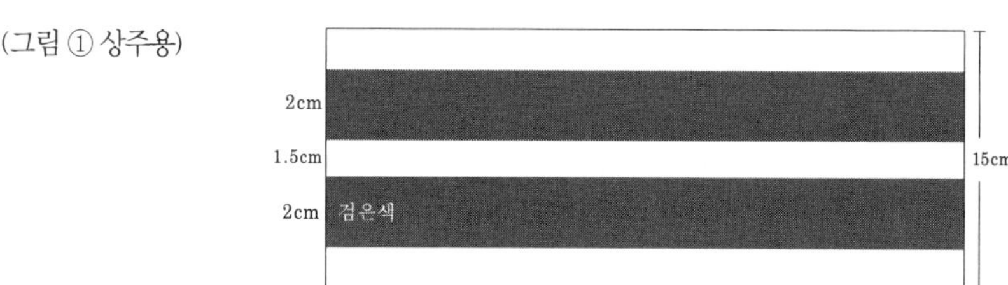

226

(그림 ② 직계자손용)

(그림 ③ 친족용)

(5) 빈소에서 문상 예절

① 입관식 후에 시신이 안치된 장소를 빈소로 삼아 문상객을 맞으며, 상제들은 빈소를 떠나지 않도록 한다.

② 상위에 검은 리본을 두른 고인의 사진을 놓는다. 또한 고인의 애독하던 성경과 찬송가를 놓을 수도 있다.

③ 문상객을 맞이하는 상주는 고인의 사진을 향하여 오른쪽에 위치한다. 상주는 형제 자매와 함께 일렬로 서서 문상객의 위로와 권면을 받고 간단한 인사로 답례한다.

④ 문상객은 고인의 사진 앞에서 향을 피우고 묵념함으로써 고인에게 경의를 표한다. 향을 피우는 대신 헌화(獻花)할 수도 있다. 꽃이나 화환은 부활의 상징이 될 수 있도록 해야 할 것이다. 헌화할 때는 준비된 화병에 꽂거나, 아니면 꽃의 줄기를 구(柩) 쪽으로 하고 꽃이 자신을 향하도록 상 위에 놓는다.

⑤ 문상객은 옆으로 돌아서서 유가족과 정중한 인사를 나눔으로 그들을 위로하고 격려한다.

교우에게 전하는 문상객의 인사

· 하나님의 위로가 함께하시기를 빕니다.

· 당하신 슬픔에 무어라 위로의 말씀을 드릴 수 없습니다.

· 믿음으로 위로 받으시기를 바랍니다.

불신자에게 전하는 일반적인 인사

· 상을 당하시어 얼마나 망극하십니까?(망극은 부모상일 경우에만 쓴다.)

· 얼마나 망극하십니까?

· 얼마나 상심되십니까?(손아래 상일 경우)

· 참으로 뜻밖의 일입니다.

  얼마나 마음이 아프십니까?(손아래 상일 경우)

상주의 대답

· 바쁘신 중에도 찾아와 주셔서 감사합니다.

· 위로해 주셔서 감사합니다.

· 죄송합니다.

⑥ 문상을 갈 때는 조의를 표하는 적절한 복장(검은색 옷, 혹은 흰색 옷)과 조의
  금을 준비한다.

3) 장례(출관) 절차

장례는 시신을 장지에 옮기기 전에, 고인에 대하여 추모하며 하나님께 고인을
위탁(commitment)하는 의미로 드리는 예식이다. 이는 가족, 친지, 조객들에게 하
나님의 사랑과 공의를 인정케 하고, 인간의 무능함과 유한성을 깨닫게 하는 좋은
기회가 된다. 따라서 장례는 유족에게 하나님의 위로와 평안을 전하며, 그 자리
에 참여한 모든 사람에게 전도와 신앙을 결단하는 기회가 되어야 한다는 사실을

기억하면서 예식을 진행해 나아가야 한다.

장례를 '영결식'이라고 부르는 것은 잘못이다. '영결'의 의미는 영원히 보지 못한다는 뜻이므로, 부활을 믿는 그리스도인에게는 적합하지 않은 용어다. 그리스도교 장례의 초점은 고인의 육체에 있는 것이 아니라, 부활과 영생을 믿는 신앙에 있는 것이다.

① 장례일 : 장례는 3일장으로 하는 것이 원칙이나, 때에 따라서는 장례일이 주일과 겹치지 않도록 2일장, 혹은 4일장으로 할 수 있다.

② 장례식장 : 식 시작 전에 구(柩)를 모실 자리를 준비한다. 교회에 모셔 식을 행하는 것이 바람직한 모습이지만, 형편에 따라서 가정, 혹은 병원 장례식장에서 장례를 행할 수 있다.

③ 장례준비

가. 유족은 관을 중심으로 앞 또는 좌우로 앉거나 서게 하고, 집례자는 관 앞 적당한 장소를 선택하는데, 조객들이 잘 보이는 곳에 서서 예식을 인도한다.

나. 고인의 호칭은 구체적으로 '고 ○○○ 집사'(목사, 장로, 권사)로 부르고, 믿지 않고 돌아간 후 가족이 원할 때에는 연령에 따라서 선생님, 어른, 여사, 할아버님, 할머님 등 고인에 따라서 적절한 호칭을 사용한다.

다. 조가나 조사가 있을 때에는 조가는 설교 전에, 조사는 설교 후에 하는 것이 좋다. 조사 전에 약력을 소개하면 조객들이 고인을 기리는 데 유용할 것이다.

라. 예식 순서 맡을 분들을 미리 정하여 통보하고, 순서지를 준비한다.

마. 검은 리본을 준비하여, 조객들의 가슴에 달게 한다.

바. 분향할 수 있는 향, 또는 헌화할 수 있는 꽃을 준비한다.

④ 장지 : 공원묘지, 선산을 이용해도 무방하다. 또한 화장을 한다고 해서 그리스도교 신앙에 위배되는 일은 아니다.

⑤ 운구(運柩)

가. 예식이 끝난 뒤 구를 장지나 화장장까지 장의차나 상여로 운반하는 절차를 말한다.

나. 교인들이 운구에 참여하는 것이 바람직하며, 운구 행렬은 고인의 사진, 집

레자(형편에 따라 빠질 수도 있다), 구, 상제, 친족, 문상객 순서로 나아간다.

다. 운구할 때에 인위적인 울음이나 곡은 삼가고, 찬송하며 행진한다.

⑥ 교회에서 장례를 행할 때

가. 목회자나 장로, 기타 교회에 지대한 공헌을 끼친 이에게는 교회에서 장례를 행하는 것이 바람직하다.

나. 성찬대(혹은 헌금상, 제단)의 위치에 구를 모실 준비를 한다.

다. 운구할 사람을 미리 정하여 운구할 때 서는 순서를 숙지시켜야 한다.

라. 구가 교회 밖에서 오면 목사가 구를 맞이하여, 그 구 앞에서 구를 모실 자리까지 인도한다.

마. 구가 교회 안으로 들어올 때 조객들은 정중히 일어나 맞이한다.

바. 구를 정한 자리에 모시고 장례 순서를 맡은 이와 유가족은 구 옆에 자리를 정해야 한다. 상주와 유족의 위치, 집례자의 위치, 호상의 위치, 운구위원, 찬양대의 위치, 조문객의 위치 등을 장소의 형편에 따라 적절히 배치한다.

4) 하관 절차

하관은 장지에 이르러 장의차나 상여에서 구를 내려 광중(壙中:구를 묻기 위하여 파 놓은 구덩이)에 넣는 것을 말한다. 하관식은 장지에 구를 묻기 전에 행하는 순서다. 여기서 집례자는 그리스도의 재림과 세상의 심판과 종말이 있음을 강조하면서, 무덤이 인생의 끝이 아니라 주의 재림 때에 모든 성도가 부활한다는 사실과, 고인은 영광과 평안의 세계로 옮겨졌다는 것을 예식을 통하여 확신케 한다.

(1) 장지에 도착하기 전에 광중 지실(地室)이 조성되어 있어야 한다. 이를 위해서는 사전에 장지 교섭시 정식 의뢰가 있어야 하며, 하루나 이틀 전에 이를 반드시 확인해야 한다.

(2) 교회 묘지가 아닌 경우, 장지에서 소위 지관이 나와서 하관식 절차에 혼선을 초래할지 모른다. 이런 혼란을 방지하기 위해서는 상주와 사전 협약이 있어야 하며, 그리스도교 신앙 교리에 따라 지혜롭게 처리해야 한다.

(3) 장지에 도착하면 묘소에 가까운 편안한 장소에 구를 안치하고, 유족은 구가 있는 곳에 정중히 서서 조문객들의 문상을 받는다.

(4) 산역(山役)이 끝나고 지실이 조성되었으면 구를 지실로 운구한다. 이때에 운구위원들은 정중히 봉띠를 풀어 그 줄로 하관한다.

(5) 지실에 구를 모신 후, 일반 풍속에서 행하는 일체의 미신적 행위는 엄금하고, 산역한 이들에게는 후에 충분한 사례를 표한다.

(6) 지실 안치 작업과 자리 정돈이 끝났으면, 세 번째 횡대를 열어 둘째 횡대 위에 놓고 하관 예배를 행한다.

(7) 집례자는 지실 위쪽에 고인의 사진을 든 사람과 함께 묘소 중심에 서고, 상주와 유족은 지실 오른쪽에 서며, 조객들은 왼쪽이나 그 뒤에 서게 한다.

(8) 하관식을 마친 후, 횡대를 덮고 집례자가 취토(구 위에 흙을 뿌리는 행위)를 한다. 이어서 유족, 조문객들이 취토한다.

(취토 전에 꽃이 있으면 먼저 헌화한 후 취토할 수도 있다.)

(9) 분묘(성분이라고도 말하는데, 흙과 석회를 섞어서 광중을 채우고 평토를 한 다음 흙을 둥글게 쌓아 올린 봉분을 만들고 잔디를 입히는 것을 말함)를 끝마치는 것을 보는 것이 좋지만, 사정에 따라서는 산역하는 사람들에게 맡기고 하산해도 무방하다. 이 과정에서 불신자들이나 일꾼들이 섭섭해하지 않도록 하나하나 세심한 배려를 할 필요가 있다. 평토가 끝날 때까지 지켜본 다음, 하산할 때에 질서 있게 내려오되, 슬픔에 싸인 유족을 가까운 교우들이 곁에서 위로하면서 함께 내려오는 것도 바람직하다.

(10) 비석은 누구의 묘인지를 나타내는 표시이므로 아담하고 간결하게 만든다. 전면에는 십자가 표시와 고인의 직분과 이름, 그리고 부활에 관한 성구나 평소 고인이 애송하던 성구를 기록하고, 후면 및 좌우 측면에 고인의 생년월일, 돌아가신 연월일, 유자녀의 이름 등을 기록한다.

(11) 화장을 한 경우에는 분골(粉骨)을 적당한 장소에 묻거나, 특정한 곳에 보관한다.

3. 임종식 순서(1)

집례 : 교회담임자

(임종식은 형편에 따라 임종 전이나 임종 후에 할 수 있다. 여기서는 임종 전 예식 순서다. 가족의 마음이 가라앉은 후 식의 시작을 알린다. 집례자는 환자 머리쪽에, 가족은 발쪽에 자리 잡는다.)

임종식사 / 집례자

지금부터 ○○○ 씨(장로, 권사, 집사, 교우)의 임종식을 행하겠습니다.

기원 / 맡은이

생명의 근원이신 하나님 아버지! 사랑하는 ○○○ 씨(장로, 권사, 집사, 교우)가 이 세상을 떠나는 순간에도 소망이 되신 주님만 의지하오니 함께하여 주셔서, 소망중에 주님의 부름을 받게 하옵소서. 자비하신 주님! 저희가 ○○○ 씨(장로, 권사, 집사, 교우)의 모든 것을 주님께 맡깁니다. 영원 전부터 주께서 저를 위하여 예비하신 영원한 처소에 거하게 하옵소서.

사랑하는 가족과 헤어져야 한다는 불안 때문에 두려워하고 가슴 아파하는 가족과 친족에게 생명의 빛을 비추사 넘치는 위로와 힘을 얻게 하시고, 헤어지더라도 다시 만날 수 있다는 확신을 가지게 하옵소서. 소망 없는 슬픔으로 인하여 시험 당하거나 동요하지 않게 하시고, 오직 예수님 안에서 굳건한 믿음으로 어려움을 헤쳐 나가게 하옵소서. 부활의 첫 열매가 되신 예수 그리스도의 이름으로 기원합니다. 아멘.

찬송(찬송가 386장) / 다함께

　1. 만세 반석 열린 곳에 내가 숨어 있으니
　　　원수 마귀 손 못 대고 환난 풍파 없도다
　2. 죄에 매여 죽을 인생 편히 쉬기 바라니
　　　주의 가슴 넓은 품에 내가 찾아 안기네
　3. 이 땅 위에 평안 없고 기쁜 일을 몰라도
　　　주 예수의 참 사랑을 내가 이제 알았네
　4. 험한 풍파 지나도록 순풍으로 도우사
　　　평화로운 피난처에 길이 살게 하소서
(후렴)
　　만세 반석 열린 곳에 내가 편히 쉬리니
　　나의 반석 구주 예수 나를 숨겨 주소서 아멘

(참고 / 401장, 481장, 483장, 493장, 549장)

성경봉독 / 집례자(아래의 성경구절 중에 하나를 선택하여 봉독한다.)

성경봉독 1 : 너희는 마음에 근심하지 말라. 하나님을 믿으니 또 나를 믿으라. 내 아버지 집에 거할 곳이 많도다. 그렇지 않으면 너희에게 일렀으리라. 내가 너희를 위하여 거처를 예비하러 가노니 가서 너희를 위하여 거처를 예비하면 내가 다시 와서 너희를 내게로 영접하여 나 있는 곳에 너희도 있게 하리라. 내가 어디로 가는지 그 길을 너희가 아느니라. 도마가 이르되 주여 주께서 어디로 가시는지 우리가 알지 못하거늘 그 길을 어찌 알겠사옵나이까? 예수께서 이르시되 내가 곧 길이요 진리요 생명이니 나로 말미암지 않고는 아버지께로 올 자가 없느니라.(요한복음 14:1~6)

성경봉독 2 : 평안을 너희에게 끼치노니 곧 나의 평안을 너희에게 주노라. 내
가 너희에게 주는 것은 세상이 주는 것과 같지 아니하니라. 너희
는 마음에 근심하지도 말고 두려워하지도 말라. 내가 갔다가 너
희에게로 온다 하는 말을 너희가 들었나니 나를 사랑하였더라면
내가 아버지께로 감을 기뻐하였으리라. 아버지는 나보다 크심이
라.(요한복음 14:27~28)

성경봉독 3 : 예수 그리스도의 계시라 이는 하나님이 그에게 주사 반드시 속히
일어날 일들을 그 종들에게 보이시려고 그의 천사를 그 종 요한
에게 보내어 알게 하신 것이라. 요한은 하나님의 말씀과 예수 그
리스도의 증거 곧 자기가 본 것을 다 증언하였느니라. 이 예언의
말씀을 읽는 자와 듣는 자와 그 가운데에 기록한 것을 지키는 자
는 복이 있나니 때가 가까움이라 요한은 아시아에 있는 일곱 교
회에 편지하노니 이제도 계시고 전에도 계셨고 장차 오실 이시며
그의 보좌 앞에 있는 일곱 영과 또 충성된 증인으로 죽은 자들 가
운데에서 먼저 나시고 땅의 임금들의 머리가 되신 예수 그리스도
로 말미암아 은혜와 평강이 너희에게 있기를 원하노라. 우리를
사랑하사 그의 피로 우리 죄에서 우리를 해방하시고 그의 아버지
하나님을 위하여 우리를 나라와 제사장으로 삼으신 그에게 영광
과 능력이 세세토록 있기를 원하노라. 아멘 볼지어다 그가 구름
을 타고 오시리라. 각 사람의 눈이 그를 보겠고 그를 찌른 자들도
볼 것이요 땅에 있는 모든 족속이 그로 말미암아 애곡하리니 그
러하리라 아멘.(요한계시록 1:1~7)

(참고 / 요한계시록 7:9~17, 22:5)

말씀선포 / 집례자

신앙고백(사도신경) / 다함께

찬송(찬송가 488장) / 다함께

1. 이 몸의 소망 무언가 우리 주 예수뿐일세
   우리 주 예수 밖에는 믿을 이 아주 없도다
2. 무섭게 바람 부는 밤 물결이 높이 설렐 때
   우리 주 크신 은혜에 소망의 닻을 주리라
3. 세상에 믿던 모든 것 끊어질 그날 되어도
   구주의 언약 믿사와 내 소망 더욱 크리라
4. 바라던 천국 올라가 하나님 앞에 뵈올 때
   구주의 의를 힘입어 어엿이 바로 서리라

(후렴)

주 나의 반석이시니 그 위에 내가 서리라 그 위에 내가 서리라

(참고 / 489장)

기도 / 집례자(집례자가 목사일 경우는 축도로 마친다.)

생명의 주인이신 하나님 아버지! 오늘 이 세상을 떠나는 ○○○ 씨(장로, 권사, 집사, 교우)는 살아 있는 동안 하나님께서 원하신 삶을 살았습니다. 저희는 오늘 이 세상을 떠나는 ○○○ 씨(장로, 권사, 집사, 교우)가 하나님께서 마련하신 영원한 나라에 들어간다는 사실을 믿고 감사합니다. 또한 이 자리에 모인 사람들도 높고 크신 하나님의 은혜를 생각하면서 한없는 위로를 받습니다. 그 나라에 대한 소망을 잃지 않도록 항상 붙들어 주옵소서. 앞으로 ○○○ 씨(장로, 권사, 집사, 교우)의 육체가 평안한 곳에 안장될 때까지 도우시고, 모든 일이 원만하게 진행되어 아름다운 열매를 맺게 하옵소서. 저희를 거듭나게 하사 영

생을 주신 구세주 예수님 이름으로 기도합니다. 아멘.

■ 임종 기도문

기도 1(임종 전 기도) : 영원하신 하나님! 이 시간 ○○○ 씨(장로, 권사, 집사, 교우)의 임종을 앞에 두고 저희의 믿음이 흔들리지 않도록 붙드시고, 오직 하나님을 바라보게 하옵소서. 오늘 임종을 앞에 둔 ○○○ 씨(장로, 권사, 집사, 교우)를 은혜로우신 하나님께 맡기오니 그를 받아 주옵소서. 사랑하는 가족을 주님의 나라로 보내야만 하는 안타까움에 슬퍼하는 가족과 친지들에게 힘이 되어 주옵소서. 비록 ○○○ 씨(장로, 권사, 집사, 교우)가 저희의 곁을 떠난다고 할지라도 그것으로 그의 삶이 끝난 것이 아니라, 장차 하나님 나라에서의 영원한 삶이 계속될 것을 믿고, 담대하게 이 세상에서의 마지막을 맞게 하옵소서. 또한 임종을 바라보는 이들에게도 용기를 더하여 주옵소서. 죽음에서 부활하신 구세주 예수님 이름으로 기도합니다. 아멘.

기도 2(불신자의 임종을 위한 기도) : 생명의 근원이신 하나님! 지금 ○○○ 씨가 임종을 앞에 두고 힘들어하고 있사오니 그를 붙들어 주옵소서. 이제까지 살아오면서 모든 일에 성실하고 정직했던 이 형제(자매)를 주님, 기억하여 주옵소서. 사랑하는 이를 보내야 한다는 안타까움에 괴로워하는 가족과 친지들에게 다시 만날 수 있다는 확실한 믿음을 주셔서 위로를 받게 하시고, 영원한 나라의 주인이신 주님께 모든 것을 맡기고 담력을 얻게 하옵소서. 온전한 위로자이신 주님, 이 형제(자매)를 주님의 전능하신 손에 맡기오니 그를 괴롭히는 모든 고통에서 자유하게 하옵소서. 지금 이 순간 이 사람에게 바른 정신과 편안한 육체를 주셔서 그리스도를 영접하고 주님을 만날 준비를 하게 하옵소서. 우리를 사망에서 살리신 예수 그리스도의 이름으로 기도합니다. 아멘.

4. 임종식 순서(2)

집례 : 교회담임자

(임종식은 형편에 따라 임종 전이나 임종 후에 할 수 있다. 여기서는 임종 후 예식 순서다. 유족의 마음이 가라앉은 후 식의 시작을 알린다. 집례자는 시신의 머리쪽에, 유족은 발쪽에 자리 잡는다.)

임종식사 / 집례자

지금부터 고 ○○○ 씨(장로, 권사, 집사, 교우)의 임종식을 행하겠습니다.

기원 / 맡은이

인간의 생사화복을 주관하시는 전능하신 하나님! 지금 저희는 오늘 운명한 ○○○ 씨(장로, 권사, 집사, 교우)의 임종식을 행하면서 유한한 인생을 생각하며 매우 슬퍼하고 있습니다. 슬픔에 잠긴 유족과 고인의 사망 소식을 듣고 애통하는 사람들이 힘을 얻도록 도와주옵소서. 비록 고인이 운명했으나 이것으로 그의 삶이 끝난 것이 아니라, 하나님 나라에서 영원한 삶이 계속될 것을 믿게 하셔서, 저희를 위로하시고, 오직 하나님만 의지하도록 담대한 믿음을 주옵소서. 살아 있는 동안 영원한 생명을 소망하도록 도우시고, 저희보다 먼저 하나님께로 돌아간 사람들의 굳센 믿음을 본받게 하옵소서. 부활의 첫 열매이신 예수 그리스도의 이름으로 기원합니다. 아멘.

찬송(찬송가 386장) / 다함께

1. 만세 반석 열린 곳에 내가 숨어 있으니

원수 마귀 손 못 대고 환난 풍파 없도다
2. 죄에 매여 죽을 인생 편히 쉬기 바라니
    주의 가슴 넓은 품에 내가 찾아 안기네
3. 이 땅 위에 평안 없고 기쁜 일을 몰라도
    주 예수의 참 사랑을 내가 이제 알았네
4. 험한 풍파 지나도록 순풍으로 도우사
    평화로운 피난처에 길이 살게 하소서
(후렴)
    만세 반석 열린 곳에 내가 편히 쉬리니
    나의 반석 구주 예수 나를 숨겨 주소서 아멘

(참고 / 401장, 481장, 483장, 493장, 549장)

성경봉독 / 집례자(아래의 성경구절 중에 하나를 선택하여 봉독한다.)

성경봉독 1 : 너희는 마음에 근심하지 말라. 하나님을 믿으니 또 나를 믿으라.
          내 아버지 집에 거할 곳이 많도다. 그렇지 않으면 너희에게 일렀
          으리라. 내가 너희를 위하여 거처를 예비하러 가노니 가서 너희를
          위하여 거처를 예비하면 내가 다시 와서 너희를 내게로 영접하여
          나 있는 곳에 너희도 있게 하리라. 내가 어디로 가는지 그 길을 너
          희가 아느니라. 도마가 이르되 주여 주께서 어디로 가시는지 우리
          가 알지 못하거늘 그 길을 어찌 알겠사옵나이까? 예수께서 이르시
          되 내가 곧 길이요 진리요 생명이니 나로 말미암지 않고는 아버지
          께로 올 자가 없느니라.(요한복음 14:1~6)

성경봉독 2 : 평안을 너희에게 끼치노니 곧 나의 평안을 너희에게 주노라. 내
          가 너희에게 주는 것은 세상이 주는 것과 같지 아니하니라. 너희

는 마음에 근심하지도 말고 두려워하지도 말라. 내가 갔다가 너
희에게로 온다 하는 말을 너희가 들었나니 나를 사랑하였더라면
내가 아버지께로 감을 기뻐하였으리라. 아버지는 나보다 크심이
라.(요한복음 14:27~28)

성경봉독 3 : 예수 그리스도의 계시라 이는 하나님이 그에게 주사 반드시 속히
일어날 일들을 그 종들에게 보이시려고 그의 천사를 그 종 요한
에게 보내어 알게 하신 것이라. 요한은 하나님의 말씀과 예수 그
리스도의 증거 곧 자기가 본 것을 다 증언하였느니라. 이 예언의
말씀을 읽는 자와 듣는 자와 그 가운데에 기록한 것을 지키는 자
는 복이 있나니 때가 가까움이라 요한은 아시아에 있는 일곱 교
회에 편지하노니 이제도 계시고 전에도 계셨고 장차 오실 이시며
그의 보좌 앞에 있는 일곱 영과 또 충성된 증인으로 죽은 자들 가
운데에서 먼저 나시고 땅의 임금들의 머리가 되신 예수 그리스도
로 말미암아 은혜와 평강이 너희에게 있기를 원하노라. 우리를
사랑하사 그의 피로 우리 죄에서 우리를 해방하시고 그의 아버지
하나님을 위하여 우리를 나라와 제사장으로 삼으신 그에게 영광과
능력이 세세토록 있기를 원하노라. 아멘. 볼지어다 그가 구름을 타
고 오시리라. 각 사람의 눈이 그를 보겠고 그를 찌른 자들도 볼 것
이요 땅에 있는 모든 족속이 그로 말미암아 애곡하리니 그러하리
라 아멘.(요한계시록 1:1~7)

(참고 / 요한계시록 7:9~17, 22:5)

말씀선포 / 집례자

신앙고백(사도신경) / 다함께

찬송(찬송가 488장) / 다함께

1. 이 몸의 소망 무언가 우리 주 예수뿐일세
   우리 주 예수밖에는 믿을 이 아주 없도다
   주 나의 반석이시니 그 위에 내가 서리라 그 위에 내가 서리라
2. 무섭게 바람 부는 밤 물결이 높이 설렐 때
   우리 주 크신 은혜에 소망의 닻을 주리라
   주 나의 반석이시니 그 위에 내가 서리라 그 위에 내가 서리라
3. 세상에 믿던 모든 것 끊어질 그날 되어도
   구주의 언약 믿사와 내 소망 더욱 크리라
   주 나의 반석이시니 그 위에 내가 서리라 그 위에 내가 서리라
4. 바라던 천국 올라가 하나님 앞에 뵈올 때
   구주의 의를 힘입어 어엿이 바로 서리라
   주 나의 반석이시니 그 위에 내가 서리라 그 위에 내가 서리라

(참고 / 489장)

기도 / 집례자(집례자가 목사일 경우는 축도로 마친다.)

은혜로우신 하나님 아버지! 오늘 이 세상을 떠난 고 ○○○ 씨(장로, 권사, 집사, 교우)가 하나님께서 마련하신 영원한 나라에 들어갔다는 사실을 믿고 하나님께 감사합니다. 이 자리에 모인 사람들은 높고 크신 하나님의 은혜를 생각하면서 한없는 위로를 받습니다. 그 나라에 대한 소망을 잃지 않도록 항상 붙들어 주옵소서. 앞으로 고 ○○○ 씨(장로, 권사, 집사, 교우)의 장례가 끝날 때까지 도우시고, 모든 일이 원만하게 진행되어 아름다운 열매를 맺게 하옵소서. 우리 주 예수 그리스도의 이름으로 기도합니다. 아멘.

5. 입관식 순서

집례 : 교회담임자

(입관 후 뚜껑을 열되, 쉽게 덮을 수 있도록 중앙에 둔다. 만약 뚜껑을 덮어야 할 경우 결관〈結棺〉까지 마친다. 예식은 입관한 곳에서 행하는데, 상황에 따라 빈소로 이동하여 교역자는 관 머리에, 유족은 관 아래, 조문객은 적당하게 자리잡은 후 행한다.)

입관식사 / 집례자

지금부터 고 ○○○ 씨(장로, 권사, 집사, 교우)의 입관식을 행하겠습니다.

조용한 기도 / 다함께

만일 땅에 있는 우리의 장막 집이 무너지면 하나님께서 지으신 집 곧 손으로 지은 것이 아니요 하늘에 있는 영원한 집이 우리에게 있는 줄 아느니라 참으로 우리가 여기 있어 탄식하며 하늘로부터 오는 우리 처소로 덧입기를 간절히 사모하노라. 이렇게 입음은 우리가 벗은 자들로 발견되지 않으려 함이라.(고린도후서 5:1~3)

생명을 창조하시고, 죽음을 정복하신 하나님! 고인의 몸을 관 속에 고이 모시며 슬퍼하는 저희에게 큰 은총을 베풀어 주옵소서. 이 시간 저희가 절망에서 소망으로 이끄시는 하나님께 예식을 통하여 위로 받기를 원합니다. 아멘.

찬송(찬송가 489장) / 다함께

1. 저 요단강 건너편에 찬란하게 뵈는 집

예루살렘 새 집에서 주의 얼굴 뵈오리
2. 주가 내게 부탁하신 모든 일을 마친 후
   예비하신 그 집에서 주의 얼굴 뵈오리
3. 성도들이 함께 모여 할렐루야 부를 때
   나도 기쁜 마음으로 화답하여 부르리
4. 이 세상에 사는 동안 주의 일에 힘쓰고
   썩을 장막 떠날 때에 주의 얼굴 뵈오리
(후렴)
   빛난 하늘 그 집에서 주의 얼굴 뵈오리
   한량없는 영광 중에 주의 얼굴 뵈오리

기도 / 맡은이(다음 기도 중에 선택한다.)

기도 1 : 생명의 근원이신 하나님! 저희는 잠시 세상에 살다가 하나님께로 돌아가는 인생입니다. 그것이 하나님의 뜻임에도 불구하고, 저희는 그 뜻을 깨닫지 못했습니다. 또한 오늘 세상을 떠난 이에게 하나님의 자녀로서 마땅히 실천해야 할 사랑을 보여주지 못한 것을 생각하며 회개합니다. 이 시간 저희 모두 하나님의 뜻을 깨닫고 엄숙한 마음으로 존귀와 영광을 드리오니, 저희 죄와 허물을 용서하시고, 진심으로 회개하는 사람들을 긍휼히 여기옵소서. 지금 고 ○○○ 씨(장로, 권사, 집사, 교우)의 시신을 입관하니 성령께서 임재하셔서 슬퍼하는 이들을 위로하시고, 믿음과 소망을 더하여 주옵소서.

(고인이 교우인 경우 아래 내용을 첨부한다.)

은혜로우신 하나님! 이 교우(장로, 권사, 집사)가 세상에 있을 때 예수 그리스도를 믿으므로 하나님의 자녀로 삼아주신 것을 감사합니다. 이

242

제 저희가 그의 믿음과 생활을 본받아 믿음의 동반자가 되게 하옵소서. 그 믿음의 결과로, 사는 동안 하나님의 은혜가 충만하기를 죽음에서 부활하신 예수님 이름으로 기도합니다. 아멘.

기도 2 : 생명의 근원이 되시며 살아 계신 하나님! 저희가 삶의 참된 의미와 목적을 오직 주님에게서만 찾을 수 있는 줄 믿습니다. 저희는 모두 다 하나님에게서 왔다가 하나님께로 돌아가는 인생들입니다. 또한 저희는 하나님의 뜻을 다 이해하지도 못하고 알 수도 없는 어리석은 자들입니다. 자비로우신 하나님! 저희를 긍휼히 여기시고, 저희의 허물을 용서하여 주옵소서. 오직 주님 앞에 겸손히 서서, 고 ○○○ 씨(장로, 권사, 집사, 교우)의 시신을 입관하여 장례를 준비하고자 합니다. 모든 슬퍼하는 이의 마음을 위로하여 주시고, 믿음과 소망을 더욱 굳세게 하여 주옵소서. 영원부터 영원까지 살아 계셔서, 인간의 생명을 주장하시는 하나님! 저희의 심령의 눈을 밝히시사 영원히 슬픔과 고통이 없고, 기쁨과 감사와 영광이 가득한 주님의 세계를 바라보게 하옵소서. 저희의 심령이 연약하여 넘어질 때 붙들어 일으켜 주시며, 슬프고 외로울 때 강하고 담대한 신앙을 주셔서 승리의 생활을 하게 하옵소서. 장례를 마칠 때까지 모든 절차를 성령께서 인도하여 주시기를 저희의 소망이신 예수 그리스도의 이름으로 기도합니다. 아멘.

성경봉독 / 맡은이

너희는 마음에 근심하지 말라. 하나님을 믿으니 또 나를 믿으라. 내 아버지 집에 거할 곳이 많도다. 그렇지 않으면 너희에게 일렀으리라. 내가 너희를 위하여 거처를 예비하러 가노니 가서 너희를 위하여 거처를 예비하면 내가 다시 와서 너희를 내게로 영접하여 나 있는 곳에 너희도 있게 하리라. 내가 어디로 가는지 그 길을 너희가 아느니라. 도마가 이르되 주여 주께서 어디로 가시는지 우리가 알지 못하거늘 그 길을 어찌 알겠사옵나이까? 예수께서 이르시되 내가 곧 길이요 진리요 생명이니 나로 말미암지 않고는 아버지께로 올 자가 없느니라.(요한복음 14:1~6)

말씀선포 / 집례자

찬송(찬송가 239장) / 다함께

1. 저 뵈는 본향집 날마다 가까워 내 갈 길 멀지 않으니 전보다 가깝다
2. 내 주의 집에는 거할 곳 많도다 그 보좌 있는 곳으로 가까이 갑니다
3. 내 생명 끝날에 십자가 벗고서 나 면류관을 쓸 때가 가깝게 되었네
4. 내 삶의 끝날을 분명히 모르니 내 주여 길 다가도록 늘 함께 하소서
(후렴)
　　더 가깝고 더 가깝다 하룻길 되는 내 본향 가까운 곳일세 아멘

　(참고 / 485장)

축도 / 집례자

6. 장례식 순서

집례 : 교회담임자

(상주, 가족, 친척, 그리고 조객들은 관을 향해 앉거나 서게 한 후, 집례자는 관 앞쪽 적당한 자리에서 집례한다. 교회 직분이 없는 고령자에게는 어른, 선생님, 여사, 할아버지, 할머니 등등 적절한 호칭을 사용한다.)

장례식사 / 집례자

지금 우리는 고 ○○○ 씨(장로, 권사, 집사, 교우)의 장례를 행하려고 이곳에 모였습니다. 여러분께서는 엄숙하게 예식이 진행되도록 협조해 주시기를 바랍니다.

조용한 기도 / 다함께

그리스도께서 죽은 자 가운데서 다시 살아나사 잠자는 자들의 첫 열매가 되셨도다. 사망이 한 사람으로 말미암았으니 죽은 자의 부활도 한 사람으로 말미암는도다. 아담 안에서 모든 사람이 죽은 것 같이 그리스도 안에서 모든 사람이 삶을 얻으리라.(고린도전서 15:20~22)

생명을 창조하시고, 죽음을 정복하시며, 어려울 때마다 힘을 주시는 하나님! 죽음 앞에서 슬퍼하는 사람들을 위로하시고 큰 은총을 베풀어 주옵소서. 이 시간 저희가 하나님께 예배함으로 위로받기를 원합니다. 저희의 심령을 선하신 하나님께 맡기오니 영원한 소망을 약속하여 주옵소서. 저희 죽음과 삶을 주관하시는 예수 그리스도의 이름으로 기원합니다. 아멘.

찬송(찬송가 606장) / 다함께

1. 해보다 더 밝은 저 천국 믿음만 가지고 가겠네
   믿는 자 위하여 있을 곳 우리 주 예비해 두셨네
2. 찬란한 주의 빛 있으니 거기는 어두움 없도다
   우리들 거기서 만날 때 기쁜 낯 서로가 대하리
3. 이 세상 작별한 성도들 하늘에 올라가 만날 때
   인간의 괴롬이 끝나고 이별의 눈물이 없겠네
4. 광명한 하늘에 계신 주 우리도 모시고 살겠네
   성도들 즐거운 노래로 영광을 주 앞에 돌리리
(후렴)
   며칠 후 며칠 후 요단강 건너가 만나리
   며칠 후 며칠 후 요단강 건너가 만나리 아멘

교독(교독문 78번) / 다함께

집례자 : 너희는 마음에 근심하지 말라 하나님을 믿으니 또 나를 믿으라.
회   중 : 내 아버지 집에 거할 곳이 많도다. 그렇지 않으면 너희에게 일렀으리라.

집례자 : 내가 너희를 위하여 거처를 예비하러 가노니 가서 너희를 위하여 거
         처를 예비하면
회   중 : 내가 다시 와서 너희를 내게로 영접하여 나 있는 곳에 너희도 있게 하
         리라.

집례자 : 내가 어디로 가는지 그 길을 너희가 아느니라.
회   중 : 도마가 이르되 주여 주께서 어디로 가시는지 우리가 알지 못하거늘
         그 길을 어찌 알겠사옵나이까.

집례자 : 예수께서 이르시되 내가 곧 길이요 진리요 생명이니

회 중 : 나로 말미암지 않고는 아버지께로 올 자가 없느니라.

송영(찬송가 3장) / 다함께

성부 성자와 성령 찬송과 영광 돌려보내세

태초로 지금까지 또 영원무궁토록

성삼위께 영광 영광 아멘

기도 / 맡은이(다음 기도 중에 선택한다.)

기도 1 : 세상을 말씀으로 창조하시고, 인류의 역사와 개인의 삶을 주관하시는
하나님! 지금 연약한 인생들이 주님 앞에 엎드렸습니다. 저희를 긍휼
히 여겨 주옵소서. 이 세상을 떠나 하나님 앞으로 가신 고 ○○○ 씨
(장로, 권사, 집사, 교우)의 장례를 행하려고 이곳에 모인 저희의 슬픈
마음을 위로하여 주옵소서. 세울 때가 있으면 기울 때가 있고, 슬플 때
가 있으면 기쁠 때가 있으며, 올라갈 때가 있으면 내려갈 때가 있는 줄
압니다. 그러나 연약한 심령들이 어찌 주님의 뜻과 행하심을 알 수 있
겠습니까? 어찌 저희가 인간의 날 수를 알며 주님의 질서를 알 수 있
겠습니까? 다만 주님의 선하신 섭리와 때를 믿고 의지할 따름입니다.
고 ○○○ 씨(장로, 권사, 집사, 교우)가 세상에 있을 때에 하나님께서
저를 사랑하시고, 부르시어 예수 그리스도를 믿고 구원을 얻어 하늘
의 영원한 기업을 누리게 하여 주신 것을 감사합니다. 저희도 달려갈
길을 마치고 선한 싸움을 다 하였을 때, 오직 하늘의 소망을 바랄 수
있도록 하여 주시고, 인생의 부질없는 욕망에 휩쓸려 주님의 길을 버
리는 어리석음을 범하지 않게 하옵소서. 바라옵기는 이 예식을 주님
께서 은혜로 주관하사, 슬픔을 당한 이들에게 위로와 힘을 주시며, 이

곳에 모인 저희도 하나님의 엄숙한 교훈을 깨달아 죄를 뉘우치고 굳센 믿음을 가지게 하여 주옵소서. 저희를 죽음과 죄에서 구원하신 구세주 예수님 이름으로 기도합니다. 아멘.

기도 2(불신자를 위한 기도) : 생명의 근원이 되시는 하나님! 여기에 누워 있는 이분 살았을 동안에 자기의 일에 성실하고 정직한 삶을 산 것을 저희가 압니다. 불쌍히 여겨 주옵소서. 자비하신 하나님, 이 사람을 기억하셔서 영원한 위로와 안식을 누리게 하시고, 그가 세상에 살았을 때에 행한 대로 갚아 주옵소서. 은혜로우신 주님! 이 시간 떠난 이를 위하여 기도하며 슬퍼하는 유족을 기억하시고, 주님 안에서 위로받기를 원하는 이들에게, 주님을 통하여 얻은 구원과 영생을 확신하게 하셔서, 시험에 들지 않게 하옵소서. 슬픔과 역경을 이기고 성령 안에서 승리하는 삶을 살아가게 하옵소서. 저희에게 영생을 주시는 예수 그리스도의 이름으로 기도합니다. 아멘.

기도 3 : 인간과 만물을 창조하시고 주관하시는 하나님! 지금 저희는 이 세상을 떠나 하나님께 돌아간 ○○○ 씨(장로, 권사, 집사, 교우)의 장례식을 행하려고 이곳에 모였습니다. 슬픈 마음으로 하나님 앞에 머리 숙인 사람들에게 위안이 되어 주옵소서. 이 예식이 거행되는 동안 저희가 영원한 안식처를 바라보게 하옵소서.

(고인이 신자인 경우 아래 내용을 첨부한다.)

영원하시고 전능하신 하나님! ○○○ 씨(장로, 권사, 집사, 교우)가 세상에 있을 때 예수님을 믿어 하늘의 영원한 기업을 얻게 하신 것을 감사합니다. 이 예식을 은혜롭게 인도하셔서 슬픔을 당한 사람들에게 위로와 소망을 주시고, 여기 모인 사람들은 모두 엄숙하신 하나님의 교훈을 깨달아 죄를 뉘우치며 굳건

한 믿음을 갖게 하옵소서. 죽음과 삶을 주관하시는 예수 그리스도의 이름으로
기도합니다. 아멘.

성경봉독 / 맡은이(아래의 성경구절 중에 하나를 선택하여 봉독한다.)

성경봉독 1 : 예수께서 이르시되 나는 부활이요 생명이니 나를 믿는 자는 죽어
도 살겠고 무릇 살아서 나를 믿는 자는 영원히 죽지 아니하리니
이것을 네가 믿느냐.(요한복음 11:25~26)

성경봉독 2 : 죽은 자의 부활도 그와 같으니 썩을 것으로 심고 썩지 아니할 것
으로 다시 살아나며 욕된 것으로 심고 영광스러운 것으로 다시
살아나며 약한 것으로 심고 강한 것으로 다시 살아나며 육의 몸
으로 심고 신령한 몸으로 다시 살아나나니 육의 몸이 있은즉 또
영의 몸도 있느니라.(고린도전서 15:42~44)

(참고 / 데살로니가전서 4:13~18; 디모데후서 4:7~8; 베드로전서 1:24~25; 요한계시
록 21:1~7; 22:1~5; 시편 23:1~6; 27:1, 3~5, 13~14; 시편 90:1~6, 12, 16~17; 121:1~8)

조가 / 맡은이

약력 소개 / 맡은이

말씀선포 / 집례자

기도 / 집례자(또는 맡은이)

저희의 구원과 힘이 되시는 하나님! 믿음으로 살다가 세상을 떠난 ○○○

씨(장로, 권사, 집사, 교우)가 하나님의 품에서 영원한 안식을 얻게 하여 주옵소서. 믿는 사람들의 소망이 되시는 하나님! 하나님의 높고 크신 경륜을 모두 깨닫지 못하오나, 저희에게 말씀하신 복음을 확실히 믿으므로 이 땅에서 환난과 역경을 이기며, 영원한 소망을 잃지 않게 하옵소서.

(신자로서 모범이 되었을 경우 아래 내용을 첨부한다.)
거룩하신 하나님! 세상을 떠난 ○○○ 씨(장로, 권사, 집사, 교우)가 이 땅에 사는 동안 믿음으로 승리했음을 감사합니다. 저희도 그 뒤를 따라 영원한 하나님 나라를 유업으로 받게 하여 주옵소서. 저희의 소망이신 예수 그리스도의 이름으로 기도합니다. 아멘.

인사와 알리는 말씀 / 호상(또는 장례위원장)

찬송(찬송가 493장) / 다함께

1. 하늘 가는 밝은 길이 내 앞에 있으니 슬픈 일을 많이 보고 늘 고생하여도
   하늘 영광 밝음이 어둔 그늘 헤치니 예수 공로 의지하여 항상 빛을 보도다
2. 내가 염려하는 일이 세상에 많은 중 속에 근심 밖에 걱정 늘 시험하여도
   예수 보배로운 피 모든 것을 이기니 예수 공로 의지하여 항상 이기리로다
3. 내가 천성 바라보고 가까이 왔으니 아버지의 영광 집에 나 쉬고 싶도다
   나는 부족하여도 영접하실 터이니 영광 나라 계신 임금 우리 구주 예수라

주님께 맡김(위탁) / 집례자

자비하신 주님! 저희가 주님께 고 ○○○ 씨(장로, 권사, 집사, 교우)를 맡깁니다. 다시는 사망과 애통과 저주가 없고, 등불과 햇빛이 필요 없는 영원한 생명의 나라에 받아 주옵소서.

축도 / 집례자

헌화와 출관 / 다함께(정한 순서대로 헌화한 후, 관을 운구하여 장지로 출발한다.)

■ 사고로 죽은 이의 장례 기도문

생각과 판단이 저희와 같지 않으시고, 모든 일이 합력하여 선한 열매를 맺게 하시는 주님!

지금 어려운 일을 당하여 깊은 슬픔 가운데 있는 이들을 보혜사 성령으로 위로해 주옵소서. 죽어도 산다고 하는 부활의 믿음을 주셔서, 절망할 수밖에 없는 환경 중에 있지만 그것을 극복하게 하시고 담대한 생활, 산 자의 삶을 감당하게 하옵소서. 사랑하는 이를 갑작스럽게 주님의 나라로 보내고 가슴 아파하는 이들에게 다시 만날 수 있다는 소망이 분명하게 하시고, 영원한 하나님의 나라를 볼 수 있게 하시며, 주님의 품에 안긴 사랑하는 이의 모습을 꿈에서라도 볼 수 있게 하셔서 참된 위로와 담력을 얻게 하옵소서. 언제나 같이 하시는 성령의 은혜로 위로와 용기를 얻게 하시고, 천사장의 나팔 소리와 함께 오시는 주님을 만나는 그 날을 소망하며 살아가는 이들이 되게 하옵소서. 죽음에서 부활하신 예수 그리스도의 이름으로 기도합니다. 아멘.

7. 하관식 순서

집례 : 교회담임자

(관을 사용하는 경우 먼저 하관하고, 셋째 횡대를 열어놓은 채 하관식을 행한다. 석관을 사용할 경우에는 첫 번째 횡석을 열어 놓는다.)

하관식사 / 집례자

지금 우리는 고 ○○○ 씨(장로, 권사, 집사, 교우)의 하관식을 행하려고 이곳에 왔습니다. 여러분께서는 엄숙하게 예식이 진행되도록 협조해 주시기를 바랍니다.

조용한 기도 / 다함께

주께서 호령과 천사장의 소리와 하나님의 나팔 소리로 친히 하늘로부터 강림하시리니 그리스도 안에서 죽은 자들이 먼저 일어나고 그 후에 우리 살아남은 자도 그들과 함께 구름 속으로 끌어 올려 공중에서 주를 영접하게 하시리니 그리하여 우리가 항상 주와 함께 있으리라.(데살로니가전서 4:16~17)

생명의 근원이신 하나님! 예수님을 죽음에서 일으키시듯 저희에게도 생명을 불어넣어 주시어 저희가 영원토록 하나님과 함께 살 수 있게 하여 주옵기를 죽음에서 부활하신 예수 그리스도의 이름으로 기원합니다. 아멘.

찬송(찬송가 479장) / 다함께

1. 괴로운 인생길 가는 몸이 평안히 쉴 곳이 아주 없네
   걱정과 고생이 어디는 없으리 돌아갈 내 고향 하늘나라

2. 광야에 찬바람 불더라도 앞으로 남은 길 멀지 않네
   산너머 눈보라 세차게 불어도 돌아갈 내 고향 하늘나라
3. 날 구원하신 주 모시옵고 영원한 영광을 누리리라
   그리던 성도들 한자리 만나리 돌아갈 내 고향 하늘나라 아멘

기도 / 맡은이(다음 기도 중에 선택한다.)

기도 1 : 전능하신 하나님! 저희가 지금 고 ○○○ 씨(장로, 권사, 집사, 교우)의
하관식을 행합니다. 이 세상을 떠나 주님의 곁으로 간 고 ○○○ 씨
(장로, 권사, 집사, 교우)에게 은혜를 허락하사 주님의 날에 신령한 몸으
로 다시 살 줄 믿습니다. 흙에서 와서 흙으로 다시 돌아가는 인생들이
지만, 고인이 평생토록 사용했던 육신 장막을 땅에 장사 지내면서 고
인이 하나님께로 간 것과 신령한 몸으로 다시 살 줄 믿고 위로를 받습
니다. '육의 몸으로 심고 신령한 몸으로 다시 산다' 는 분명한 믿음으
로 이 자리에 있는 저희가 위로를 받고, 소망을 가지게 하옵소서. 이
자리에 모인 저희도 이제부터는 세상의 썩어질 것을 심는 어리석은
삶을 살지 말게 하옵시고, 오직 하늘의 신령한 은사를 사모하는 생활
을 감당하게 하옵소서. 하나님을 경외하는 것이 지혜의 근본이라고
하셨사오니, 홀로 왔다가 홀로 돌아가는 인생길에서 참된 소망과 생
명이 어디에 있는지 바로 깨달아 아는 저희가 되게 하옵소서. 그리고
고인이 살았을 때보다 더욱 마음과 뜻과 힘을 합하여 하나님을 공경하
며, 믿음과 소망과 사랑으로 사는 주님의 백성이 되게 하옵소서. 저희
에게 생명과 소망을 주신 예수 그리스도의 이름으로 기도합니다. 아멘.

기도 2 : 영원하신 하나님! 지금 이 세상을 떠나 하나님 앞으로 간 고 ○○○
씨(장로, 권사, 집사, 교우)의 시신을 이곳에 묻습니다. 저의 몸이 흙에
서 왔으니 흙으로 돌아갑니다.

(세상을 떠난 사람이 교인인 경우 아래 내용을 첨부한다.)

하지만 저희는 이 세상을 떠난 고인이 살아 있는 동안에 주님을 믿었기에 주님께서 천사장의 나팔 소리와 함께 다시 오시는 날 영화로운 몸으로 부활하여 주님과 영원히 살게 될 것을 믿습니다. 이 땅에 남아 있는 사람들도 진실한 마음으로 믿음을 지키게 하시고, 죄악에서 벗어나 영원한 생명을 얻게 하여 주옵소서. 저희에게 영생을 주신 예수 그리스도의 이름으로 기도합니다. 아멘.

성경봉독 / 맡은이

보라. 내가 너희에게 비밀을 말하노니 우리가 다 잠 잘 것이 아니요, 마지막 나팔에 순식간에 홀연히 다 변화되리니 나팔 소리가 나매 죽은 자들이 썩지 아니할 것으로 다시 살아나고 우리도 변화되리라. 이 썩을 것이 반드시 썩지 아니할 것을 입겠고 이 죽을 것이 죽지 아니함을 입으리로다. 이 썩을 것이 썩지 아니함을 입고 이 죽을 것이 죽지 아니함을 입을 때에는 사망을 삼키고 이기리라고 기록된 말씀이 이루어지리라. 사망아 너의 승리가 어디 있느냐? 사망아 네가 쏘는 것이 어디 있느냐? 사망이 쏘는 것은 죄요 죄의 권능은 율법이라 우리 주 예수 그리스도로 말미암아 우리에게 승리를 주시는 하나님께 감사하노니 그러므로 내 사랑하는 형제들아 견실하며 흔들리지 말고 항상 주의 일에 더욱 힘쓰는 자들이 되라. 이는 너희 수고가 주 안에서 헛되지 않은 줄 앎이라.(고린도전서 15:51~58)

선고 / 집례자

(횡대를 덮으면 집례자가 흙을 한 줌 쥐어 관에 뿌리며 다음과 같이 말한다.)

하나님에게서 온 고 ○○○ 씨(장로, 권사, 집사, 교우)가 다시 하나님께로 돌아갔으므로 저희가 그의 시신을 땅에 묻습니다. 흙은 흙으로, 재는 재로, 먼지는 먼지로 돌아가지만, 마지막 날에 모든 성도가 부활하여 주님 안에서 영생을 얻을 것입니다. 주님께서 다시 오셔서 영광과 위엄으로 심판하실 때 주님을 믿는 이들은 영화로운 몸을 입을 것입니다. 아멘.

기도 / 집례자

영생하시는 주님! 저희가 고 ○○○ 씨(장로, 권사, 집사, 교우)의 시신을 이곳에 장사지냈습니다. 흙으로 지음 받은 육체는 흙으로 돌아갑니다. 그러나 그리스도 안에서 죽은 이들은 모두 주님께서 천사장의 나팔 소리와 함께 다시 오시는 날 영화로운 몸으로 부활하여 주님을 영접하게 될 것을 믿고 감사합니다. 이 땅에 남아 있는 저희를 성령으로 인도하사 진실한 마음으로 믿음을 지켜, 영원한 생명을 누리게 하옵소서. 저희에게 영생을 주신 예수 그리스도의 이름으로 기도합니다. 아멘.

찬송(찬송가 239장) / 다같이

(찬송하는 동안에 상주, 유족, 조문객 순서대로 흙을 뿌린다. 꽃이 준비되었으면 조문객들은 꽃을 뿌린다. 흙 또는 꽃을 뿌리는 순서는 축도 후에 할 수도 있다.)

1. 저 뵈는 본향집 날마다 가까워 내 갈길 멀지 않으니 전보다 가깝다
2. 내 주의 집에는 거할 곳 많도다 그 보좌 있는 곳으로 가까이 갑니다
3. 내 생명 끝날에 십자가 벗고서 나 면류관을 쓸 때가 가깝게 되었네
4. 내 삶의 끝날을 분명히 모르니 내 주여 길 다가도록 늘 함께 하소서
(후렴)
　　더 가깝고 더 가깝다 하룻길 되는 내 본향 가까운 곳일세 아멘

(참고 / 235장)

축도 / 집례자

8. 화장식 순서

집례 : 교회담임자

(예식을 행할 시설이 마련되어 있으면 관을 화구에 넣기 전에 그곳에서 예식을 행한다. 마땅한 시설이 마련되어 있지 않으면 관이 들어 있는 차량의 문을 연 상태로 예식을 행할 수 있다. 화장 예배는 많은 사람들과 시끄러운 소리, 그리고 이어지는 화장 행렬들을 감안하여 가급적 간결하게 거행해야 한다.)

화장식사 / 집례자

지금부터 고 ○○○ 씨(장로, 권사, 집사, 교우)의 화장식을 행하겠습니다.

조용한 기도 / 다함께

이는 우리 하나님의 긍휼로 인함이라 이로써 돋는 해가 위로부터 우리에게 임하여 어둠과 죽음의 그늘에 앉은 자에게 비치고 우리 발을 평강의 길로 인도하시리로다 하니라.(누가복음 1:78~79)

내가 볼 때에 그의 발 앞에 엎드러져 죽은 자 같이 되매 그가 오른손을 내게 얹고 이르시되 두려워하지 말라 나는 처음이요 마지막이니 곧 살아 있는 자라 내가 전에 죽었었노라. 볼지어다 이제 세세토록 살아 있어 사망과 음부의 열쇠를 가졌노니(요한계시록 1:17~18)

삶과 죽음을 주관하시는 하나님! 죽음에 직면하여 슬퍼하는 저희에게 영원한 안식과 빛을 발견할 수 있는 은총을 베풀어 주옵소서. 살든지 죽든지 저희 생명이 부활하신 그리스도 안에 있을 수 있게 하여 주옵소서! 저희에게 영원한 안식을 주시는 예수 그리스도의 이름으로 기원합니다. 아멘.

찬송 (찬송가 489장) / 다함께

1. 저 요단강 건너편에 찬란하게 뵈는 집
   예루살렘 새 집에서 주의 얼굴 뵈오리
2. 주가 내게 부탁하신 모든 역사 마친 후
   예비하신 그 집에서 주의 얼굴 뵈오리
3. 성도들이 함께 모여 할렐루야 부를 때
   나도 기쁜 마음으로 화답하여 부르리
4. 이 세상에 사는 동안 주의 일에 힘쓰고
   썩을 장막 떠날 때에 주의 얼굴 뵈오리
(후렴)
   빛난 하늘 그 집에서 주의 얼굴 뵈오리
   한량없는 영광 중에 주의 얼굴 뵈오리

기도 / 맡은이(다음 기도 중에 선택한다.)

기도 1 : 삶과 죽음을 주관하시는 전능하신 하나님! 고 ○○○ 씨(장로, 권사, 집사, 교우)의 시신을 맡기오니 그를 부르신 하나님의 섭리가 헛되지 않도록 그를 거두어 주옵소서. 흙으로 지어진 몸이 다시 흙으로 돌아가는 것은 정하신 뜻이지만, 고인이 하나님에게서 왔기 때문에 다시 하나님께로 돌아갈 것으로 믿습니다. 거룩하신 하나님! 비록 고 ○○○ 씨(장로, 권사, 집사, 교우)의 시신이 저희 앞에서 사라지겠지만, 마지막 날에 관한 하나님의 약속이 이루어지는 날 그가 다시 영광스러운 몸으로 살아날 것을 믿습니다. 그러므로 오늘 몸이 재로 돌아가는 것을 슬퍼하는 유족을 위로하시고, 그들이 부활의 믿음으로 담력을 얻어

소망으로 살게 하옵소서. 부활의 첫 열매이신 예수 그리스도의 이름
으로 기도합니다. 아멘.

기도 2 : 은혜로우신 하나님! 이 시간 말할 수 없는 슬픔 속에서 애통하는 사람
들에게 참된 위로를 베풀어 주옵소서. 그들이 문을 두드릴 때 도피성
의 문이 열리고, 그들이 손을 내밀 때 위로의 손길을 내밀어 주옵소
서. 무엇보다도 예수님께서 저희의 죄를 구속하시려고 십자가에 달려
돌아가신 후 다시 살아나셔서 저희에게 영생을 약속하신 복음을 믿으
므로 담력을 얻어 모든 슬픔을 이기게 하옵소서. 그 믿음이 변치 않도
록 날마다 역사하셔서 절망에서 벗어나고, 하나님의 나라를 바라보는
소망의 삶이 계속되게 하시며, 그 나라에서 앞서 간 모든 성도를 다시
만나게 하옵소서. 우리에게 영생을 약속하신 예수 그리스도의 이름으
로 기도합니다. 아멘.

기도 3 : 산 자와 죽은 자의 주가 되시는 하나님! 주님의 크신 경륜과 은혜를
따라 부르심을 입은 고 ○○○ 씨(장로, 권사, 집사, 교우)의 시신을 이
제 화장하려고 합니다. 흙은 흙으로 티끌은 티끌로 재는 재로 돌아가
는 인생, 주님께서 주셨사옵고 주님께서 거두시는 줄을 믿습니다. 거
룩하고 전능하신 주님! 고 ○○○ 씨(장로, 권사, 집사, 교우)가 평생토
록 주님의 뜻을 따라 사용했던 육신은 지금 저희 앞에서 사라지오나
신실하신 주님의 약속이 성취되는 날, 영광스러운 몸으로 다시 살아
주님의 나라에 들어갈 것을 믿습니다. 자비하신 하나님 ! 육신의 헤어
짐을 슬퍼하는 유족으로 하여금 성령의 은혜로 주님의 날에 영화로운
몸으로 다시 만날 것이라는 확실한 믿음을 가지게 하옵소서. 저희가
주님 만나는 날까지 점도 없고 흠도 없는 삶을 살겠다는 결단을 하게
하시고, 그 믿음대로 살아가도록 성령께서 함께하여 주옵소서. 그리
고 이제부터는 빛의 자녀답게 부활의 소망을 가지고 산 자의 삶을 감

당하게 하옵소서. 부활의 첫 열매이신 예수 그리스도의 이름으로 기
도합니다. 아멘.

성경봉독 / 맡은이

들으라 너희 중에 말하기를 오늘이나 내일이나 우리가 어떤 도시에 가서 거
기서 일 년을 머물며 장사하여 이익을 보리라 하는 자들아 내일 일을 너희가
알지 못하는도다. 너희 생명이 무엇이냐 너희는 잠깐 보이다가 없어지는 안개
니라. 너희가 도리어 말하기를 주의 뜻이면 우리가 살기도 하고 이것이나 저것
을 하리라 할 것이거늘 이제도 너희가 허탄한 자랑을 하니 그러한 자랑은 다
악한 것이라. 그러므로 사람이 선을 행할 줄 알고도 행하지 아니하면 죄니
라.(야고보서 4:13~17)

(참고 / 요한복음 5:24~25, 고린도전서 15:5~58)

말씀선포 / 집례자

기도 / 집례자(집례자가 목사일 경우는 축도로 마친다.)

영생하시는 하나님 아버지! 저희가 고 ○○○ 씨(장로, 권사, 집사, 교우)의 시
신을 이곳에서 화장합니다. 흙으로 지음 받은 육체는 흙으로 돌아갑니다. 그러
나 그리스도 안에서 죽은 이들은 모두 주님께서 천사장의 나팔 소리와 함께 다
시 오시는 날 영화로운 몸으로 부활하여 주님을 영접하게 될 것을 믿고 감사합
니다. 이 땅에 남아 있는 저희를 성령으로 인도하사 진실한 마음으로 믿음을
지켜 영원한 생명을 누리게 하옵소서. 부활의 첫 열매이신 예수 그리스도의 이
름으로 기도합니다. 아멘.

9. 납골식 순서

집례 : 교회담임자

(화장한 유골을 보관할 처소에 가면 적당한 자리에 고인의 사진을 모시고 예식을 행한다.)

납골식사 / 맡은이

지금부터 고 ○○○ 씨(장로, 권사, 집사, 교우)의 유골을 이곳에 모시는 예식을 행하겠습니다.

조용한 기도 / 다함께

또 내가 크고 흰 보좌와 그 위에 앉으신 이를 보니 땅과 하늘이 그 앞에서 피하여 간 데 없더라. 또 내가 보니 죽은 자들이 큰 자나 작은 자나 그 보좌 앞에 서 있는데 책들이 펴 있고 또 다른 책이 펴졌으니 곧 생명책이라. 죽은 자들이 자기 행위를 따라 책들에 기록된 대로 심판을 받으니 바다가 그 가운데에서 죽은 자들을 내주고 또 사망과 음부도 그 가운데에서 죽은 자들을 내주매 각 사람이 자기의 행위대로 심판을 받고 사망과 음부도 불못에 던져지니 이것은 둘째 사망 곧 불못이라. 누구든지 생명책에 기록되지 못한 자는 불못에 던져지더라.(요한계시록 20:11~15)

죽음과 삶을 주관하시는 전능하신 하나님! 고 ○○○ 씨(장로, 권사, 집사, 교우)의 유골을 이곳에 모시고자 합니다. 이곳에 모신 유골은 물론 저희 모두도 새로운 몸으로 부활할 줄 믿습니다. 사랑하는 이를 보내야 하는 유족들과 여기 둘러선 저희 모두의 슬픔을 위로하여 주옵기를 저희에게 영생을 주신 예수 그리스도의 이름으로 기원합니다. 아멘.

찬송(찬송가 485장) / 다함께

1. 세월이 흘러가는데 이 나그네 된 나는
   괴로운 세월 가는 것 막을 길 아주 없네
2. 저 뵈는 하늘 집에서 날 오라 하실 때에
   등 예비하라 하신 말 나 항상 순종하네
3. 어두운 그날 닥쳐도 찬송을 쉬지 마세
   금 거문고를 타면서 나 주를 찬양하리
4. 큰 풍파 일어나는 것 세상 줄 끊음일세
   주께서 오라 하시면 내 본향 찾아가리
(후렴)
   저 요단 강가 섰는데 내 친구 건너가네
   저 건너편에 빛난 곳 내 눈에 환하도다

기도 / 맡은이

천하 범사에 목적을 주시고 기한과 때를 주관하시는 하나님! 주님의 선하신 섭리 아래 이 세상의 삶을 끝내고 영원한 나라로 가신 고 ○○○ 씨(장로, 권사, 집사, 교우)의 유골을 이곳에 모시고자 저희가 모였습니다. 사람의 몸이란 모두가 흙에서 와서 흙으로 돌아가야 하는 것인 줄 압니다. 여기에 모신 유골은 비록 진토로 돌아간다고 할지라도 주님께서 천사장의 나팔 소리와 함께 세상에 다시 오실 때에 영화로운 몸으로 다시 부활할 줄을 믿고 감사합니다. 이곳에 사랑했던 고인의 유골을 모시고 돌아가는 유족과 고인을 알고 있는 여러 친족을 위하여 기도합니다. 저들에게 다시 만날 수 있다는 확신을 주셔서 이제부터는 다시 만날 날을 준비하면서 믿음으로 살아가게 하옵시고, 고인이 가서 거하는 곳은 주님께서 저를 위하여 예비한 아름다운 처소임을 믿어 공연한 근심이나 연약한 마음 때문에 요동하지 않게 하옵소서. 언제나 함께하시는 성령의 위로와 은총이 유족으로 하여금 담대한 생활을 감당하게 하시고, 생명과 사랑의 법 아래 있는 삶을 살게 하옵소서. 저희에게 영생을 주신 구원자 예수님 이름으로 기도합니다. 아멘.

성경봉독 / 맡은이

죽은 자의 부활도 그와 같으니 썩을 것으로 심고 썩지 아니할 것으로 다시 살아나며 욕된 것으로 심고 영광스러운 것으로 다시 살아나며 약한 것으로 심고 강한 것으로 다시 살아나며 육의 몸으로 심고 신령한 몸으로 다시 살아나나니 육의 몸이 있은즉 또 영의 몸도 있느니라.(고린도전서 15:42~44)

말씀선포 / 맡은이

기도 / 집례자(집례자가 목사일 경우는 축도로 마친다.)

영원하신 하나님 아버지! 저희가 고 ○○○ 씨(장로, 권사, 집사, 교우)의 유골을 이곳에 모십니다. 그러나 그리스도 안에서 죽은 이들은 모두 주님께서 천사장의 나팔 소리와 함께 다시 오시는 날 영화로운 몸으로 부활하여 주님을 영접하게 될 것을 믿고 감사합니다. 이 땅에 남아 있는 저희를 성령으로 인도하사 진실한 마음으로 믿음을 지켜, 영원한 생명을 누리게 하옵소서. 저희를 사랑하시는 구세주 예수님 이름으로 기도합니다. 아멘.

10. 어린이 장례식 순서

집례 : 교회담임자

장례식사 / 집례자

○○○ 어린이가 이 세상을 떠나 하나님께로 돌아갔으므로 우리가 그의 장례식을 행하려고 이곳에 모였습니다. 이 예식이 엄숙하게 진행되도록 협조해 주시기를 바랍니다.

조용한 기도 / 다함께

이르시되 진실로 너희에게 이르노니 너희가 돌이켜 어린 아이들과 같이 되지 아니하면 결단코 천국에 들어가지 못하리라. 그러므로 누구든지 이 어린 아이와 같이 자기를 낮추는 사람이 천국에서 큰 자니라.(마태복음 18:3~4)

찬송(찬송가 314장) / 다함께

1. 내 구주 예수를 더욱 사랑 엎드려 비는 말 들으소서
   내 진정 소원이 내 구주 예수를 더욱 사랑 더욱 사랑
2. 이전엔 세상 낙 기뻤어도 지금 내 기쁨은 오직 예수
   다만 내 비는 말 내 구주 예수를 더욱 사랑 더욱 사랑
3. 이 세상 떠날 때 찬양하고 숨질 때 하는 말 이것일세
   다만 내 비는 말 내 구주 예수를 더욱 사랑 더욱 사랑 아멘

기도 / 맡은이(다음 기도 중에 선택한다.)

기도 1 : 저희에게 영생을 약속하신 하나님! 하나님께서 사랑하시는 아이 ○○
○가 하나님께로부터 세상에 왔다가 이제 다시 하나님께로 돌아갔습
니다. 채 피우지 못한 이 세상에서의 삶을 인하여 애통하고 슬피 우는
가족을 주님께서 위로하여 주옵소서. 어린 생명을 이 가정에 보내 주
셔서 즐거움을 나눌 수 있는 기회를 주시고, 그 아이를 통하여 한 가족
의 꿈과 소망을 갖게 하셨던 주님! 지금 그 아이를 보내고 슬퍼하는 가
족에게 저희의 애통함이 원망으로 변하거나 시험에 들지 않게 하옵시
고, 하나님께서 독생자를 아끼지 않으시고 저희를 위해 산 제물로 주
신 크신 은혜와 사랑을 깨닫게 하사, 더욱 뜨거운 마음으로 주님을 섬
기게 하여 주옵소서. 주님의 뜻을 분별하지 못하여 어리석은 마음 갖
게 마시고, 그 아이가 사랑하시는 주님 품에서 더욱 편안하고 복된 삶
을 살 것이라는 굳은 믿음으로 서게 하옵소서. 모든 것이 주님께로 와
서 다시 주님께로 갑니다. 주신 이도 주님이시요, 취하신 이도 주님이
심을 믿는 믿음으로 아이의 부모와 친족들의 심령이 위로를 받게 하
옵소서. 주님께서 행하시고 뜻하신 모든 사람은 언제나 선한 열매를
맺는 줄 믿사오니 이 슬픔이 변하여 기쁨이 되게 하시고, 이 어려움이
변하여 즐거움이 되게 하셔서, 하늘의 거룩한 뜻이 이루어지게 하옵
소서. 이 가정과 친족들에게 더욱 크신 은총과 복을 내려 주셔서, 참된
위로의 역사가 있게 하옵소서. 저희에게 영원한 소망을 주신 구세주
예수님 이름으로 기도합니다. 아멘.

기도 2 : 저희에게 영생을 약속하신 하나님! 어린 아이들을 지극히 사랑하시고
복을 주신 하나님, 귀여운 어린 아이가 주님께로부터 세상에 왔다가
주님께로 돌아갔나이다. 육신의 정에 못 이겨 슬퍼하는 이들의 마음
을 위로해 주시기를 간구합니다. 어린 생명을 이 가정에 보내 주셔서
짧은 시간이나마 즐거움을 나눌 수 있는 기회를 주셨음을 감사합니
다. 저들의 애통함이 원망으로 변하거나 시험에 들지 않게 하옵시고

하나님께서 독생자를 아끼지 않으시고 인류를 위해 산 제물로 주신 크신 은혜와 사랑의 일부분이라도 깨닫게 하사 더욱 뜨거운 마음으로 주님을 섬기게 하여 주옵소서. 이 가정과 친척들에게 더욱 크신 은총과 복으로 채워 주옵소서. 저희의 구세주이신 예수님 이름으로 기도합니다. 아멘.

성경봉독 / 맡은이(아래의 성경구절 중에 하나를 선택하여 봉독한다.)

성경봉독 1 : 욥이 일어나 겉옷을 찢고 머리털을 밀고 땅에 엎드려 예배하며 이르되 내가 모태에서 알몸으로 나왔사온즉 또한 알몸이 그리로 돌아가올지라. 주신 이도 여호와시요 거두신 이도 여호와시오니 여호와의 이름이 찬송을 받으실지니이다 하고 이 모든 일에 욥이 범죄하지 아니하고 하나님을 향하여 원망하지 아니하니라.(욥기 1:20~22)

성경봉독 2 : 인생은 그 날이 풀과 같으며 그 영화가 들의 꽃과 같도다. 그것은 바람이 지나가면 없어지나니 그 있던 자리도 다시 알지 못하거니와 여호와의 인자하심은 자기를 경외하는 자에게 영원부터 영원까지 이르며 그의 공의는 자손의 자손에게 이르리니 곧 그의 언약을 지키고 그의 법도를 기억하여 행하는 자에게로다.(시편 103:15~18)

(참고 / 마태복음 18:10, 마가복음 10:13~16)

말씀선포 / 집례자

찬송(찬송가 480장) / 다함께

1. 천국에서 만나보자 그날 아침 거기서
   순례자여 예비하라 늦어지지 않도록
2. 너의 등불 밝혀 있나 기다린다 신랑이
   천국 문에 이를 때에 그가 반겨 맞으리
3. 기다리던 성도들과 그 문에서 만날 때
   참 즐거운 우리 모임 그 얼마나 기쁘랴
(후렴)
   만나보자 만나보자 저기 뵈는 저 천국 문에서
   만나보자 만나보자 그 날 아침 그 문에서 만나자

축도 / 집례자

출관 / 장지(葬地)로

11. 어린이 하관식 순서

집례 : 교회담임자

찬송(찬송가 569장) / 다함께

1. 선한 목자 되신 우리 주 항상 인도하시고
   푸른 풀밭 좋은 곳에서 우리 먹여 주소서
   선한 목자 구세주여 항상 인도하소서
   선한 목자 구세주여 항상 인도하소서
2. 양의 문이 되신 예수여 우리 영접하시고
   길을 잃은 양의 무리를 항상 인도하소서
   선한 목자 구세주여 기도 들어주소서
   선한 목자 구세주여 기도 들어주소서
3. 흠이 많고 약한 우리를 용납하여 주시고
   주의 넓고 크신 은혜로 자유 얻게 하셨네
   선한 목자 구세주여 지금 나아갑니다
   선한 목자 구세주여 지금 나아갑니다
4. 일찍 주의 뜻을 따라서 살아가게 하시고
   주의 크신 사랑 베푸사 따라가게 하소서
   선한 목자 구세주여 항상 인도하소서
   선한 목자 구세주여 항상 인도하소서 아멘

기도 / 맡은이

영원한 생명을 주신 하나님 아버지! 이 어린이가 하나님의 품으로 돌아가 영광 속에서 기쁨으로 주님께 찬양을 드리는 줄을 믿습니다. 이제 그의 육체를 땅에 장사하오니 주님께서 영광으로 오시는 날에 주님 약속하신 대로 이 썩을 것을 썩지 아니할 영광의 몸으로 부활하게 하옵소서. 사랑했던 아이를 보내는 슬픔보다 다시 만날 수 있다는 소망 때문에 슬픔 가운데서도 그 부모와 친족들이 낙심하지 않게 하옵소서. 사람이 하나님에게서 왔다가 다시 하나님께로 돌아감은 당연한 것임을 저희로 하여금 깨닫게 하시고 하나님만을 의지하게 하옵소서. 이제부터는 저희의 생명이 이 땅에 있는 동안 신앙으로 하나님의 영광만을 위해 살게 하여 주옵소서. 어린이들을 사랑하시는 예수 그리스도의 이름으로 기도합니다. 아멘.

성경봉독 / 맡은이

또 그가 수정 같이 맑은 생명수의 강을 내게 보이니 하나님과 및 어린 양의 보좌로부터 나와서 길 가운데로 흐르더라 강 좌우에 생명나무가 있어 열두 가지 열매를 맺되 달마다 그 열매를 맺고 그 나무 잎사귀들은 만국을 치료하기 위하여 있더라. 다시 저주가 없으며 하나님과 그 어린 양의 보좌가 그 가운데에 있으리니 그의 종들이 그를 섬기며 그의 얼굴을 볼 터이요 그의 이름도 그들의 이마에 있으리라. 다시 밤이 없겠고 등불과 햇빛이 쓸 데 없으니 이는 주 하나님이 그들에게 비치심이라. 그들이 세세토록 왕 노릇 하리로다.(요한계시록 22:1~5)

(참고 / 마태복음 18:35, 시편 23:1~5)

선고 / 집례자(흙을 한 줌 쥐어 관에 뿌리며 다음과 같이 말한다.)

하나님에게서 온 ○○○ 어린이가 다시 하나님께로 돌아갔으므로 저희가 그의 시신을 땅에 묻습니다. 흙은 흙으로, 재는 재로, 먼지는 먼지로 돌아가지만, 마지막 날에 모든 성도가 부활하여 주님 안에서 영생을 얻을 것입니다. 주

님께서 다시 오셔서 영광과 위엄으로 심판하실 때 주님을 믿는 이들은 영화로
운 몸을 입을 것입니다. 아멘.

축도 / 집례자

12. 집에 돌아와 드리는 예배

집례 : 교회담임자

(장지에서 돌아와 예배드릴 장소를 정리하고, 고인의 사진을 상 위에 놓고, 유족과 교인들은 그 앞에 둘러앉고 인도자는 상 옆에 앉거나 선다.)

식사 / 집례자

이제 고 ○○○ 씨(장로, 권사, 집사, 교우)의 장례를 마치고 돌아와 영생하시는 하나님께 예배하겠습니다. 다함께 경건한 마음으로 이 가정에 하늘의 위로와 평강이 임하기를 조용히 기도합시다.

조용한 기도 / 다함께

인생은 그 날이 풀과 같으며 그 영화가 들의 꽃과 같도다. 그것은 바람이 지나가면 없어지나니 그 있던 자리도 다시 알지 못하거니와 여호와의 인자하심은 자기를 경외하는 자에게 영원부터 영원까지 이르며 그의 공의는 자손의 자손에게 이르리니 곧 그의 언약을 지키고 그의 법도를 기억하여 행하는 자에게로다.(시편 103:15~18)

찬송(찬송가 240장) / 다함께

1. 주가 맡긴 모든 역사 힘을 다해 마치고 밝고 밝은 그 아침을 맞을 때
   요단강을 건너가서 주의 손을 붙잡고 기쁨으로 주의 얼굴 뵈오리
2. 하늘나라 올라가서 주님 앞에 절하고 온유하신 그 얼굴을 뵈올 때
   있을 곳을 예비하신 크신 사랑 고마워 나의 주께 기쁜 찬송 드리리

3. 이 세상을 일찍 떠난 사랑하는 성도들 나를 맞을 준비하고 있겠네
   저희들과 한소리로 찬송 부르기 전에 먼저 사랑하는 주를 뵈오리
4. 영화로운 시온 성에 들어가서 다닐 때 흰옷입고 황금길을 다니며
   금거문고 맞추어서 새 노래를 부를 때 세상고생 모두 잊어버리리
(후렴)
   나의 주를 나의 주를 내가 그의 곁에 서서 뵈오며
   나의 주를 나의 주를 손의 못 자국을 보아 알겠네

기도 / 맡은이

영생하시는 하나님 아버지! 저희가 이 세상을 떠나 하나님 앞으로 가신 고 ○○○ 씨(장로, 권사, 집사, 교우)의 장례를 마치고 이 자리에 모였습니다. 큰 슬픔 가운데 있는 유족과 고인을 기억하는 친지들에게, 비록 지금은 안타깝게 헤어졌지만 주님 다시 오시는 날에 만날 것이라는 믿음으로 소망을 갖게 하옵소서. 육신은 비록 땅에 묻혀 흙으로 돌아가겠지만, 주님께서 천사장의 나팔 소리와 함께 오실 때에 그리스도 안에서 잠이 든 이들이 일어나 신령한 몸을 가지고, 저희보다 먼저 주님을 뵈올 줄을 믿습니다. 능력의 주님! 이 땅에 남아 있는 유족을 위하여 기도합니다. 고인이 살아 있을 때에 보여 준 아름다운 믿음을 따라 살게 하시고, 성령의 도우심으로 슬픔을 이기고 모든 부분에서 승리하는 삶을 살아가게 하옵소서. 뿐만 아니라 충성스러운 그리스도인이 되게 하시고, 점도, 흠도 없이 살다가 오시는 주님을 담대히 영접하는 성도가 되게 하옵소서. 유족이 하는 모든 일에서 덕을 세우게 하시고, 주님의 도움으로 형통하게 하옵소서. 저희에게 하늘나라의 소망을 주신 예수 그리스도의 이름으로 기도합니다. 아멘.

성경봉독 / 맡은이(아래의 성경구절 중에 하나를 선택하여 봉독한다.)

성경봉독 1 : 형제들아 때와 시기에 관하여는 너희에게 쓸 것이 없음은 주의 날이 밤에 도둑 같이 이를 줄을 너희 자신이 자세히 알기 때문이라. 그들이 평안하다, 안전하다 할 그 때에 임신한 여자에게 해산의 고통이 이름과 같이 멸망이 갑자기 그들에게 이르리니 결코 피하지 못하리라. 형제들아 너희는 어둠에 있지 아니하매 그 날이 도둑 같이 너희에게 임하지 못하리니 너희는 다 빛의 아들이요 낮의 아들이라. 우리가 밤이나 어둠에 속하지 아니하나니 그러므로 우리는 다른 이들과 같이 자지 말고 오직 깨어 정신을 차릴지라. 자는 자들은 밤에 자고 취하는 자들은 밤에 취하되 우리는 낮에 속하였으니 정신을 차리고 믿음과 사랑의 호심경을 붙이고 구원의 소망의 투구를 쓰자. 하나님이 우리를 세우심은 노하심에 이르게 하심이 아니요 오직 우리 주 예수 그리스도로 말미암아 구원을 받게 하심이라. 예수께서 우리를 위하여 죽으사 우리로 하여금 깨어 있든지 자든지 자기와 함께 살게 하려 하셨느니라. 그러므로 피차 권면하고 서로 덕을 세우기를 너희가 하는 것 같이 하라.(데살로니가전서 5:1~11)

성경봉독 2 : 또 내가 새 하늘과 새 땅을 보니 처음 하늘과 처음 땅이 없어졌고 바다도 다시 있지 않더라. 또 내가 보매 거룩한 성 새 예루살렘이 하나님께로부터 하늘에서 내려오니 그 준비한 것이 신부가 남편을 위하여 단장한 것 같더라. 내가 들으니 보좌에서 큰 음성이 나서 이르되 보라 하나님의 장막이 사람들과 함께 있으매 하나님이 그들과 함께 계시리니 그들은 하나님의 백성이 되고 하나님은 친히 그들과 함께 계셔서 모든 눈물을 그 눈에서 닦아 주시니 다시는 사망이 없고 애통하는 것이나 곡하는 것이나 아픈 것이 다시 있지 아니하리니 처음 것들이 다 지나갔음이러라. 보좌에 앉으신 이가 이르시되 보라 내가 만물을 새롭게 하노라 하시고 또 이르

시되 이 말은 신실하고 참되니 기록하라 하시고 또 내게 말씀하
시되 이루었도다 나는 알파와 오메가요 처음과 마지막이라 내가
생명수 샘물을 목마른 자에게 값없이 주리니 이기는 자는 이것들
을 상속으로 받으리라. 나는 그의 하나님이 되고 그는 내 아들이
되리라. 그러나 두려워하는 자들과 믿지 아니하는 자들과 흉악한
자들과 살인자들과 음행하는 자들과 점술가들과 우상 숭배자들
과 거짓말하는 모든 자들은 불과 유황으로 타는 못에 던져지리니
이것이 둘째 사망이라.(요한계시록 21:1~8)

말씀선포 / 집례자

찬송(찬송가 242장) / 다함께

1. 황무지가 장미꽃같이 피는 것을 볼 때에
   구속함의 노래부르며 거룩한 길 다니리
   거기 거룩한 그 길에 검은 구름 없으니
   낮과 같이 맑고 밝은 거룩한 길 다니리
2. 하나님의 아름다움과 그의 영광 볼 때에
   모든 괴롬 잊어버리고 거룩한 길 다니리
   거기 거룩한 그 길에 검은 구름 없으니
   낮과 같이 맑고 밝은 거룩한 길 다니리
3. 마른땅에 샘물 터지고 사막에 물 흐를 때
   기쁨으로 찬송부르며 거룩한 길 다니리
   거기 거룩한 그 길에 검은 구름 없으니
   낮과 같이 맑고 밝은 거룩한 길 다니리
4. 거기 악한 짐승 없으니 두려울 것 없겠네
   평안함과 즐거움으로 거룩한 길 다니리

거기 거룩한 그 길에 검은 구름 없으니
낮과 같이 맑고 밝은 거룩한 길 다니리
5. 거기 죄인 전혀 없으니 거룩한 자 뿐이라
주가 주신 면류관 쓰고 거룩한 길 다니리
거기 거룩한 그 길에 검은 구름 없으니
낮과 같이 맑고 밝은 거룩한 길 다니리

축도 / 집례자

13. 첫 성묘

인도 : 맡은이

(첫 성묘는 일반적으로 장사한 지 사흘째 되는 날을 택하나, 주일을 피해 유족이 모이기에 편한 날을 택한다. 묘소에 도착하면 먼저 준비한 꽃바구니나 꽃다발을 적당한 자리에 놓고, 조용히 기도한다. 묘소 앞에 모여서 예배하되, 교역자 또는 가족 가운데 어른이 인도한다.)

시작하는 말 / 인도자

다함께 이 세상을 떠나 주님의 나라로 가신 고 ○○○ 씨(장로, 권사, 집사, 교우)를 기억하면서 조용한 기도로 첫 번째 성묘 예배를 시작합시다.

조용한 기도 / 다함께

나는 부활이요, 생명이니 나를 믿는 자는 죽어도 살겠고, 무릇 살아서 나를 믿는 자는 영원히 죽지 아니하리니 이것을 네가 믿느냐? 주여, 그러하외다. 주는 그리스도시요, 세상에 오시는 하나님의 아들이신 줄 내가 믿나이다. 아멘!

찬송(찬송가 491장) / 다함께(또는 고인이 즐겨 부르던 찬송)

1. 저 높은 곳을 향하여 날마다 나아갑니다
   내 뜻과 정성 모아서 날마다 기도합니다
2. 괴롬과 죄가 있는 곳 나 비록 여기 살아도
   빛나고 높은 저곳을 날마다 바라봅니다
3. 의심의 안개 걷히고 근심의 구름 없는 곳

기쁘고 참된 평화가 거기만 있사옵니다

4. 험하고 높은 이 길을 싸우며 나아갑니다

다시금 기도하오니 내 주여 인도하소서

5. 내 주를 따라 올라가 저 높은 곳에 우뚝 서

영원한 복락 누리며 즐거운 노래 부르리

(후렴)

내 주여 내 맘 붙드사 그곳에 있게 하소서

그곳은 빛과 사랑이 언제나 넘치옵니다

기도 / 맡은이

은혜로우신 주님! 사랑했던 고 ○○○ 씨(장로, 권사, 집사, 교우)의 임종을 대했을 때는 어찌할 바를 몰라서 두렵고 떨렸던 저희가, 주님의 은혜와 위로하심 가운데 고인의 장례를 마치고 오늘은 고인의 묘소에 와서 첫 성묘 예배를 합니다. 지금까지 슬픔을 당한 이 가족을 지켜 주시고 인도해 주신 것을 진심으로 감사합니다. 이 자리에 모인 유족을 위로해 주시고, 격려해 주시되 이들이 앞으로 험한 세상을 오직 주님만을 의지하고 살아갈 때에 언제나 승리할 수 있도록, 주님께서 구름기둥과 불기둥으로 인도하여 주옵소서. 주님! 이 자리에 모인 이들이 새로운 결단을 하게 하셔서, 이제부터는 오직 성령 안에서 살게 하시고 고인이 바랐던 대로 분명한 믿음의 열매를 풍성하게 맺는 생활을 하게 하옵소서. 그리고 주님 안에서 화목한 생활을 감당하게 하시고, 서로를 사랑하는 생활에 후회가 없게 하옵소서. 저희를 사랑하시되 끝까지 사랑하시는 예수 그리스도의 이름으로 기도합니다. 아멘.

성경봉독 / 맡은이(아래의 성경구절 중에 하나를 선택하여 봉독한다.)

성경봉독 1 : 내가 산을 향하여 눈을 들리라 나의 도움이 어디서 올까 나의 도

움은 천지를 지으신 여호와에게서로다. 여호와께서 너를 실족하
지 아니하게 하시며 너를 지키시는 이가 졸지 아니하시리로다. 이
스라엘을 지키시는 이는 졸지도 아니하시고 주무시지도 아니하시
리로다. 여호와는 너를 지키시는 이시라. 여호와께서 네 오른쪽에
서 네 그늘이 되시나니 낮의 해가 너를 상하게 하지 아니하며 밤
의 달도 너를 해치지 아니하리로다. 여호와께서 너를 지켜 모든
환난을 면하게 하시며 또 네 영혼을 지키시리로다. 여호와께서 너
의 출입을 지금부터 영원까지 지키시리로다.(시편 121:1~8)

성경봉독 2 : 만일 땅에 있는 우리의 장막 집이 무너지면 하나님께서 지으신
집 곧 손으로 지은 것이 아니요 하늘에 있는 영원한 집이 우리에
게 있는 줄 아느니라. 참으로 우리가 여기 있어 탄식하며 하늘로
부터 오는 우리 처소로 덧입기를 간절히 사모하노라. 이렇게 입
음은 우리가 벗은 자들로 발견되지 않으려 함이라. 참으로 이 장
막에 있는 우리가 짐진 것 같이 탄식하는 것은 벗고자 함이 아니
요 오히려 덧입고자 함이니 죽을 것이 생명에 삼킨 바 되게 하려
함이라. 곧 이것을 우리에게 이루게 하시고 보증으로 성령을 우
리에게 주신 이는 하나님이시니라.(고린도후서 5:1~5)

신앙고백(사도신경) / 다함께

찬송(찬송가 380장) / 다함께

1. 나의 생명 되신 주 주님 앞에 나아갑니다
   주의 흘린 보혈로 정케 하사 받아 주소서
2. 괴론 세상 지낼 때 나를 인도하여 주소서
   주를 믿고 나가면 나의 길을 잃지 않겠네

3. 세상 살아 갈 때에 주를 더욱 사랑합니다
　밝고 빛난 천국에 나의 영혼 들어가겠네
(후렴)
　날마다 날마다 주를 찬송하겠네
　주의 사랑 줄로써 나를 굳게 잡아매소서 아멘

주님의 기도 / 다함께

예배 후에

(1) 묘소 주위를 돌아보고 정리한다.
(2) 묘소의 성분 상태와 비석을 포함한 석물의 위치와 크기 모양 등에 대하
여 의논한다.
(3) 준비해 온 음식이 있으면 함께 나눈다.

14. 추모식 순서

인도 : 맡은이

(사진이 있으면 상 위에 놓고 촛불이나 꽃으로 장식한다. 가족과 교우들은 그 앞에 둘러앉고, 인도자는 상 옆에 앉거나 선다. 직분이 없는 고령자에게는 어른, 선생님, 할아버지, 할머니 등 적절한 호칭을 사용한다. 첫 추모예배는 담임교역자가 예배를 이끌도록 한다.)

시작하는 말 / 인도자

오늘은 ○○○ 씨(장로, 권사, 집사, 교우)의 추모일이므로 지금부터 그의 추모식을 행하겠습니다.

조용한 기도 / 다함께

너희는 마음에 근심하지 말라. 하나님을 믿으니 또 나를 믿으라. 내 아버지 집에 거할 곳이 많도다. 그렇지 않으면 너희에게 일렀으리라. 내가 너희를 위하여 거처를 예비하러 가노니 가서 너희를 위하여 거처를 예비하면 내가 다시 와서 너희를 내게로 영접하여 나 있는 곳에 너희도 있게 하리라. 내가 어디로 가는지 그 길을 너희가 아느니라. 도마가 이르되 주여 주께서 어디로 가시는지 우리가 알지 못하거늘 그 길을 어찌 알겠사옵나이까. 예수께서 이르시되 내가 곧 길이요 진리요 생명이니 나로 말미암지 않고는 아버지께로 올 자가 없느니라.(요한복음 14:1~6)

찬송(찬송가 491장) / 다함께

1. 저 높은 곳을 향하여 날마다 나아갑니다
   내 뜻과 정성 모아서 날마다 기도합니다
2. 괴롬과 죄가 있는 곳 나 비록 여기 살아도
   빛나고 높은 저곳을 날마다 바라봅니다
3. 의심의 안개 걷히고 근심의 구름 없는 곳
   기쁘고 참된 평화가 거기만 있사옵니다
4. 험하고 높은 이 길을 싸우며 나아갑니다
   다시금 기도하오니 내 주여 인도하소서
5. 내 주를 따라 올라가 저 높은 곳에 우뚝 서
   영원한 복락 누리며 즐거운 노래 부르리
(후렴)
   내 주여 내 맘 붙드사 그곳에 있게 하소서
   그곳은 빛과 사랑이 언제나 넘치옵니다

기도 / 맡은이(다음 기도 중에 선택한다.)

기도 1: 영원부터 영원까지 살아 계셔서 인간의 생사화복을 주관하시는 하나
님! 오늘은 고 ○○○ 씨(장로, 권사, 집사, 교우)를 주님께서 불러 간 날
이므로 저희가 이 날을 기념하기 위하여 이곳에 모였습니다. 저희를
긍휼히 여기사 주님의 위로와 하늘의 평강으로 채워 주시기를 간구합
니다. 자비하신 하나님! 연약한 저희가 하나님과 사람들 앞에 부족했
던 모든 허물을 용서하여 주옵소서. 보이는 소망이 소망이 아니니 보
이지 않는 것을 바라고 믿으면 복되다 하셨던 주님! 이 세상에 사는 동
안 주님 나라를 사모하게 하시고, 오직 이 땅 위에서 주님의 나라와 그
의를 위해 노력하는 저희가 되게 하여 주옵소서. 저희가 하나님 앞에
서뿐 아니라 육신의 부모에게도 잘못한 것이 많이 있었던 것을 기억
하며 통회하오니 저희의 허물을 사하여 주옵소서. 저희에게 더욱 군

센 신앙으로 채워 주시며, 이 가정에 신앙의 전통이 계속 이어지게 하옵소서.

(고인이 교인인 경우 아래 내용을 첨부한다.)

은혜로우신 주님! 고 ○○○ 씨(장로, 권사, 집사, 교우)가 이 세상에 사는 동안 믿음을 지켜 본이 되는 삶을 살게 하심을 감사합니다. 저희도 그의 뒤를 따라 믿음 안에서 성실한 삶을 살게 하옵소서. 이 시간의 모든 절차를 주님께서 친히 맡아 인도하사 하나님께 영광이 되게 하시고, 저희에게 새로운 은혜와 복이 되게 하여 주옵소서. 우리 주 예수 그리스도의 이름으로 기도합니다. 아멘.

기도 2 : 영원부터 영원까지 살아 계셔서 인간의 생사화복을 주관하시는 하나님! 오늘은 고 ○○○ 씨(장로, 권사, 집사, 교우)를 주님의 나라로 불러 간 날이므로 저희가 이 날을 기념하기 위하여 이곳에 모였습니다. 저희를 긍휼히 여기사 주님의 위로와 하늘의 평강으로 채워 주시기를 간구합니다. 자비하신 하나님! 연약한 저희가 하나님과 사람들 앞에 부족했던 모든 허물을 용서하여 주옵소서. 저희가 하나님 앞에서뿐 아니라 육신의 부모님에게도 잘못한 것이 많이 있었던 것을 기억하며 통회하오니 저희의 허물을 사하여 주옵소서. 저희에게 더욱 굳센 신앙으로 채워 주시며 이 가정에 신앙의 전통이 계속 이어지게 하옵소서.

(신자로서 본이 되었을 경우 아래 내용을 첨부한다.)

고 ○○○ 씨(장로, 권사, 집사, 교우)가 이 세상에 사는 동안 믿음을 지켜 본이 되는 삶을 살게 하심을 감사합니다. 저희도 그의 뒤를 따라 믿음 안에서 성실한 삶을 살게 하옵소서. 이 시간의 모든 절차를 주님께서 친히 맡아 인도하사 하나님께 영광이 되게 하시고, 저희에게 새로운 은혜와 복이 되게 하여 주옵소서. 저희의 삶과 죽음을 주관하시는 예수 그리스도의 이름으로 기도합니다. 아멘.

성경봉독 / 맡은이

내 아들아 나의 법을 잊어버리지 말고 네 마음으로 나의 명령을 지키라. 그리하면 그것이 네가 장수하여 많은 해를 누리게 하며 평강을 더하게 하리라. 인자와 진리가 네게서 떠나지 말게 하고 그것을 네 목에 매며 네 마음판에 새기라. 그리하면 네가 하나님과 사람 앞에서 은총과 귀중히 여김을 받으리라. 너는 마음을 다하여 여호와를 신뢰하고 네 명철을 의지하지 말라. 너는 범사에 그를 인정하라. 그리하면 네 길을 지도하시리라. 스스로 지혜롭게 여기지 말지어다. 여호와를 경외하며 악을 떠날지어다. 이것이 네 몸에 양약이 되어 네 골수를 윤택하게 하리라. 네 재물과 네 소산물의 처음 익은 열매로 여호와를 공경하라. 그리하면 네 창고가 가득히 차고 네 포도즙 틀에 새 포도즙이 넘치리라.(잠언 3:1~10)

(참고 / 시편 90:1~6; 고린도전서 15:20~22,42~44; 누가복음 16:19~31; 23:39~43; 요한계시록 21:1~8)

약력 소개 / 맡은이

(세상을 떠난 분의 약력, 행적, 유훈, 성품, 그리고 그에 대한 인상 깊었던 일들을 가족이나 친지 가운데서 말한다.)

말씀선포 / 인도자

찬송(찬송가 489장) / 다함께

1. 저 요단강 건너편에 찬란하게 뵈는 집
   (예루살렘 새 집에서 주의 얼굴 뵈오리
2. 주가 내게 부탁하신 모든 역사 마친 후
   예비하신 그 집에서 주의 얼굴 뵈오리
3. 성도들이 함께 모여 할렐루야 부를 때
   나도 기쁜 마음으로 화답하여 부르리
4. 이 세상에 사는 동안 주의 일에 힘쓰고
   썩을 장막 떠날 때에 주의 얼굴 뵈오리
(후렴)
   빛난 하늘 그 집에서 주의 얼굴 뵈오리
   한량 없는 영광 중에 주의 얼굴 뵈오리

기도 / 인도자(인도자가 목사일 경우는 축도로 마친다.)

거룩하신 하나님! 저희는 장래를 잘 모르는 어리석은 인간들입니다. 그러나 영원한 나라가 있음을 하나님의 말씀을 통해 알게 하시니 감사합니다. 저희가 그 영원한 세계를 바라보고 항상 소망 가운데 즐거워하고 이 땅에 사는 동안 모든 시련을 극복할 수 있는 믿음을 주옵소서. 그리고 이 가정에 날마다 은총을 내려 주셔서 후손들이 영원하신 하나님의 기업을 누리게 하여 주옵소서. 저희에게 영생을 주신 예수 그리스도의 이름으로 기도합니다. 아멘.

(예배 후 인사와 친교 그리고 덕담시간을 갖는다.)

Ⅲ. 안수식 · 허입식

1. 목사 안수식

1) 목사 안수(按手)의 신학적 의미

교회는 그리스도의 몸으로서, 죄인을 구원하며, 역사와 사회를 성화하고, 세상에서 하나님의 평화와 의, 자유와 평등을 실현하여 하나님 나라를 이루며, 종말에 이르기까지 존속하며 확장되어야 한다. 하나님은 이 직임을 감당할 수 있도록 거룩한 직책을 맡은 사람을 구별하여 세웠다(롬 12:6~8; 고전 12:5~10, 28:30; 엡 4:1~4). 이것이 목사직에 대한 성경적 근거로서, 이 직책은 초대교회에서부터 오늘에 이르기까지 그대로 전승되어 왔다.

또한 목사의 자격을 인정하는 안수식은 예수님께서 사도에게 말씀하신 명령을, 신앙적이며 법적인 절차에 따라 감독이 집례하는 엄숙한 교회의 예식이다. 성경에는 여러 곳에 안수에 관하여 기록하였다(행 6:1~6, 13:1~3; 딤전 4:14; 딤후 1:6). 여기에 근거하여 교회에서는 교회가 정한 규례와 절차에 따라 감독이 엄숙하게 이 예식을 집행한다. 그리고 안수는 일생에 단 한 번만 받는다. 그만큼 교회에서 행하는 안수는 중요하다는 뜻이다.

디모데전서에서는 "경솔히 안수하지 말라."(딤전 5:22)고 하였다. 그래서 교회에서는 안수를 행하기 전에 교회의 본질과 목적에 따라 안수받을 사람에게 맡은 일에 최선을 다하겠다는 결심을 다짐하게 한다. 또 그 사명을 다 감당할 자격이 있는지를 확인하는 절차를 밟는다. 이같이 안수식은 엄숙하고도 신중하게 행하여야 한다. 그래서 감리교회에서는 안수 대상자에게 다음과 같은 절차를 밟게 한다.

첫째, 구원에 대한 확신을 확인한다.

둘째, 기독교대한감리회의 교리와 장정을 알고 준수하는지 확인한다.

셋째, 성령의 능력을 간구하겠다는 결심을 확인한다.

넷째, 감독이 집례하는 안수식에 참석한다.

다섯째, 감독이 안수식에서 목사직을 선포한다.

이상의 절차에 따라 안수를 받는 목사 후보자는 그리스도의 몸인 교회가 이 세상에 존재하는 목적이 무엇이며, 그 이유가 무엇인지에 대한 분명한 교회론과 신학을 가지고 있어야 한다. 그리고 안수받은 목사는 사사롭게 행동해서는 안 된다. 분명한 성경적 교회관에 따라 예배를 집례하고 성례를 행하며, 성경을 가르치고, 친교를 나누며, 봉사에 힘써야 한다. 어떤 경우에도 자기의 명예나 유익을 추구하지 말고 오직 하나님의 나라와 그 의가 실현되도록 헌신하여야 한다.

그리고 안수를 받은 목사와 함께 교회에서 봉사하는 교인들은, 무엇보다도 안수받은 목사의 직책에 대한 성경의 가르침과 그 소명을 깊이 인식해야 한다. 안수받은 목사가 교회에서 시무할 때는, 교인들에게 교회의 본질에 대하여 가르쳐야 함은 물론, 신앙과 경험을 갖춘 교인들을 발굴하여 목회에 동참하도록 훈련하며, 교인들에게 복음 전파 활동을 권장하며, 교회의 재산을 관리하는 등 항상 건전하고 성실하게 일하도록 보살피며, 교인들이 그리스도 안에서 믿음으로 신앙생활을 할 수 있게 격려하여야 한다.

2) 목사 안수식 순서

집례 : 감독

(서기가 안수받을 이들을 앞자리에 불러 앉게 한 후, 감독이 집례한다.)

조용한 기도(전주) / 다함께

기원 / 집례자(전주 중에 다음과 같이 기원한다.)

거룩하신 하나님 아버지! 저희를 구원하시려고 십자가를 지신 주님의 사랑에 감격하여 주님께서 걸어가신 길을 따르겠노라고 결심한 제자들이 한 자리에 모였습니다. 지금부터 그들의 머리에 안수하려고 합니다. 악하고 불의한 생각을 가진 사람들을 모두 물리치시고, 정한 마음을 주시고, 정직한 영으로 새롭게 하옵소서. 오직 선하고 의로운 믿음을 가진 사람들을 부르셔서 기쁨을 함께 나누게 하옵소서. 우리 주 예수 그리스도의 이름으로 기원합니다. 아멘.

교독(교독문 44번) / 다함께(일어서서)

집례자 : 온 땅이여 여호와께 즐거운 찬송을 부를지어다.

회　중 : 기쁨으로 여호와를 섬기며 노래하면서 그의 앞에 나아갈지어다.

집례자 : 여호와가 우리 하나님이신 줄 너희는 알지어다.

회　중 : 그는 우리를 지으신 이요 우리는 그의 것이니 그의 백성이요 그의 기르시는 양이로다.

집례자 : 감사함으로 그의 문에 들어가며 찬송함으로 그 궁정에 들어가서

회　중 : 그에게 감사하며 그 이름을 송축할지어다.

집례자 : 여호와는 선하시니 그 인자하심이 영원하고
회　중 : 그의 성실하심이 대대에 이르리로다. 아멘.

고백의 기도 / 다함께

집례자 : 저희가 주님께 죄와 허물을 고백합니다.
회　중 : 저희가 마음과 뜻과 정성을 다하여 주님을 사랑하지 못했습니다. 저
　　　　희가 온전하신 주님의 뜻을 분별하지 못했습니다. 저희가 사랑스런
　　　　주님의 음성에 귀를 기울이지 않았습니다. 저희가 불우한 이웃의 고
　　　　통에 무관심했습니다. 저희가 이웃끼리 서로 용서하지 못했습니다.
　　　　저희가 진심으로 회개하오니 용서하옵소서! 저희가 주님의 사랑 안에
　　　　서 하나가 되게 하옵소서! 저희가 날마다 기뻐하며 주님을 따르게 하
　　　　옵소서! 우리 주 예수 그리스도의 이름으로 기도합니다. 아멘.

송영(찬송가 3장) / 다함께

성부 성자와 성령 찬송과 영광 돌려보내세
태초로 지금까지 또 영원 무궁토록
성삼위께 영광 영광 아멘

성경봉독 / 맡은이(회중이 앉은 후에 맡은이가 아래의 성경구절 중에 하나를 선택하여
　　　　　봉독한다.)

성경봉독 1 : 여호와여 내가 주께 부르짖으오니 나의 반석이여 내게 귀를 막지
　　　　　마소서. 주께서 내게 잠잠하시면 내가 무덤에 내려가는 자와 같을

까 하나이다. 내가 주의 지성소를 향하여 나의 손을 들고 주께 부르짖을 때에 나의 간구하는 소리를 들으소서. 악인과 악을 행하는 자들과 함께 나를 끌어내지 마옵소서. 그들은 그 이웃에게 화평을 말하나 그들의 마음에는 악독이 있나이다. 그들이 하는 일과 그들의 행위가 악한 대로 갚으시며 그들의 손이 지은 대로 그들에게 갚아 그 마땅히 받을 것으로 그들에게 갚으소서. 그들은 여호와께서 행하신 일과 손으로 지으신 것을 생각하지 아니하므로 여호와께서 그들을 파괴하고 건설하지 아니하시리로다. 여호와를 찬송함이여 내 간구하는 소리를 들으심이로다. 여호와는 나의 힘과 나의 방패이시니 내 마음이 그를 의지하여 도움을 얻었도다. 그러므로 내 마음이 크게 기뻐하며 내 노래로 그를 찬송하리로다. 여호와는 그들의 힘이시요 그의 기름 부음 받은 자의 구원의 요새이시로다. 주의 백성을 구원하시며 주의 산업에 복을 주시고 또 그들의 목자가 되시어 영원토록 그들을 인도하소서.(시편 28:1~9)

성경봉독 2 : 열한 제자가 갈릴리에 가서 예수께서 지시하신 산에 이르러 예수를 뵈옵고 경배하나 아직도 의심하는 사람들이 있더라. 예수께서 나아와 말씀하여 이르시되 하늘과 땅의 모든 권세를 내게 주셨으니 그러므로 너희는 가서 모든 민족을 제자로 삼아 아버지와 아들과 성령의 이름으로 세례를 베풀고 내가 너희에게 분부한 모든 것을 가르쳐 지키게 하라. 볼지어다 내가 세상 끝날까지 너희와 항상 함께 있으리라 하시니라.(마태복음 28:16~20)

성경봉독 3 : 그러므로 주 안에서 갇힌 내가 너희를 권하노니 너희가 부르심을 받은 일에 합당하게 행하여 모든 겸손과 온유로 하고 오래 참음으로 사랑 가운데서 서로 용납하고 평안의 매는 줄로 성령이 하나 되게 하신 것을 힘써 지키라. 몸이 하나요 성령도 한 분이시니 이와 같이 너희가 부르심의 한 소망 안에서 부르심을 받았느니라. 주도 한 분이시요 믿음도 하나요 세례도 하나요 하나님도 한 분이시니 곧 만유의 아버지시라. 만유 위에 계시고 만유를 통일하시고 만유 가운데 계시도다. 그가 어떤 사람은 사도로, 어떤 사람은 선지자로, 어떤 사람은 복음 전하는 자로, 어떤 사람은 목사와 교사로 삼으셨으니 이는 성도를 온전하게 하여 봉사의 일을 하게 하며 그리스도의 몸을 세우려 하심이라. 우리가 다 하나님의 아들을 믿는 것과 아는 일에 하나가 되어 온전한 사람을 이루어 그리스도의 장성한 분량이 충만한 데까지 이르리니 이는 우리가 이제부터 어린 아이가 되지 아니하여 사람의 속임수와 간사한 유혹에 빠져 온갖 교훈의 풍조에 밀려 요동하지 않게 하려 함이라.(에베소서 4:1~6, 11~14)

찬양 / 찬양대

말씀선포 / 감독

소개 / 서기(안수받을 이들을 한 사람씩 불러 앞에 세운 후, 감독이 문답한다.)

문답 / 감독과 안수받을 이

감　독 : 지금부터 사도의 가르침을 계승한 기독교대한감리회 ○○○연회가 교회의 머리이신 그리스도의 이름으로 안수를 행하기 전에 여러분에게 다음과 같이 물으니 신실하게 대답해 주시기 바랍니다.

감　독 : 여러분은 예수 그리스도께서 이 거룩한 직임을 여러분에게 맡기기 위하여 부르신 줄 믿습니까?

안수받을 이 : 예, 우리가 그렇게 믿습니다.

감　　독 : 여러분은 성심으로 그리스도의 도리를 가르치고, 성례를 베풀며, 그
의 교훈을 항상 준행하겠습니까?

안수받을 이 : 예, 주님의 도우심으로 우리가 그렇게 하겠습니다.

감　　독 : 여러분은 성경이 그리스도를 믿음으로 말미암아 구원을 얻는 데 만족
한 도리가 되는 줄을 믿으며, 또 영원한 구원을 얻는 데 성경밖에는 다
른 도리가 없는 것을 교인들에게 가르치기로 결심하겠습니까?

안수받을 이 : 예, 우리가 하나님의 은혜로 그렇게 믿고 결심하겠습니다.

감　　독 : 여러분은 성경에 위배되는 이단을 막고 하나님의 말씀과 반대되는 모
든 교리에 대해 교회를 보호하는 일에 힘쓰겠습니까?

안수받을 이 : 예, 주님의 이름으로 우리가 그렇게 하겠습니다.

감　　독 : 여러분은 부지런히 기도하고, 성경을 연구하며, 하나님과 그 나라에
대한 지식을 얻는 일에 정진하겠습니까?

안수받을 이 : 예, 주님의 도우심으로 우리가 그렇게 하겠습니다.

감　　독 : 여러분은 성심으로 여러분과 가족의 품행을 다스리고 온전한 그리스
도인으로서 교인들에게 모범이 되겠습니까?

안수받을 이 : 예, 주님의 도우심으로 우리가 그렇게 하겠습니다.

감　　독 : 여러분은 정성을 다하여 모든 교인 앞에서 말을 삼가며 사랑과 화평
을 유지하고 실천하는 일에 힘쓰겠습니까?

안수받을 이 : 예, 주님의 도우심으로 우리가 힘써 그렇게 하겠습니다.

감　독 : 여러분은 여러분을 관할하는 이들을 존경하고 그들이 하나님의 뜻을
　　　　좇아 지도하고 치리할 때에 이를 즐거이 따르겠습니까?
안수받을 이 : 예, 주님의 도우심으로 우리가 그렇게 하겠습니다.

감　독 : 여러분은 기독교대한감리회의 교리와 장정을 지킬 것을 진심으로 약
　　　　속합니까?
안수받을 이 : 예, 우리가 진심으로 약속합니다.

감　독 : 여러분에게 이 모든 일을 행하고자 하는 뜻을 주신 전능하신 하나님
　　　　께서 여러분이 결심한 것을 성취할 힘과 능력을 주사, 주님을 따르려
　　　　고 여러분이 시작한 것이 온전히 이루어지기를 기원합니다.
안수받을 이 : 아멘.

찬송(찬송가 196장) / 다함께

1. 성령의 은사를 나에게 채우사
　 주님의 사랑 본받아 나 살게 하소서
2. 성령의 은사를 나에게 채우사
　 정결한 마음 가지고 나 행케 하소서
3. 성령의 은사를 나에게 채우사
　 더러운 세상 물욕을 다 태워 주소서
4. 성령의 은사를 나에게 채우사
　 영원한 주님 나라에 나 살게 하소서 아멘

안수준비 / 감독과 안수위원

　(이름을 부르면 안수받을 대상자는 지정된 안수위원들과 함께 나란히 나온다. 안수
위원은 안수받을 대상자의 좌우에 서고, 안수받을 대상자는 무릎을 꿇는다. 이때 감독

은 안수위원들과 함께 머리에 손을 얹고 안수한 다음 스톨을 걸어 준다.)

안수기도 / 감독

거룩하신 하나님 아버지! 저희를 구원하시려고 독생자를 보내시고, 그 희생으로 교회를 세우사 항상 성령의 능력을 베풀어 주시니 감사합니다. 오늘 이 자리에 무릎을 꿇고 머리를 숙이고 두 손을 모은 주님의 제자들이 온 몸과 마음을 다해 주님을 따르기로 서약하였습니다. 그에게 성령의 능력을 덧입혀 주옵소서. 그것으로 말씀을 선포하고, 성례를 행하며, 교인들을 위로하고, 이웃에 봉사하며, 항상 하나님의 뜻에 합당하게 살게 하옵소서. 기독교대한감리회가 정한 교리와 장정을 성실하게 이행하고, 동역자들과 화목하며, 교인들에게 모범이 되도록 도와주옵소서. 교회의 머리가 되시는 예수 그리스도의 이름으로 안수하며 기도합니다. 아멘.

(상황에 따라 다음과 같이 기도하며 안수할 수 있다.)

여기에 무릎을 꿇은 ○○○에게 안수하며, 목사의 직책을 잘 감당하기를 교회의 머리가 되시는 예수 그리스도의 이름으로 기도합니다. 아멘.

찬양(찬송가 452장) / 찬양대

1. 내 모든 소원 기도의 제목 예수님 닮기 원함이라
   예수님 형상 나 입기 위해 세상의 보화 아끼잖네
2. 무한한 사랑 풍성한 긍휼 슬픈자 위로하시는 주
   길잃은 죄인 부르는 예수 그 형상 닮게 하옵소서
3. 겸손한 예수 거룩한 주님 원수의 멸시 참으시사
   우리를 위해 고난을 받은 구주를 닮게 하옵소서

(후렴)

　　예수님 닮기 내가 원하네 날 구원하신 예수님을

　　내 마음 속에 지금 곧 오사 주님의 형상 인치소서

선언 / 감독

　　(감독이 선언한다. 이때 안수받은 목사들은 일어서서 연회원들을 바라본다.)

　　이 사람들이 교회의 머리가 되시는 예수 그리스도의 이름으로 기독교대한감리회 ○○○연회에서 안수를 받고 목사가 되었음을 선언합니다. 아멘.

기념품 증정 / 감독

　　(감독이 기념으로 성경이나 십자가 목걸이 등을 주면서 다음과 같이 말하면, 연회원들은 박수로 환영한다.)

　　여러분은 이 성경을 받아 하나님의 말씀을 선포하고, 성례를 행하며, 교회를 잘 섬기기 바랍니다.

권면 / 감독 또는 맡은이(상황에 따라 생략할 수도 있다.)

기도 / 감독

　　저희 연회에 새로운 목사들을 세우신 하나님 아버지께 감사합니다. 저희가 기도하고, 찬양하고, 감사할 때마다 들으옵소서. 저희가 주님과 하나되게 하시고, 날마다 영생에 이르는 삶이 되게 하옵소서. 교회의 머리가 되시는 예수 그리스도의 이름으로 기도합니다. 아멘.

파송 / 감독

　오늘 안수받은 목사님들에게 말씀드립니다. 하나님을 사랑하십시오. 항상 기뻐하며, 쉬지 말고 기도하며, 범사에 감사하십시오. 선으로 악을 이기고, 약한 사람들의 친구가 되며, 인내로 모든 사람의 모범이 되십시오. 기독교대한감리회를 사랑하며, 세상 끝까지 주님께서 동행하시고, 언제나 평안하기를 기원합니다. 아멘.

축도 / 감독 또는 맡은이

　모든 것 위에 뛰어나신 하나님의 평화가 여러분의 마음과 생각을 지키사, 사랑이 많으신 하나님과 예수 그리스도께서 주시는 지혜와 사랑 안에서 거하게 하기를 기도합니다. 이제는 전능하신 하나님 아버지와 예수 그리스도의 은혜와 성령의 감화 감동하심과 복이 여러분과 영원히 함께하기를 간절히 축원합니다. 아멘.

2. 연회 준회원 허입식 순서

집례 : 감독

(연회 서기가 준회원 허입 대상자들을 한 사람씩 불러 연회 회원들 앞에 세운다.)

허입식사 / 감독

사랑하는 여러분, 여러분은 기독교대한감리회의 준회원에 허입하는 자리에 섰습니다. 지금은 연회 일정 중에서 아주 중요한 시간일 뿐 아니라 여러분의 생애에 있어서도 가장 엄숙한 순간입니다. 이제 여러분은 예수 그리스도께서 맡기신 거룩한 사명을 잘 감당하겠다는 결심을 보이기 위하여 하나님과 연회 회원들 앞에서 제가 묻는 말에 성실하게 대답하여 주십시오.

허입을 위한 문답 / 감독과 준회원 허입 대상자

감　독 : 여러분은 기독교대한감리회에서 목회에 헌신할 것을 서약하겠습니까?

허입 대상자 : 예, 우리가 주님의 도우심으로 서약합니다.

감　독 : 여러분은 맡은 성직을 위해서는 어떤 희생도 감당할 준비가 되어 있습니까?

허입 대상자 : 예, 준비되었습니다.

감　독 : 여러분은 성직에 저해되는 어떤 집단에 속해 있지 않으며, 사명 감당에 방해되는 벗과 교제하고 있지 않습니까?

허입 대상자 : 예, 속해 있지 않으며 교제하고 있지 않습니다.

감　독 : 여러분은 지금 감당 못할 빚이 있거나 채무보증을 서고 있지 않습니까?

허입 대상자 : 예, 없습니다.

감　독 : 여러분 중에 결혼한 분은 배우자가 여러분의 소명에 대하여 공감하고 있으며, 앞으로 결혼할 분이면 성직을 수행할 때 어떤 어려움도 같이 나눌 사람을 신중히 선택하겠습니까?

허입 대상자 : 예, 공감하며 그렇게 하겠습니다.

감　독 : 여러분은 사람들에게 모범을 보이며 정직하고 의롭게 살면서 전적으로 성직에 헌신할 뜻이 있습니까?

허입 대상자 : 예, 주님의 도우심으로 우리가 헌신하겠습니다.

감　독 : 여러분은 맡은 일에 흠이 될 수도 있는 술과 담배와 마약을 포함하여 잘못된 오락이나 도박을 금함으로써 검소하고 절제 있는 생활을 하겠습니까?

허입 대상자 : 예, 우리가 그렇게 하겠습니다.

감　독 : 여러분은 맡은 일을 수행함에 있어서 차별 없이 모든 사람을 만나며 그들을 교회의 일원으로 받아들이겠습니까?

허입 대상자 : 예, 주님의 도우심으로 우리가 그렇게 하겠습니다.

감　독 : 여러분은 이 땅에 하나님 나라를 실현하는 것을 여러분의 삶의 가장 큰 목적으로 삼겠습니까?

허입 대상자 : 예, 우리가 그렇게 하겠습니다.

감　독 : 여러분은 기독교대한감리회의 교리와 장정이 옳다고 믿으며, 이에 따른 치리에 순종하겠습니까?

허입 대상자 : 예, 우리가 그렇게 하겠습니다.

기도 / 감독

전능하신 하나님! 여기 선 이들이 성별된 삶을 살며, 주님이 맡겨 주신 사명을 감당하려고 기독교대한감리회 준회원에 허입하오니 이들을 받아 주옵소서! 이 성스러운 직임을 감당하는 데 필요한 재능과 은총을 채워 주시고, 교인들을 잘 인도하는 목회자로 키워 주옵소서. 예언자적인 통찰력과 제사장의 성결을 갖게 하사 이들이 그리스도의 거룩한 교회에서 진실하고 충성된 일꾼이 될 수 있게 도와주옵소서. 교회의 머리가 되시는 예수 그리스도의 이름으로 기도합니다. 아멘.

(기도 후에 허입 대상자는 자리에 앉는다.)

찬송(찬송가 333장) / 다함께

1. 충성하라 죽도록 충성하라 주님께
   슬픔이나 괴로움이 주의 사랑 못끊으리
   충성하라 죽도록 충성하라 끝까지
2. 충성하라 죽도록 충성하라 주님께
   찬란하다 저 면류관 들려온다 주의 음성
   충성하라 죽도록 충성하라 끝까지
3. 충성하라 죽도록 충성하라 주님께
   항상 내가 힘쓰오리 주님 나를 도우소서
   충성하라 죽도록 충성하리 끝까지 아멘

소개 / 자격심사 위원회의 위원장

(허입 대상자의 이름을 불러 대상자들이 일어서면 감독에게 보고한다.)

이 사람들은 장정이 요구하는 과정을 마쳤고, 성직을 수행하기 위한 인격과 자격에 대해 심사를 거쳐 적합하다고 인정받았으니 기독교대한감리회 준회원으로 허입하여 주기를 바랍니다. 이제 이 사람들은, 감리교회의 모든 파송 설교자에게 요구되는 질문에 답하기 위해 나왔습니다.

권면 / 감독

여러분은 목회에 요구되는 어떤 희생도 감수할 뜻을 나타냈으며 이에 따르는 모든 책임을 감당하기로 약속하였습니다. 여러분은 그리스도의 성직자로서 하나님 나라 실현을 삶의 최고 목적으로 삼을 것을 확실히 하였습니다. "아무든지 나를 따라오려거든 자기를 부인하고 자기 십자가를 지고 나를 쫓을 것이니라."하신 그리스도의 말씀을 늘 명심하시기를 바랍니다.

설교 자격에 대한 문답 / 감독(허입 대상자와 연회원들에게 차례로 묻는다.)

(허입 대상자들에게)

감　독 : 교리와 장정에 따라 여러분은 연회원들 앞에서 다음의 질문에 진실하게 대답하여 주십시오.

감　독 : 여러분은 거듭남(신생)의 확신이 있습니까?
허입 대상자 : 예, 있습니다.

감　독 : 여러분은 그리스도의 완전에 이르도록 힘쓰겠습니까?
허입 대상자 : 예, 주님의 도우심으로 힘쓰겠습니다.

감　독 : 여러분은 기독교대한감리회의 교리와 장정을 연구하고 준수하겠습니
까?

허입 대상자 : 예, 연구하고 준수하겠습니다.

감　독 : 여러분은 기독교대한감리회의 교리와 장정을 교인들에게 가르쳐 지
키게 하겠습니까?

허입 대상자 : 예, 그렇게 하겠습니다.

감　독 : 여러분은 성경을 깊이 연구하며 설교준비에 최선을 다하겠습니까?

허입 대상자 : 예, 그렇게 하겠습니다.

감　독 : 여러분은 교인들을 부지런히 가르치며 각 가정을 심방하겠습니까?

허입 대상자 : 예, 그렇게 하겠습니다.

감　독 : 여러분은 하나님의 일에 모든 시간과 정성을 드려 헌신하기로 결심하
겠습니까?

허입 대상자 : 예, 그렇게 하겠습니다.

(연회 회원들에게)

감　독 : 이제 연회 회원들에게 묻습니다. 여러분은 이들이 복음을 선포할 자
격이 있다고 인정하십니까?

연회 회원 : 예, 우리가 인정합니다.

인정의 기도 / 감독

　　예수 그리스도를 이 땅에 보내사 모든 사람이 구원을 얻도록 은총을 부어주
신 하나님 아버지, 성령을 주님의 몸된 교회 위에 내려주사 온 세상에 복음을

전하는 사명을 완수할 수 있게 하여 주옵소서. 원하옵기는 여기 서 있는 일꾼들에게 성령의 충만함으로 모든 위험과 유혹에서 지켜 주셔서 세상 모든 사람이 주님 앞에 돌아오는 날이 속히 이르게 하옵소서. 예수 그리스도의 이름으로 기도합니다. 아멘.

알리는 말씀 / 맡은이

축도 / 맡은이

측량할 수 없는 하나님의 평강이 저희의 마음을 지키사 하나님과 그 아들 예수님을 따르게 하옵소서. 전능하신 하나님 아버지와 그 아들 예수 그리스도와 위로자가 되시는 성령의 복이 오늘 준회원으로 허입한 이들과 여러분 가운데 항상 함께하기를 축원합니다. 아멘.

3. 연회 정회원 허입식 순서

집례 : 감독

(연회 서기가 정회원 허입 대상자들을 한 사람씩 불러 연회 회원들 앞에 세운다.)

찬송(찬송가 595장) / 다함께

1. 나 맡은 본분은 구주를 높이고 뭇 영혼 구원 얻도록 잘 인도함이라
2. 부르심 받들어 내 형제 섬기며 구주의 뜻을 따라서 내 정성 다하리
3. 주 앞에 모든 일 잘 행케 하시고 이후에 주님 뵈올 때 상 받게 하소서
4. 나 항상 깨어서 늘 기도드리며 내 믿음 변치 않도록 날 도와주소서 아멘

성경봉독 / 맡은이(다음 성경구절 중에 하나를 선택하여 봉독한다.)

성경봉독 1 : 예수께서 나아와 말씀하여 이르시되 하늘과 땅의 모든 권세를 내게 주셨으니 그러므로 너희는 가서 모든 민족을 제자로 삼아 아버지와 아들과 성령의 이름으로 세례를 베풀고 내가 너희에게 분부한 모든 것을 가르쳐 지키게 하라. 볼지어다 내가 세상 끝날까지 너희와 항상 함께 있으리라 하시니라.(마태복음 28:18~20)

성경봉독 2 : 나는 선한 목자라. 선한 목자는 양들을 위하여 목숨을 버리거니와 삯꾼은 목자도 아니요, 양도 제 양이 아니라. 이리가 오는 것을 보면 양을 버리고 달아나나니 이리가 양을 물어 가고 또 헤치느니라. 달아나는 것은 그가 삯꾼인 까닭에 양을 돌보지 아니함이나 나는 선한 목자라. 나는 내 양을 알고 양도 나를 아는 것이 아버지께서 나를 아시고 내가 아버지를 아는 것 같으니 나는 양

을 위하여 목숨을 버리노라. 또 이 우리에 들지 아니한 다른 양들이 내게 있어 내가 인도하여야 할 터이니 그들도 내 음성을 듣고 한 무리가 되어 한 목자에게 있으리라. 내가 내 목숨을 버리는 것은 그것을 내가 다시 얻기 위함이니 이로 말미암아 아버지께서 나를 사랑하시느니라. 이를 내게서 빼앗는 자가 있는 것이 아니라 내가 스스로 버리노라. 나는 버릴 권세도 있고 다시 얻을 권세도 있으니 이 계명은 내 아버지에게서 받았노라 하시니라.(요한복음 10:11~18)

기도 / 집례자 또는 맡은이

하나님 아버지! 이 자리에 선 목사들을 부르시고 주님의 복음을 전하도록 능력을 베풀어 주시니 감사합니다. 앞으로도 이 직무를 잘 감당할 수 있도록 은혜를 베풀어 주옵소서. 하나님의 뜻이 하늘에서 이루어진 것같이 땅에서도 이루어지도록 이 자리에 선 목사들이 기도할 때마다 들으옵소서. 혹시라도 이들이 자만하지 않도록 날마다 주님께서 가르쳐 주신 진리를 깨닫게 하시고, 그 진리를 따라 살도록 인도하옵소서. 이 자리에 선 목사들이 교회의 머리가 되시는 주님께 영광을 드리며, 주님께서 맡기시고 연회에서 파송한 교회에서 교인들을 잘 인도하도록 도와주옵소서. 우리 주 예수 그리스도의 이름으로 기도합니다. 아멘.

허입을 위한 문답 / 감독과 정회원 허입 대상자

감　독 : 여러분은 예수님이 구세주이심을 믿습니까?

허입 대상자 : 예, 믿습니다.

감　독 : 여러분은 주님의 사랑으로 온전하도록 노력하겠습니까?

허입 대상자 : 예, 노력하겠습니다.

감　독 : 여러분은 예수 그리스도께서 맡기신 일에 헌신하기로 결심했습니까?
허입 대상자 : 예, 결심했습니다.

감　독 : 여러분은 기독교대한감리회의 교리를 연구했습니까?
허입 대상자 : 예, 연구했습니다.

감　독 : 여러분은 그 교리를 믿고 지키겠습니까?
허입 대상자 : 예, 믿고 지키겠습니다.

감　독 : 여러분은 감리교회의 제도와 법이 옳은 것으로 인정합니까?
허입 대상자 : 예, 인정합니다.

감　독 : 여러분은 기독교대한감리회의 제도와 법을 교인들에게 가르치겠습니
　　　　까?
허입 대상자 : 예, 가르치겠습니다.

감　독 : 여러분은 기독교대한감리회 목사로서 인격과 품위를 유지하겠습니까?
허입 대상자 : 예, 유지하겠습니다.

감　독 : 여러분은 기독교대한감리회 목사로서 맡은 직무를 잘 감당하겠습니
　　　　까?
허입 대상자 : 예, 감당하겠습니다.

감　독 : 여러분은 하나님의 일에 시간과 능력을 아끼지 않겠습니까?
허입 대상자 : 예, 하나님의 일에 시간과 능력을 아끼지 않겠습니다.

기도 / 집례자

하나님 아버지! 이 자리에 선, 연회 정회원으로 허입하고자 결심한 목사들이 감독과 연회원들 앞에서 대답하고 결심한 모든 일을 잘 감당할 수 있도록 지혜와 능력을 주옵소서. 또한 예수님께서 저희 교회에 맡기신 일에 최선을 다하여 예수님의 제자로서 온전함을 이루게 하옵소서. 우리 주 예수 그리스도의 이름으로 기도합니다. 아멘.

찬송(찬송가 546장) / 다함께

1. 주님 약속하신 말씀 위에 서 영원토록 주를 찬송하리라
   소리 높여 주께 영광 돌리며 약속 믿고 굳게 서리라
2. 주님 약속하신 말씀 위에 서 세상염려 내게 엄습할 때에
   용감하게 힘써 싸워 이기며 약속 믿고 굳게 서리라
3. 주님 약속하신 말씀 위에 서 영원하신 주의 사랑 힘입고
   성령으로 힘써 싸워 이기며 약속 믿고 굳게 서리라
4. 주님 약속하신 말씀 위에 서 성령 인도하는 대로 행하며
   주님 품에 항상 안식 얻으며 약속 믿고 굳게 서리라
(후렴)
   굳게 서리 영원하신 말씀 위에 굳게 서리
   굳게 서리 그 말씀 위에 굳게 서리라

축도 / 감독 또는 맡은이

모든 지각 위에 뛰어나신 하나님의 평강이 우리의 마음과 생각을 지키사 하나님과 그 아들 예수 그리스도를 믿고 사랑하는 가운데 있게 하시며 전능하신 하나님 아버지와 그 아들 예수 그리스도와 성령의 은총이 저희 가운데 영원히 함께하기를 축원합니다. 아멘.

4. 장로 안수식

1) 장로 안수의 의미

시대가 변하더라도 예배, 성례, 선교, 교육, 친교, 봉사 등 전통적인 교회의 존재 방식과 역할은 변하지 않는다. 존 웨슬리는 성직 보좌원(Lay Assistant)을 평신도 중에서 뽑았다. 이런 전통을 이어받아 일반신자 중에 장로를 뽑아 교회 안에서 목사를 보좌하여 교회를 존속시키며 성장케 하는 일을 돕게 한다. 그 가운데 예배와 성례를 보좌하는 일이 매우 중요한데, 그 권한을 인정하는 신앙적인 의식이 안수식이다.

기독교대한감리회는 장로의 안수를 지방회에서 실시하도록 규례로 정했다. 그것은 해마다 각 구역회를 대표하는 회원들이 모인 자리에서 지방의 영적 행정적 책임자인 감리사로 하여금 장로의 안수식을 집례하도록 규정한 의미를 지닌다. 그에 따라 감리사는 안수식을 거행한 후 장로를 각 교회로 파송한다.

안수 받은 장로는 목사가 교회를 위해서 하는 일을 돕고, 항상 교인들에게는 물론 가정과 일터에서 모범이 되어야 한다. 안수와 동시에 교회에 대한 막중한 책임이 주어진다는 사실을 알고, 언제나 목사와 교인들 사이에서 주님을 위하여 헌신적으로 봉사해야 한다. 그것을 굳게 결심하고 약속해야만 안수받을 자격이 주어진다.

2) 장로 안수식 순서

집례 : 감리사

(서기가 안수받을 이들을 앞자리에 불러 앉게 한 후, 감리사가 집례한다.)

조용한 기도(전주) / 다함께

기원 / 집례자(전주 중에 다음과 같이 기원한다.)

거룩하신 하나님! 영원하신 섭리 가운데 부르시고, 그리스도의 희생으로 세우신 교회에서 봉사하게 하시며, 세상 끝까지 귀하게 쓰시려고 장로를 세우시니 감사합니다. 이 시간 기독교대한감리회의 교리와 장정에 따라 ○○○지방회에서 장로 안수를 행하오니 이 예식이 진행되는 동안 성령께서 동행하여 주옵소서. 삼위일체 하나님께 영광을 드리오니, 세우시는 장로들에게 지혜와 총명, 은혜와 사랑이 충만하게 하옵소서. 안수 받은 장로들을 영접하는 교회에 기쁨이 넘치게 하옵소서. 교회의 머리이신 예수 그리스도의 이름으로 기도합니다. 아멘.

찬송(찬송가 10장) / 다함께(일어서서)

1. 전능왕 오셔서 주 이름 찬송케 하옵소서
   영광과 권능의 성부여 오셔서 우리를 다스려 주옵소서
2. 강생한 성자여 오셔서 기도를 들으소서
   택하신 백성들 복 내려 주시고 거룩한 마음을 주옵소서
3. 위로의 주 성령 오셔서 큰 증거 주옵소서
   전능한 주시여 각 사람 맘에서 떠나지 마시고 계십소서

4. 성삼위 일체께 한 없는 찬송을 드립니다
   존귀한 주님을 영광중 뵈옵고 영원히 모시게 하옵소서 아멘

기도 / 집례자 또는 맡은이(회중이 앉은 후에 기도한다.)

하늘에 계신 하나님 아버지! 오늘 저희가 교회의 머리가 되시는 주님의 이름으로 모였습니다. 오래 전 주님께서 제자들을 부르시고, 하나님 나라의 복음을 전하도록 보내실 때 머리에 안수하시니 그들이 담대한 믿음을 갖게 된 것을 잘 알고 있습니다. 이 시간 그 말씀에 근거하여 주님께서 피값으로 사신 교회에서 사도직을 계승한 목사를 보좌하고, 교인들에게 모범이 되도록 장로 안수식을 행하려고 합니다. 이 예식이 진행되는 동안 악한 세력이 훼방하지 않도록 지키시고, 오직 선하고 의롭고 진실한 마음을 가진 사람들만 이 예식에 참석하도록 인도하옵소서. 안수받은 장로들이 교회에서 주님의 이름으로 기도할 때마다 들으시고, 특별히 목사를 도와 합심하여 기도할 때에는 더 큰 은총을 베풀어 주옵소서. 그 기도가 하늘에 닿으므로 주님의 뜻이 하늘에서 이룬 것같이 땅에서도 이루어지게 하옵소서. 안수받은 장로들의 가정과 일터와 사업을 지키시고, 마음과 뜻과 정성을 다하여 교회를 섬기는 일에 부족함이 없도록 늘 도와 주옵소서. 이들이 교인들을 찾아갈 때마다 길을 예비하시고, 항상 귀감이 되도록 성령의 은사를 더하여 주옵소서. 교회의 머리이신 예수 그리스도의 이름으로 기도합니다. 아멘.

성경봉독 / 맡은이(아래의 성경구절 중에 하나를 선택하여 봉독한다.)

성경봉독 1 : 바울이 더베와 루스드라에도 이르매 거기 디모데라 하는 제자가 있으니 그 어머니는 믿는 유대 여자요, 아버지는 헬라인이라. 디모데는 루스드라와 이고니온에 있는 형제들에게 칭찬 받는 자니 바울이 그를 데리고 떠나고자 할새 그 지역에 있는 유대인으로 말

미암아 그를 데려다가 할례를 행하니 이는 그 사람들이 그의 아버지는 헬라인인 줄 다 앎이러라. 여러 성으로 다녀 갈 때에 예루살렘에 있는 사도와 장로들이 작정한 규례를 그들에게 주어 지키게 하니 이에 여러 교회가 믿음이 더 굳건해지고 수가 날마다 늘어가니라.(사도행전 16:1~5)

성경봉독 2 : 잘 다스리는 장로들은 배나 존경할 자로 알되 말씀과 가르침에 수고하는 이들에게는 더욱 그리할 것이니라. 성경에 일렀으되 곡식을 밟아 떠는 소의 입에 망을 씌우지 말라 하였고 또 일꾼이 그 삯을 받는 것은 마땅하다 하였느니라. 장로에 대한 고발은 두세 증인이 없으면 받지 말 것이요, 범죄한 자들을 모든 사람 앞에서 꾸짖어 나머지 사람들로 두려워하게 하라. 하나님과 그리스도 예수와 택하심을 받은 천사들 앞에서 내가 엄히 명하노니 너는 편견이 없이 이것들을 지켜 아무 일도 불공평하게 하지 말며 아무에게나 경솔히 안수하지 말고 다른 사람의 죄에 간섭하지 말며 네 자신을 지켜 정결하게 하라.(디모데전서 5:17~22)

찬양 / 찬양대

말씀선포 / 집례자 또는 맡은이

문답 / 감리사(또는 감독)와 안수받을 이

(서기가 안수받을 이들을 한 사람씩 불러 앞에 세운 후 감리사가 묻고, 안수받을 이들이 동시에 대답한다. 감독이 집례할 수도 있다.)

(안수받을 이들에게)

감리사 : 사랑하는 여러분! 여러분은 하나님의 특별한 부르심과 택함을 받았으

며 교우의 신임을 입어 장로로 세움을 받는 엄숙한 시간을 맞이했습
니다. 이 시간에 제가 하나님과 교회의 이름으로 여러분에게 묻는 말
에 진실하게 대답하여 주시기 바랍니다.

감리사 : 여러분은 우리 주 예수 그리스도께서 이 거룩한 직임으로 여러분을
　　　　 부르신 줄로 믿습니까?
안수받을 이 : 예, 믿습니다.

감리사 : 여러분은 하나님이 성부와 성자와 성령의 삼위일체이시며, 예수님이
　　　　 여러분의 구세주이심과, 교회의 머리이심을 확실히 믿습니까?
안수받을 이 : 예, 믿습니다.

감리사 : 여러분은 파송받은 교회에서 담임교역자를 정성껏 도우며, 교회 모든
　　　　 성도와 화평을 이루어 끝까지 충성을 다하겠습니까?
안수받을 이 : 예, 주님의 도우심으로 충성하겠습니다.

감리사 : 여러분은 항상 기도하고 신령한 생활을 하며 성도의 모범이 되겠습니
　　　　 까?
안수받을 이 : 예, 주님의 도우심으로 모범이 되겠습니다.

감리사 : 여러분은 부지런히 성경을 연구하고 성경에 위반되는 이단을 막고 모
　　　　 든 사람에게 열심으로 전도하겠습니까?
안수받을 이 : 예, 주님의 도우심으로 열심히 전도하겠습니다.

(지방회원들에게)
감리사 : 여러분이 택하여 세운 이 사람들을 우리 지방회의 장로로 받아들이고
　　　　 이들이 성경과 장정 규칙에 따라 지도할 때 여러분은 주님 안에서 존

경하고 협조하며 따르기로 작정한다면 오른손을 들어 표시하여 주십시오.

안수 / 집례자와 안수위원들

(안수받을 이들이 한 사람씩 앞으로 나와 지정된 자리에 무릎을 꿇은 후, 집례자는 안수위원과 함께 안수받을 이들의 머리에 손을 얹고 다음과 같이 진행한다.)

우리가 오늘 이 자리에 무릎을 꿇은 ○○○에게, 기독교대한감리회의 교리와 장정에 따라 성부와 성자와 성령의 이름으로 안수하여 장로의 직임을 맡기니 충성스럽게 장로의 직임을 감당하십시오. 아멘.

선포 / 집례자

여러분이 기독교대한감리회 ○○○연회 ○○○지방회에서 안수받았음을 선포합니다. 아멘.

송영(찬송가 1장) / 찬양대 또는 다함께

만복의 근원 하나님 온 백성 찬송 드리고
저 천사여 찬송하세 찬송 성부 성자 성령 아멘

안수받은 장로와 교회에 부탁할 말씀 / 감리사 또는 맡은이

(이 순서 후 지방회와 각 교회에서 준비한 선물을 증정한다.)

답사와 인사 / 안수받은 장로 대표

알리는 말씀 / 맡은이

찬송(찬송가 384장) / 다함께

1. 나의 갈 길 다가도록 예수 인도하시니
   내 주 안에 있는 긍휼 어찌 의심하리요
   믿음으로 사는 자는 하늘 위로 받겠네
   무슨 일을 만나든지 만사 형통하리라
   무슨 일을 만나든지 만사 형통하리라

2. 나의 갈 길 다가도록 예수 인도하시니
   어려운 일 당한 때도 족한 은혜 주시네
   나는 심히 고단하고 영혼 매우 갈하나
   나의 앞에 반석에서 샘물 나게 하시네
   나의 앞에 반석에서 샘물 나게 하시네

3. 나의 갈 길 다가도록 예수 인도하시니
   그의 사랑 어찌 큰지 말로 할 수 없도다
   성령 감화 받은 영혼 하늘나라 갈 때에
   영영 부를 나의 찬송 예수 인도하셨네
   영영 부를 나의 찬송 예수 인도하셨네 아멘

축도 / 감리사 또는 맡은이

모든 것 위에 뛰어나신 하나님의 평화가 여러분에게 임하기를 기도합니다. 이제는 전능하신 하나님 아버지와 우리 주 예수 그리스도의 은혜와 성령의 감화 감동하심과 복이 여러분과 영원히 함께하기를 축원합니다. 아멘.

IV. 취임 · 이임 · 은퇴 · 파송

1. 감독 취임식 순서

　　(총회 중에 신임 감독 취임을 행할 때)

집례 : 감독회장

조용한 기도(전주) / 다함께

기원 / 집례자(전주 중에 다음과 같이 기원한다.)

　　전능하신 하나님 아버지! 주님의 반석 위에 교회를 세우고, 그 가운데 기독교대한감리회를 사랑하셔서 감독의 직무를 맡기시니 감사합니다. 이 감독 취임식을 통하여 저희가 한 그리스도를 믿는 제자요, 교회를 섬기는 동역자임을 확인하게 하옵소서. 앞으로 하나님의 일을 감당한 일꾼으로서 저희 모두가 선한 열매를 거두게 하옵기를 교회의 머리이신 예수 그리스도의 이름으로 기원합니다. 아멘.

찬송(찬송가 36장) / 다함께(일어서서)

1. 주 예수 이름 높이어 다 찬양하여라
   금면류관을 드려서 만유의 주 찬양
   금면류관을 드려서 만유의 주 찬양
2. 주 예수 당한 고난을 못잊을 죄인아
   네 귀한 보배 바쳐서 만유의 주 찬양

네 귀한 보배 바쳐서 만유의 주 찬양

3. 이 지구 위에 거하는 온 세상사람들

그 크신 위엄 높여서 만유의 주 찬양

그 크신 위엄 높여서 만유의 주 찬양

4. 주 믿는 성도 다함께 주 앞에 엎드려

무궁한 노래 불러서 만유의 주 찬양

무궁한 노래 불러서 만유의 주 찬양 아멘

신앙고백(감리회 신앙고백) / 다함께

집례자 : 우리는 우주 만물을 창조하시고 섭리하시며 주관하시는 거룩하시고
자비하시며 오직 한 분이신 아버지 하나님을 믿습니다.

회　중 : 우리는 말씀이 육신이 되어 우리 가운데 오셔서 하나님의 나라를 선
포하시고 십자가에 달려 죽으셨다가 부활승천 하심으로 대속자가 되
시고 구세주가 되시는 예수 그리스도를 믿습니다.

집례자 : 우리는 우리와 함께 계셔서 우리를 거듭나게 하시고 거룩하게 하시며
완전하게 하시며 위안과 힘이 되시는 성령을 믿습니다.

회　중 : 우리는 성령의 감동으로 기록된 하나님의 말씀인 성경이 구원에 이르
는 도리와 신앙생활에 충분한 표준이 됨을 믿습니다.

집례자 : 우리는 하나님의 은혜로 믿음을 통해 죄사함을 받아 거룩해지며 하나
님의 구원의 역사에 동참하도록 부름받음을 믿습니다.

회　중 : 우리는 예배와 친교, 교육과 봉사, 전도와 선교를 위해 하나가 된 그
리스도의 몸인 교회를 믿습니다.

집례자 : 우리는 만민에게 복음을 전파함으로 하나님의 정의와 사랑을 나누

고 평화의 세계를 이루는 모든 사람들이 하나님 앞에 형제됨을 믿습
니다.

회　　중 : 우리는 예수 그리스도의 재림과 심판, 우리 몸의 부활과 영생 그리고
의의 최후 승리와 영원한 하나님 나라를 믿습니다. 아멘.

기도 / 맡은이(회중이 앉은 후에 기도한다.)

존귀하신 하나님 아버지께 감사하옵고, 찬양과 영광을 드립니다. 오늘 취임
하는 기독교대한감리회 감독들에게도 성령 충만함으로 능력을 덧입혀 주시고,
그 가족과 교회가 한 마음 한 뜻이 되어 쉬지 않고 기도함으로 감독들의 직무
를 잘 감당하게 하시며, 마침내 임기를 마치고 다시 이 자리에서 하나님의 은
혜로 감독의 직무를 잘 감당했다고 고백할 수 있도록 늘 동행하여 주옵소서.
오늘 여기 모인 교역자들은 감독이 직무를 수행하는 동안 선배로, 동역자로,
그리고 후배로서 그분을 칭찬하고, 이해하고, 존경하는 마음을 잃지 않음으로
그 모습을 바라보는 모든 성도에게 커다란 감동이 일어나게 하옵소서. 이 예식
을 통해 기독교대한감리회에 속한 교역자와 교인들이 살아 계신 하나님 아버
지의 은혜와 사랑을 체험하도록 처음부터 끝까지 보살펴 주옵소서. 주님! 이들
과 늘 함께하옵소서. 예수 그리스도의 이름으로 기도합니다. 아멘.

주님의 기도 / 다같이

성경봉독 / 맡은이(아래의 성경구절 중에 하나를 선택하여 봉독한다.)

성경봉독 1 : 여러분은 자기를 위하여 또는 온 양 떼를 위하여 삼가라. 성령이
그들 가운데 여러분을 감독자로 삼고 하나님이 자기 피로 사신 교
회를 보살피게 하셨느니라. 내가 떠난 후에 사나운 이리가 여러분
에게 들어와서 그 양 떼를 아끼지 아니하며 또한 여러분 중에서도

제자들을 끌어 자기를 따르게 하려고 어그러진 말을 하는 사람들
이 일어날 줄을 내가 아노라. 그러므로 여러분이 일깨어 내가 삼
년이나 밤낮 쉬지 않고 눈물로 각 사람을 훈계하던 것을 기억하
라. 지금 내가 여러분을 주와 및 그 은혜의 말씀에 부탁하노니 그
말씀이 여러분을 능히 든든히 세우사 거룩하게 하심을 입은 모든
자 가운데 기업이 있게 하시리라.(사도행전 20:28~32)

성경봉독 2 : 그들이 조반 먹은 후에 예수께서 시몬 베드로에게 이르시되 요한
의 아들 시몬아, 네가 이 사람들보다 나를 더 사랑하느냐 하시니
이르되 주님, 그러하나이다. 내가 주를 사랑하는 줄 주님께서 아
시나이다. 이르시되 내 어린 양을 먹이라 하시고 또 두 번째 이르
시되 요한의 아들 시몬아, 네가 나를 사랑하느냐 하시니 이르되
주님, 그러하나이다. 내가 주님을 사랑하는 줄 주님께서 아시나
이다. 이르시되 내 양을 치라 하시고 세 번째 이르시되 요한의 아
들 시몬아, 네가 나를 사랑하느냐 하시니 주께서 세 번째 네가 나
를 사랑하느냐 하시므로 베드로가 근심하여 이르되 주님, 모든
것을 아시오매 내가 주님을 사랑하는 줄을 주님께서 아시나이다.
예수께서 이르시되 "내 양을 먹이라."(요한복음 21:15~17)

성경봉독 3 : 감독은 하나님의 청지기로서 책망할 것이 없고 제 고집대로 하지
아니하며 급히 분내지 아니하며 술을 즐기지 아니하며 구타하지
아니하며 더러운 이득을 탐하지 아니하며 오직 나그네를 대접하
며 선행을 좋아하며 신중하며 의로우며 거룩하며 절제하며 미쁜
말씀의 가르침을 그대로 지켜야 하리니 이는 능히 바른 교훈으로
권면하고 거슬러 말하는 자들을 책망하게 하려 함이라.(디도서
1:7~9)

찬양 / 찬양대

소개 / 총회 서기(취임 감독들을 다음과 같이 소개한다.)

제가 기독교대한감리회 제 ○○회 총회에서 감독으로 선출된 ○○○, ○○○, ○○○, ……, ○○○ 목사를 소개합니다.

기도 / 감독회장

만물을 창조하신 전능하신 하나님! 성령을 통하여 하나님의 교회 안에 여러 가지 직무를 정하셨습니다. 이제 감독의 직무로 부름받은 주님의 종들을 은혜로 보살펴 주옵소서. 그들을 주님의 참된 진리로 채워 주시고 순결한 생활로 옷입혀 주시사 모든 말과 행실이 직무를 수행하기에 신실하게 하옵소서. 주님의 이름에 합당한 영광을 드리며 주님의 교회에 덕을 세우고 잘 다스리게 하옵소서. 성령과 더불어 영원히 사시고 다스리옵소서. 교회의 머리이신 예수 그리스도의 이름으로 기도합니다. 아멘.

감독 취임 문답 / 감독회장과 신임 감독

감독회장 : 그리스도의 교회를 다스리는 감독의 직무는 성직 중에 성직이므로, 이 귀한 직무를 여러분에게 맡기기 전에 다음과 같이 묻습니다. 성실한 마음으로 대답하시기 바랍니다.

감독회장 : 여러분은 기독교대한감리회의 감독의 직무에 부름받은 것이 그리스도이신 주님의 뜻이라고 믿습니까?
신임 감독 : 예, 우리가 그렇게 믿습니다.

감독회장 : 여러분은 기독교대한감리회의 교리와 장정을 합법적인 것으로 믿
고 준수하겠습니까?

신임 감독 : 예, 우리가 그렇게 준수하겠습니다.

감독회장 : 여러분은 성심을 다해 부지런히 그리스도의 진리를 추구하며, 하나
님의 말씀에 어긋나는 모든 거짓된 교리에서 교회를 보호하겠습니
까?

신임 감독 : 예, 주님의 도우심으로 우리가 그렇게 하겠습니다.

감독회장 : 여러분은 이 세상에서 진실되고 경건한 생활을 하며 모든 선한 일
에 본을 보여 하나님께 존귀와 영광을 드리겠습니까?

신임 감독 : 예, 주님의 도우심으로 우리가 그렇게 하겠습니다.

감독회장 : 여러분은 모든 사람이 질서와 사랑과 평화를 유지케 하며, 교회의
부흥과 확장을 위해 힘쓸 뿐 아니라, 세상에 대한 교회의 사회적 사
명을 다 할 수 있도록 지도하기를 힘쓰겠습니까?

신임 감독 : 예, 주님의 도우심으로 우리가 그렇게 하겠습니다.

감독회장 : 여러분은 감독으로서, 복음의 진리를 올바로 보존하고, 교회의 법
을 공정하게 집행하며, 목사 안수나 임명의 책임을 성실히 수행하
겠습니까?

신임 감독 : 예, 주님의 도우심으로 우리가 힘써 그렇게 하겠습니다.

감독회장 : 여러분은 감독직을 집행함에 있어서 개인적인 이해관계나 금품이
나 사사로운 이익을 취하지 않으며 청렴하고 공정하게 하겠습니까?

신임 감독 : 예, 우리가 힘써 그렇게 하겠습니다.

기도 / 감독회장

　전능하신 하나님! 오늘 새로 취임하는 감독들에게 문답을 통하여 은혜로운 결단을 하게 하였사오니 저들이 결단한 대로 실천할 수 있는 믿음과 지혜와 힘을 주옵소서. 우리 주 예수 그리스도의 이름으로 기도합니다. 아멘.

회원문답 / 감독회장과 총회 회원
　(감독회장이 총회 회원에게 묻고 총회 회원은 대답하는 표로 오른손을 든다.)

감독회장 : 총회 회원 여러분! 여러분이 선택한 감독들에 대해서 확인하며, 감독으로 섬기려는 뜻을 알기 위해서이니 묻는 말에 성실하게 대답하시기 바랍니다.

감독회장 : 여러분은 ○○○, ○○○, ○○○, ……, ○○○ 목사가 기독교대한감리회의 법대로 감독에 당선된 것을 승인하십니까?
회　　원 : 예, 우리가 승인합니다.

감독회장 : 감독들이 자신의 직무를 성실히 행하도록, 여러분은 모든 일에 협조할 것을 약속합니까?
회　　원 : 예, 우리가 약속합니다.

감독회장 : 여러분은 감독들을 교회의 지도자로 존경하며 그들의 지도에 성실히 따르겠습니까?
회　　원 : 예, 우리가 따르겠습니다.

기도 / 감독회장

전능하신 하나님! 총회 회원이 은혜로운 결단을 하게 하셨사오니 그대로 실천할 수 있는 성실한 마음을 허락하사 오늘 대답한 것이 그리스도 안에서 참되게 하옵소서. 우리 주 예수 그리스도의 이름으로 기도합니다. 아멘.

선언 / 감독회장

교회의 머리가 되시는 예수 그리스도의 이름과 이 총회의 권한에 의거하여 ○○○, ○○○, ○○○, ……, ○○○ 목사가 법대로 기독교대한감리회의 감독으로 취임한 것을 선언합니다.

취임 감독과 교회에 부탁할 말씀 / 맡은이(취임 감독과 교회에 부탁할 말씀을 각각 다른 사람을 세워 하거나 한 사람이 할 수 있다.)

감사의 인사 / 취임 감독 대표

기도 / 맡은이(감독회장이 다음과 같이 말한 후, 맡은이가 기도한다. 전임 감독 중에서 기도 순서를 맡는다.)

감독회장 : 사랑하는 여러분! 우리가 전능하신 하나님께 오늘 취임하는 감독들과 교회 그리고 성도 사이에 맺어진 관계가 변치 않기를 위해서 기도합시다.

기도 1(전임 감독 중에서) : 자비로우신 하나님! 사랑하시는 독생자 예수님을 구주로 주셨으니 감사합니다. 주님의 교회를 위하여 사도와 예언자와 전도인과 목사와 교사들을 세우신 것을 감사합니다. 새로운 직분을 맡게 된 기독교대한감리회의 감독들에게 은혜를 베푸사 저들로 하여금 주님의 복음을 널리 전파하게 하시며 주어진 직권으로 남을 도와주며 사랑할 수 있는 충성된 사명자가 되게 하여 주옵소서. 아멘.

기도 2(전임 감독 중에서) : 은혜로우신 하나님! 주님의 교회에 새로운 책임을 맡은 감독들에게 은총을 내리사 지혜와 총명과 능력과 재능을 주옵소서. 그리스도의 마음을 품고 순결하고 겸손하며 온유하게 하시고 열성과 사랑과 정확한 판단력을 주심으로 교회를 잘 다스리는 충성된 일꾼이 되게 하옵소서. 또 비옵기는 주님이 세우신 기독교대한감리회의 감독들을 사랑하사 맡은 직분을 감당하는 중에 어려운 일과 괴로운 일을 당할 때 위로와 소망과 용기를 주옵소서. 모든 일을 참고 견딜 수 있게 하시고 굳센 믿음을 주셔서 모든 시험과 유혹을 이기게 하옵소서. 날마다 두려움이나 부끄러움 없이 주님을 바라보며 즐겁고 평안한 생활을 할 수 있도록 도와주옵소서. 아멘.

기도 3(전임 감독 중에서) : 전능하신 하나님! 주님이 세우신 기독교대한감리회에 속한 모든 교회를 위해 기도합니다. 주님의 교회를 위해 비옵나니 이 교회들로 그리스도의 참된 몸이 되게 하사 이 교회들을 통하여 주님의 뜻이 나타나고 주님의 사업이 성취되게 하옵소서. 하나님의 정의와 공의가 실현되어 주님의 교회들 안에서 분쟁이 없게 하시고 성도의 사랑이 교회들 안에 충만하게 하옵소서. 저희가 성령 충만 받아 그리스도 안에서 하나가 되어 하나님의 선교와 교회들의 교육과 성도의 교제와 사회를 위한 봉사를 통하여 하나님의 뜻을 이 땅에 이루게 하옵소서. 예수 그리스도의 이름으로 기도합니다. 아멘.

송영(찬송가 3장) / 찬양대

성부 성자와 성령 찬송과 영광 돌려보내세
태초로 지금까지 또 영원 무궁토록 성삼위게 영광 영광 아멘

취임사 / 신임 감독회장

축하문 또는 축전 낭독 / 총회 서기

찬송(찬송가 212장) / 다함께(일어서서)

1. 겸손히 주를 섬길 때 괴로운 일이 많으나
   구주여 내게 힘주사 잘 감당하게 하소서
2. 인자한 말을 가지고 사람을 감화 시키며
   갈길을 잃은 무리를 잘 인도하게 하소서
3. 구주의 귀한 인내를 깨달아 알게 하시고
   굳건한 믿음 주셔서 늘 승리하게 하소서
4. 장래의 영광 비추사 소망이 되게 하시며
   구주와 함께 살면서 참 평강 얻게 하소서 아멘

축도 / 신임 감독회장

모든 지각 위에 뛰어나신 하나님의 평강이 우리의 마음과 생각을 지키사 믿음과 소망과 사랑 가운데 있게 하시며 전능하신 하나님 아버지와 그 아들 예수 그리스도와 성령의 은총이 저희 가운데 영원히 함께하기를 축원합니다. 아멘.

2. 목사 취임식 순서

집례 : 감독 또는 감리사

조용한 기도(전주) / 다함께

기원 / 집례자(전주 중에 다음과 같이 기원한다.)

교회의 머리가 되시는 주님! 일찍이 사도를 부르셔서 기도하며 말씀을 전하는 일을 맡기시고, 오늘날에도 그 일을 감당하도록 목사를 세우시니 감사합니다. 이 시간 교회의 전통을 계승하고 기독교대한감리회가 정한 교리와 장정에 따라 ○○연회 ○○지방 ○○구역 ○○교회의 담임 목사 취임식을 행하오니, 처음부터 끝까지 은혜가 충만하게 하옵기를 우리 주 예수 그리스도의 이름으로 기원합니다. 아멘.

찬송(찬송가 35장) / 다함께(일어서서)

1. 큰 영화로신 주 이곳에 오셔서 이 모인 자들로 주 백성 삼으사
   그 중에 항상 계시고 그 중에 항상 계시고 큰 영광 나타내소서
2. 이 백성 기도와 또 예물 드림이 향내와 같으니 곧 받으옵소서
   주 예수 크신 복음을 주 예수 크신 복음을 만백성 듣게 하소서
3. 또 우리 자손들 다 주를 기리고 저 성전돌같이 긴하게 하소서
   주 구원하신 능력을 주 구원하신 능력을 늘 끝날까지 주소서
4. 주 믿는 만민이 참 진리 지키며 옛 성도들같이 주 찬송하다가
   저 천국 보좌 앞에서 저 천국 보좌 앞에서 늘 찬송하게 하소서 아멘

신앙고백(감리회 신앙고백) / 다함께

집례자 : 우리는 우주 만물을 창조하시고 섭리하시며 주관하시는 거룩하시고
자비하시며 오직 한 분이신 아버지 하나님을 믿습니다.

회　중 : 우리는 말씀이 육신이 되어 우리 가운데 오셔서 하나님의 나라를 선
포하시고 십자가에 달려 죽으셨다가 부활승천 하심으로 대속자가 되
시고 구세주가 되시는 예수 그리스도를 믿습니다.

집례자 : 우리는 우리와 함께 계셔서 우리를 거듭나게 하시고 거룩하게 하시며
완전하게 하시며 위안과 힘이 되시는 성령을 믿습니다.

회　중 : 우리는 성령의 감동으로 기록된 하나님의 말씀인 성경이 구원에 이르
는 도리와 신앙생활에 충분한 표준이 됨을 믿습니다.

집례자 : 우리는 하나님의 은혜로 믿음을 통해 죄사함을 받아 거룩해지며 하나
님의 구원의 역사에 동참하도록 부름받음을 믿습니다.

회　중 : 우리는 예배와 친교, 교육과 봉사, 전도와 선교를 위해 하나가 된 그
리스도의 몸인 교회를 믿습니다.

집례자 : 우리는 만민에게 복음을 전파함으로 하나님의 정의와 사랑을 나누고
평화의 세계를 이루는 모든 사람들이 하나님 앞에 형제됨을 믿습니
다.

회　중 : 우리는 예수 그리스도의 재림과 심판, 우리 몸의 부활과 영생 그리고
의의 최후 승리와 영원한 하나님 나라를 믿습니다. 아멘.

송영(찬송가 5장) / 다함께

이 천지간 만물들아 복 주시는 주 여호와

전능 성부 성자 성령 찬송하고 찬송하세 아멘

기도 / 맡은이(회중이 앉은 후에 기도한다.)

전능하신 하나님! 죄와 허물로 얼룩진 인류를 사랑하셔서 독생자를 보내시고, 누구든지 그 이름을 믿으면 구원을 얻게 하시려고 독생자의 희생 위에 교회를 세우시니 감사합니다. ○○○교회가 이 땅에 세워진 이래 오늘까지 날마다 구원받을 백성을 부르시고, 한 마음으로 기도할 때마다 들으셔서 은총을 베풀어 주시니 더욱 감사합니다. 이 시간 목사 취임식을 행하오니 저희에게 큰 기쁨을 허락하옵소서. 취임하는 목사에게 앞으로 이 교회를 이끌고 나가기에 부족함이 없도록 지식과 총명과 건강을 더하여 주옵소서. 또한 말씀을 선포할 때마다 오병이어의 역사가 나타나게 하시고, 기도할 때마다 온전하신 하나님의 뜻이 이루어지게 하옵소서. 이 시간 목사 취임을 축하하는 교인들에게는 전보다 더 깊은 사랑, 더 넓은 아량, 더 많은 지혜를 덧입혀 주셔서 세상 끝날까지 모두가 합력하여 교회가 아름다운 구원의 열매를 거두게 하옵소서. 교회의 머리이신 예수 그리스도의 이름으로 기도합니다. 아멘.

성경봉독 / 맡은이

(아래의 성경구절 중에 하나를 선택하여 봉독한다.)

성경봉독 1 : 사람이 마땅히 우리를 그리스도의 일꾼이요, 하나님의 비밀을 맡은 자로 여길지어다. 그리고 맡은 자들에게 구할 것은 충성이니라. 너희에게나 다른 사람에게나 판단 받는 것이 내게는 매우 작은 일이라. 나도 나를 판단하지 아니하노니 내가 자책할 아무 것도 깨닫지 못하나 이로 말미암아 의롭다 함을 얻지 못하노라. 다만 나를 심판하실 이는 주시니라. 그러므로 때가 이르기 전 곧 주께서 오시기까지 아무 것도 판단하지 말라. 그가 어둠에 감추인

것들을 드러내고 마음의 뜻을 나타내시리니 그 때에 각 사람에게
하나님으로부터 칭찬이 있으리라.(고린도전서 4:1~5)

성경봉독 2 : 나는 이제 너희를 위하여 받는 괴로움을 기뻐하고 그리스도의 남
은 고난을 그의 몸된 교회를 위하여 내 육체에 채우노라. 내가 교
회의 일꾼 된 것은 하나님이 너희를 위하여 내게 주신 직분을 따
라 하나님의 말씀을 이루려 함이니라. 이 비밀은 만세와 만대로
부터 감추어졌던 것인데 이제는 그의 성도들에게 나타났고 하나
님이 그들로 하여금 이 비밀의 영광이 이방인 가운데 얼마나 풍
성한지를 알게 하려 하심이라. 이 비밀은 너희 안에 계신 그리스
도시니 곧 영광의 소망이니라. 우리가 그를 전파하여 각 사람을
권하고 모든 지혜로 각 사람을 가르침은 각 사람을 그리스도 안
에서 완전한 자로 세우려 함이니 이를 위하여 나도 내 속에서 능
력으로 역사하시는 이의 역사를 따라 힘을 다하여 수고하노라.(골
로새서 1:24~29)

찬양 / 찬양대

말씀선포 / 감독 또는 감리사

소개 / 서기 또는 맡은이

　(취임하는 목사를 교인들 앞에 세운 후, 다음과 같이 말한다.)

　기독교대한감리회의 교리와 장정에 따라 ○○○교회에 담임목사로 취임하
도록 감독의 파송을 받은 ○○○ 목사를 여러분에게 소개하오니, 큰 기쁨으로
환영해 주시기 바랍니다.

목사 취임 문답 / 감독 또는 감리사

취임 목사에게(취임 목사는 선 채로 보좌하는 이가 들고 있는 성경에 손을 얹는다.)

집례자 : 당신은 기도하며 말씀을 선포하는 일에 최선을 다하겠습니까?
취임 목사 : 예, 최선을 다하겠습니다.

집례자 : 당신은 기독교대한감리회의 교리와 장정을 지키며 교인들에게 가르
　　　　치겠습니까?
취임 목사 : 예, 가르치겠습니다.

집례자 : 당신은 목사로서 신앙과 생활에 흠이 없도록 노력하겠습니까?
취임 목사 : 예, 노력하겠습니다.

집례자 : 당신은 교회가 평안하도록 항상 교인들과 협력하겠습니까?
취임 목사 : 예, 협력하겠습니다.

교인들에게(교인들은 일어서서 대답한다.)

집례자 : 여러분은 오늘 취임하는 목사를 진심으로 환영합니까?
교인들 : 예, 환영합니다.

집례자 : 여러분은 목사를 돕는 일에 물심양면으로 최선을 다하겠습니까?
교인들 : 예, 최선을 다하겠습니다.

기도 / 감독 또는 감리사

은혜로우신 하나님 아버지! 오늘 이 교회에 취임하는 목사와 교인들이 서로 협력하여 선하신 하나님의 일에 최선을 다하겠다고 결심했습니다. 이 결심이 변하지 않음으로써 평안하고 은혜로운 교회가 되도록 인도하옵소서. 우리 주 예수 그리스도의 이름으로 기도합니다. 아멘.

선언 / 감독 또는 감리사

교회의 머리가 되시는 예수 그리스도의 이름과 기독교대한감리회의 교리와 장정과 이 교회의 교인들이 결의한 대로 ○○○ 목사가 ○○○교회에 담임목사로 취임한 것을 선언합니다.

담임목사와 교인에게 부탁할 말씀 / 맡은이

(담임목사와 교인에게 부탁할 말씀을 각각 다른 사람을 세워 하거나 한 사람이 할 수 있다.)

감사의 인사 / 취임 목사(형편에 따라 생략할 수 있다.)

알리는 말씀 / 맡은이

찬송(찬송가 569장) / 다함께(일어서서)

1. 선한 목자 되신 우리 주 항상 인도하시고
   푸른 풀밭 좋은 곳에서 우리 먹여 주소서
   선한 목자 구세주여 항상 인도하소서
   선한 목자 구세주여 항상 인도하소서
2. 양의 문이 되신 예수여 우리 영접하시고
   길을 잃은 양의 무리를 항상 인도하소서

선한 목자 구세주여 기도 들어 주소서
선한 목자 구세주여 기도 들어 주소서

3. 흠이 많고 약한 우리를 용납하여 주시고
주의 넓고 크신 은혜로 자유 얻게 하셨네
선한 목자 구세주여 지금 나아갑니다
선한 목자 구세주여 지금 나아갑니다

4. 일찍 주의 뜻을 따라서 살아가게 하시고
주의 크신 사랑 베푸사 따라가게 하소서
선한 목자 구세주여 항상 인도하소서
선한 목자 구세주여 항상 인도하소서 아멘

축도 / 맡은이

3. 장로 취임식 순서

집례 : 감리사

조용한 기도(전주) / 다함께

기원 / 집례자(전주 중에 다음과 같이 기원한다.)

존귀하신 하나님 아버지! 만민을 구원하시려고 독생자를 보내시고, 그 희생으로 이 땅에 교회를 세우시며, 종말에 이르기까지 빛과 소금의 역할을 감당하도록 섭리하시니 감사합니다. 교회에서 담임교역자를 도와 성례를 보좌하고, 만민에게 복음을 전하며, 교인들의 귀감이 되도록 장로를 세우셨는데, 오늘 우리 교회가 주님의 이름과 기독교대한감리회의 규례에 따라 장로 취임식을 행하려고 합니다. 주님께서 인도하시어 은혜롭고 아름다운 예식이 되게 하시고, 담임하는 목사와 취임하는 장로와 참석한 교인과 내빈들에게 큰 기쁨이 되게 하옵기를 교회의 머리이신 예수 그리스도의 이름으로 기원합니다. 아멘.

찬송(찬송가 23장) / 다함께(일어서서)

1. 만 입이 내게 있으면 그 입 다 가지고
   내 구주 주신 은총을 늘 찬송하겠네
2. 내 은혜로신 하나님 날 도와주시고
   그 크신 영광 널리 펴 다 알게 하소서
3. 내 주의 귀한 이름이 날 위로하시고
   이 귀에 음악 같으니 참 희락 되도다
4. 내 죄의 권세 깨뜨려 그 결박 푸시고
   이 추한 맘을 피로써 곧 정케 하셨네 아멘

교독(교독문 10번) / 다함께

> 집례자 : 하나님이여 나를 지켜 주소서 내가 주께 피하나이다.
>
> 회　중 : 내가 여호와께 아뢰되 주는 나의 주님이시오니 주 밖에는 나의 복이
> 없다 하였나이다.

> 집례자 : 땅에 있는 성도들은 존귀한 자들이니 나의 모든 즐거움이 그들에게
> 있도다.
>
> 회　중 : 다른 신에게 예물을 드리는 자는 괴로움이 더할 것이라.

> 집례자 : 여호와는 나의 산업과 나의 잔의 소득이시니 나의 분깃을 지키시나
> 이다.
>
> 회　중 : 내게 줄로 재어 준 구역은 아름다운 곳에 있음이여 나의 기업이 실로
> 아름답도다.

> 집례자 : 나를 훈계하신 여호와를 송축할지라.
>
> 회　중 : 밤마다 내 심장이 나를 교훈하도다.

> 집례자 : 내가 여호와를 항상 내 앞에 모심이여
>
> 회　중 : 그가 나의 오른쪽에 계시므로 내가 흔들리지 아니하리로다.

송영(찬송가 2장) / 다함께

찬양 성부 성자 성령 삼위일체께
영세 무궁하기까지 영광을 돌리세 영광을 돌리세 아멘

기도 / 맡은이(회중이 앉은 후에 맡은이가 기도한다.)

존귀하신 하나님 아버지! 하나님에게서 멀어진 인생들이 어두움 속에서 방황할 때 빛으로 오신 주님을 믿어 누구든지 생명의 빛을 얻게 하시니 감사합니다. 주님의 희생으로 세워진 교회에서 봉사하도록 머리에 기름을 부으시고 ○○○지방의 ○○교회 장로를 세우셨으니, 이 직책을 잘 감당하도록 도와주옵소서. 오늘 취임하는 장로들이 머리를 숙여, 두 손을 모아, 무릎을 꿇고 기도할 때마다 들으셔서 뜻이 하늘에서 이룬 것같이 땅에서도 이루어지게 하옵소서. 교회 안에서 사사로운 생각으로 앞장서거나 뒤로 물러나지 않고, 담임목사를 도와 늘 하나님의 뜻을 따르도록 인도하옵소서. 이 교회가 장로를 세우기까지 다른 의견을 가진 교인들이 있더라도 관용과 이해와 사랑으로 감싸주며, 오직 교회를 존속시키고 성장시키며 죄인을 구원하여 날마다 믿는 자의 수가 늘어나고 역사와 사회를 성화하며 하나님의 정의와 평화를 실현하는 일에 모든 받은 바 은사를 사용하게 하옵소서. 저희를 구원하신 구세주 예수님 이름으로 기도합니다. 아멘.

성경봉독 / 맡은이(아래의 성경구절 중에 하나를 선택하여 봉독한다.)

성경봉독 1 : 바울이 더베와 루스드라에도 이르매 거기 디모데라 하는 제자가 있으니 그 어머니는 믿는 유대 여자요, 아버지는 헬라인이라. 디모데는 루스드라와 이고니온에 있는 형제들에게 칭찬 받는 자니 바울이 그를 데리고 떠나고자 할새 그 지역에 있는 유대인으로 말미암아 그를 데려다가 할례를 행하니 이는 그 사람들이 그의 아버지는 헬라인인 줄 다 앎이러라. 여러 성으로 다녀 갈 때에 예루살렘에 있는 사도와 장로들이 작정한 규례를 그들에게 주어 지키게 하니 이에 여러 교회가 믿음이 더 굳건해지고 수가 날마다 늘어가니라.(사도행전 16:1~5)

성경봉독 2 : 장로인 나는 택하심을 받은 부녀와 그의 자녀들에게 편지하노니 내가 참으로 사랑하는 자요, 나뿐 아니라 진리를 아는 모든 자도 그리하는 것은 우리 안에 거하여 영원히 우리와 함께 할 진리로 말미암음이로다. 은혜와 긍휼과 평강이 하나님 아버지와 아버지의 아들 예수 그리스도께로부터 진리와 사랑 가운데서 우리와 함께 있으리라. 너의 자녀들 중에 우리가 아버지께 받은 계명대로 진리를 행하는 자를 내가 보니 심히 기쁘도다. 부녀여, 내가 이제 네게 구하노니 서로 사랑하자. 이는 새 계명 같이 네게 쓰는 것이 아니요, 처음부터 우리가 가진 것이라. 또 사랑은 이것이니 우리가 그 계명을 따라 행하는 것이요, 계명은 이것이니 너희가 처음부터 들은 바와 같이 그 가운데서 행하라 하심이라. 미혹하는 자가 세상에 많이 나왔나니 이는 예수 그리스도께서 육체로 오심을 부인하는 자라. 이런 자가 미혹하는 자요, 적그리스도니 너희는 스스로 삼가 우리가 일한 것을 잃지 말고 오직 온전한 상을 받으라. 지나쳐 그리스도의 교훈 안에 거하지 아니하는 자는 다 하나님을 모시지 못하되 교훈 안에 거하는 그 사람은 아버지와 아들을 모시느니라. 누구든지 이 교훈을 가지지 않고 너희에게 나아가거든 그를 집에 들이지도 말고 인사도 하지 말라. 그에게 인사하는 자는 그 악한 일에 참여하는 자임이라.(요한2서 1:1~11)

찬양 / 찬양대

말씀선포 / 맡은이

장로 취임 문답 / 집례자

취임 장로에게(담임목사가 취임하는 장로들을 불러 교인들 앞에 세운 후, 집례자가 진행한다.)

집례자 : 여러분은 기독교대한감리회의 장로가 된 것을 하나님께 감사합니까?

취임 장로 : 예, 감사합니다.

집례자 : 여러분은 기독교대한감리회의 교리와 장정이 합법적인 것을 믿고 준
　　　　 수하며 순종하겠습니까?

취임 장로 : 예, 힘써 그렇게 하겠습니다.

집례자 : 여러분은 담임목사를 돕는 일에 물심양면으로 헌신하겠습니까?

취임 장로 : 예, 힘써 헌신하겠습니다.

집례자 : 여러분은 교회가 평안하고, 교인들이 화목하도록 노력하겠습니까?

취임 장로 : 예, 노력하겠습니다.

집례자 : 여러분은 항상 장로의 품위를 유지하도록 최선을 다하겠습니까?

취임 장로 : 예, 힘써 최선을 다하겠습니다.

교인들에게(교인들은 일어서서 대답한다.)

집례자 : 여러분은 이 장로들이 취임하는 것을 진심으로 환영합니까?

교　　인 : 예, 환영합니다.

집례자 : 여러분은 장로를 도와 이 교회를 성숙한 그리스도의 교회가 되도록
　　　　 노력하겠습니까?

교　　인 : 예, 힘써 노력하겠습니다.

기도 / 집례자 또는 맡은이

은혜로우신 하나님 아버지! 오늘 이 교회를 담임하는 목사와 ○○○교회에 파송되어 취임하는 장로와 모든 교인이 한 마음이 되었으니 앞으로도 그 마음이 변하지 않도록 늘 인도하옵소서. 이 자리에서 고백한 것보다 더 큰 믿음을 주시고, 더 아름다운 소망을 주시며, 더 따뜻한 사랑을 주옵소서. 그 믿음과 소망과 사랑으로 세상 끝날까지 빛과 소금의 역할을 감당하는 교회가 되게 하옵소서. 우리 주 예수 그리스도의 이름으로 기도합니다. 아멘.

선언 / 집례자(이때 취임하는 장로들은 일어나서 교인들을 바라본다.)

교회의 머리이신 예수 그리스도의 이름으로 ○○○ 장로가 기독교대한감리회 ○○연회 ○○지방회 ○○구역 ○○교회에 장로로 취임한 것을 선언합니다.

송영 / 찬양대

장로와 교인에게 부탁할 말씀 / 맡은이(장로와 교인에게 부탁할 말씀을 각각 다른 사람을 세워 하거나 한 사람이 할 수 있다.)

감사의 인사 / 취임 장로 대표(상황에 따라 생략할 수 있다.)

알리는 말씀 / 맡은이

찬송(찬송가 552장) / 다함께(일어서서)

1. 아침 해가 돋을 때 만물 신선하여라 나도 세상 지낼 때 햇빛 되게 하소서
   주여 나를 도우사 세월 허송 않고서 어둔 세상 지낼 때 햇빛 되게 하소서
2. 새로 오는 광음을 보람 있게 보내고 주의 일을 행할 때 햇빛 되게 하소서

주여 나를 도우사 세월 허송 않고서 어둔 세상 지낼 때 햇빛 되게 하소서

3. 한번 가면 안 오는 빠른 광음 지날 때 귀한 시간 바쳐서 햇빛 되게 하소서
   주여 나를 도우사 세월 허송 않고서 어둔 세상 지낼 때 햇빛 되게 하소서

4. 밤낮 주를 위하여 몸과 맘을 드리고 주의 사랑 나타내 햇빛 되게 하소서
   주여 나를 도우사 세월 허송 않고서 어둔 세상 지낼 때 햇빛 되게 하소서
   아멘

축도 / 감리사 또는 맡은이

4. 목사 은퇴식 순서

집례 : 맡은이

조용한 기도(전주) / 다함께

기원 / 집례자(전주 중에 다음과 같이 기원한다.)

은혜로우신 주님! 주님의 몸된 교회를 사랑하셔서 목사를 세우시고, 기도하며 말씀을 전하는 권한을 맡기시니 감사합니다. 오늘 우리는 교회의 머리이신 주님의 이름으로 ○○○ 목사의 은퇴식을 행하려고 이 자리에 모였습니다. 처음부터 끝까지 하나님의 은혜와 사랑이 충만한 예식이 되도록 인도하옵기를 우리 주 예수 그리스도의 이름으로 기원합니다. 아멘.

찬송(찬송가 28장) / 다함께(일어서서)

1. 복의 근원 강림하사 찬송하게 하소서 한량없이 자비하심 측량할 길 없도다
   천사들의 찬송가를 내게 가르치소서 구속하신 그 사랑을 항상 찬송합니다
2. 주의 크신 도움 받아 이때까지 왔으니 이와 같이 천국에도 이르기를 바라네
   하나님의 품을 떠나 죄에 빠진 우리를 예수 구원하시려고 보혈 흘려주셨네
3. 주의 귀한 은혜 받고 일생 빚진 자 되네 주의 은혜 사슬 되사 나를 주께 매소서
   우리 맘은 연약하여 범죄하기 쉬우니 하나님이 받으시고 천국인을 치소서
   아멘

기도 / 맡은이(회중이 앉은 후에 기도한다.)

복의 근원이신 하나님 아버지! 오늘 저희가 하나님께 이끌려 오직 복음을 전

하는 일에 평생 헌신한 ○○○ 목사의 은퇴식을 행하고 있습니다. 비록 사람들이 주관하지만, 하나님께서 섭리하시므로 경건하고 은혜로운 예식이 되도록 도와주옵소서. 아직도 하나님의 말씀을 전하며, 나라와 교회와 백성을 위해 기도할 수 있는 능력이 있음에도 불구하고, 기독교대한감리회의 교리와 장정에 따라 새로운 시대를 열어갈 후진들에게 그 자리를 물려주며 은퇴하는 ○○○ 목사에게 건강을 허락하셔서 남은 생애 동안 아직 이루지 못한 일에 최선을 다하도록 인도하옵소서. 지금까지 곁에서 협력한 사모와 가족을 긍휼히 여기셔서 하나님께 붙잡힌 가정에게 내리시는 복을 받아 누리게 하옵소서. 오늘 은퇴하는 ○○○ 목사가, 비록 몸은 떠나지만 마음은 항상 교회와 교인들에게 남아, 언제든지 어느 곳에서든지 기도할 때마다 들으셔서 예전과 다름없는 똑같은 은총을 베풀어 주옵소서. 노년에 드리는 기도에 더 큰 능력이 따르게 하옵소서. 오랫동안 동고동락한 교인들을 위로하시고, 함께 나눈 사랑을 잊지 않음으로써 아름다운 교제가 지속되게 하옵소서. 우리 주 예수 그리스도의 이름으로 기도합니다. 아멘.

송영 / 찬양대

성경봉독 / 맡은이(아래의 성경구절 중에 하나를 선택하여 봉독한다.)

성경봉독 1 : 야곱의 집이여 이스라엘 집에 남은 모든 자여 내게 들을지어다. 배에서 태어남으로부터 내게 안겼고 태에서 남으로부터 내게 업힌 너희여 너희가 노년에 이르기까지 내가 그리하겠고 백발이 되기까지 내가 너희를 품을 것이라. 내가 지었은즉 내가 업을 것이요 내가 품고 구하여 내리라.(이사야 46:3~4)

성경봉독 2 : 여호외여, 다윗을 위하여 그의 모든 겸손을 기억하소서. 그가 여호와께 맹세하며 야곱의 전능자에게 서원하기를 내가 내 장막 집에 들어가지 아니하며 내 침상에 오르지 아니하고 내 눈으로 잠들게 하지 아니하며 내 눈꺼풀로 졸게 하지 아니하기를 여호와의 처소 곧 야곱의 전능자의 성막을 발견하기까지 하리라 하였나이다. 우리가 그것이 에브라다에 있다 함을 들었더니 나무 밭에서 찾았도다. 우리가 그의 계신 곳으로 들어가서 그의 발등상 앞에서 엎드려 예배하리로다. 여호와여, 일어나사 주의 권능의 궤와 함께 평안한 곳으로 들어가소서. 주의 제사장들은 의를 옷 입고 주의 성도들은 즐거이 외칠지어다. 주의 종 다윗을 위하여 주의 기름 부음 받은 자의 얼굴을 외면하지 마옵소서. 여호와께서 다윗에게 성실히 맹세하셨으니 변하지 아니하실지라. 이르시기를 네 몸의 소생을 네 왕위에 둘지라. 네 자손이 내 언약과 그들에게 교훈하는 내 증거를 지킬진대 그들의 후손도 영원히 네 왕위에 앉으리라 하셨도다. 여호와께서 시온을 택하시고 자기 거처를 삼고자 하여 이르시기를 이는 내가 영원히 쉴 곳이라. 내가 여기 거주할 것은 이를 원하였음이로다. 내가 이 성의 식료품에 풍족히 복을 주고 떡으로 그 빈민을 만족하게 하리로다. 내가 그 제사장들에게 구원을 옷 입히리니 그 성도들은 즐거이 외치리로다. 내가 거기서 다윗에게 뿔이 나게 할 것이라. 내가 내 기름 부음 받은 자를 위하여 등을 준비하였도다. 내가 그의 원수에게는 수치를 옷 입히고 그에게는 왕관이 빛나게 하리라 하셨도다.(시편 132:1~18)

성경봉독 3 : 나는 선한 싸움을 싸우고 나의 달려갈 길을 마치고 믿음을 지켰으니 이제 후로는 나를 위하여 의의 면류관이 예비되었으므로 주곧 의로우신 재판장이 그 날에 내게 주실 것이며 내게만 아니라 주의 나타나심을 사모하는 모든 자에게도니라.(디모데후서 4:7~8)

찬양 / 찬양대

말씀선포 / 맡은이

약력 소개 / 맡은이

　(이 예식을 연회에서 행하면 연회 총무가 은퇴하는 이의 이름을 부르며, 참석한 사람들은 일어나서 박수한다. 이 예식을 교회에서 행하면 장로 가운데 한 사람이 담당한다.)

선언 / 집례자

　(연회에서 행할 경우)
　기독교대한감리회의 교리와 장정에 따라 ○○○ 목사가 ○○○연회에서 은퇴하였음을 선언합니다.

　(교회에서 행할 경우)
　기독교대한감리회의 교리와 장정에 따라 ○○○ 목사가 ○○○연회 ○○○교회에서 은퇴하였음을 선언합니다.

기념품 증정 / 맡은이(교회와 각 기관에서 화환이나 기념품을 증정한다.)

은퇴 목사와 교인에게 부탁할 말씀 / 맡은이

　(가급적 은퇴 목사와 비슷한 연령에 있는 목사가 담당한다.)

감사의 인사 / 은퇴 목사 또는 대표자

축가 / 맡은이(형편에 따라 생략할 수 있다.)

알리는 말씀 / 집례자 또는 맡은이

찬송(찬송가 447장) / 다함께(일어서서)

1. 이 세상 끝날까지 주 섬겨 살리니 내 친구 되신 주여 늘 함께 하소서
   주 나와 함께 하면 전쟁도 겁없고 주 나를 인도하면 늘 안심하리라
2. 나 주를 따를 때에 주 약속하신 것 그 영광 중에 모두 이루어주소서
   나 주의 뒤를 따라 섬기며 살리니 그 크신 은혜 속에 날 인도하소서
3. 이 세상 온갖 시험 내 맘을 흔들고 저 악한 원수들이 안팎에 있으나
   주 나를 돌보시사 내 방패 되시고 내 옆에 계신 것을 늘 알게 하소서
4. 저 영광 빛난 곳을 주 허락했으니 그 허락하신 곳을 늘 사모합니다
   끝까지 쉬지 않고 주 따라 가리니 주 넓은 사랑으로 늘 인도하소서 아멘

축도 / 맡은이

5. 장로 은퇴식 순서

집례 : 담임목사

조용한 기도(전주) / 다함께

기원 / 집례자(전주 중에 다음과 같이 기원한다.)

거룩하시고 자비로우신 하나님, 저희 교회에서 시무한 ○○○ 장로가 기독교대한감리회의 교리와 장정에 따라 은퇴하므로, 오늘 은퇴식을 행하오니, 이 예식이 아름답게 진행되도록 우리 주 예수 그리스도의 이름으로 기원합니다. 아멘.

찬송(찬송가 90장) / 다함께(일어서서)

1. 주 예수 내가 알기 전 날 먼저 사랑했네
   그 크신 사랑 나타나 내 영혼 거듭났네
   주 내 맘에 늘 계시고 나 주의 안에 있어
   저 포도 비유같으니 참 좋은 나의 친구
2. 내 친구 되신 예수님 날 구원하시려고
   그 귀한 몸을 버리사 내 죄를 대속했네
   나 주님을 늘 믿으며 그 손을 의지하고
   내 몸과 맘을 바쳐서 끝까지 충성하리
3. 내 진실하신 친구여 큰 은혜 내려 주사
   날 항상 보호하시고 내 방패 되옵소서
   그 풍성한 참 사랑을 뉘 능히 끊을소냐
   날 구원하신 예수는 참 좋은 나의 친구

기도 / 맡은이(회중이 앉은 후에 기도한다.)

만물을 창조하신 하나님 아버지! 교회에서 평생 봉사한 ○○○ 장로의 은퇴식을 행하려고 모였습니다. 이 예식이 하나님의 뜻 안에서 진행되도록 인도하시고, 이 예식을 통해 새로운 하나님의 뜻을 깨닫게 하옵소서. 그동안 시간과 재물과 노력을 아끼지 않고 헌신한 ○○○ 장로와 그 가족을 기억하시고, 은퇴 후에도 더욱 건강하고 평안하도록 도와주옵소서. 이전보다 더 큰 은총을 베푸사 계획한 모든 일이 아름다운 열매를 거둘 수 있도록 그 사업과 일터를 붙잡아 주옵소서. 하나님께서 장로의 여생을 기쁘게 받아 주옵소서. 우리 주 예수 그리스도의 이름으로 기도합니다. 아멘.

송영 / 찬양대

성경봉독 / 맡은이(아래의 성경구절 중에 하나를 선택하여 봉독한다.)

성경봉독 1 : 여호와여, 왕이 주의 힘으로 말미암아 기뻐하며 주의 구원으로 말미암아 크게 즐거워하리이다. 그의 마음의 소원을 들어 주셨으며 그의 입술의 요구를 거절하지 아니하셨나이다. 주의 아름다운 복으로 그를 영접하시고 순금 관을 그의 머리에 씌우셨나이다. 그가 생명을 구하매 주께서 그에게 주셨으니 곧 영원한 장수로소이다. 주의 구원이 그의 영광을 크게 하시고 존귀와 위엄을 그에게 입히시나이다. 그가 영원토록 지극한 복을 받게 하시며 주 앞에서 기쁘고 즐겁게 하시나이다. 왕이 여호와를 의지하오니 지존하신 이의 인자함으로 흔들리지 아니하리이다.(시편 21:1~7)

성경봉독 2 : 주께서 사랑하시는 형제들이 우리가 항상 너희에 관하여 마땅히 하나님께 감사할 것은 하나님이 처음부터 너희를 택하사 성령의 거룩하게 하심과 진리를 믿음으로 구원을 받게 하심이니 이를 위하여 우리의 복음으로 너희를 부르사 우리 주 예수 그리스도의 영광을 얻게 하려 하심이니라. 그러므로 형제들아 굳건하게 서서 말로나 우리의 편지로 가르침을 받은 전통을 지키라. 우리 주 예수 그리스도와 우리를 사랑하시고 영원한 위로와 좋은 소망을 은혜로 주신 하나님 우리 아버지께서 너희 마음을 위로하시고 모든 선한 일과 말에 굳건하게 하시기를 원하노라.(데살로니가후서 2:13~17)

찬양 / 찬양대

말씀선포 / 담임목사 또는 맡은이

약력 소개 / 맡은이

(이 예식을 지방회에서 거행할 경우 지방회 서기가 담당하고, 만약 여러 명이 은퇴하면 그 이름을 모두 부르며, 참석한 사람들은 일어서서 박수한다. 이 예식을 개체교회에서 행할 경우 당회 서기가 담당한다.)

선언 / 집례자

(지방회에서 행할 경우)

기독교대한감리회의 규례에 따라 ○○○ 장로가 ○○○지방회에서 은퇴하였음을 선언합니다.

(개체교회에서 행할 경우)

기독교대한감리회의 규례에 따라 ○○○ 장로가 ○○○교회에서 은퇴하였음을 선언합니다.

기념품 증정 / 맡은이(교회와 기관을 대표하여 기념품을 증정한다.)

은퇴 장로와 교인에게 부탁할 말씀 / 맡은이(은퇴 장로와 교인에게 부탁할 말씀을 각각 다른 사람을 세워 하거나 한 사람이 할 수 있다.)

감사의 인사 / 은퇴 장로 대표

축가 / 맡은이

알리는 말씀 / 집례자 또는 맡은이

찬송(찬송가 370장) / 다함께(일어서서)

1. 주 안에 있는 나에게 딴 근심 있으랴 십자가 밑에 나아가 내 짐을 풀었네
2. 그 두려움이 변하여 내 기도 되었고 전날의 한숨 변하여 내 노래 되었네
3. 내 주는 자비하셔서 늘 함께 계시고 내 궁핍함을 아시고 늘 채워주시네
4. 내 주와 맺은 언약은 영 불변하시니 그 나라 가기까지는 늘 보호하시네
(후렴)
　　주님을 찬송하면서 할렐루야 할렐루야
　　내 앞길 멀고 험해도 나 주님만 따라가리

축도 / 맡은이

6. 선교사 파송식 순서

(이 예식이 예배에 포함되면 말씀선포 뒤에 진행한다.)

집례 : 맡은이

조용한 기도(전주) / 다함께

기원 / 집례자(전주 중에 다음과 같이 기원한다.)

교회의 머리가 되시는 주님! 땅 끝까지 복음을 전하라고 당부하신 말씀에 따라 예루살렘에서 시작한 선교의 역사가 오늘에 이르렀습니다. 그동안 언어와 민족과 종교가 다른 나라에서 크고 작은 고난을 물리치며 오직 주님의 말씀에 순종하여 몸과 마음을 바쳐 헌신한 선교사들을 기억하옵소서. 선교사로 가는 길에 주님께서 동행하심을 믿고 오늘 다시 새로운 일꾼들을 보내려고 하오니, 이 예식을 통해 주님의 은혜에 감사하며, 살아 계신 하나님의 능력을 믿으며, 성령의 도우심을 확신하면서 담대하게 선교의 사명을 감당하게 하옵기를 우리 주 예수 그리스도의 이름으로 기원합니다. 아멘.

찬송(찬송가 505장) / 다함께

(일어서서 부른다. 이 예식이 예배에 포함되면 생략한다.)

1. 온 세상 위하여 나 복음 전하리 만백성 모두 나와서 주 말씀 들어라
   죄 중에 빠져서 헤매는 자들아 주님의 음성 듣고서 너 구원 받으라
2. 온 세상 위하여 이 복음 전하리 저 죄인 회개하고서 주 예수 믿으라
   이 세상 구하려 주 돌아가신 것 나 증거하지 않으면 그 사랑 모르리
3. 온 세상 위하여 주 은혜 임하니 주 예수 이름 힘입어 이 복음 전하자

먼 곳에 나가서 전하지 못해도 나 어느 곳에 있든지 늘 기도 힘쓰리

(후렴)

전하고 기도해 매일 증인되리라 세상 모든 사람 다 듣고 그 사랑 알도록

성경봉독 / 맡은이(회중이 앉은 후 아래의 성경구절 중에 하나를 선택하여 봉독한다.)

성경봉독 1 : 예수께서 나아와 말씀하여 이르시되 하늘과 땅의 모든 권세를 내
게 주셨으니 그러므로 너희는 가서 모든 민족을 제자로 삼아 아버
지와 아들과 성령의 이름으로 세례를 베풀고 내가 너희에게 분부
한 모든 것을 가르쳐 지키게 하라. 볼지어다. 내가 세상 끝날까지
너희와 항상 함께 있으리라 하시니라.(마태복음 28:18~20)

성경봉독 2 : 그들이 모였을 때에 예수께 여쭈어 이르되 주께서 이스라엘 나라
를 회복하심이 이 때니이까 하니 이르시되 때와 시기는 아버지께
서 자기의 권한에 두셨으니 너희가 알 바 아니요 오직 성령이 너
희에게 임하시면 너희가 권능을 받고 예루살렘과 온 유대와 사마
리아와 땅 끝까지 이르러 내 증인이 되리라 하시니라.(사도행전
1:6~8)

성경봉독 3 : 주께서 내 곁에 서서 나에게 힘을 주심은 나로 말미암아 선포된
말씀이 온전히 전파되어 모든 이방인이 듣게 하려 하심이니 내가
사자의 입에서 건짐을 받았느니라. 주께서 나를 모든 악한 일에
서 건져내시고 또 그의 천국에 들어가도록 구원하시리니 그에게
영광이 세세무궁토록 있을지어다 아멘.(디모데후서 4:17~18)

말씀선포 / 맡은이(예배에 포함해서 행할 때는 생략한다.)

봉헌과 봉헌기도 / 맡은이(예배에 포함해서 행할 때는 생략한다.)

소개 / 집례자 또는 맡은이(파송받을 선교사의 이름을 한 사람씩 불러 앞에 세운다. 이때 선교사가 소속한 교회나 선교사를 후원하는 교회의 담임목사 또는 장로 대표들이 미리 앞자리에 앉도록 광고한다.)

문답과 서약 / 집례자 또는 맡은이

집례자 : 우리는 당신(여러분)이 선교사에게 요구되는 지식과 능력을 갖추었다고 판단했습니다. 이제 당신(여러분)을 선교사로 파송하기 전 마지막으로 당신(여러분)의 결심을 다짐하는 문답을 하겠습니다. 조금이라도 자신이 없으면 문답을 중단하도록 요청하십시오. 그렇지 않으면 이 문답을 통해 인류를 구원하시려고 십자가를 지신 주님의 은혜에 감사하며 기독교대한감리회의 선교사로 부름받은 것을 기뻐하는 시간이 되기를 바랍니다.

선교사와 그 가정에게

집례자 : 하나님께서 세계 모든 사람을 사랑하신다고 믿습니까?
선교사와 그 가정 : 예, 제가(우리가) 믿습니다.

집례자 : 당신(여러분)이 선교사로 파송된 것은 성령께서 인도하신 것이라고 믿습니까?
선교사와 그 가정 : 예, 제가(우리가) 믿습니다.

집례자 : 당신(여러분)은 하나님의 거룩하신 뜻을 따라 기독교대한감리회 파송 선교사로 ○○○ 선교를 위해 부름을 받았음을 확신합니까?

선교사와 그 가정 : 예, 제가(우리가) 그렇게 믿습니다.

집례자 : 당신(여러분)은 우리 주 예수 그리스도의 선교를 본받아 성령의 능력
       을 의지하는 가운데 복음전파와 교육, 치유, 봉사에 전적으로 헌신하
       겠습니까?
선교사와 그 가정 : 예, 제가(우리가) 전적으로 헌신하겠습니다.

집례자 : 당신(여러분)은 기독교대한감리회 선교사로서 영적, 도덕적 생활에 최
       선을 다해 자기 관리에 힘쓰며, 선교사 관리규정에 명시된 모든 의무
       와 책임을 다하겠습니까?
선교사와 그 가정 : 예, 제가(우리가) 최선을 다해 따르겠습니다.

집례자 : 언어와 인종과 문화를 극복하여 선교지 주민과 화합하겠습니까?
선교사와 그 가정 : 예, 제가(우리가) 최선을 다해 화합하겠습니다.

집례자 : 현지에서 끊임없이 선교에 필요한 지식과 경험을 쌓도록 노력하겠습
       니까?
선교사와 그 가정 : 예, 제가(우리가) 최선을 다해 노력하겠습니다.

집례자 : 당신(여러분)이 파송된 후에 선교국과 소속연회 그리고 후원교회와 선
       교 동역자들과 잘 연락하고 협력하면서 최선을 다해 성실과 양심으로
       선교에 힘쓰기를 서약합니까?
선교사와 그 가정 : 예, 제가(우리가) 진심으로 서약합니다.

후원교회와 단체에게(후원교회와 단체 회원을 서게 한 후 다음과 같이 묻는다.)
집례자 : ○○○교회 여러분, 그리고 ○○○선교후원회 여러분, 여러분은 ○
       ○○ 선교사와 그 가정을 돕게 됨을 주님이 주시는 복으로 믿고, 기도

와 헌금 그리고 봉사로 최선을 다해 후원할 것을 서약합니까?

후원교회와 단체 회원 : 예, 우리가 기쁜 마음으로 그렇게 후원하기를 서약합니다.

선교사 협약서 교환 / 후원교회와 선교사(미리 준비한 선교사 협약서를 교환한다.)

기도 / 집례자 또는 맡은이

온 인류를 사랑하시는 하나님 아버지! 인류를 구원하려는 의지로 십자가를 지신 주님의 사랑에 감격하여 그 이름을 땅 끝까지 전하고, 그 사랑으로 온 인류가 하나 되기를 소망하며 한 번 밖에 주어지지 않은 인생을 헌신하기로 결단한 이들을 기억하옵소서. 저희는 교회 이름으로 선교사들을 보내지만, 주님께서는 이들이 어느 곳에서 무엇을 하든지 항상 인도하실 줄로 믿습니다. 이들을 후원하는 교회와 교인들을 기억하시고, 그들의 정성어린 후원으로 선교사들이 큰 힘을 얻게 하시며, 아름다운 소식을 주고받도록 은총을 베풀어 주옵소서. 선교사와 함께 떠나는 가족과 남아 있는 가족에게 힘을 주시고, 그들이 기도할 때마다 들으셔서 선교사들에 대한 신뢰와 확신이 약해지지 않도록 믿음을 더하여 주옵소서. 오늘 새로 파송 받는 선교사들에게 성령의 은사를 덧입혀 주시고, 지금 이 시간 세계 도처에서 활동하는 선교사들을 붙들어 주옵소서. 이들의 수고로 인류 구원의 역사가 이루어지게 하옵소서. 세상 땅 끝까지 복음이 전파되기를 원하시는 예수 그리스도의 이름으로 기도합니다. 아멘.

선언 / 집례자 또는 맡은이

(소속 교회 또는 후원 교회의 담임목사, 또는 장로 대표가 각 선교사의 어깨에 두 손을 얹은 채 파송 위원장 또는 감독이 다음과 같이 선언한다.)

기독교대한감리회의 규례에 따라 오늘 부름받은 ○○○ 선교사를(여러 명일 경우 그 이름을 일일이 다 부른다.) 너희는 가서 모든 족속으로 제자를 삼아 아버지와 아들과 성령의 이름으로 세례를 주라 하신 예수 그리스도의 이름으로 파송합니다. 아멘.

파송장 수여 / 집례자 또는 맡은이(파송 위원장이 선교사와 한 사람씩 악수한 후 파송장을 수여하고, 참석자들은 모두 일어서서 박수한다.)

선교사와 교회에 부탁할 말씀 / 맡은이(선교사와 교회에 부탁할 말씀을 각각 다른 사람을 세워 하거나 한 사람이 할 수 있다.)

알리는 말씀 / 맡은이

찬송(찬송가 507장) / 다함께(일어서서)

1. 저 북방 얼음산과 또 대양 산호섬 저 남방 모든 나라 수많은 백성들
   큰 죄악 범한 민족 다 구원 얻으려 참 빛을 받은 우리 곧 오라 부른다
2. 주 은혜 받은 우리 큰 책임 잊고서 주 예수 참된 구원 전하지 않으랴
   온 세상 모든 백성 참 구원 얻도록 온 몸과 재산 드려 이 복음 전하자
3. 만왕의 왕된 예수 이 세상 오셔서 만 백성 구속하니 참 구주시로다
   저 부는 바람따라 이 소식 퍼치고 저 바다 물결 따라 이 복음 전하자 아멘

축도 / 맡은이

V. 이 · 취임식 부록

1. 감독 이 · 취임식 순서

(연회별로 장소와 시간을 정한 후 행한다. 총회에서 이임과 취임을 겸하여 행하고 연회별 취임을 생략할 수 있다.)

집례 : 감독회장 또는 맡은이

조용한 기도(전주) / 다함께

기원 / 집례자(전주 중에 다음과 같이 기원한다.)

전능하신 하나님 아버지! 주님께서 교회를 세우시고, 그 가운데 기독교대한 감리회를 사랑하셔서 감독의 직무를 맡기시니 감사합니다. 지난 수년간 그 직무를 감당한 감독과 앞으로 그 직무를 감당할 감독이 오늘 이 자리에 함께 섰습니다. 이임하는 감독을 위로하시고, 취임하는 감독에게 힘을 주옵소서. 이 예식을 통해 저희가 한 주님을 따르는 제자요, 주님의 교회를 섬기는 동역자요, 한 믿음을 가진 그리스도인이라는 사실을 확인하게 하옵소서. 앞으로 하나님의 일을 감당하는 일꾼으로서 저희가 서로 협력하여 선한 열매를 거두게 하옵소서. 우리 주 예수 그리스도의 이름으로 기원합니다. 아멘.

찬송(찬송가 585장) / 다함께(일어서서)

1. 내 주는 강한 성이요 방패와 병기 되시니

큰 환난에서 우리를 구하여 내시리로다

옛 원수 마귀는 이때도 힘을 써 모략과 권세로

무기를 삼으니 천하에 누가 당하랴

2. 내 힘만 의지할 때는 패할 수밖에 없도다

힘 있는 장수 나와서 날 대신하여 싸우네

이 장수 누군가 주 예수 그리스도 만군의 주로다

당할 자 누구랴 반드시 이기리로다

3. 이 땅에 마귀 들끓어 우리를 삼키려 하나

겁내지 말고 섰거라 진리로 이기리로다

친척과 재물과 명예와 생명을 다 빼앗긴대도

진리는 살아서 그 나라 영원하리라 아멘

신앙고백(감리회 신앙고백) / 다함께

집례자 : 우리는 우주 만물을 창조하시고 섭리하시며 주관하시는 거룩하시고
자비하시며 오직 한 분이신 아버지 하나님을 믿습니다.

회　중 : 우리는 말씀이 육신이 되어 우리 가운데 오셔서 하나님의 나라를 선
포하시고 십자가에 달려 죽으셨다가 부활승천 하심으로 대속자가 되
시고 구세주가 되시는 예수 그리스도를 믿습니다.

집례자 : 우리는 우리와 함께 계셔서 우리를 거듭나게 하시고 거룩하게 하시며
완전하게 하시며 위안과 힘이 되시는 성령을 믿습니다.

회　중 : 우리는 성령의 감동으로 기록된 하나님의 말씀인 성경이 구원에 이르
는 도리와 신앙생활에 충분한 표준이 됨을 믿습니다.

집례자 : 우리는 하나님의 은혜로 믿음을 통해 죄사함을 받아 거룩해지며 하나
님의 구원의 역사에 동참하도록 부름받음을 믿습니다.

회　중 : 우리는 예배와 친교, 교육과 봉사, 전도와 선교를 위해 하나가 된 그
　　　　리스도의 몸인 교회를 믿습니다.

집례자 : 우리는 만민에게 복음을 전파함으로 하나님의 정의와 사랑을 나누
　　　　고 평화의 세계를 이루는 모든 사람들이 하나님 앞에 형제됨을 믿습
　　　　니다.

회　중 : 우리는 예수 그리스도의 재림과 심판, 우리 몸의 부활과 영생 그리고
　　　　의의 최후 승리와 영원한 하나님 나라를 믿습니다. 아멘.

기도 / 맡은이(회중이 앉은 후에 기도한다.)

　　성삼위 하나님께 감사와 찬양과 영광을 드립니다. ○○○ 목사를 기독교대
한감리회 ○○○연회를 대표하는 감독으로 부르셔서 수년간 감독의 직무를
맡기신 것을 감사합니다. 오직 하나님의 뜻에 합당하게 살면서 맡은 직무를 잘
감당했기에 다시 이 자리에 세우신 줄로 믿사오니, 감독으로 있었을 동안 터득
한 경륜을 후임 감독에게 계승시켜 아름다운 연회상을 확립하도록 도와주옵소
서. 또한 감독의 직무를 감당하는 동안 뒤에서 보이지 않게 기도한 사람들에게
복을 내리시고, 감독에서 물러나더라도 그 기도가 끊이지 않도록 붙잡아 주옵
시며, 몸과 마음이 항상 건강하도록 인도하옵소서. 오늘 취임하는 ○○○ 감
독에게 능력을 덧입혀 주시고, 그 가족과 교회와 연회가 한 마음 한 뜻이 되어
쉬지 않고 기도함으로 기독교대한감리회 ○○연회 감독의 직무를 잘 감당하
게 하시며, 마침내 임기를 마치고 다시 이 자리에서 하나님의 은혜로 감독의
직무를 잘 감당했다고 고백할 수 있도록 늘 동행하여 주옵소서. 오늘 여기 모
인 교역자들은 ○○○ 감독이 직무를 수행하는 동안 선배로, 동역자로, 그리
고 후배로서 그분을 칭찬하고, 이해하고, 존경하는 마음을 잃지 않음으로 그
모습을 바라보는 모든 교인의 가슴에 커다란 감동이 일어나게 하옵소서. 이 예
식이 진행되는 동안 악한 기운이 들어오지 않게 지키시고, 이 예식을 통해 기

독교대한감리회 ○○연회에 속한 교역자와 교인들이 살아 계신 하나님 아버지의 은혜와 사랑을 체험하도록 처음부터 끝까지 보살펴 주옵소서. 우리 주 예수 그리스도의 이름으로 기도합니다. 아멘.

송영 / 찬양대

성경봉독 / 맡은이(아래의 성경구절 중에 하나를 선택하여 봉독한다.)

성경봉독 1 : 오직 너 하나님의 사람아 이것들을 피하고 의와 경건과 믿음과 사랑과 인내와 온유를 따르며 믿음의 선한 싸움을 싸우라. 영생을 취하라. 이를 위하여 네가 부르심을 받았고 많은 증인 앞에서 선한 증언을 하였도다. 만물을 살게 하신 하나님 앞과 본디오 빌라도를 향하여 선한 증언을 하신 그리스도 예수 앞에서 내가 너를 명하노니 우리 주 예수 그리스도께서 나타나실 때까지 흠도 없고 책망 받을 것도 없이 이 명령을 지키라. 기약이 이르면 하나님이 그의 나타나심을 보이시리니 하나님은 복되시고 유일하신 주권자이시며 만왕의 왕이시며 만주의 주시요 오직 그에게만 죽지 아니함이 있고 가까이 가지 못할 빛에 거하시고 어떤 사람도 보지 못하였고 또 볼 수 없는 이시니 그에게 존귀와 영원한 권능을 돌릴지어다 아멘.(디모데전서 6:11~16)

성경봉독 2 : 감독은 하나님의 청지기로서 책망할 것이 없고 제 고집대로 하지 아니하며 급히 분내지 아니하며 술을 즐기지 아니하며 구타하지 아니하며 더러운 이득을 탐하지 아니하며 오직 나그네를 대접하며 선행을 좋아하며 신중하며 의로우며 거룩하며 절제하며 미쁜 말씀의 가르침을 그대로 지켜야 하리니 이는 능히 바른 교훈으로 권면하고 거슬러 말하는 자들을 책망하게 하려 함이라.(디도서 1:7~9)

찬양 / 찬양대

말씀선포 / 감독회장

소개 / 집례자 또는 연회 서기(이임 감독과 취임 감독을 소개한다.)

직무 인계 / 이임 감독(연회의 상징물인 성경, 사회봉, 깃발 등을 취임 감독에게 인계
한다.)

선포 / 집례자(직무 인계와 동시에 다음과 같이 선포하고, 참석자들은 일어서서 박수한
다.)

기독교대한감리회 ○○○연회 감독의 직무가 ○○○ 감독에게서 ○○○
감독에게로 인계되었음을 교회의 머리가 되시는 예수 그리스도의 이름으로 선
포합니다.

치사 / 맡은이(이임 감독의 재임 중 행적에 대하여 간략하게 소개하며 치하한다.)

이임사 / 이임 감독(감사의 인사를 겸하여 이임사를 한다.)

취임 감독과 교회에 부탁할 말씀 / 맡은이(취임 감독과 교회에 부탁할 말씀을 각
각 다른 사람을 세워 하거나 한 사람이 할 수 있다. 취임 감독에게 부탁할
말씀을 맡은 이는 감독에 대하여 간단하게 소개할 수 있다.)

취임사 / 취임 감독(감사의 인사를 겸하여 취임사를 한다.)

기념품 증정 / 취임 감독(먼저, 취임 감독이 이임 감독에게 기념패를 증정한다. 축하

예물을 받는 것은 이·취임식 후에 개인적으로 하고, 상징적으로 꽃다
발을 한 번 받는 것으로 한다.)

알리는 말씀 / 집례자 또는 맡은이

찬송(찬송가 461장) / 다함께(일어서서)

1. 십자가를 질 수 있나 주가 물어 보실 때
   죽기까지 따르오리 성도 대답하였다
2. 너는 기억하고 있나 구원받은 강도를
   저가 회개하였을 때 낙원 허락 받았다
3. 걱정 근심 어둔 그늘 너를 둘러 덮을 때
   주께 네 영 맡기겠나 최후 승리 믿으며
4. 이런 일 다 할 수 있나 주가 물어보실 때
   용감한 자 바울처럼 선뜻 대답하리라
(후렴)
   우리의 심령 주의 것이니 주님의 형상 만드소서
   주 인도 따라 살아갈 동안 사랑과 충성 늘 바치오리다 아멘

축도 / 감독 또는 맡은이

2. 감리사 이 · 취임식 순서

(연회에서 감리사를 선출한 후, 감리사 이 · 취임식은 지방별로 장소와 시간을 정한 후 행한다. 연회에서 행하고 각 지방별 이 · 취임식은 생략할 수 있다.)

집례 : 지방회 선교부 총무

조용한 기도(전주) / 다함께

기원 / 집례자(전주 중에 다음과 같이 기원한다.)

하나님 아버지! 세상이 어지럽고 혼탁할 때마다 하나님께서 일꾼들을 부르시어 구원의 역사를 계속 이어가시는 것으로 믿고 감사합니다. 오늘 이 시간 저희가 믿음으로 기도하고 기독교대한감리회의 교리와 장정에 따라 ○○○연회에서 선출한 감리사의 이 · 취임식을 행하려고 합니다. 처음부터 끝까지 하나님께서 베풀어 주시는 사랑스러운 마음들이 향기로 피어나게 하시고, 이 예식을 통해 더욱 발전하는 지방회가 되게 하시며, 이 · 취임하는 감리사를 위로하고 환영하는 자리가 되게 하옵소서. 우리 주 예수 그리스도의 이름으로 기원합니다. 아멘.

찬송(찬송가 595장) / 다함께(일어서서)

1. 나 맡은 본분은 구주를 높이고 뭇 영혼 구원 얻도록 잘 인도함이라
2. 부르심 받들어 내 형제 섬기며 구주의 뜻을 따라서 내 정성 다하리
3. 주 앞에 모든 일 잘 행케 하시고 이후에 주님 뵈올 때 상 받게 하소서
4. 나 항상 깨어서 늘 기도 드리며 내 믿음 변치 않도록 날 도와주소서 아멘

신앙고백(감리회 신앙고백) / 다함께

집례자 : 우리는 우주 만물을 창조하시고 섭리하시며 주관하시는 거룩하시고
　　　　자비하시며 오직 한 분이신 아버지 하나님을 믿습니다.

회　중 : 우리는 말씀이 육신이 되어 우리 가운데 오셔서 하나님의 나라를 선
　　　　포하시고 십자가에 달려 죽으셨다가 부활승천 하심으로 대속자가 되
　　　　시고 구세주가 되시는 예수 그리스도를 믿습니다.

집례자 : 우리는 우리와 함께 계셔서 우리를 거듭나게 하시고 거룩하게 하시며
　　　　완전하게 하시며 위안과 힘이 되시는 성령을 믿습니다.

회　중 : 우리는 성령의 감동으로 기록된 하나님의 말씀인 성경이 구원에 이르
　　　　는 도리와 신앙생활에 충분한 표준이 됨을 믿습니다.

집례자 : 우리는 하나님의 은혜로 믿음을 통해 죄사함을 받아 거룩해지며 하나
　　　　님의 구원의 역사에 동참하도록 부름받음을 믿습니다.

회　중 : 우리는 예배와 친교, 교육과 봉사, 전도와 선교를 위해 하나가 된 그
　　　　리스도의 몸인 교회를 믿습니다.

집례자 : 우리는 만민에게 복음을 전파함으로 하나님의 정의와 사랑을 나누고
　　　　평화의 세계를 이루는 모든 사람들이 하나님 앞에 형제됨을 믿습니
　　　　다.

회　중 : 우리는 예수 그리스도의 재림과 심판, 우리 몸의 부활과 영생 그리고
　　　　의의 최후 승리와 영원한 하나님 나라를 믿습니다. 아멘.

기도 / 맡은이(회중이 앉은 후에 기도한다.)

　전능하신 하나님 아버지! 구원의 빛이 보이지 않아서 모든 인류가 절망하고

있을 때 한 줄기 생명의 빛을 이 세상에 비추시고, 누구든지 그 빛으로 나아오면 아무 대가도 없이 구원을 얻게 하시니 감사합니다. 그 빛이 이 땅에 비추인이래 하나님의 경륜에 따라 끊임없이 여러 인생들에게 생명의 빛을 비추도록 기독교대한감리회를 세우신 줄로 믿습니다. 오늘 우리는 감리교회 안에 있는여러 가지 직책들 가운데 감리사를 아주 명예롭게 여기며 지난 수년 동안 그직책을 헌신적으로 감당한 전임 감리사의 노고를 치하하고 앞으로 그 직책을맡아 물심양면으로 봉사할 신임 감리사의 결심을 굳게 하려고 이 자리에 모였습니다. 이 모임을 통해 더 단결하는 ○○지방회가 되게 하시고, ○○○연회안에 있는 여러 지방회 가운데 가장 모범적인 지방회가 되게 하옵소서. 감리사의 직무를 시작하는 이 예식이 하나님께 모든 영광을 드리고, 참석한 교역자와교인들에게 큰 기쁨이 되도록 처음부터 끝까지 주님의 능하신 손으로 붙들어주옵소서. 우리 주 예수 그리스도의 이름으로 기도합니다. 아멘.

송영 / 찬양대

성경봉독 / 맡은이(아래의 성경구절 중에 하나를 선택하여 봉독한다.)

성경봉독 1 : 사울이 예루살렘에 가서 제자들을 사귀고자 하나 다 두려워하여
그가 제자 됨을 믿지 아니하니 바나바가 데리고 사도들에게 가서
그가 길에서 어떻게 주를 보았는지와 주께서 그에게 말씀하신 일
과 다메섹에서 그가 어떻게 예수의 이름으로 담대히 말하였는지
를 전하니라. 사울이 제자들과 함께 있어 예루살렘에 출입하며 또
주 예수의 이름으로 담대히 말하고 헬라파 유대인들과 함께 말하
며 변론하니 그 사람들이 죽이려고 힘쓰거늘 형제들이 알고 가이
사랴로 데리고 내려가서 다소로 보내니라. 그리하여 온 유대와 갈
릴리와 사마리아 교회가 평안하여 든든히 서 가고 주를 경외함과
성령의 위로로 진행하여 수가 더 많아지니라.(사도행전 9:26~31)

성경봉독 2 : 너희를 위하여 같은 간절함을 디도의 마음에도 주시는 하나님께 감사하노니 그가 권함을 받고 더욱 간절함으로 자원하여 너희에게 나아갔고 또 그와 함께 한 그 형제를 보내었으니 이 사람은 복음으로써 모든 교회에서 칭찬을 받는 자요 이뿐 아니라 그는 동일한 주의 영광과 우리의 원을 나타내기 위하여 여러 교회의 택함을 받아 우리가 맡은 은혜의 일로 우리와 동행하는 자라. 이것을 조심함은 우리가 맡은 이 거액의 연보에 대하여 아무도 우리를 비방하지 못하게 하려 함이니 이는 우리가 주 앞에서뿐 아니라 사람 앞에서도 선한 일에 조심하려 함이라. 또 그들과 함께 우리의 한 형제를 보내었노니 우리는 그가 여러 가지 일에 간절한 것을 여러 번 확인하였거니와 이제 그가 너희를 크게 믿으므로 더욱 간절하니라. 디도로 말하면 나의 동료요 너희를 위한 나의 동역자요 우리 형제들로 말하면 여러 교회의 사자들이요 그리스도의 영광이니라. 그러므로 너희는 여러 교회 앞에서 너희의 사랑과 너희에 대한 우리 자랑의 증거를 그들에게 보이라.(고린도후서 8:16~24)

찬양 / 찬양대

말씀선포 / 맡은이

취임선언 / 감독 또는 맡은이(취임 감리사에게 성경 또는 사회봉을 전달한 후 다음과 같이 말한다.)

기독교대한감리회 ○○○연회 ○○○지방회 감리사로 ○○○ 목사가 취임한 것을 교회의 머리이신 예수 그리스도의 이름으로 선언합니다.

치사 / 맡은이(이임 감리사의 재임 중 행적에 대하여 간략하게 소개하며 치하한다.)

이임사 / 이임 감리사(감사의 인사를 겸하여 이임사를 한다.)

지방기 전달 / 이임 감리사(취임 감리사에게 지방기를 전달한다.)

취임사 / 취임 감리사(지방기를 받아 총무에게 맡긴 후 바로 취임사를 한다.)

취임 감리사와 교회에 부탁할 말씀 / 맡은이(취임 감리사와 교회에 부탁할 말씀을 각각 다른 사람을 세워 하거나 한 사람이 할 수 있다.)

기념품 증정 / 취임 감리사(먼저, 취임 감리사가 이임 감리사에게 기념패를 증정한다. 축하예물을 받는 것은 이·취임식 후에 개인적으로 하고, 상징적으로 교회 또는 여선교회에서 준비한 꽃다발을 한 번 받는 것으로 한다.)

알리는 말씀 / 집례 또는 맡은이

찬송(찬송가 455장) / 다함께(일어서서)
1. 주님의 마음을 본받는 자 그 맘에 평강이 찾아옴은
   험악한 세상을 이길 힘이 하늘로부터 임함이로다
   주님의 마음 본받아 살면서 그 거룩하심 나도 이루리
2. 주 모습 내 눈에 안보이며 그 음성 내 귀에 안 들려도
   내 영혼 날마다 주를 만나 신령한 말씀 늘 배우도다
   주님의 마음 본받아 살면서 그 거룩하심 나도 이루리
3. 가는 길 거칠고 험하여도 내 맘에 불평이 없어짐은
   십자가 고난을 이겨내신 주님의 마음 본받음이라
   주님의 마음 본받아 살면서 그 거룩하심 나도 이루리

4. 주 예수 세상에 다시 오실 그 날엔 뭇 성도 변화하여
   주님의 빛나는 그 형상을 다함께 보며 주 찬양하리
   주님의 마음 본받아 살면서 그 거룩하심 나도 이루리

축도 / 감독 또는 맡은이

3. 원로 목사(장로) 추대식 순서

(연회에서 목사 은퇴식이 있으므로, 각 교회에서는 은퇴식을 이중으로 하지 말고 원로목사 추대식, 또는 새로 담임할 목사 취임식과 추대식을 병행하는 것이 바람직하다. 또한 지방회에서 장로 은퇴식이 있으므로, 각 교회에서는 장로 취임식과 원로 장로 추대식을 병행하는 것이 바람직하다.)

집례 : 담임목사

조용한 기도(전주) / 다함께

기원 / 집례자(전주 중에 다음과 같이 기원한다.)

하나님 아버지! 모든 인생에게서 감사와 찬양을 받으시기에 부족함이 없으신 주님의 성호를 소리 높여 찬양합니다. 오늘은 우리가 만민을 구원하는 사명을 지닌 교회에서 일평생 그 사명을 감당한 ○○○ 목사(장로)를 원로 목사(장로)로 추대하는 예식을 행하려고 모였습니다. 이 예식이 사람들의 생각대로 진행되지 않도록 지켜 주시고, 이 예식에서 드러난 행동보다 더 깊은 마음으로 하나님을 경외하도록 믿음을 더하여 주옵소서. 저희에게 영생을 주신 예수 그리스도의 이름으로 기원합니다. 아멘.

찬송(찬송가 95장) / 다함께(일어서서)

1. 나의 기쁨 나의 소망되시며 나의 생명이 되신 주
   밤낮 불러서 찬송을 드려도 늘 아쉰 마음뿐일세
2. 나의 사모하는 선한 목자는 어느 꽃다운 동산에
   양의 무리와 늘 함께 가셔서 기쁨을 함께 하실까

3. 길도 없이 거친 넓은 들에서 갈 길 못찾아 애쓰며
   이리 저리로 헤매는 내 모양 저 원수 조롱하도다
4. 주의 자비롭고 화평한 얼굴 모든 천사도 반기며
   주의 놀라운 진리의 말씀에 천지가 화답하도다
5. 나의 진정 사모하는 예수님 음성조차도 반갑고
   나의 생명과 나의 참 소망은 오직 주 예수뿐일세 아멘

교독(교독문 13번) / 다함께

집례자 : 여호와는 나의 목자시니
회　중 : 내게 부족함이 없으리로다.

집례자 : 그가 나를 푸른 풀밭에 누이시며
회　중 : 쉴 만한 물가로 인도하시는도다.

집례자 : 내 영혼을 소생시키시고
회　중 : 자기 이름을 위하여 의의 길로 인도하시는도다.

집례자 : 내가 사망의 음침한 골짜기로 다닐지라도 해를 두려워하지 않을 것은
회　중 : 주께서 나와 함께 하심이라 주의 지팡이와 막대기가 나를 안위하시나
　　　　 이다.

집례자 : 주께서 내 원수의 목전에서 내게 상을 차려 주시고
회　중 : 기름을 내 머리에 부으셨으니 내 잔이 넘치나이다.

집례자 : 내 평생에 선하심과 인자하심이 반드시 나를 따르리니
회　중 : 내가 여호와의 집에 영원히 살리로다.

기도 / 맡은이(회중이 앉은 후에 기도한다.)

　　교회를 사랑하시는 하나님 아버지! ○○교회가 세워진 후 오늘까지 지켜 주시니 감사합니다. 모든 성도가 한 마음 한 뜻이 되어 하나님께 예배하며, 복음을 전하며, 사랑으로 하나님과 이웃을 섬김으로 화목하고 은혜로운 교회가 된 줄로 믿고 진심으로 찬양합니다. 온 교인들의 마음과 뜻과 정성을 모아 원로목사(장로)로 모시고자 하오니, 이 예식을 통해 이전보다 더 큰 믿음을 확인하도록 이 예식에 참석한 모든 교인을 붙들어 주옵소서. 사람의 생각으로는 한 자리에 오랫동안 머물고 싶겠으나, 하나님의 경륜으로는 새로운 사명이 주어질 때마다 그 자리에서 떠나는 것인 줄로 믿습니다. 그 경륜에 따라 기독교대한감리회 ○○연회에서 은퇴한 ○○○ 목사(기독교대한감리회 ○○연회 ○○지방회에서 은퇴한 ○○○ 장로)를 원로 목사(장로)로 추대하오니 이 모든 계획이 하나님의 경륜 안에서 이루어진 것에 감사합니다. 이제는 은퇴를 하여 일선에서 물러나 다시 새로운 믿음과 각오로 맡겨진 직무를 잘 감당할 수 있도록 능력을 더하여 주옵소서. 앞으로도 끊임없이 교회를 위하여 기도하며, 담임목사를 도우며, 말씀을 전할 수 있도록 건강을 허락하옵소서. 언제까지나 사람들의 기억 속에 남도록 명예로운 길로 인도하시며, 일생동안 동고동락한 가족에게도 같은 은총을 베풀어 주옵소서. 우리 주 예수 그리스도의 이름으로 기도합니다. 아멘.

송영 / 찬양대

성경봉독 / 맡은이(아래의 성경구절 중에 하나를 선택하여 봉독한다.)

　　성경봉독 1 : 오늘 네 하나님 여호와께서 이 규례와 법도를 행하라고 네게 명령하시나니 그런즉 너는 마음을 다하고 뜻을 다하여 지켜 행하라. 네가 오늘 여호와를 네 하나님으로 인정하고 또 그 도를 행하고 그의 규례와 명령과 법도를 지키며 그의 소리를 들으라. 여호와께서도 네게 말씀하신 대로 오늘 너를 그의 보배로운 백성이 되게 하시고 그의 모든 명령을 지키라 확언하셨느니라. 그런즉 여호와께서 너를 그 지으신 모든 민족 위에 뛰어나게 하사 찬송과 명예와 영광을 삼으시고 그가 말씀하신 대로 너를 네 하나님 여호와의 성민이 되게 하시리라.(신명기 26:16~19)

성경봉독 2 : 하나님의 말씀을 너희에게 일러 주고 너희를 인도하던 자들을 생각하며 그들의 행실의 결말을 주의하여 보고 그들의 믿음을 본받으라. 예수 그리스도는 어제나 오늘이나 영원토록 동일하시니라.(히브리서 13:7~8)

찬양 / 찬양대

말씀선포 / 맡은이

약력 소개 / 맡은이

선언 / 집례자 또는 맡은이(당회 서기가 원로로 추대받는 목사〈장로〉를 소개하고 다음과 같이 선언하면 모두 일어나서 박수한다.)

오늘 교회의 머리이신 예수 그리스도의 이름으로 온 교우들이 ○○○ 목사(장로)를 원로 목사(장로)로 추대합니다.

기념품 증정 / 맡은이(교회와 각 기관에서 정한 순서대로 증정한다.)

원로 목사(장로)와 교인들에게 부탁할 말씀 / 맡은이(가급적 원로 목사〈장로〉
와 비슷한 연령에 있는 목사가 담당한다.)

감사의 인사 / 원로 목사(장로)

축가 / 찬양대 또는 맡은이(별도로 축시를 낭독할 수 있다.)

알리는 말씀 / 집례자 또는 맡은이

찬송(찬송가 135장) / 다함께(일어서서)

1. 어저께나 오늘이나 아무 때든지 영원토록 변함없는 거룩한 말씀
   믿고 순종하는 이의 생명 되시며 한량없이 아름답고 기쁜 말일세
2. 풍랑이는 바다 위로 걸어오시고 갈릴리의 험한 풍파 잔잔케 하고
   겟세마네 동산에서 우리 위하여 눈물짓고 기도하신 고난의 주님
3. 허물 많은 베드로를 용서하시고 의심 많은 도마에게 확신 주시고
   사랑하는 그의 제자 가슴에 안고 부드러운 사랑으로 품어주셨네
4. 엠마오로 행하시던 주님 오늘도 한결같이 우리 곁에 함께 계시고
   우리들을 영접하러 다시 오실 때 변함없는 영광의 주 친히 뵈오리

(후렴)
   어저께나 오늘이나 영원 무궁히 한결같은 주 예수께 찬양합니다
   세상 지나고 변할지라도 영원하신 주 예수 찬양합니다

축도 / 맡은이

VI. 임명식

1. 교회 임원 임명식 순서

집례 : 교회담임자

(이 임명식은 당회에서 임원으로 선출된 이들을 공적으로 인정하기 위하여 임원 임명식 주일을 정하고 예배 순서에 넣어 행한다. 예배 전에 장로, 권사, 집사 순으로 미리 앞자리에 앉게 한다. 집사는 속장과 선교부 집사, 교육부 집사, 사회봉사부 집사, 재무부 집사, 관리부 집사, 문화부 집사 등으로 구분하여 앉게 한다.)

임명식사 / 집례자

사랑하는 교우 여러분! 오늘은, 그리스도의 몸된 우리 교회가 당회에서 새로 선출한 새 임원들이 주님께서 주신 능력과 은사를 따라 맡은 직책을 잘 감당할 것을 다짐하고 인정하는 임명식을 행하고자 합니다. 이 예식을 통해 하나님의 부름을 다시 한 번 확인하며 교회부흥과 하나님 나라 확장을 위해 충성을 다할 것이며 교회에서 영적 생활과 물질적 생활에 있어 교우의 모범이 되며 복음의 증인으로서 담임목사를 도와 섬기는 생활을 다할 수 있게 다시 한 번 결단하도록 도와주실 줄 믿습니다.

찬송(찬송가 94장) / 다함께(예배 순서에 넣어 행할 때는 생략한다.)

1. 주 예수보다 더 귀한 것은 없네 이 세상 부귀와 바꿀 수 없네
   영 죽은 내 대신 돌아가신 그 놀라운 사랑 잊지 못해

2. 주 예수보다 더 귀한 것은 없네 이 세상 명예와 바꿀 수 없네
　　이전에 즐기던 세상 일도 주 사랑하는 맘 뺏지 못해
3. 주 예수보다 더 귀한 것은 없네 이 세상 행복과 바꿀 수 없네
　　유혹과 핍박이 몰려 와도 주 섬기는 내 맘 변치 않아
(후렴)
　　세상 즐거움 다 버리고 세상 자랑 다 버렸네
　　주 예수보다 더 귀한 것은 없네 예수 밖에는 없네

소개 / 집례자 또는 당회 서기

이 예식이 은혜롭게 진행되도록 여러분은 기도하시고, 지금부터 임원들의 이름을 부를 때마다 자리에서 일어서 주시기 바랍니다.

(만약 초를 준비했으면, 이름을 부를 때마다 한 사람씩 앞으로 나와 점화한다. 임원들이 모두 자리에서 일어난 후, 맡은이가 아래 성경을 읽는다.)

성경봉독 / 맡은이

그가 어떤 사람은 사도로, 어떤 사람은 선지자로, 어떤 사람은 복음 전하는 자로, 어떤 사람은 목사와 교사로 삼으셨으니 이는 성도를 온전하게 하여 봉사의 일을 하게 하며 그리스도의 몸을 세우려 하심이라. 우리가 다 하나님의 아들을 믿는 것과 아는 일에 하나가 되어 온전한 사람을 이루어 그리스도의 장성한 분량이 충만한 데까지 이르리니 이는 우리가 이제부터 어린 아이가 되지 아니하여 사람의 속임수와 간사한 유혹에 빠져 온갖 교훈의 풍조에 밀려 요동하지 않게 하려 함이라. 오직 사랑 안에서 참된 것을 하여 범사에 그에게까지 자랄지라. 그는 머리니 곧 그리스도라. 그에게서 온 몸이 각 마디를 통하여 도움을 받음으로 연결되고 결합되어 각 지체의 분량대로 역사하여 그 몸을 자라게

하며 사랑 안에서 스스로 세우느니라.(에베소서 4:11~16)

문답 / 집례자와 임원(만약 임원들이 촛불을 들었으면 두 손으로 초를 붙잡고 대답한
　　　다.)

집례자 : 여러분은 기독교대한감리회의 교리와 장정과 우리 교회의 규례와 전
　　　　통을 따르겠습니까?
임　원 : 예, 따르겠습니다.

집례자 : 여러분은 목사를 도와 교회가 성장하도록 최선을 다하겠습니까?
임　원 : 예, 최선을 다하겠습니다.

집례자 : 여러분은 임원의 직무를 감당할 때 물심양면으로 헌신하겠습니까?
임　원 : 예, 헌신하겠습니다.

집례자 : 여러분은 가정과 일터에서 교인으로서 모범을 보이겠습니까?
임　원 : 예, 모범을 보이겠습니다.

(이때 모두 촛불을 끈다.)

선서 / 임원(장로가 선서할 때는 장로 모두가 일어서고, 선서한 후에는 앉는다. 다른 임
　　　원들이 선서할 때도 그렇게 한다.)

장로 : 우리 장로는
　　　1) 담임자를 도와서 예배와 성례, 예식, 기타 행사를 진행할 때 보좌하
　　　　겠습니다.
　　　2) 담임자를 도와서 교회에서 모든 임원의 활동을 지도 협력하겠습니다.

3) 교회의 재무부를 도와서 교회 재정 유지에 힘쓰겠습니다.

4) 교인들을 심방하여 신앙을 지도하겠습니다.

권사 : 우리 권사는

1) 담임자의 지도 아래 기도회를 인도하겠습니다.

2) 교인들을 심방하여 낙심자를 권면하고 불신자에게 전도하겠습니다.

3) 속회를 분담하여 지도 육성하겠습니다.

속장과 선교부 집사 : 우리 속장과 선교부 집사는

1) 담임자를 도와서 구역 내의 심방과 선교계획을 수립하고 선교활동을
돕겠습니다.

2) 교인들을 심방하고, 낙심자를 권면하며 지도하고, 불신자에게 전도
하겠습니다.

3) 매주간 자기가 담당한 속회를 인도하며 변동사항을 담임자에게 보고
하겠습니다.

4) 속회 헌금을 재무부에 납입하겠습니다.

5) 속도로 하여금 모든 의무와 책임을 감당하도록 권장하며, 속회의 발
전을 위해 힘써 기도하며 노력하겠습니다.

교육부 집사 : 우리 교육부 집사는

1) 담임자를 도와서 교회 내 교육과 훈련에 대한 계획을 수립하겠습
니다.

2) 담임자를 도와서 교인들의 바른 교회생활과 사회생활을 위해 교육하
고 훈련하는 일에 힘쓰겠습니다.

3) 담임자를 도와서 교회학교의 발전과 활발한 운영을 위해 힘쓰겠습
니다.

사회봉사부 집사 : 우리 사회봉사부 집사는

1) 담임자의 지도 아래 교회의 사명을 수행하기 위해 교회와 사회를 위한 봉사사업을 수행하기에 헌신하겠습니다.

2) 어려운 이웃을 돌보며 지역사회 발전을 위해 봉사하겠습니다.

3) 하나님의 나라가 이 땅에도 이루어지게 하는 일에 최선을 다하겠습니다.

재무부 집사 : 우리 재무부 집사는

1) 담임자의 지도 아래 교회 재정의 발전을 위하여 기도하며 힘쓰겠습니다.

2) 교역자의 생활비를 담당하겠습니다.

3) 교회 사업의 예산이 달성될 수 있도록 최선을 다하겠습니다.

관리부 집사 : 우리 관리부 집사는

1) 담임자의 지도 아래 교회의 재산을 정확히 파악하고 관리하며, 예배당의 모든 기명을 거룩하게 보관하겠습니다.

2) 교회와 구역 안에 있는 부동산을 정확히 관리하여, 재단법인 기독교대한감리회 유지재단에 편입하여 등기하겠습니다.

3) 교회의 건물과 비품들을 최선을 다해 관리하겠습니다.

문화부 집사 : 우리 문화부 집사는

1) 담임자를 도와서 교회 음악을 비롯한 각종 예술, 체육활동 등 전반에 관한 계획을 수립하고 이를 시행하겠습니다.

2) 찬양대가 아름다운 음악으로 하나님을 찬양하도록 물심양면으로 돕겠습니다.

3) 교인들이 교회와 일상생활에서 찬송가를 바르게 부르고 많이 부르게 훈련하는 일과, 교회 전체가 하나님을 찬양하여 영광드리는 일에 최

선을 다하도록 힘써 돕겠습니다.

기도 / 집례자

교회를 사랑하시는 하나님 아버지! 오늘 선택받은 임원들이 하나님의 일을 감당할 때마다 물심양면으로 헌신할 것을 약속하며 자신의 결단을 고백했습니다. 이 결단을 지킬 수 있도록 항상 인도하옵소서. 이들이 교회 각 분야에서 신앙과 지식과 경험을 함께 나누어 저희 교회가 빛과 소금의 역할을 감당할 수 있도록 도우소서. 그 모든 일이 오늘 선택받은 임원들의 헌신과 노력으로 이루어질 것으로 믿사오니, 이들에게 더 큰 믿음과 더 높은 소망과 더 깊은 사랑을 주옵소서. 이 예식에 참석한 모든 교인에게도 변함없는 은총을 베풀어 주옵소서. 우리 주 예수 그리스도의 이름으로 기도합니다. 아멘.

성경봉독 / 집례자

너희가 나를 택한 것이 아니요 내가 너희를 택하여 세웠나니 이는 너희로 가서 열매를 맺게 하고 또 너희 열매가 항상 있게 하여 내 이름으로 아버지께 무엇을 구하든지 다 받게 하려 함이라.(요한복음 15:16)

사람이 마땅히 우리를 그리스도의 일꾼이요 하나님의 비밀을 맡은 자로 여길지어다 그리고 맡은 자들에게 구할 것은 충성이니라.(고린도전서 4:1~2)

권면 / 집례자

찬송(찬송가 323장) / 다같이(일어서서)

1. 부름받아 나선 이몸 어디든지 가오리다

괴로우나 즐거우나 주만 따라 가오리니
어느 누가 막으리까 죽음인들 막으리까
어느 누가 막으리까 죽음인들 막으리까

2. 아골골짝 빈들에도 복음 들고 가오리다
소돔같은 거리에도 사랑 안고 찾아가서
종의 몸에 지닌 것도 아낌없이 드리리다
종의 몸에 지닌 것도 아낌없이 드리리다

3. 존귀영광 모든 권세 주님 홀로 받으소서
멸시천대 십자가는 제가 지고 가오리다
이름 없이 빛도 없이 감사하며 섬기리다
이름 없이 빛도 없이 감사하며 섬기리다 아멘

축도 / 담임목사 또는 맡은이

2. 교회학교 교사 임명식 순서

(교사 임명식은 기독교 교육이 그 주일의 주제일 때나, 다른 적당한 때 예배 순서에
넣어 행한다.)

집례 : 맡은이

임명식사 / 집례자

사랑하는 여러분! 이 시간에는 길이요 진리요 생명이신 주님의 말씀을 교회
학교에서 가르칠 교사들을 임명하는 예식을 행하고자 합니다. 먼저 기독교대
한감리회의 교리와 장정과 교회의 전통에 따라 교회학교 교사가 될 수 있는지
확인하는 과정을 거칠 것입니다. 이제 이 예식을 통해 교사들이 다시 한 번 교
회학교 교사로서 조금도 부족하지 않은 믿음과 소망과 사랑을 소유하여 사명
감으로 일할 수 있도록 우리 함께 기도합시다.

소개 / 집례자 또는 교육부장(앞자리에 앉은 교회학교 교사들을 한 사람씩 불러 교인
을 바라보며 서게 한다.)

문답 / 집례자와 교사

집례자 : 여러분은 예수 그리스도께서 구세주이심을 믿습니까?
교　사 : 예, 믿습니다.

집례자 : 여러분은 하나님께서 인류를 사랑하신다고 믿습니까?
교　사 : 예, 믿습니다.

집례자 : 여러분은 성령께서 봉사하는 능력을 주신다고 믿습니까?

교　사 : 예, 믿습니다.

집례자 : 여러분은 기독교대한감리회의 교리와 장정을 지키며 교회의 규례를
　　　　따르겠습니까?

교　사 : 예, 따르겠습니다.

집례자 : 여러분은 어느 학생을 만나도 교사로서 품위를 지키겠습니까?

교　사 : 예, 지키겠습니다.

집례자 : 여러분이 교사로서 알게 된 학생들의 신상을 공개하지 않겠습니까?

교　사 : 예, 공개하지 않겠습니다.

집례자 : 여러분은 교사에게 필요한 지식과 경험을 쌓으려고 노력하겠습니까?

교　사 : 예, 노력하겠습니다.

기도 / 집례자 또는 맡은이

　은혜로우신 하나님 아버지! 이 시간 교회학교 교사들이 한 목소리로 자신들의 믿음과 결단을 고백했습니다. 앞으로도 그 믿음과 결단을 지킬 수 있도록 도와주옵소서. 이들의 헌신적인 노력으로 교회학교가 안정된 가운데 더욱 발전하게 하시고, 그 모습이 교회 안에 있는 모든 기관과 부서에도 영향을 끼쳐 살아 움직이는 교회가 되게 하옵소서. 우리 주 예수 그리스도의 이름으로 기도합니다. 아멘.

선서 / 교사(오른손을 들고 한 목소리로 선서한다.)

선서! 우리는 교회의 머리가 되시는 예수 그리스도의 부르심으로 기독교대
한감리회 ○○○교회학교 교사가 되어 살아 계신 하나님 앞에서 일 년 동안
우리에게 맡겨진 직무에 기쁜 마음으로 충성을 다하여 봉사할 것을 엄숙히 선
서합니다.

선언 / 집례자(다음과 같이 선언하면, 참석자들은 모두 박수한다.)

교회의 머리가 되시는 예수 그리스도의 이름과 기독교대한감리회의 교리와
장정과 우리 교회의 규례에 따라 ○○○ 외 ○○ 명이 교회학교 교사로 임명
되었음을 선언합니다.

임명장 수여 / 집례자 또는 맡은이

(가급적 모든 교사에게 수여하되, 상황에 따라 각 부 교사 대표 한 사람에게만 수여
할 수 있다.)

기도 / 맡은이

생명의 근원이신 하나님 아버지! 저희는 하나님의 나라와 그 의가 말씀에 있
는 줄로 믿고 그 말씀을 교회학교에서 가르쳤으며, 앞으로도 계속 가르칠 것입
니다. 이 일을 감당할 교회학교 교사들이 이 자리에 모였습니다. 비록 이 예식
을 통해 사람의 손으로 기록한 임명장을 수여하지만, 거기에는 사람의 손으로
쓸 수 없는 하나님의 부름이 담긴 것으로 믿습니다. 그 부름에 합당하도록 지
혜와 총명을 덧입혀 주시고, 언제 어디서나 그 직무를 자랑스럽게 여기며 감사
할 수 있도록 늘 인도하옵소서. 날로 새롭게 변하는 시대지만, 하나님의 말씀
은 흠이 없고 영원하다는 확신이 교회학교 교사들의 마음속에 자리잡게 하시
고, 그 확신을 바탕으로 말씀을 가르칠 때마다 천하보다 귀한 생명을 얻는 일
을 감당한다는 긍지를 갖게 하옵소서. 교회 안에 있는 여러 기관들이 서로 협

력하여 교회학교가 더욱 발전하게 하시고, 그 열매로 교회가 서서히 성장할 수 있도록 도우소서. 교회학교 교사들이 이 예식에서만 결단할 것이 아니라, 하나님의 뜻에 순종하며 날마다 자기를 돌아보는 결단을 통해 더욱 성숙한 교사로 거듭나게 하옵소서. 우리 주 예수 그리스도의 이름으로 기도합니다. 아멘.

찬송(찬송가 570장) / 다함께(일어서서)

1. 주는 나를 기르시는 목자요 나는 주님의 귀한 어린 양
   푸른 풀밭 맑은 시냇물가로 나를 늘 인도하여 주신다
2. 예쁜 새들 노래하는 아침과 노을 비끼는 고운 황혼에
   사랑하는 나의 목자 음성이 나를 언제나 불러 주신다
3. 못된 짐승 나를 해치 못하고 거친 비바람 상치 못하리
   나의 주님 강한 손을 펼치사 나를 주야로 지켜 주신다
(후렴)
   주는 나의 좋은 목자 나는 그의 어린 양
   철을 따라 꼴을 먹여 주시니 내게 부족함 전혀 없어라 아멘

축도 / 담임목사 또는 맡은이

3. 찬양대원 임명식 순서

집례 : 교회담임자

（찬양대원 임명식은 예배에 넣어 행한다. 담임자가 찬양대원과 함께 찬양대장, 지휘자, 반주자를 앞으로 나와 앉게 한다.）

임명식사 / 집례자

사랑하는 여러분! 찬양대는 만물을 창조하시고 섭리하시는 하나님의 권능을 소리 높여 찬양합니다. 이처럼 소중한 직무를 감당할 찬양대원을 임명하고자 하오니, 이 예식에 참석한 모든 사람은 찬양대가 경건한 마음으로 찬양하여 하나님께 영광 드리도록 기도하시기 바랍니다.

소개 / 집례자 또는 찬양대장(찬양대원을 한 사람씩 불러 회중 앞에 서게 한다.)

문답 / 집례자와 찬양대원

집례자 : 여러분은 기독교대한감리회의 교리와 장정을 지키며 교회의 규례를 따르겠습니까?
찬양대원 : 예, 따르겠습니다.

집례자 : 여러분은 우리 교회의 찬양대원이 되기를 진심으로 원합니까?
찬양대원 : 예, 원합니다.

집례자 : 여러분은 찬양대원으로서 신앙과 생활에 흠이 없도록 노력하겠습니까?

379

찬양대원 : 예, 노력하겠습니다.

집례자 : 여러분은 찬양대원으로서 지식과 경험을 쌓도록 시간을 지켜 연습하
는 데 최선을 다하겠습니까?
찬양대원 : 예, 최선을 다하겠습니다.

집례자 : 여러분은 서로 화목할 뿐만 아니라 교회 안에 있는 여러 기관과 협력
하겠습니까?
찬양대원 : 예, 협력하겠습니다.

선언 / 집례자(다음과 같이 선언하면 교인들은 환영하며 박수한다.)

교회의 머리가 되시는 예수 그리스도의 이름과 기독교대한감리회의 교리와
장정에 따라 여러분이 찬양대원으로 임명되었음을 선언합니다.

임명장 수여 / 집례자 또는 맡은이

(찬양대장에게 찬양대원들의 임명장을, 지휘자에게 지휘봉을, 반주자에게 찬송가
악보를, 찬양대원 가운데 남자와 여자 대표 한 사람에게 찬양대 예복을 건네 준다.)

권면 / 집례자(찬양대원은 제자리에 앉게 하고 집례자가 회중에게 권면한다.)

사랑하는 여러분! 이 사람들이 우리 교회에서 하나님께 예배할 때 음악으로
봉사할 책임을 담당하였습니다. 우리가 주님의 교회에서 음악으로 봉사할 직
무를 맡긴 이들을 위해 다같이 힘써 기도로 후원하고 이들에게 필요한 모든 것
을 지원해 주시기 바랍니다.

　모든 사람의 찬양과 존귀를 받으시기에 합당하신 하나님! 시와 찬미와 신령한 노래를 부르는 주님의 몸된 교회의 찬양대원들에게 은혜를 베푸사 이들의 마음속에 주님을 향한 찬양이 가득 차게 하시고 거룩한 노래로 주님을 영화롭게 하도록 인도하여 주옵소서. 이 사람들이 하나님께서 주신 재능에 감사하며 언제 어디서든지 하나님의 성호를 찬양하기로 결심했으니, 그 결심이 변하지 않도록 항상 지켜 주옵소서. 우리 주 예수 그리스도의 이름으로 기도합니다. 아멘.

임명식

VII. 봉헌식

1. 봉헌의 의미

봉헌(奉獻)이란 그리스도인들이 특별히 구별된 물질과 더불어 '자신을 하나님께 온전히 드리는 것' 을 말한다. 예배를 통하여 자신의 물질을 성별하여 하나님께 드리는 것이 봉헌이다.

성경에는 솔로몬이 제위 4년 때(B.C. 약 958년)에 성전의 건축공사를 시작하였고 7년 후에 완성하였다. 이스라엘의 온 회중(왕상 8:14)이 참여한 가운데 솔로몬은 대 성전 봉헌식을 가졌다. 신·구약 중간사 때, B.C. 167년에 시리아 왕인 안티오쿠스 에피파네스 4세가 예루살렘의 성전을 빼앗아 그곳에 우상을 두어 더럽혔는데, 마카베오가 예루살렘 성전을 되찾아 다시 축성하는 한편 이를 성결케 하여 하나님께 봉헌한 일이 있다. 이것을 기념하는 절기가 바로 수전절(하누카)이다.

이와 같이 봉헌은 건물을 지어 하나님께 드리는 것과 관계하는 말이다. 그런 뜻에서 여기서 말하는 봉헌식은 예배당을 비롯하여, 이에 따른 부속건물, 교육관, 병원, 학교를 하나님의 뜻을 이룰 목적으로 지어서 하나님께 드리는 것을 의미한다.

1) **예배당 봉헌식** : 하나님의 자녀들이 함께 하나님께 예배하고, 예수 그리스도의 명령을 따라 성례를 행하며, 복음을 전하고, 가르치는 일과 세상을 섬기는 일을 위하여 예배당을 건축한다. 주님을 기쁘게 하고 주님의 이름을 높여 그분의 영광을 드러내고자 예배당을 짓고 봉헌을 한다.

이 과정에서는 대개 네 가지 의식이 있다. 첫째는 기공식(起工式)이고, 둘째는 정초식(定礎式)이며, 셋째는 입당식(入堂式), 넷째는 봉헌식(奉獻式)이다.

기공식은 예배당을 세운다는 것을 널리 알리는 것이다. 왜냐하면 하나님께서 집을 세우지 아니하시면 세우는 자의 수고가 헛되기 때문이다(시 127:1). 그래서 우리는 예배당을 지으려는 기공식에서 천지를 지으신 하나님의 도우심을 구한다 (시 121:1). 예배당을 지어 우리 신앙과 생활의 중심으로 삼으며, 신앙을 구체적으로 표현해야 한다.

정초식은 우리가 예배당을 짓는 연월일을 기록한 돌이나 그밖에 기념될 만한 것들을 머릿돌 함에 넣고 건축공사를 영구히 기념하고자 하는 의식이다. 우리는 이 의식을 통하여 주님께서 교회의 머리이심을 기억하고, 이 집을 준공하여 하나님께 봉헌할 때까지 마음과 뜻과 정성을 다하여 이 공사가 안전하고 순조롭게 이루어지도록 힘써 노력해야 한다. 정초식은 완공하시는 분은 주님이시며(고전 3:11), 집을 지키시고 인도하실 분도 주님이심을 나타낸다.

입당(성별)식은 하나님을 만나는 장소로 예배당을 사모하고, 모여 예배하는 장소로 귀히 여기며, 이곳에 들어와서 예배하고 활동하면서, 하나님께 감사하고 영광을 드리는 의식을 행하는 것이다. 일반 건물과는 달리 이곳에서 예배하면서 하나님을 만나고 대화하며 더욱 가까이 계심을 느끼고 기도하는 곳으로 구별한다. 그런 뜻에서 성별식(聖別式)이라고도 한다.

봉헌식은 예배당을 다 완성하여 준공을 마치고, 건축에 관련된 채무까지 다 해결하고 기독교대한감리회 재단법인에 등기를 필한 후, 하나님께 드리는 뜻으로 행하는 의식이다. 봉헌식에서는 하나님의 인자하심에 감사하고, 하나님만을 참 하나님으로 섬기기로 하는 언약을 재확인한다. 다시 말하면 하나님은 천지를 지으시고 우리 인간을 만드셨기에, 우리 인간은 하나님만 섬기고 그분에게만 영광드리는 것이 우리의 마땅한 자세임을 확인하는 순서다. 봉헌식을 통하여 하나님께 몸과 마음을 다 바치고 새로운 삶을 살기로 약속하면서, 회중이 예배당에서 예배할 때마다 새로운 힘을 얻고, 자신들의 이전 생활을 반성하며, 이 땅에서 하나님의 공의와 사랑을 따라 살겠다고 결단하게 한다. 우리는 봉헌의 과정에서 하나님만을 믿고 섬기기로 약속하며, 그분의 뜻을 이 세상에 펴도록 받은 위임을 확인한다.

2) **병원 봉헌식** : 병원은 질병과 고통으로 신음하는 사람들을 돌보기 위한 건물이다. 우리 주 예수 그리스도께서 세상에 계실 때에 저를 따르는 많은 사람들

에게 병 고치는 은혜를 베푸셨으며, 하나님께서도 이 일을 기뻐하셨다. 그러므로 병원 봉헌식은 이 집을 바쳐 고통받는 자녀들을 돌볼 수 있게 하는 일이 하나님을 영광스럽게 함을 믿고, 이 집을 짓도록 도와주신 하나님을 찬양한다. 우리는 이 집이 완성될 때까지 헌금하고 봉사한 분들의 기도가 이 집을 통하여 하나님께 상달됨을 믿는다.

3) **교회 주택 봉헌식** : 주님의 일꾼인 교역자와 가족이 거주할 교회 주택을 하나님께 봉헌하여 성별함으로써, 이 집이 교역자의 가정으로서 본분과 사명을 다하도록 한다. 이 집을 봉헌하여 주님이 만드신 가정의 목적이 이루어지고, 주님의 일꾼이 이곳에 살면서 즐거움으로 주님을 섬기며 교인을 돌보아 주님을 영화롭게 하도록 한다.

4) **교육관과 선교사회관 봉헌식** : 교육관은 교인을 가르치고 훈련하여 하나님의 나라를 이 땅 위에 확장하고자 하는 그리스도교 교육 사업을 위해 사용하는 장소다. 이 사업은 주님께서 친히 우리에게 "너희는 가서 모든 족속으로 제자를 삼아 아버지와 아들과 성령의 이름으로 세례를 주고 내가 네게 분부한 모든 것을 가르쳐 지키게 하라."고 하신 명령에 따른 것이다. 이 뜻을 성실히 이행하기 위하여 이 교육관을 건축하여 전능하신 하나님 앞에 봉헌한다.

또한 교회는 사회의 빛과 소금이다(마 5:13~16). 따라서 교회는 이 사회의 어두운 곳에 빛을 던지고 썩어가는 양심을 일깨우며 무지와 미신을 몰아내야 한다. 사회개혁을 통하여 하나님께 영광을 드리는 것이다. 그런 면에서 오늘날 교회는 선교사회관을 세워 하나님께 봉헌한다.

5) **학교 건물 봉헌식** : 학교는 각 세대의 지식과 지혜의 보화를 다음 세대에 전달할 뿐만 아니라, 성경에 근거한 인격자와 미래에 봉사할 일꾼을 양육하는 건물이다. 이 고귀한 사업을 완수하려면, 사람이 할 수 있는 최선뿐만 아니라 전능하신 하나님이 복 주셔야 하기에, 이 건물을 지어 하나님께 봉헌한다.

2. 예배당 기공식(起工式)

1) 기공식 지침

(1) 이 의식은 공사 착수 하루 전날 하도록 한다.

(2) 기공식의 장소는 건물이 들어설 공터에서 한다. 이때 임시 강단은 조금 높은 곳을 선정한다.

(3) 한두 주일 전부터 광고하여 전 교인이 참석하도록 한다.

(4) 초청 범위는 그 지역의 교역자, 지방회 임원, 유지들, 기관장 등으로 한다.

(5) 잘 보이는 곳에 신축할 건물 투시도를 설치하고 가까운 곳에 좀 높게 임시 강단을 꾸민다. 내빈석, 찬양대석, 건축위원석, 일반석을 마련한다.

(6) 삽 뜨기를 위한 흙을 준`비하고 띠줄 끊기를 위해 기둥을 세우고 무지개 약속의 상징인 칠색 띠줄을 친 다음 가위, 삽을 마련한다.

(7) 할 수만 있으면 야외용 마이크와 스피커를 준비한다.

(8) 건축위원장은 교회연혁, 교세현황, 건축준비 경과 보고를 간결하게 준비한다.

(9) 옥외인 만큼 우천시 실내에서 실시하는 것도 고려한다.

(10) 순서지를 준비하여 기공식 전에 나누어 준다.

(11) 띠줄 끊기와 삽뜨기의 순서는 교회담임자, 건축위원장, 내빈 등의 순으로 한다.

2) 기공식 순서(1)

집례 : 교회담임자

기공식사 / 집례자

　우리 주 예수 그리스도께서 여러분에게 은혜와 평강 주시기를 기원합니다. 사랑하는 여러분, 오늘 우리는 하나님의 뜻 안에서, ○○○교회의 예배당을 기공하려고 모였습니다. 주님의 집은 세상의 많은 집들과는 달라서 교인들이 주님을 예배하는 일과, 복음을 선포하고 가르치는 일과, 이웃과 세상에 봉사하는 거룩한 사업에 쓰기 위하여 성별한 곳입니다. 이제 하나님께서 역사하시는 예배당을 지으려고 하오니 기쁜 마음으로 참석합시다.

조용한 기도(전주) / 다함께(전주 중에 집례자는 아래의 성경구절을 낭독한다.)

　만군의 여호와여 주의 장막이 어찌 그리 사랑스러운지요 내 영혼이 여호와의 궁정을 사모하여 쇠약함이여 내 마음과 육체가 살아 계시는 하나님께 부르짖나이다(시편 84:1~2). 아멘.

찬송(찬송가 208장) / 다함께(일어서서)

1. 내 주의 나라와 주 계신 성전과 피 흘려 사신 교회를 늘 사랑합니다
2. 내 주의 교회는 천성과 같아서 눈동자 같이 아끼사 늘 보호하시네
3. 이 교회 위하여 눈물과 기도로 내 생명 다하기까지 늘 봉사합니다
4. 성도의 교제와 교회의 위로와 구주와 맺은 언약을 늘 기뻐합니다
5. 하늘의 영광과 베푸신 은혜가 진리와 함께 영원히 시온에 넘치네 아멘

기도 / 맡은이 (회중이 앉은 후에 기도한다.)

전능하시고 영생하시는 하나님, 주님은 늘 저희와 함께하심을 감사합니다. 저희가 이제 주님의 영광을 위하여 마련한 이 땅을 거룩하게 성별하여 주옵소서! 또한 주님의 집인 예배당을 건축하고자 이곳에 모인 주님의 자녀들에게 복을 내려 주옵소서. 여기에 모여 주님을 앙망하는 모든 이에게 긍휼과 자비를 베풀어 주옵소서. 이 집을 짓기 위해 땅을 파서 견고한 터를 닦고 정성을 다하는 주님의 일꾼들에게 복을 주시고, 주님의 뜻에 합당한 예배당을 지을 수 있는 지혜와 능력과 물질을 주옵소서. 교회의 머리이신 우리 주 예수 그리스도의 이름으로 기도합니다. 아멘.

성경봉독 / 맡은이 (아래의 성경구절 중에 하나를 선택하여 봉독한다.)

성경봉독 1 : 너희는 산에 올라가서 나무를 가져다가 성전을 건축하라. 그리하면 내가 그것으로 말미암아 기뻐하고 또 영광을 얻으리라. 여호와가 말하였느니라. 너희가 많은 것을 바랐으나 도리어 적었고 너희가 그것을 집으로 가져갔으나 내가 불어 버렸느니라. 나 만군의 여호와가 말하노라. 이것이 무슨 까닭이냐 내 집은 황폐하였으되 너희는 각각 자기의 집을 짓기 위하여 빨랐음이라.(학개 1:8~9)

성경봉독 2 : 너희는 사도들과 선지자들의 터 위에 세우심을 입은 자라. 그리스도 예수께서 친히 모퉁잇돌이 되셨느니라. 그의 안에서 건물마다 서로 연결하여 주 안에서 성전이 되어 가고 너희도 성령 안에서 하나님이 거하실 처소가 되기 위하여 그리스도 예수 안에서 함께 지어져 가느니라.(에베소서 2:20~22)

성경봉독 3 : 사람에게는 버린 바가 되었으나 하나님께는 택하심을 입은 보배로운 산 돌이신 예수께 나아가 너희도 산 돌 같이 신령한 집으로 세워지고 예수 그리스도로 말미암아 하나님이 기쁘게 받으실 신령한 제사를 드릴 거룩한 제사장이 될지니라. 성경에 기록되었으되 보라 내가 택한 보배로운 모퉁잇돌을 시온에 두노니 그를 믿는 자는 부끄러움을 당하지 아니하리라 하였으니 그러므로 믿는 너희에게는 보배이나 믿지 아니하는 자에게는 건축자들이 버린 그 돌이 모퉁이의 머릿돌이 되고 또한 부딪치는 돌과 걸려 넘어지게 하는 바위가 되었다 하였느니라. 그들이 말씀을 순종하지 아니하므로 넘어지나니 이는 그들을 이렇게 정하신 것이라.(베드로전서 2:4~8)

성경봉독 4 : 여호와께서 집을 세우지 아니하시면 세우는 자의 수고가 헛되며 여호와께서 성을 지키지 아니하시면 파수꾼의 깨어 있음이 헛되도다.(시편 127:1)

찬양 / 찬양대

말씀선포 / 맡은이

교회연혁과 교세현황 보고 / 장로 또는 임원 중에서(상세한 내역은 순서지에 인쇄하도록 하고, 보고는 간단하게 한다.)

건축준비 경과 보고 / 건축위원장

설계설명과 공사진 소개 / 건축위원장(투시도에 의한 간단한 설명을 하고 설계자, 시공자, 감독, 건축위원회 임원 등의 순으로 소개한다.)

교회에 부탁할 말씀 / 내빈 중에서

감사의 인사와 알리는 말씀 / 장로 또는 임원 중에서

찬송(찬송가 204장) / 다함께(일어서서)

1. 주의 말씀 듣고서 준행하는 자는 반석 위에 터 닦고 집을 지음 같아
   비가 오고 물나며 바람 부딪쳐도 반석 위에 세운 집 무너지지 않네
2. 주의 말씀 듣고도 행치 않는 자는 모래 위에 터 닦고 집을 지음 같아
   비가 오고 물나며 바람 부딪칠 때 모래 위에 세운 집 크게 무너지네
3. 세상 모든 사람들 집을 짓는 자니 반석 위가 아니면 모래 위에 짓네
   우리 구주 오셔서 지은 상을 줄 때 세운 공로 따라서 영영 상벌주리
(후렴)
   잘 짓고 잘 짓세 우리 집 잘 짓세 만세 반석 위에다 우리 집 잘 짓세

축도 / 맡은이

은혜로우신 하나님, 하나님께서 이 집을 짓도록 저희에게 허락하셨습니다.
이 집에 하나님의 복을 허락하셔서 집을 짓는 저희를 성령으로 새롭게 하여 주
옵소서. 이제는 예수 그리스도의 은혜와 하나님 아버지의 사랑하심과 성령의
교통하심과 충만하심이 오늘 이 기공식에 참석한 모든 이에게 영원토록 함께
하기를 간절히 축원합니다. 아멘.

띠줄 끊기와 삽뜨기 / 맡은이(안내위원들은 맡은이들의 순서와 서열에 착오가 없도
록 신중히 안내한다.)

3) 기공식 순서(2)

집례 : 교회담임자

기공식사 / 집례자

　사랑하는 여러분, 일찍이 경건한 사람들은 예배와 하나님의 일을 위하여 건물을 짓고, 세상적인 일이나 저속한 모든 일에서 자신을 지켰습니다. 이는 이들의 경건한 행위를 보고 사람들의 마음에 하나님을 경외하는 마음이 가득하게 하며 더 큰 헌신과 겸손으로 봉사하고 사람들의 마음을 감동케 하기 위함이었습니다. 그렇기 때문에 전능하신 하나님께서는 은혜를 베푸셔서 예배당을 건축하는 일을 인정하시고 허락하실 것입니다. 이제 이곳에 하나님이 성별한 집이 세워집니다. 우리는 하나님의 복이 임하도록 충성되고 경건하게 기도해야 하겠습니다.

조용한 기도(전주) / 다함께(전주 중에 집례자는 아래의 성경구절 가운데 한 구절을 낭독한다.)

　만군의 여호와여, 주의 장막이 어찌 그리 사랑스러운지요. 내 영혼이 여호와의 궁정을 사모하여 쇠약함이여 내 마음과 육체가 살아 계시는 하나님께 부르짖나이다.(시편 84:1~2)

　여호와는 위대하시니 우리 하나님의 성, 거룩한 산에서 극진히 찬양 받으시리로다.(시편 48:1)

　만군의 여호와여, 주의 장막이 어찌 그리 사랑스러운지요. 내 영혼이 여호와의 궁정을 사모하여 쇠약함이여 내 마음과 육체가 살아 계시는 하나님께 부르짖나이다. 나의 왕, 나의 하나님, 만군의 여호와여 주의 제단에서 참새도 제 집을 얻고 제비도 새끼 둘 보금자리를 얻었나이다. 주의 집에 사는 자들은 복이 있나니 그들이 항상 주를 찬송하리이다(시편 84:1~4). 아멘.

찬송(찬송가 208장) / 다함께(일어서서)

1. 내 주의 나라와 주 계신 성전과 피 흘려 사신 교회를 늘 사랑합니다
2. 내 주의 교회는 천성과 같아서 눈동자 같이 아끼사 늘 보호하시네
3. 이 교회 위하여 눈물과 기도로 내 생명 다하기까지 늘 봉사합니다
4. 성도의 교제와 교회의 위로와 구주와 맺은 언약을 늘 기뻐합니다
5. 하늘의 영광과 베푸신 은혜가 진리와 함께 영원히 시온에 넘치네 아멘

기도 / 맡은이(회중이 앉은 후에 기도한다.)

지극히 높으사 존귀를 받으시기에 합당하신 전능하시고 영원하신 하나님, 여기에 모인 저희와 함께하여 주옵소서. 예배당을 지으려고 성별하여 드린 이 땅 위에서, 주님의 위대하신 이름을 기리고 영광드릴 수 있게 도와주옵소서. 이곳에 세워지는 주님의 교회 위에 성령을 부어 주시고 주님의 영광이 그 안에 넘치게 하여 주옵소서. 주님의 얼굴을 바라는 모든 이에게, 주님의 사랑을 채워 주시고, 함께하셔서, 성령이 주시는 평안과 능력을 받게 하옵소서. 우리 주 예수 그리스도의 이름으로 기도합니다. 아멘.

주님의 기도 / 다함께

성경봉독 / 맡은이(아래의 성경구절 중에 하나를 선택하여 봉독한다.)

성경봉독 1 : 그러므로 주 안에서 갇힌 내가 너희를 권하노니 너희가 부르심을

받은 일에 합당하게 행하여 모든 겸손과 온유로 하고 오래 참음으로 사랑 가운데서 서로 용납하고 평안의 매는 줄로 성령이 하나 되게 하신 것을 힘써 지키라. 몸이 하나요 성령도 한 분이시니 이와 같이 너희가 부르심의 한 소망 안에서 부르심을 받았느니라. 주도 한 분이시요, 믿음도 하나요, 세례도 하나요, 하나님도 한 분이시니, 곧 만유의 아버지시라. 만유 위에 계시고 만유를 통일하시고 만유 가운데 계시도다. 우리 각 사람에게 그리스도의 선물의 분량대로 은혜를 주셨나니(에베소서 4:1~7)

성경봉독 2 : 그가 어떤 사람은 사도로, 어떤 사람은 선지자로, 어떤 사람은 복음 전하는 자로, 어떤 사람은 목사와 교사로 삼으셨으니 이는 성도를 온전하게 하여 봉사의 일을 하게 하며 그리스도의 몸을 세우려 하심이라. 우리가 다 하나님의 아들을 믿는 것과 아는 일에 하나가 되어 온전한 사람을 이루어 그리스도의 장성한 분량이 충만한 데까지 이르리니(에베소서 4:11~13)

성경봉독 3 : 오직 사랑 안에서 참된 것을 하여 범사에 그에게까지 자랄지라. 그는 머리니 곧 그리스도라. 그에게서 온 몸이 각 마디를 통하여 도움을 받음으로 연결되고 결합되어 각 지체의 분량대로 역사하여 그 몸을 자라게 하며 사랑 안에서 스스로 세우느니라.(에베소서 4:15~16)

찬양 / 찬양대

말씀선포 / 맡은이

선언 / 맡은이(감리사가 참석했으면 이 순서를 맡는다. 순서를 맡은 이가 기도한 후 다음과 같이 선언한다.)

하나님의 영광을 위하여, ○○교회의 예배당을 기공할 것을 널리 알립니다.
이제 이 교회에 속한 여러분에게는 전능하신 하나님을 기리고 예배하며, 우리
주 예수 그리스도께 영광 드리고, 성령의 능력이 나타나는 교회를 여기에 세워
봉헌할 책임과 특권이 주어졌음을 널리 알립니다. 아멘.

기공응답 / 집례자와 회중(맡은이가 아래 한 문장을 읽으면, 미리 뽑아 앞에 세운 대
표자들이 흙을 한 삽 뜨면서 회중과 함께 응답한다.)

집례자 : 어린이들이 하나님의 사랑을 배우고 은혜와 진리 안에서 자라며, 하
나님의 사랑을 받으며 자라날 교회를 이곳에 세우기 위해
회　중 : 저희가 오늘 이 땅을 팝니다.

집례자 : 젊은이들이 예배하기 위해 모이고, 기도하기 위해 무릎을 꿇고, 봉사
하기 위해 일어서는 교회를 이곳에 세우기 위해
회　중 : 저희가 오늘 이 땅을 팝니다.

집례자 : 수고하고 무거운 짐 진 이들이 세상에서는 얻을 수 없는 평안을 발견
할 교회를 이곳에 세우기 위해
회　중 : 저희가 오늘 이 땅을 팝니다.

집례자 : 하나님의 말씀이 읽히고 선포되어 살아 있는 말씀이 되게 하고, 성례
가 행해져 모든 사람이 그리스도께서 본을 보이신 인격을 닮아 가는
교회를 이곳에 세우기 위해
회　중 : 저희가 오늘 이 땅을 팝니다.

집례자 : 많은 사람들이 영혼의 안식을 얻고, 고통에서 벗어나며, 속박에서 자
유로워지고, 죄에서 구원을 얻게 될 교회를 이곳에 세우기 위해

회　중 : 저희가 오늘 이 땅을 팝니다.

집례자 : 주님의 사랑을 닮아 가는 인격자로 만들고, 가족이 그리스도를 믿으
며, 가정이 그리스도를 증거하는 창조적인 장소로 만들 교회를 이곳
에 세우기 위해

회　중 : 저희가 오늘 이 땅을 팝니다.

집례자 : 슬픔을 당한 이들이 주님의 위로를 받고 다시 일어서게 될 교회를 이
곳에 세우기 위해

회　중 : 이제 저희가 이 땅을 팝니다.

응답기도 / 집례자와 회중(다음과 같이 화답한 후 응답기도를 한다.)

집례자 : 주님이 여러분과 함께하시기를 기원합니다.

회　중 : 주님이 집례자와도 함께하시기를 기원합니다.

(집례자가 '기도합시다.' 라고 말한 다음, 다음과 같이 회중과 함께 기도한다.)

집례자 : 세세토록 저희와 교통하시며 저희가 받을 유산을 기억하시는 전능하
시고 영원하신 하나님께 감사와 찬양을 드립니다.

회　중 : 주님, 저희 기도를 들어 주옵소서.

집례자 : 저희로 하여금 주님과 교제할 수 있게 하시고, 책임을 능히 감당할 수
있는 힘을 주옵소서. 이곳에서 평안함으로 성령과 더불어 하나가 되
는 생활을 이루게 하여 주옵소서.

회　중 : 저희는 사랑의 법을 이루겠나이다.

집례자 : 오늘 주님이 저희 마음과 양심에 명하신 이 엄숙한 과업에 은총을 내
　　　　리셔서 자신을 헌신할 수 있게 하옵소서.
회　중 : 저희가 하는 모든 일에 주님이 함께하셔서, 힘이 되시고 도움을 주옵
　　　　소서.

집례자 : 주님의 아름다움과 기쁨을 저희에게 계시하여 주시고, 저희는 즐거운
　　　　마음으로 감사를 표하고 온 생을 다 바쳐 주님의 영광을 위하여 봉사
　　　　할 수 있게 하여 주옵소서.
회　중 : 주님이 저희와 영원히 함께하시기를 예수님 이름으로 기도합니다. 아
　　　　멘.

건축준비 경과 보고 / 건축위원장

설계설명과 공사진 소개 / 건축위원장(투시도에 의한 간단한 설명을 하고 설계자,
시공자, 감독, 건축위원회 임원 등의 순으로 소개한다.)

교회에 부탁할 말씀 / 내빈 중에서

감사의 인사와 알리는 말씀 / 장로 또는 임원 중에서

찬송(찬송가 600장) / 다함께(일어서서)

1. 교회의 참된 터는 우리 주 예수라 그 귀한 말씀 위에 이 교회 세웠네
　　주 예수 강림하사 피 흘려 샀으니 땅 위의 모든 교회 주님의 신부라
2. 온 세계 모든 교회 한 몸을 이루어 한 주님 섬기면서 한 믿음 가지네

한 이름 찬송하고 한 성경 읽으며 다 같은 소망 품고 늘 은혜 받도다
3. 땅 위의 모든 교회 주 안에 있어서 하늘의 성도들과 한 몸을 이루네
오 주여 복을 주사 저 성도들같이 우리도 주와 함께 늘 살게 하소서 아멘

축도 / 집례자(감독이나 감리사가 참석할 경우 이 순서를 맡는다.)

은혜로우신 하나님, 하나님께서는 이 집을 짓도록 저희에게 허락하셨습니다. 이 집에 하나님의 복을 허락하셔서 집을 짓는 저희가 성령으로 새로워지게 하옵소서. 이제는 우리 주 예수 그리스도의 은혜와 하나님 아버지의 사랑하심과 성령의 교통하심과 충만하심이 오늘 이 기공식에 참석한 모든 이에게 영원토록 함께하기를 간절히 축원합니다. 아멘.

3. 예배당 정초식(定礎式)

1) 정초식 지침

(1) 이 의식은 교회의 여건과 상황에 따라 실시한다.

(2) 건축위원들과 공사진의 임원들만이 모여서 축소된 형태로 진행할 수도 있다. 이때는 순서를 조정한다.

(3) 정초석에 내용물(성경, 찬송가, 교리와 장정, 예배서, 교회연혁, 교회기관지, 교회월력, 조직일람표, 교회요람, 교회약사, 임원 명단, 건축위원 명단, 건축헌금자 명단 등)을 넣고, 정초석을 미리 제자리에 고정한 다음 흰 보자기를 덮어 놓는다. 내용물을 넣을 때 건축위원과 교회 장로(장로 없는 교회는 임원 중 대표)들이 참석한다.

(4) 비가 올 때나 장소가 협소할 경우에는 예배당 안에서 이 의식을 행하되, 정초식 순서에 내용물을 담는 순서를 넣도록 하고, 정초는 의식이 끝난 후에 한다.

(5) 집례자는 머릿돌 정면에 서고 교인들은 집례자를 대면하여 서도록 한다.

2) 정초식 순서

(이 예식은 일반 예배 때에 할 수도 있고 따로 할 수도 있다. 다음 순서는 따로 할 경우다. 정한 장소에 머릿돌을 미리 가져다 놓고 목사는 그 옆에 서서 식을 행한다.)

집례 : 교회담임자

정초식사 / 집례자

사랑하는 여러분, 우리가 지금 전능하신 하나님을 예배하려고 세우는 이 집의 머릿돌을 놓기 위하여 모였습니다. 우리가 이 일을 행할 때에 주님께서 교회의 머리 되심을 기억하고, 이 집을 준공하여 하나님께 봉헌할 때까지 마음과 뜻과 정성을 모아 이 공사가 안전하고 순조롭게 진행되도록 힘써 노력하며 그 완공을 위해 하나님께 기도합시다.

조용한 기도(전주) / 다함께(전주 중에 집례자는 아래의 성경구절을 낭독한다.)

우리의 도움은 천지를 지으신 여호와의 이름에 있도다.(시편 124:8)

여호와께서 집을 세우지 아니하시면 세우는 자의 수고가 헛되며 여호와께서 성을 지키지 아니하시면 파수꾼의 깨어 있음이 헛되도다(시편 127:1). 아멘.

찬송(찬송가 600장) / 다함께(일어서서)

1. 교회의 참된 터는 우리 주 예수라 그 귀한 말씀 위에 이 교회 세웠네
   주 예수 강림하사 피 흘려 샀으니 땅 위의 모든 교회 주님의 신부라
2. 온 세계 모든 교회 한 몸을 이루어 한 주님 섬기면서 한 믿음 가지네

한 이름 찬송하고 한 성경 읽으며 다 같은 소망 품고 늘 은혜 받도다
3. 땅 위의 모든 교회 주 안에 있어서 하늘의 성도들과 한 몸을 이루네
오 주여 복을 주사 저 성도들같이 우리도 주와 함께 늘 살게 하소서 아멘

시편교독(시편 24편) / 다함께

집례자 : 땅과 거기에 충만한 것과 세계와 그 가운데에 사는 자들은 다 여호와
의 것이로다.

회　중 : 여호와께서 그 터를 바다 위에 세우심이여, 강들 위에 건설하셨도다.

집례자 : 여호와의 산에 오를 자가 누구며 그의 거룩한 곳에 설 자가 누구인가?

회　중 : 곧 손이 깨끗하며 마음이 청결하며 뜻을 허탄한 데에 두지 아니하며
거짓 맹세하지 아니하는 자로다.

집례자 : 그는 여호와께 복을 받고 구원의 하나님께 공의를 얻으리니

회　중 : 이는 여호와를 찾는 족속이요, 야곱의 하나님의 얼굴을 구하는 자로
다.

집례자 : 문들아, 너희 머리를 들지어다. 영원한 문들아, 들릴지어다.

회　중 : 영광의 왕이 들어가시리로다.

집례자 : 영광의 왕이 누구시냐?

회　중 : 강하고 능한 여호와시요, 전쟁에 능한 여호와시로다.

집례자 : 문들아, 너희 머리를 들지어다. 영원한 문들아, 들릴지어다.

회　중 : 영광의 왕이 들어가시리로다.

집례자 : 영광의 왕이 누구시냐?
회 중 : 만군의 여호와께서 곧 영광의 왕이시로다.

송영(찬송가 3장) / 다함께

성부 성자와 성령 찬송과 영광 돌려보내세
태초로 지금까지 또 영원 무궁토록 성삼위께 영광 영광 아멘

기도 / 맡은이(회중이 앉은 후에 기도한다.)

전능하시고 영원하신 하나님, 하나님께서는 언제나 저희와 함께 계셔서 모든 일이 주님의 경륜과 계획 가운데서 이루어지게 하시니 감사합니다. 저희가 하나님의 교회를 세우고자 이 머릿돌을 여기에 놓사오니, 앞으로 완공될 교회 안에서 모든 백성이 주님의 거룩하신 이름을 찬양하며 주님의 영광을 나타내게 하옵소서. 교회의 머리이신 예수 그리스도의 이름으로 기도합니다. 아멘.

주님의 기도 / 다함께

성경봉독 / 맡은이(아래의 성경구절을 봉독한다. 또는 말씀선포와 관련된 성경구절을 봉독한다.)

그러므로 이제부터 너희는 외인도 아니요, 나그네도 아니요, 오직 성도들과 동일한 시민이요, 하나님의 권속이라. 너희는 사도들과 선지자들의 터 위에 세우심을 입은 자라. 그리스도 예수께서 친히 모퉁잇돌이 되셨느니라. 그의 안에서 건물마다 서로 연결하여 주 안에서 성전이 되어 가고 너희도 성령 안에서 하나님이 거하실 처소가 되기 위하여 그리스도 예수 안에서 함께 지어져 가느니라.(에베소서 2:19~22)

찬양 / 찬양대나 중창단(형편에 따라 생략할 수도 있다.)

말씀선포 / 맡은이

봉헌과 봉헌기도 / 맡은이(형편에 따라 생략할 수도 있다.)

머릿돌 놓기 / 집례자(머릿돌에 넣을 상자 안에 있는 물건들을 일일이 회중에게 보인다. 그 속에는 성경, 찬송가, 교리와 장정, 예배서, 교회연혁, 교회기관지, 교회월력, 그리고 교회 담임교역자와 건축위원 및 교회임원의 명부록과 그 밖의 필요한 물건들을 넣는다. 집례자가 그 상자를 돌 속에 넣고 그 돌을 반듯하게 놓은 뒤에 다음 성경구절을 읽는다.)

그런즉 이제 너는 삼갈지어다. 여호와께서 너를 택하여 성전의 건물을 건축하게 하셨으니 힘써 행할지니라 하니라.(역대상 28:10)

또 그의 아들 솔로몬에게 이르되 너는 강하고 담대하게 이 일을 행하라. 두려워하지 말며 놀라지 말라. 네가 여호와의 성전 공사의 모든 일을 마치기까지 여호와 하나님 나의 하나님이 너와 함께 계시사 네게서 떠나지 아니하시고 너를 버리지 아니하시리라.(역대상 28:20)

내게 주신 하나님의 은혜를 따라 내가 지혜로운 건축자와 같이 터를 닦아 두매 다른 이가 그 위에 세우나 그러나 각각 어떻게 그 위에 세울까를 조심할지니라. 이 닦아 둔 것 외에 능히 다른 터를 닦아 둘 자가 없으니 이 터는 곧 예수 그리스도라.(고린도전서 3:10~11)

선언과 화답 / 집례자와 회중

집례자 : 내가 성부와 성자와 성령의 이름으로 이 예배당의 머릿돌을 놓고 전
　　　　능하신 주님의 이름을 찬양합니다.
회　　중 : 저희가 주님의 이름을 찬양합니다.
다함께 : 할렐루야, 아멘.

기도 / 맡은이

　전능하신 하나님, 주님은 저희의 현재와 장래의 소망이십니다. 저희가 이곳
에 주님의 거룩하신 이름을 찬양하고 영화롭게 하기 위하여 예배당을 건축하
면서 머릿돌을 놓습니다. 저희가 정성으로 드리는 이 예배를 받으옵소서. 그리
고 이 예배당을 건축하는 데 필요한 재물과 시간과 노력을 바친 이들에게 복을
내려 주옵소서. 이 예배당을 완성하기까지 건축에 종사하는 모든 사람을 보호
하사 위험과 재난을 면케 하여 주옵소서. 이 예배당을 건축하는 동안 성도의
마음을 하나로 뭉치게 하옵소서. 예언자들과 사도의 믿음의 터 위에 그리스도
께서 머릿돌이 되옵소서. 교회의 머리이신 예수 그리스도의 이름으로 기도합
니다. 아멘.

찬송(찬송가 208장) / 다함께(일어서서)

1. 내 주의 나라와 주 계신 성전과 피 흘려 사신 교회를 늘 사랑합니다
2. 내 주의 교회는 천성과 같아서 눈동자 같이 아끼사 늘 보호하시네
3. 이 교회 위하여 눈물과 기도로 내 생명 다하기까지 늘 봉사합니다
4. 성도의 교제와 교회의 위로와 구주와 맺은 언약을 늘 기뻐합니다
5. 하늘의 영광과 베푸신 은혜가 진리와 함께 영원히 시온에 넘치네 아멘

축도 / 맡은이

　은혜로우신 하나님, 이 집을 짓도록 저희에게 허락하시고 정초하게 하시니 감사합니다. 이 집에 하나님의 복을 허락하셔서 집을 짓는 저희가 성령으로 새로워지게 하옵소서. 이제는 예수 그리스도의 은혜와 하나님 아버지의 사랑하심과 성령의 교통하심과 충만하심이 오늘 이 정초식에 참석한 모든 이에게 영원토록 함께하기를 간절히 축원합니다. 아멘.

4. 예배당 입당(성별)식

1) 입당식 지침

(1) 이 의식은 성전을 신축하였거나 예배당을 새로 마련하였을 때, 첫번 예배를 드리기에 앞서 먼저 하나님께 성별하여 감사하는 데 그 목적이 있다.

(2) 공사가 완전히 종결된 상태에서 하는 것이 좋으나 사정이 여의치 못할 시는 우선 입당하여 예배를 드릴 수 있다.

(3) 입당식의 장소는 신축 교회 본당으로 한다. 일자와 시간은 교회사정에 따라 정한다.

(4) 한두 주일 전부터 광고하여 전 교인이 참석하도록 한다.

(5) 초청 범위는 그 지역의 교역자, 지방회 임원, 유지들, 기관장 등으로 한다.

(6) 예배당 출입문에 무지개 약속의 상징인 칠색 띠줄을 친 다음 가위, 삽을 마련한다.

(7) 건축위원장은 건축 경과 보고를 준비한다.

(8) 순서지를 준비하여 입당식 전에 나누어 준다.

(9) 띠줄 끊기의 순서는 교회담임자, 건축위원장, 내빈 등의 순으로 한다.

(10) 식 순서를 맡은 이들이 강단 위에 마련된 좌석에 자리잡고 이어서 입당식을 시작한다.

2) 입당식 순서(1)

집례 : 교회담임자

(이 의식은 예배당만 아니라 교육관, 교회 주택을 건축했거나 새로 마련하고 입당 〈성별〉하는 데도 사용한다. 이 식은 회중이 서서 시작한다.)

조용한 기도(전주) / 다함께(전주 중에 집례자는 아래의 성경구절을 낭독한다.)

여호와여, 주의 장막에 머무를 자 누구오며 주의 성산에 사는 자 누구오니이까? 정직하게 행하며 공의를 실천하며 그의 마음에 진실을 말하며 그의 혀로 남을 허물하지 아니하고 그의 이웃에게 악을 행하지 아니하며 그의 이웃을 비방하지 아니하며 그의 눈은 망령된 자를 멸시하며 여호와를 두려워하는 자들을 존대하며 그의 마음에 서원한 것은 해로울지라도 변하지 아니하며 이자를 받으려고 돈을 꾸어 주지 아니하며 뇌물을 받고 무죄한 자를 해하지 아니하는 자이니 이런 일을 행하는 자는 영원히 흔들리지 아니하리이다(시편 15:1~5). 아멘.

찬송(찬송가 208장) / 다함께(일어서서)

1. 내 주의 나라와 주 계신 성전과 피 흘려 사신 교회를 늘 사랑합니다
2. 내 주의 교회는 천성과 같아서 눈동자 같이 아끼사 늘 보호하시네
3. 이 교회 위하여 눈물과 기도로 내 생명 다하기까지 늘 봉사합니다
4. 성도의 교제와 교회의 위로와 구주와 맺은 언약을 늘 기뻐합니다
5. 하늘의 영광과 베푸신 은혜가 진리와 함께 영원히 시온에 넘치네 아멘

교독(교독문 35번) / 다함께

집례자 : 만군의 여호와여

회　중 : 주의 장막이 어찌 그리 사랑스러운지요.

집례자 : 내 영혼이 여호와의 궁정을 사모하여 쇠약함이여

회　중 : 내 마음과 육체가 살아 계시는 하나님께 부르짖나이다.

집례자 : 나의 왕 나의 하나님 만군의 여호와여

회　중 : 주의 제단에서 참새도 제 집을 얻고 제비도 새끼 둘 보금자리를 얻었
　　　　나이다.

집례자 : 주의 집에 거하는 자들은 복이 있나니 그들이 항상 주를 찬송하리이다.

회　중 : 주께 힘을 얻고 그 마음에 시온의 대로가 있는 자는 복이 있나이다.

집례자 : 그들이 눈물 골짜기로 지나갈 때에

회　중 : 그곳에 많은 샘이 있을 것이며 이른 비가 복을 채워 주나이다.

집례자 : 주의 궁정에서의 한 날이 다른 곳에서의 천날보다 나은즉

회　중 : 악인의 장막에 사는 것보다 내 하나님의 성전 문지기로 있는 것이 좋
　　　　사오니

다함께 : 만군의 여호와여 주께 의지하는 자는 복이 있나이다.

송영(찬송가 3장) / 다함께

성부 성자와 성령 찬송과 영광 돌려보내세
태초로 지금까지 또 영원 무궁토록 성삼위께
영광 영광 아멘

기도 / 맡은이(회중이 앉은 후에 기도한다.)

영생하시고 은혜로우신 하나님, 주님께서는 주님의 자녀들이 모여서 하나님을 경배하며, 화목하게 사는 것을 기뻐하십니다. 주님의 이름을 영화롭게 하기 위하여 저희가 이 집을 주님께 드리오니, 기쁘게 받으시고 성별하여 주옵소서. 이 집에서 저희가 평안과 기쁨을 얻게 하시고 주님의 영광이 빛나게 하시며 저희와 이곳을 찾아오는 모든 사람에게 복을 더하여 주옵소서. 이곳에서 기도할 때마다 주님의 음성을 듣게 하시고 주님의 뜻에 순종하여 헌신할 수 있게 하옵소서. 교회의 머리이신 예수 그리스도의 이름으로 기도합니다. 아멘.

성경봉독 / 맡은이(예배당을 위해서는 열왕기상 8:22~30, 고린도전서 3:9~23, 히브리서 10:19~25 중에 하나를 선택하여 봉독한다.)

성경봉독 1 : 솔로몬이 여호와의 제단 앞에서 이스라엘의 온 회중과 마주서서 하늘을 향하여 손을 펴고 이르되 이스라엘의 하나님 여호와여, 위로 하늘과 아래로 땅에 주와 같은 신이 없나이다. 주께서는 온 마음으로 주의 앞에서 행하는 종들에게 언약을 지키시고 은혜를 베푸시나이다. 주께서 주의 종 내 아버지 다윗에게 하신 말씀을 지키사 주의 입으로 말씀하신 것을 손으로 이루심이 오늘과 같으니이다. 이스라엘의 하나님 여호와여, 주께서 주의 종 내 아버지 다윗에게 말씀하시기를 네 자손이 자기 길을 삼가서 네가 내 앞에서 행한 것 같이 내 앞에서 행하기만 하면 네게서 이스라엘의 왕위에 앉을 사람이 내 앞에서 끊어지지 아니하리라 하셨사오니 이제 다윗을 위하여 그 하신 말씀을 지키시옵소서. 그런즉 이스라엘의 하나님이여, 원하건대 주는 주의 종 내 아버지 다윗에게 하신 말씀이 확실하게 하옵소서. 하나님이 참으로 땅에 거하시리이까? 하늘과 하늘들의 하늘이라도 주를 용납하지 못하겠거든 하물며 내

가 건축한 이 성전이오리이까. 그러나 내 하나님 여호와여, 주의
종의 기도와 간구를 돌아보시며 이 종이 오늘 주 앞에서 부르짖음
과 비는 기도를 들으시옵소서. 주께서 전에 말씀하시기를 내 이름
이 거기 있으리라 하신 곳 이 성전을 향하여 주의 눈이 주야로 보
시오며 주의 종이 이 곳을 향하여 비는 기도를 들으시옵소서. 주
의 종과 주의 백성 이스라엘이 이 곳을 향하여 기도할 때에 주는
그 간구함을 들으시되 주께서 계신 곳 하늘에서 들으시고 들으시
사 사하여 주옵소서.(열왕기상 8:22~30)

성경봉독 2 : 우리는 하나님의 동역자들이요, 너희는 하나님의 밭이요, 하나님
의 집이니라. 내게 주신 하나님의 은혜를 따라 내가 지혜로운 건
축자와 같이 터를 닦아 두매 다른 이가 그 위에 세우나 그러나 각
각 어떻게 그 위에 세울까를 조심할지니라. 이 닦아 둔 것 외에 능
히 다른 터를 닦아 둘 자가 없으니 이 터는 곧 예수 그리스도라.
만일 누구든지 금이나 은이나 보석이나 나무나 풀이나 짚으로 이
터 위에 세우면 각 사람의 공적이 나타날 터인데 그 날이 공적을
밝히리니 이는 불로 나타내고 그 불이 각 사람의 공적이 어떠한
것을 시험할 것임이라. 만일 누구든지 그 위에 세운 공적이 그대
로 있으면 상을 받고 누구든지 그 공적이 불타면 해를 받으리니
그러나 자신은 구원을 받되 불 가운데서 받은 것 같으리라. 너희
는 너희가 하나님의 성전인 것과 하나님의 성령이 너희 안에 계
시는 것을 알지 못하느냐. 누구든지 하나님의 성전을 더럽히면
하나님이 그 사람을 멸하시리라. 하나님의 성전은 거룩하니 너희
도 그러하니라. 아무도 자신을 속이지 말라. 너희 중에 누구든지
이 세상에서 지혜 있는 줄로 생각하거든 어리석은 자가 되라. 그
리하여야 지혜로운 자가 되리라. 이 세상 지혜는 하나님께 어리
석은 것이니 기록된 바 하나님은 지혜 있는 자들로 하여금 자기

꾀에 빠지게 하시는 이라 하였고 또 주께서 지혜 있는 자들의 생
각을 헛것으로 아신다 하셨느니라. 그런즉 누구든지 사람을 자랑
하지 말라. 만물이 다 너희 것임이라. 바울이나 아볼로나 게바나
세계나 생명이나 사망이나 지금 것이나 장래 것이나 다 너희의
것이요, 너희는 그리스도의 것이요, 그리스도는 하나님의 것이니
라.(고린도전서 3:9~23)

성경봉독 3 : 그러므로 형제들아, 우리가 예수의 피를 힘입어 성소에 들어갈
담력을 얻었나니 그 길은 우리를 위하여 휘장 가운데로 열어 놓
으신 새로운 살 길이요, 휘장은 곧 그의 육체니라. 또 하나님의
집 다스리는 큰 제사장이 계시매 우리가 마음에 뿌림을 받아 악
한 양심으로부터 벗어나고 몸은 맑은 물로 씻음을 받았으니 참
마음과 온전한 믿음으로 하나님께 나아가자. 또 약속하신 이는
미쁘시니 우리가 믿는 도리의 소망을 움직이지 말며 굳게 잡고
서로 돌아보아 사랑과 선행을 격려하며 모이기를 폐하는 어떤 사
람들의 습관과 같이 하지 말고 오직 권하여 그 날이 가까움을 볼
수록 더욱 그리하자.(히브리서 10:19~25)

(교육관을 위해서는 에베소서 4:1~13, 마태복음 28:19~20 중에 하나를 선택하여 봉
독한다.)

성경봉독 4 : 그러므로 주 안에서 갇힌 내가 너희를 권하노니 너희가 부르심을
받은 일에 합당하게 행하여 모든 겸손과 온유로 하고 오래 참음
으로 사랑 가운데서 서로 용납하고 평안의 매는 줄로 성령이 하
나 되게 하신 것을 힘써 지키라. 몸이 하나요, 성령도 한 분이시
니 이와 같이 너희가 부르심의 한 소망 안에서 부르심을 받았느
니라. 주도 한 분이시요, 믿음도 하나요, 세례도 하나요, 하나님

도 한 분이시니 곧 만유의 아버지시라. 만유 위에 계시고 만유를 통일하시고 만유 가운데 계시도다. 우리 각 사람에게 그리스도의 선물의 분량대로 은혜를 주셨나니 그러므로 이르기를 그가 위로 올라가실 때에 사로잡혔던 자들을 사로잡으시고 그 사람들에게 선물을 주셨다 하였도다. 올라가셨다 하였은즉 땅 아래 낮은 곳으로 내리셨던 것이 아니면 무엇이냐? 내리셨던 그가 곧 모든 하늘 위에 오르신 자니 이는 만물을 충만하게 하려 하심이라. 그가 어떤 사람은 사도로, 어떤 사람은 선지자로, 어떤 사람은 복음 전하는 자로, 어떤 사람은 목사와 교사로 삼으셨으니 이는 성도를 온전하게 하여 봉사의 일을 하게 하며 그리스도의 몸을 세우려 하심이라. 우리가 다 하나님의 아들을 믿는 것과 아는 일에 하나가 되어 온전한 사람을 이루어 그리스도의 장성한 분량이 충만한 데까지 이르리니(에베소서 4:1~13)

성경봉독 5 : 그러므로 너희는 가서 모든 민족을 제자로 삼아 아버지와 아들과 성령의 이름으로 세례를 베풀고 내가 너희에게 분부한 모든 것을 가르쳐 지키게 하라. 볼지어다. 내가 세상 끝날까지 너희와 항상 함께 있으리라 하시니라.(마태복음 28:19~20)

(교회 주택을 위해서는 요한1서 1:1~10을 봉독한다.)

성경봉독 6 : 태초부터 있는 생명의 말씀에 관하여는 우리가 들은 바요, 눈으로 본 바요, 자세히 보고 우리의 손으로 만진 바라. 이 생명이 나타내신 바 된지라. 이 영원한 생명을 우리가 보았고 증언하여 너희에게 전하노니 이는 아버지와 함께 계시다가 우리에게 나타내신 바 된 이시니라. 우리가 보고 들은 바를 너희에게도 전함은 너희로 우리와 사귐이 있게 하려 함이니 우리의 사귐은 아버지와

그의 아들 예수 그리스도와 더불어 누림이라. 우리가 이것을 씀
은 우리의 기쁨이 충만하게 하려 함이라. 우리가 그에게서 듣고
너희에게 전하는 소식은 이것이니 곧 하나님은 빛이시라. 그에게
는 어둠이 조금도 없으시다는 것이니라. 만일 우리가 하나님과
사귐이 있다 하고 어둠에 행하면 거짓말을 하고 진리를 행하지
아니함이거니와 그가 빛 가운데 계신 것 같이 우리도 빛 가운데
행하면 우리가 서로 사귐이 있고 그 아들 예수의 피가 우리를 모
든 죄에서 깨끗하게 하실 것이요, 만일 우리가 죄가 없다고 말하
면 스스로 속이고 또 진리가 우리 속에 있지 아니할 것이요, 만일
우리가 우리 죄를 자백하면 그는 미쁘시고 의로우사 우리 죄를
사하시며 우리를 모든 불의에서 깨끗하게 하실 것이요, 만일 우
리가 범죄하지 아니하였다 하면 하나님을 거짓말하는 이로 만드
는 것이니 또한 그의 말씀이 우리 속에 있지 아니하니라.(요한1서
1:1~10)

봉헌식

찬양 / 찬양대

말씀선포 / 맡은이

신앙고백(감리회 신앙고백) / 다함께

집례자 : 우리는 우주 만물을 창조하시고 섭리하시며 주관하시는 거룩하시고
자비하시며 오직 한 분이신 아버지 하나님을 믿습니다.

회 중 : 우리는 말씀이 육신이 되어 우리 가운데 오셔서 하나님의 나라를 선
포하시고 십자가에 달려 죽으셨다가 부활승천 하심으로 대속자가 되
시고 구세주가 되시는 예수 그리스도를 믿습니다.

집례자 : 우리는 우리와 함께 계셔서 우리를 거듭나게 하시고 거룩하게 하시며
완전하게 하시며 위안과 힘이 되시는 성령을 믿습니다.

회　중 : 우리는 성령의 감동으로 기록된 하나님의 말씀인 성경이 구원에 이르
는 도리와 신앙생활에 충분한 표준이 됨을 믿습니다.

집례자 : 우리는 하나님의 은혜로 믿음을 통해 죄사함을 받아 거룩해지며 하나
님의 구원의 역사에 동참하도록 부름받음을 믿습니다.

회　중 : 우리는 예배와 친교, 교육과 봉사, 전도와 선교를 위해 하나가 된 그
리스도의 몸인 교회를 믿습니다.

집례자 : 우리는 만민에게 복음을 전파함으로 하나님의 정의와 사랑을 나누고
평화의 세계를 이루는 모든 사람들이 하나님 앞에 형제됨을 믿습니
다.

회　중 : 우리는 예수 그리스도의 재림과 심판, 우리 몸의 부활과 영생 그리고
의의 최후 승리와 영원한 하나님 나라를 믿습니다. 아멘.

찬송(찬송가 209장) / 다함께

1. 이 세상 풍파 심하고 또 환난 질고 많으나
　 나 편히 쉬게 될 곳은 주 예비하신 주의 전
2. 그 향기로운 기름을 주 내게 부어 주셔서
　 내 기쁨 더해주는 곳 주 피로 사신 주의 전
3. 주 믿는 형제자매들 그 몸은 떠나 있으나
　 주 앞에 기도드릴 곳 다함께 모일 주의 전
4. 내 손과 혀가 굳어도 내 몸의 피가 식어도
　 나 영영 잊지 못할 곳 은혜의 보좌 주의 전 아멘

봉헌 / 다함께(봉헌송과 봉헌기도를 포함할 수 있다.)

선언 / 맡은이(감독이나 감리사가 참석했을 때는 이 순서를 맡는다.)

우리가 주님의 이름으로 행한 이 역사를 하나님 아버지께서 기쁘게 받아 주실 것을 믿으며, 저는 이 집이 전능하신 하나님을 영광스럽게 하기 위하여 주님께 드려진 것을 널리 알립니다.

(예배당 봉헌일 경우 아래 내용을 첨부한다.)
하나님의 말씀이 선포됨을 위하여, 성례의 합당한 집행을 위하여, 죄인들을 회개시키고 믿는 이들을 교육하며 세상을 구원하기 위하여 주 예수 그리스도의 이름으로 이 건물을 구별하여 봉헌합니다. 아멘.

(교육관이나 교회 주택일 경우 아래 내용을 첨부한다.)
성경의 진리로써 양육하고 기독교 교육과 제자훈련, 그리고 봉사를 위하여 주 예수 그리스도의 이름으로 이 건물을 구별하여 봉헌합니다. 아멘.

기도 / 맡은이(선언을 맡은 이가 선언 후에 다음과 같이 기도한다.)

전능하신 하나님, 저희가 구하옵나니, 주님의 눈으로 밤이나 낮이나 이 집을 살피시고, 주님의 자녀들이 이곳에서 호소할 때 주께서 응답하사 용서하시고 구원하옵소서. 이곳에 오는 모든 사람이 마음의 평화를 얻고 복음의 증인이 되어 주님과 세상을 화목하게 하는 일에 힘써 봉사하게 하옵소서. 예수 그리스도의 이름으로 기도합니다. 아멘.

(예배당일 경우에는 집례자를 포함하여 기도 순서를 맡은 이들을 정하여 차례로 다음과 같이 연속으로 기도할 수 있다.)

기도 1 : 주님, 주님께서 이 집을 주야로 살피옵소서. 이 처소에서 주님에게 드리는 자녀들의 기도를 들으옵소서. 주님의 종들이 주님께 청원할 때에 들으시고 응답하사 용납하옵소서. 예수 그리스도의 이름으로 기도합니다. 아멘.

기도 2 : 주님의 일꾼이 의로움으로 옷 입게 하시고, 주님의 구원으로 인해 기뻐하게 하옵소서. 언제나 저희와 함께하셔서 이 교회에 찾아오는 모든 사람이 주 안에서 자라게 하옵소서. 오, 주님. 이 예배당을 주님께 드리오니 받으시고, 손으로 짓지 않은 하늘의 영원한 성전으로 삼으소서. 성부와 성자와 성령께 영광과 찬송을 세상 끝날까지 드립니다. 예수 그리스도의 이름으로 기도합니다. 아멘.

기도 3 : 오, 하나님. '주는 그리스도요, 살아 계신 하나님의 아들'이라는 고백과 믿음 위에 교회를 세우시고 예수 그리스도께서 거룩한 교회의 모퉁이돌이 되셨나이다. 이 교회와 함께하사 사탄의 세력과 싸워 승리하게 하시고, 이곳에서 드리는 저희의 모든 희생과 헌신이 주님께만 상달하게 하옵소서. 이곳에서 선포되는 말씀으로 인하여 환난과 질고의 기간을 극복하고 주님만을 찬양하게 하옵소서. 교회의 머리이신 예수 그리스도의 이름으로 기도합니다. 아멘.

기도 4 : 한 분이신 하나님, 저희 교회도 하나되게 하시고, 교인들은 인종과 민족과 계층간의 차별을 초월하게 하옵소서. 교회는 은총 속에 성장하고, 사랑 속에 세워지고, 봉사 속에 확대되고, 지혜로 자라나서 믿음과 자비와 권세를 갖게 하옵소서. 저희가 이 같은 변화된 삶을 살게 하옵소서. 교회의 머리이신 예수 그리스도의 이름으로 기도합니다. 아멘.

기도 5 : 만복의 주님, 하나님의 뜻대로 말씀을 듣고, 읽고, 전하고, 배워서 마음속에 간직하게 하옵소서. 인내로써 주님의 거룩한 말씀의 위로를 받게 하시며, 예수님께서 주실 영원한 생명의 복된 소망을 끝까지 품게 하옵소서. 생명의 근원이신 예수 그리스도의 이름으로 기도합니다. 아멘.

기도 6 : 오, 주님. 독생자를 보내사 저희에게 길과 진리와 생명이 되신 주님의 복이 오늘 저희에게도 임하게 하옵시고, 저희의 기도를 들으옵소서. 비옵나니, 저희가 성령을 따라 살게 하시고, 주님의 자녀들을 양육하는 일과 주님의 교회를 성장하도록 하는 데 최선을 다하게 하시고, 오직 하나님의 아들이시고 저희의 주님이신 예수님의 영광에 이르도록 이끌어 주옵소서. 예수 그리스도의 이름으로 기도합니다. 아멘.

교인과 교회에 부탁할 말씀 / 맡은이(형편에 따라 생략할 수도 있다.)

알리는 말씀 / 집례자(감사의 인사, 경과 보고, 감사패 증정 등의 순서를 가질 수 있다.)

찬송(찬송가 600장) / 다함께(일어서서)

1. 교회의 참된 터는 우리 주 예수라 그 귀한 말씀 위에 이 교회 세웠네
   주 예수 강림하사 피 흘려 샀으니 땅 위의 모든 교회 주님의 신부라
2. 온 세계 모든 교회 한 몸을 이루어 한 주님 섬기면서 한 믿음 가지네
   한 이름 찬송하고 한 성경 읽으며 다같은 소망 품고 늘 은혜 받도다
3. 땅 위의 모든 교회 주 안에 있어서 하늘의 성도들과 한 몸을 이루네
   오 주여 복을 주사 저 성도들같이 우리도 주와 함께 늘 살게 하소서 아멘

축도 / 맡은이

3) 입당식 순서(2)

집례 : 교회담임자

띠줄 끊기 / 맡은이들(교회담임자, 순서를 맡은 이, 찬양대 순으로 반주에 맞추어 예배당 출입문 앞에 설치된 띠줄을 끊고 들어와 위치대로 선다.)

조용한 기도(전주) / 다함께(전주 중에 집례자는 아래의 성경구절을 낭독한다.)

여호와께서 시온을 택하시고 자기 거처를 삼고자 하여 이르시기를 이는 내가 영원히 쉴 곳이라 내가 여기 거주할 것은 이를 원하였음이로다 내가 이 성의 식료품에 풍족히 복을 주고 떡으로 그 빈민을 만족하게 하리로다 내가 그 제사장들에게 구원을 옷 입히리니 그 성도들은 즐거이 외치리로다(시편 132:13~16). 아멘.

찬송(찬송가 10장) / 다함께(일어서서)

1. 전능왕 오셔서 주 이름 찬송케 하옵소서
   영광과 권능의 성부여 오셔서 우리를 다스려 주옵소서
2. 강생한 성자여 오셔서 기도를 들으소서
   택하신 백성들 복 내려 주시고 거룩한 마음을 주옵소서
3. 위로의 주 성령 오셔서 큰 증거 주옵소서
   전능한 주시여 각 사람 맘에서 떠나지 마시고 계십소서
4. 성삼위 일체께 한없는 찬송을 드립니다
   존귀한 주님을 영광 중 뵈옵고 영원히 모시게 하옵소서 아멘

기도 / 맡은이(회중이 앉은 후에 기도한다.)

영생하시고 은혜로우신 하나님, 주께서는 주님의 자녀들이 모여 하나님을 경배하며 화목하게 사는 것을 기뻐하십니다. 주님의 이름을 영화롭게 하기 위하여 저희가 이 집을 주님께 드리오니, 기쁘게 받으시고 성별하여 주옵소서. 이 집에서 저희가 평안과 기쁨을 얻게 하시고 주님의 영광이 빛나게 하시며 저희와 이곳을 찾아오는 모든 사람에게 복을 더하여 주옵소서. 이곳에서 기도할 때마다 주님의 음성을 듣게 하시고 주님의 뜻에 순종하여 헌신할 수 있게 하옵소서. 예수 그리스도의 이름으로 기도합니다. 아멘.

성경봉독 / 맡은이(다음 성경구절 중에 하나를 선택하여 봉독한다.)

성경봉독 1 : 만군의 여호와여, 주의 장막이 어찌 그리 사랑스러운지요. 내 영혼이 여호와의 궁정을 사모하여 쇠약함이여, 내 마음과 육체가 살아 계시는 하나님께 부르짖나이다. 나의 왕, 나의 하나님, 만군의 여호와여. 주의 제단에서 참새도 제 집을 얻고 제비도 새끼 둘 보금자리를 얻었나이다. 주의 집에 사는 자들은 복이 있나니 그들이 항상 주를 찬송하리이다. 주께 힘을 얻고 그 마음에 시온의 대로가 있는 자는 복이 있나이다. 그들이 눈물 골짜기로 지나갈 때에 그 곳에 많은 샘이 있을 것이며 이른 비가 복을 채워 주나이다. 그들은 힘을 얻고 더 얻어 나아가 시온에서 하나님 앞에 각기 나타나리이다. 만군의 하나님 여호와여, 내 기도를 들으소서. 야곱의 하나님이여, 귀를 기울이소서. 우리 방패이신 하나님이여, 주께서 기름 부으신 자의 얼굴을 살펴 보옵소서. 주의 궁정에서의 한 날이 다른 곳에서의 천 날보다 나은즉 악인의 장막에 사는 것보다 내 하나님의 성전 문지기로 있는 것이 좋사오니 여호와 하나님은 해요, 방패이시라. 여호와께서 은혜와 영화를 주시며 정직하게 행하는 자에게 좋은 것을 아끼지 아니하실 것임이니이다. 만군의 여호와여, 주께 의지하는 자는 복이 있나이다.(시편 84:1~12)

성경봉독 2 : 유대인의 유월절이 가까운지라. 예수께서 예루살렘으로 올라가
셨더니 성전 안에서 소와 양과 비둘기 파는 사람들과 돈 바꾸는
사람들이 앉아 있는 것을 보시고 노끈으로 채찍을 만드사 양이나
소를 다 성전에서 내쫓으시고 돈 바꾸는 사람들의 돈을 쏟으시며
상을 엎으시고 비둘기 파는 사람들에게 이르시되 이것을 여기서
가져가라. 내 아버지의 집으로 장사하는 집을 만들지 말라 하시
니 제자들이 성경 말씀에 주의 전을 사모하는 열심이 나를 삼키
리라 한 것을 기억하더라.(요한복음 2:13~17)

성경봉독 3 : 하나님이 참으로 사람과 함께 땅에 계시리이까. 보소서. 하늘과
하늘들의 하늘이라도 주를 용납하지 못하겠거든 하물며 내가 건
축한 이 성전이오리이까. 그러나 나의 하나님 여호와여, 주의 종
의 기도와 간구를 돌아보시며 주의 종이 주 앞에서 부르짖는 것
과 비는 기도를 들으시옵소서. 주께서 전에 말씀하시기를 내 이
름을 거기에 두리라 하신 곳 이 성전을 향하여 주의 눈이 주야로
보시오며 종이 이 곳을 향하여 비는 기도를 들으시옵소서. 주의
종과 주의 백성 이스라엘이 이 곳을 향하여 기도할 때에 주는 그
간구함을 들으시되 주께서 계신 곳 하늘에서 들으시고 들으시사
사하여 주옵소서.(역대하 6:18~21)

성경봉독 4 : 주는 계신 곳 하늘에서 그들의 기도와 간구를 들으시고 그들의
일을 돌보시오며 주께 범죄한 주의 백성을 용서하옵소서. 나의
하나님이여, 이제 이 곳에서 하는 기도에 눈을 드시고 귀를 기울
이소서. 여호와 하나님이여, 일어나 들어가사 주의 능력의 궤와
함께 주의 평안한 처소에 계시옵소서. 여호와 하나님이여, 원하
옵건대 주의 제사장들에게 구원을 입게 하시고 또 주의 성도들에
게 은혜를 기뻐하게 하옵소서. 여호와 하나님이여, 주의 기름 부

음 받은 자에게서 얼굴을 돌리지 마시옵고 주의 종 다윗에게 베
푸신 은총을 기억하옵소서 하였더라.(역대하 6:39~42)

찬양 / 찬양대

말씀선포 / 맡은이

건축 경과 보고 / 건축위원장

입당 감사의 기도 / 맡은이(선언을 맡은 이가 입당 감사기도를 한 후 선언을 한다. 감
리사나 감독이 참석했을 때 이 순서를 맡는다.)

자비로우신 하나님 아버지! 저희가 주님의 이름을 영화롭게 하기 위하여 이
건물을 지어 드리오니 기뻐 받으옵소서. 저희가 전능하신 하나님의 은혜로 이
건물을 이렇게 건축하였사오니 감사합니다. 이곳을 찾는 모든 사람이 주님의
자녀가 되어 평화를 얻고, 주님의 증인이 되어 세상 끝까지 주님과 세상을 화목
케 하는 일에 봉사케 하옵소서. 예수 그리스도의 이름으로 기도합니다. 아멘.

선언 / 맡은이

우리가 주님의 이름으로 행한 이 역사를 하나님 아버지께서 기쁘게 받아 주
실 것을 믿으며, 저는 이 집이 전능하신 하나님을 영광스럽게 하기 위하여 주
님께 드려진 것을 널리 알립니다.

(예배당 입당일 경우 아래 내용을 첨부한다.)
하나님의 말씀이 선포됨을 위하여, 성례의 합당한 거행을 위하여, 죄인들을
회개시키고 믿는 이들을 교육하며 세상을 구원하기 위하여 우리 주 예수 그리

스도의 이름으로 이 건물을 구별하여 봉헌합니다. 아멘.

(교육관이나 교회 주택일 경우 아래 내용을 첨부한다.)
성경의 진리로써 양육하고 기독교 교육과 제자훈련, 그리고 봉사를 위하여
우리 주 예수 그리스도의 이름으로 이 건물을 구별하여 봉헌합니다. 아멘.

담임자와 교회에 부탁할 말씀 / 맡은이(축사를 겸하여 한다.)

축하 찬송 / 맡은이

알리는 말씀 / 맡은이(감사의 인사, 경과 보고, 감사패 증정 등의 순서를 가질 수 있
다.)

찬송(찬송가 347장) / 다함께(일어서서)

1. 허락하신 새 땅에 들어가려면 맘에 준비 다하여 힘써 일하세
2. 시험 환난 당해도 낙심말고서 맘에 걱정 버리고 힘써 일하세
3. 앞서가신 예수님 바라보면서 모두 맘을 합하여 힘써 일하세
4. 일할 곳이 아직도 많이 있으니 담대하게 나가서 힘써 일하세
(후렴)
여호수아 본 받아 앞으로 가세 우리 거할 처소는 주님 품일세

축도 / 맡은이

5. 예배당 봉헌식

1) 봉헌식 지침

(1) 공사가 완전히 끝나고 준공 검사와 채무관계까지 마무리 지어졌을 때 봉헌식을 갖는 것이 원칙이다.

(2) 봉헌식의 장소는 신축 교회 본당으로 한다. 일자와 시간은 교회 사정에 따라 정한다.

(3) 한두 주일 전부터 광고하여 전 교인이 참석하도록 한다.

(4) 초청 범위는 교회의 역대 교역자, 지방회 임원, 타 교회 교역자 및 교인들로 한다.

(5) 건축위원장은 건축 경과 보고를, 장로(장로가 없으면 임원 중에 한 사람)는 교회연혁과 교세현황 보고를 준비한다.

(6) 순서지를 준비하여 봉헌식 전에 나누어 준다.

(7) 순서를 맡은 이들은 표시된 자리에 안내되어 앉는다.

(8) 안내위원들은 진행 전에 모여서 장내의 준비 상태를 신중히 점검하고 서로 역할을 분담한다.

2) 봉헌식 순서(1)

집례 : 교회담임자

I 부 : 예배

(집례자, 순서 맡은 이들, 찬양대 순으로 중앙통로를 통하여 들어가 각기 제자리에 앉는다.)

조용한 기도(전주) / 다함께(전주 중에 집례자는 아래의 성경구절을 낭독한다.)

땅과 거기에 충만한 것과 세계와 그 가운데에 사는 자들은 다 여호와의 것이로다. 여호와께서 그 터를 바다 위에 세우심이여, 강들 위에 건설하셨도다. 여호와의 산에 오를 자가 누구며 그의 거룩한 곳에 설 자가 누구인가. 곧 손이 깨끗하며 마음이 청결하며 뜻을 허탄한 데에 두지 아니하며 거짓 맹세하지 아니하는 자로다. 그는 여호와께 복을 받고 구원의 하나님께 공의를 얻으리니 이는 여호와를 찾는 족속이요, 야곱의 하나님의 얼굴을 구하는 자로다. 문들아, 너희 머리를 들지어다. 영원한 문들아, 들릴지어다. 영광의 왕이 들어가시리로다. 영광의 왕이 누구시냐, 강하고 능한 여호와시요, 전쟁에 능한 여호와시로다. 문들아, 너희 머리를 들지어다. 영원한 문들아, 들릴지어다. 영광의 왕이 들어가시리로다. 영광의 왕이 누구시냐. 만군의 여호와께서 곧 영광의 왕이시로다(시편 24:1~10). 아멘.

찬송(찬송가 36장) / 다함께(일어서서)

1. 주 예수 이름 높이어 다 찬양하여라
   금면류관을 드려서 만유의 주 찬양

금면류관을 드려서 만유의 주 찬양
2. 주 예수 당한 고난을 못 잊을 죄인아
   네 귀한 보배 바쳐서 만유의 주 찬양
   네 귀한 보배 바쳐서 만유의 주 찬양
3. 이 지구 위에 거하는 온 세상사람들
   그 크신 위엄 높여서 만유의 주 찬양
   그 크신 위엄 높여서 만유의 주 찬양
4. 주 믿는 성도 다함께 주 앞에 엎드려
   무궁한 노래 불러서 만유의 주 찬양
   무궁한 노래 불러서 만유의 주 찬양 아멘

교독(교독문 109번 헌당예배) / 다함께

집례자 : 여호와의 집 우리 여호와의 성전 곧 우리 하나님의 성전 뜰에 서 있는
         너희여 여호와를 찬송하라.
회 중 : 여호와는 선하시며 그 이름이 아름다우니 그 이름을 찬양하라.

집례자 : 내가 주를 위하여 거하실 성전을 건축하였사오니 주께서 영원히 계실
         처소로소이다 하고
회 중 : 우리가 그의 계신 곳으로 들어가서 그의 발등상 앞에서 엎드려 예배
         하리로다.

집례자 : 문들아, 너희 머리를 들지어다. 영원한 문들아, 들릴지어다.
회 중 : 영광의 왕이 들어가시리로다.

집례자 : 그러나 나의 하나님, 여호와여. 주의 종의 기도와 간구를 돌아보시며
회 중 : 주의 종이 주 앞에서 부르짖는 것과 비는 기도를 들으시옵소서.

집례자 : 내가 곧 그들을 나의 성산으로 인도하여

회 중 : 기도하는 내 집에서 그들을 기쁘게 할 것이며

집례자 : 그들의 번제와 희생을 나의 제단에서 기꺼이 받게 되리니

회 중 : 이는 내 집은 만민이 기도하는 집이라 일컬음을 받게 될 것임이라.

다함께 : 오직 여호와는 그 성전에 계시니 온 땅은 그 앞에서 잠잠할지니라 하
시니라.

기도 / 맡은이(회중이 앉은 후에 기도한다.)

인생들을 죄에서 구원하신 사랑의 하나님, 저희가 주님의 이름을 높이고 그 은혜를 찬송합니다. 하나님의 놀라운 경륜으로 이 땅 위에 주님의 교회를 설립하시고 이 교회를 통하여 주님의 복음이 전파되게 하심을 감사합니다. 오늘 저희에게 복을 주셔서 하나님의 크신 은혜를 찬양하고 거룩하신 하나님을 예배할 주님의 전을 건축하여 전능하신 성부와 성자와 성령의 이름으로 봉헌하게 하심을 감사합니다. 지금 저희가 이 일을 행할 때에 성령께서 저희를 감동하사 자신을 온전한 산 제물로 드리게 하옵시고, 저희 마음속에 주님이 계시기에 합당한 성전을 이루게 하여 주옵소서. 우리 주 예수 그리스도의 이름으로 기도합니다. 아멘.

성경봉독 / 맡은이(아래의 성경구절 중에 하나를 선택하여 봉독한다.)

성경봉독 1 : 솔로몬이 기도를 마치매 불이 하늘에서부터 내려와서 그 번제물
과 제물들을 사르고 여호와의 영광이 그 성전에 가득하니 여호와
의 영광이 여호와의 전에 가득하므로 제사장들이 여호와의 전으
로 능히 들어가지 못하였고 이스라엘 모든 자손은 불이 내리는 것

과 여호와의 영광이 성전 위에 있는 것을 보고 돌을 깐 땅에 엎드려 경배하며 여호와께 감사하여 이르되 선하시도다, 그의 인자하심이 영원하도다 하니라. 이에 왕과 모든 백성이 여호와 앞에 제사를 드리니(역대하 7:1~4)

성경봉독 2 : 그러므로 형제들아, 우리가 예수의 피를 힘입어 성소에 들어갈 담력을 얻었나니 그 길은 우리를 위하여 휘장 가운데로 열어 놓으신 새로운 살 길이요, 휘장은 곧 그의 육체니라. 또 하나님의 집 다스리는 큰 제사장이 계시매 우리가 마음에 뿌림을 받아 악한 양심으로부터 벗어나고 몸은 맑은 물로 씻음을 받았으니 참 마음과 온전한 믿음으로 하나님께 나아가자. 또 약속하신 이는 미쁘시니 우리가 믿는 도리의 소망을 움직이지 말며 굳게 잡고 서로 돌아보아 사랑과 선행을 격려하며 모이기를 폐하는 어떤 사람들의 습관과 같이 하지 말고 오직 권하여 그 날이 가까움을 볼수록 더욱 그리하자.(히브리서 10:19~25)

찬양 / 찬양대 또는 중창단

말씀선포 / 맡은이

찬송(찬송가 600장) / 다함께

1. 교회의 참된 터는 우리 주 예수라 그 귀한 말씀 위에 이 교회 세웠네
   주 예수 강림하사 피 흘려 샀으니 땅 위의 모든 교회 주님의 신부라
2. 온 세계 모든 교회 한 몸을 이루어 한 주님 섬기면서 한 믿음 가지네
   한 이름 찬송하고 한 성경 읽으며 다같은 소망 품고 늘 은혜 받도다
3. 땅 위의 모든 교회 주 안에 있어서 하늘의 성도들과 한 몸을 이루네

오 주여 복을 주사 저 성도들같이 우리도 주와 함께 늘 살게 하소서 아멘

봉헌과 봉헌기도 / 맡은이(형편에 따라 생략할 수도 있다.)

Ⅱ부 : 봉헌식

(감독이나 감리사가 참석했으면 감독이나 감리사가 집례한다.)

봉헌식사 / 집례자

사랑하는 여러분, 하나님은 우리가 주님의 이름을 받들어 예배당을 세우는 것을 기뻐하십니다. 일찍이 하나님의 영광이 솔로몬이 지은 성전에 충만하였으며 또한 성령을 주시리라는 약속을 믿고 기다리며 기도하는 성도에게 충만히 임하셨습니다. 그리고 복음서에 예수님께서 백성을 위하여 회당을 지은 백부장을 칭찬하신 것을 압니다. 이러므로 우리가 하나님을 경배하기 위하여 이 집을 바치는 것을 하나님께서 기뻐하실 줄 믿습니다. 하나님께서 이 예배당을 아무 장애 없이 준공케 하신 것을 감사합니다. 또한 이 예배당을 지은 사람들과 여기서 예배할 사람들에게 복을 많이 베푸시기를 기도합시다. 여러분께서는 이 식을 거행하는 동안에 마음으로 끊임없이 기도하시기 바랍니다.

공사 보고 / 건축위원장

봉헌위임 / 관리부장(앞으로 나아와 집례자를 바라보고 서서 다음과 같이 말한다.)

우리가 이 예배당을 전능하신 하나님을 경배하는 데 쓰기 위하여 하나님께 봉헌하기를 감독(담임전도사, 담임목사, 감리사)께 위임합니다.

426

봉헌취지 / 집례자(회중을 일어서게 한 후 다음과 같이 말한다.)

    사랑하는 여러분, 성경에 하나님을 경배하기 위하여 예배당을 건축하였으면 먼저 하나님께 봉헌하는 것이 마땅하다 하였습니다. 그러므로 우리가 봉헌하는 식을 거행하기 위하여 여기 모였으니, 먼저 하나님께서 은혜를 베푸사 우리로 하여금 이 예배당을 완전히 준공케 하신 것을 감사합니다. 우리는 이 집을 오직 성경을 강론하고 해석하며, 그 말씀을 증언하고 성례를 베풀고 기독교대한감리회의 장정과 규칙을 좇아 주님을 섬기는 일에 쓸 것입니다. 그러나 우리가 먼저 예배당을 봉헌할 때에, 우리 자신까지 봉헌하지 아니하면 아무 유익이 없으므로, 제가 여러분께 권하는 것은 우리 몸을 바쳐 하나님께서 계실 만한 성전이 되게 하고, 우리 마음과 정성을 바쳐 그리스도의 형체가 우리 속에 이루게 하며, 또 우리 모든 일과 삶을 주님께 맡겨 높으신 하나님을 영화롭게 하여, 하나님 나라가 왕성하게 하여야 하겠습니다.

봉헌교독 / 집례자와 회중(집례자는 봉헌 취지를 말한 후, 다음과 같이 교독을 인도한다. 순서지에 미리 인쇄하여 회중에게 나누어 주고 교독하게 한다.)

집례자 : 우리는 이 집을 거룩하신 하나님의 전으로 드립니다.
회　중 : 그러므로 우리의 마음은 언제나 이곳에 있을 것입니다.

집례자 : 우리는 이 집을 천하 만민의 기도하는 집으로 드립니다.
회　중 : 그러므로 우리가 이곳에서 하나님의 은총을 입을 것입니다.

집례자 : 우리는 이 집을 삼위일체되신 하나님을 예배하는 집으로 드립니다.
회　중 : 그러므로 이 집에 하나님의 영광이 가득 찰 것입니다.

집례자 : 우리는 이 집을 성례를 행하는 집으로 드립니다.
회 중 : 그러므로 말씀이 그 터전이 될 것입니다.

집례자 : 우리는 이 집을 그리스도를 배우는 집으로 드립니다.
회 중 : 그러므로 우리는 온유하고 겸손하며 섬기는 생활에 힘쓸 것입니다.

집례자 : 우리는 이 집을 사랑으로 성도가 교제하는 집으로 드립니다.
회 중 : 그러므로 우리는 주님 안에서 하나가 될 것입니다.

다함께 : 아멘.

봉헌기도 / 맡은이(회중은 계속 서 있고 맡은이가 기도한다.)

지극히 높으시고 영화로우신 하나님, 저희가 무엇이든지 주님께 드리기를 감당치 못하오나, 주님께 구하옵기는, 주님의 자비로우심으로 저희가 봉헌한 이 집을 받으사, 주님의 영광으로 삼으시고 저희로 정성된 마음으로 주님을 섬기게 하옵시며, 후에 주님의 종들이 이곳에서 주님을 예배하고 찬양할 때에 저들로 하나님의 크신 위엄을 밝히 깨닫게 하사 자기들의 미천함을 알아 겸손하고 공경하는 마음으로 경배하며, 주님의 성소에 나아올 때에 착한 생각과 정결한 마음으로 경배하며, 주님 앞에서 그 기뻐하시는 일을 행하여 주님을 섬기게 하옵소서. 또 간구하옵나니, 이 예배당에서 거룩한 성례를 받고, 주님께 헌신하는 사람들이 영원히 주님의 성실한 자녀가 되게 하옵소서. 또 간구하옵나니, 주님께서 은혜를 베푸사 이 예배당에서 주님의 성찬을 받는 사람들이 주님의 공로를 믿고 서로 사랑하여, 주님의 계명을 지키고 참 회개하는 마음으로 주님의 은혜를 풍성히 받게 하옵소서. 또 간구하옵나니, 이 예배당에서 거룩한 혼인식을 하는 사람들이 정결하고 신성한 가정을 이루어 영원히 주님의 품 안에 살게 하여 주옵소서. 또 간구하옵나니, 이 예배당에 나아와서 기도하는 모든 백성의 기도를 들으사 저들의 죄를 용서하여 주시고, 구원을 얻은 새 사람이 되어 기쁨으로 주님 안에 살게 하여 주옵소서. 또 간구하옵나니, 주님의 모든 교인이 다 주님의 전이 되어 나중에 하늘에 있는 주님의 성전에까지 이르게 하옵소서. 이 모든 것을 우리 주 예수 그리스도의 이름으로 기도합니다. 아멘.

선언 / 집례자

이제 제가, 이 집이 전능하신 하나님과 교회의 머리가 되시며 구주가 되시는 우리 주 예수 그리스도와 우리와 같이 계셔서 우리의 지도와 위안과 힘이 되시는 성령께 드려졌음을 널리 알립니다. 아멘.

아멘 합창 / 찬양대(아멘송을 부른다.)

알리는 말씀 / 담임목사 또는 맡은이(회중이 앉은 후 광고한다. 감사의 인사, 경과 보고, 감사패 증정 등의 순서를 가질 수 있다.)

찬송(찬송가 208장) / 다함께(일어서서 찬송한다. 형편에 따라 생략할 수 있다.)

1. 내 주의 나라와 주 계신 성전과 피 흘려 사신 교회를 늘 사랑합니다
2. 내 주의 교회는 천성과 같아서 눈동자 같이 아끼사 늘 보호하시네
3. 이 교회 위하여 눈물과 기도로 내 생명 다하기까지 늘 봉사합니다
4. 성도의 교제와 교회의 위로와 구주와 맺은 언약을 늘 기뻐합니다
5. 하늘의 영광과 베푸신 은혜가 진리와 함께 영원히 시온에 넘치네 아멘

축도 / 맡은이

3) 봉헌식 순서(2)

집례 : 교회담임자

(이 예식은 예배당, 교육관, 교회 주택의 봉헌식을 함께 하거나 일부를 겸할 때 사용한다.)

조용한 기도(전주) / 다함께(일어서서)

예배로 부름 / 집례자(전주 중에 다음과 같이 낭독한다.)

여호와의 집, 우리 여호와의 성전 곧 우리 하나님의 성전 뜰에 서 있는 너희여, 여호와를 찬송하라. 여호와는 선하시며 그의 이름이 아름다우니 그의 이름을 찬양하라. 내가 주를 위하여 거하실 전을 건축하였사오니 주께서 영원히 계실 처소로소이다. 우리가 그의 성막에 들어가서 그 발등상 앞에서 경배하리로다. 아멘.

교독 / 다함께
(순서지에 미리 인쇄한 것을 집례자와 회중이 교독한다.)

집례자 : 이 날은 주님의 정하신 날입니다. 기뻐하며 즐거워합시다.
회　중 : 사람들이 내게 이르기를 주님의 집에 들어가자 할 때에 내가 기뻐하였노라.

집례자 : 이곳은 하나님의 유일한 집이요, 이 문은 하늘의 문이로다.
회　중 : 주님을 찬양하리라. 그의 영광이 온 세상에 가득 차기를 원합니다.

기도 / 맡은이(회중이 앉은 후에 기도한다.)

전능하시고 영원하신 하나님, 지극히 높은 곳에 계셔서 저희가 드리는 찬양을 받으옵소서. 또한 저희는 주님을 위해 지은 집에 주께서 계시기를 원합니다. 이곳에서 영광과 함께 계시고 예배 받으시기를 원하시는 주님, 주님의 사랑과 자비를 의지하여 비옵나니, 이곳에 임하여 주옵소서. 주님의 이름을 영광스럽게 할 이 집을 온전히 구별하여 바칩니다. 주님께서 받으시고 거룩하게 하옵소서. 끝날까지 뭇 사람이 모여서 주님의 사랑으로 양육 받고, 주님의 인도로 충실하게 하옵소서. 우리 주 예수 그리스도의 이름으로 기도합니다. 아멘.

공동기도 / 회중

오, 하나님, 주님의 섭리로 저희가 이 집을 지어 헌납하게 하시니 감사합니다. 원하오니 하늘의 복을 내려 주옵소서. 거룩한 주님이 여기에 영원히 임하시고 저희 또한 주님께 거룩하고 흠향할 만한 살아 있는 교회가 되게 하옵소서. 우리 주 예수 그리스도의 이름으로 기도합니다. 아멘.

찬양 / 찬양대

응답시 낭독 / 다함께

땅과 거기에 충만한 것과 세계와 그 가운데에 사는 자들은 다 여호와의 것이로다. 여호와께서 그 터를 바다 위에 세우심이여 강들 위에 건설하셨도다. 여호와의 산에 오를 자가 누구며 그의 거룩한 곳에 설 자가 누구인가. 곧 손이 깨끗하며 마음이 청결하며 뜻을 허탄한 데에 두지 아니하며 거짓 맹세하지 아니하는 자로다. 그는 여호와께 복을 받고 구원의 하나님께 공의를 얻으리니 이는 여호와를 찾는 족속이요, 야곱의 하나님의 얼굴을 구하는 자로다. 문들아, 너희 머리를 들지어다. 영원한 문들아, 들릴지어다, 영광의 왕이 들어가시리로

다. 영광의 왕이 누구시냐. 강하고 능한 여호와시요. 전쟁에 능한 여호와시로
다. 문들아, 너희 머리를 들지어다. 영원한 문들아, 들릴지어다. 영광의 왕이
들어가시리로다. 영광의 왕이 누구시냐. 만군의 여호와께서 곧 영광의 왕이시
로다.(시편 24:1~10)

송영 / 찬양대

성경봉독 / 맡은이(아래의 성경구절 중에 하나를 선택하여 봉독한다.)

성경봉독 1(예배당을 위하여) : 솔로몬이 여호와의 제단 앞에서 이스라엘의 온 회
중과 마주서서 하늘을 향하여 손을 펴고 이르되 이스라엘의 하나님
여호와여, 위로 하늘과 아래로 땅에 주와 같은 신이 없나이다. 주께
서는 온 마음으로 주의 앞에서 행하는 종들에게 언약을 지키시고 은
혜를 베푸시나이다. 주께서 주의 종 내 아버지 다윗에게 하신 말씀
을 지키사 주의 입으로 말씀하신 것을 손으로 이루심이 오늘과 같으
니이다. 이스라엘의 하나님 여호와여, 주께서 주의 종 내 아버지 다
윗에게 말씀하시기를 네 자손이 자기 길을 삼가서 네가 내 앞에서
행한 것 같이 내 앞에서 행하기만 하면 네게서 이스라엘의 왕위에
앉을 사람이 내 앞에서 끊어지지 아니하리라 하셨사오니 이제 다윗
을 위하여 그 하신 말씀을 지키시옵소서. 그런즉 이스라엘의 하나님
이여, 원하건대 주는 주의 종 내 아버지 다윗에게 하신 말씀이 확실
하게 하옵소서. 하나님이 참으로 땅에 거하시리이까? 하늘과 하늘
들의 하늘이라도 주를 용납하지 못하겠거든 하물며 내가 건축한 이
성전이오리이까? 그러나 내 하나님 여호와여, 주의 종의 기도와 간
구를 돌아보시며 이 종이 오늘 주 앞에서 부르짖음과 비는 기도를
들으시옵소서. 주께서 전에 말씀하시기를 내 이름이 거기 있으리라
하신 곳 이 성전을 향하여 주의 눈이 주야로 보시오며 주의 종이 이

432

곳을 향하여 비는 기도를 들으시옵소서. 주의 종과 주의 백성 이스라엘이 이 곳을 향하여 기도할 때에 주는 그 간구함을 들으시되 주께서 계신 곳 하늘에서 들으시고 들으시사 사하여 주옵소서.(열왕기상 8:22~30)

성경봉독 2(교육관을 위하여) : 여호와의 말씀이니라. 보라 날이 이르리니 내가 이스라엘 집과 유다 집에 새 언약을 맺으리라. 이 언약은 내가 그들의 조상들의 손을 잡고 애굽 땅에서 인도하여 내던 날에 맺은 것과 같지 아니할 것은 내가 그들의 남편이 되었어도 그들이 내 언약을 깨뜨렸음이라. 여호와의 말씀이니라. 그러나 그 날 후에 내가 이스라엘 집과 맺을 언약은 이러하니 곧 내가 나의 법을 그들의 속에 두며 그들의 마음에 기록하여 나는 그들의 하나님이 되고 그들은 내 백성이 될 것이라. 여호와의 말씀이니라. 그들이 다시는 각기 이웃과 형제를 가리켜 이르기를 너는 여호와를 알라 하지 아니하리니 이는 작은 자로부터 큰 자까지 다 나를 알기 때문이라. 내가 그들의 악행을 사하고 다시는 그 죄를 기억하지 아니하리라. 여호와의 말씀이니라.(예레미야 31:31~34)

성경봉독 3(교회 주택을 위하여) : 그러므로 누구든지 나의 이 말을 듣고 행하는 자는 그 집을 반석 위에 지은 지혜로운 사람 같으리니 비가 내리고 창수가 나고 바람이 불어 그 집에 부딪치되 무너지지 아니하나니 이는 주추를 반석 위에 놓은 까닭이요, 나의 이 말을 듣고 행하지 아니하는 자는 그 집을 모래 위에 지은 어리석은 사람 같으리니 비가 내리고 창수가 나고 바람이 불어 그 집에 부딪치매 무너져 그 무너짐이 심하니라.(마태복음 7:24~27)

말씀선포 / 맡은이

신앙고백(사도신경) / 다함께

봉헌 / 다함께(봉헌송과 봉헌기도를 여기에 포함한다. 형편에 따라 생략할 수도 있다.)

건물봉헌 / 맡은이(여기서부터 봉헌교독까지, 감독이나 감리사가 집례한다. 건축위원
　　장이나 이 건물을 지어 기증할 사람이 앞으로 나와 집례자를 바라보고 다음과 같이
　　말하게 한다.)

　집례자 : 어떤 목적으로 이 집이 사용되겠습니까?
　건축위원장(또는 기증자) : 저희는 이 집을 하나님의 영광을 위하여 예배당(교육
　　관, 교회 주택)으로 사용되도록 드립니다.

　　(예배당 봉헌일 경우, 또는 어떤 특수한 이름을 가질 경우, 계속해서 다음과 같이 문
　답한다.)

　집례자 : 어떤 이름으로 이 교회가 지금부터 알려지겠습니까?
　기증자 : 기독교대한감리회 ○○교회로 불릴 것입니다.

선언 / 맡은이

　사랑이 많으신 주님, 주님께서 그의 백성 가운데 이 집을 세워 주님의 이름
에 영광 드리게 해 주시오니 저희는 기쁩니다. 이제 이 집이 기독교대한감리회
○○교회(교육관, 교회 주택)로 봉헌됨을 확인하며 전능하신 하나님께 거룩히
구별되어 사용되기를 바랍니다. 그러므로 저희가 모인 것처럼 이 처소가 합당
하고 거룩히 사용되도록 엄숙히 봉헌됨을 널리 알립니다.

봉헌교독 / 집례자와 회중

(예배당 또는 예배당과 함께 교육관, 교회 주택을 동시에 봉헌할 경우, 모두 일어서서 다음과 같이 교독한다.)

집례자 : 은총 가운데 부르신 성부의 영광을 위해, 저희를 인도하사 거룩하게 하시는 성령의 찬양을 위해

회　중 : 저희가 이 집을 드립니다.

집례자 : 기도와 찬송으로 하나님께 예배하기 위해, 영원한 복음을 선포하기 위해, 그리고 성례의 거행을 위해

회　중 : 저희가 이 집을 드립니다.

집례자 : 애통하는 이의 위로를 위해, 시험받는 이들이 능력받기 위해, 길을 찾는 이에게 빛을 비추기 위해

회　중 : 저희가 이 집을 드립니다.

집례자 : 가정생활의 성화를 위해, 젊은이들의 교육과 지도를 위해, 교인들의 성화를 위해

회　중 : 저희가 이 집을 드립니다.

집례자 : 죄인의 회개를 위해, 의의 창달을 위해, 하나님 나라의 확장을 위해

회　중 : 저희가 이 집을 드립니다.

집례자 : 신앙의 일치 속에서, 그리스도인의 교우된 유대 속에서, 모두에 대한 자비와 선의 속에서

회　중 : 저희가 이 집을 드립니다.

집례자 : 이 집을 사랑하고 섬기는 모든 사람의 수고에 대해 감사하며, 먼저 가

신 선진들을 사랑으로 기억하면서, 우리 주 예수 그리스도의 영원한
소망을 바라보며

회　중 : 저희가 이 집을 드립니다.

다함께 : 이 교회의 교인들은 모두가 허다한 구름과 같이 둘러싸인 증인들 앞
에서 저희가 지켜온 전통에 감사하며, 신앙으로 저희를 앞서 희생하
신 것에 감사하면서, 그리고 저희가 한 일이 그들의 수고를 완성하는
중요한 기여인 것을 고백하면서 저희를 새롭게 하여 전능하신 하나님
께 헌신하고 봉사하기를 분명히 다짐하며 이 집을 드립니다.

봉헌과 중보의 기도 / 맡은이(회중이 앉은 후, 봉헌기도를 맡은 이들은 제단 앞에
서거나 무릎을 꿇고 다음 중 몇 가지 기도를 연속으로 엄숙히 한다.)

집례자 : 이제 하나님의 복을 주심과 은총을 위한 간구와 중보의 기도를 합니다.

기도 1 : 영원하시고 전능하신 하나님, 하늘보다 크셔서 손으로 지은 장막 안에
거하실 수 없는 주님, 은혜스럽게 저희의 기도를 받아 주시어 이 집의
봉헌을(그리고 오늘 드린 헌금을) 열납하셔서 주님의 존귀와 영광으로
삼아 주옵소서. 우리 주 예수 그리스도의 이름으로 기도합니다. 아멘.

기도 2 : 오, 주님. 이 교회의 모든 교인이 성례와 말씀과 목회와 찬양과 기도
와 교제에 참여하여 주님이 이 처소에 계심을 알게 하옵소서. 그들의
심령이 주님의 음성을 듣게 하시고 일생을 통해 주님의 나라를 확장
하는 데 헌신하게 하옵소서. 우리 주 예수 그리스도의 이름으로 기도
합니다. 아멘.

기도 3 : 주님, 거룩한 말씀이 이 처소 안에서 읽히고 전해지게 하옵소서. 거룩

한 성령에 의해 모든 심령이 은혜를 받게 하옵소서. 이곳에서 말씀을 듣는 이들이 자신의 사명을 깨닫게 하옵소서. 또한 그를 감당할 힘과 능력을 얻게 하옵소서. 우리 주 예수 그리스도의 이름으로 기도합니다. 아멘.

기도 4 : 허락하옵소서, 주님. 주님의 종의 간청을 들으옵소서. 이 교회에 있는 누구나 세례를 받아 그리스도께 속한 무리가 되게 하시며 성령의 능력을 받아 그리스도의 충실한 군사와 종이 되어 일생 동안 주님의 일을 하게 하옵소서. 우리 주 예수 그리스도의 이름으로 기도합니다. 아멘.

기도 5 : 허락하옵소서, 주님. 이 교회의 교인들이 세례를 통해 서로 그리고 스스로 서원과 약속을 새롭게 하게 하시며 주님의 교회의 온전한 단결 의식을 갖게 하옵소서. 그리하여 생명이 다하도록 항상 충실히 헌신하게 하옵소서. 우리 주 예수 그리스도의 이름으로 기도합니다. 아멘.

기도 6 : 주님, 허락하옵소서. 누구나 이 집에서 주님의 거룩한 성찬을 받게 하옵소서. 믿음으로 거룩한 성찬을 받게 하시고 진실한 회개를 하게 하옵소서. 주님의 은총으로 충만하고 하늘의 복으로 충만하며 위대하시고 끝없으신 위로함으로 그들의 죄를 사하여 주옵소서. 항상 주님을 위하며 살게 하옵소서. 우리 주 예수 그리스도의 이름으로 기도합니다. 아멘.

기도 7 : 허락하옵소서, 주님. 이 집에 출입하는 교인은 누구나 거룩한 결혼생활을 하게 하시어 그들 사이에 맺은 언약을 이행하고 지키게 하옵소서. 그리고 생명이 다하도록 완전한 사랑으로 함께 살게 하옵소서. 우리 주 예수 그리스도의 이름으로 기도합니다. 아멘.

기도 8 : 허락하옵소서, 주님. 주님의 백성이 이 집에서 만날 때에 영예와 성실을 다해 교회와 예배자의 문제를 생각하고 주님의 제자들을 연합하여 한 몸을 이루게 하옵소서. 그리하여 그들이 지혜롭게 행하며 충실한 직분자로서 주님이 세우신 이 나라의 일시적, 영구적 문제들을 잘 처리하게 하옵소서. 우리 주 예수 그리스도의 이름으로 기도합니다. 아멘.

기도 9 : 전능하시고 영원하신 하나님, 저희가 기도하오니 주님의 자녀들을 주님의 보호 아래 있게 하옵소서. 그들의 심령 속에 주님의 은혜를 부어 주시고 그들이 여기서 깨닫고 가르침 받아 주님이 기뻐하시는 뜻을 알게 하옵소서. 또 그들이 지혜와 영적 능력 안에서 성장하고 선의로 주님과 그들의 동료와 함께 생활하게 하옵소서. 우리 주 예수 그리스도의 이름으로 기도합니다. 아멘.

기도 10 : 전능하신 하나님, 예수님을 통하여 저희를 부르셔서 빛으로 인도하옵소서. 그 안에서 함께 지내며 주님과 교제를 나누게 하옵소서. 여기서 주님의 백성이 헌신하기 위해 만나게 하시고, 여기서 주님의 길을 배우게 하시며, 주님의 이름을 거룩히 하며, 주님의 영광을 찬송하게 하옵소서. 여기서 삶이 부해지고 인도받으며 그리스도 안에서 교제의 유대감이 개인의 욕심 없이 서로 사랑으로 충족되어지기를 우리 주 예수 그리스도의 이름으로 기도합니다. 아멘.

기도 11 : 허락하옵소서, 주님. 원하오니 주님의 일꾼들이 의로움으로 옷 입게 하시고 주님의 자녀들은 주님의 구원으로 기뻐하게 하옵소서. 어디서나 주님의 백성과 함께하사 거룩한 집으로 이끌어 주님 앞에 나가도록 하옵소서. 오, 주님. 결국은 하늘의 영화로운 성전으로 받으시고 손으로 짓지 않은 성전 곧 하늘의 영원한 전으로 받으옵소서. 성부와 성자와 성령께 세상 끝날까지 영광과 찬송이 있게 하옵소서. 우리 주 예수 그리스도의 이름으로 기도합니다. 아멘.

알리는 말씀 / 집례자(감사의 인사, 경과 보고, 감사패 증정 등의 순서를 가질 수 있다.)

찬송(찬송가 208장) / 다함께(일어서서)

1. 내 주의 나라와 주 계신 성전과 피 흘려 사신 교회를 늘 사랑합니다
2. 내 주의 교회는 천성과 같아서 눈동자 같이 아끼사 늘 보호하시네
3. 이 교회 위하여 눈물과 기도로 내 생명 다하기까지 늘 봉사합니다
4. 성도의 교제와 교회의 위로와 구주와 맺은 언약을 늘 기뻐합니다
5. 하늘의 영광과 베푸신 은혜가 진리와 함께 영원히 시온에 넘치네 아멘

축도 / 맡은이

봉헌식

6. 병원 봉헌식 순서

집례 : 맡은이

병원 봉헌식사 / 집례자

　　○○병원 봉헌식에 참석한 여러분, 하나님의 크신 은혜와 주님의 뜻을 따르는 분들의 노력으로 완성된 이 건물은 그리스도께서 친히 나타내 보여 주셨고, 예수님을 따르던 사람들이 항상 겪어야 했던 고통과 질병에 대한 치유의 상징입니다. 우리는 하늘에 계신 아버지께서 이 건물이 수행하려고 하는, 치료하고 위로하는 일을 원하셨을 뿐 아니라 기쁘게 받으실 것을 믿습니다. 또 우리가 주님과 주님의 자녀를 위해 이 건물을 봉헌하는 것을 주님은 기뻐하실 줄 믿습니다. 그러므로 이 건물이 감당하려고 하는 사랑과 인술(仁術)이라는 목적을 이루기 위하여 재물과 봉사로 참여하신 분들을 위하여 기도합시다.

조용한 기도(전주) / 다함께(전주 중에 집례자는 다음과 같이 낭독한다.)

　　저희의 도움이 주님의 이름 안에 있으니, 그분은 하늘과 땅을 창조하셨도다. 선하신 주님께 감사하며, 영원하신 그분의 사랑에 감사할지어다. 아멘.

찬송(찬송가 272장) / 다함께(일어서서)

1. 고통의 멍에 벗으려고 예수께로 나갑니다
   자유와 기쁨 베푸시는 주께로 갑니다
   병든 내 몸이 튼튼하고 빈궁한 삶이 부해지며
   죄악을 벗어 버리려고 주께로 갑니다
2. 낭패와 실망 당한 뒤에 예수께로 나갑니다

십자가 은혜 받으려고 주께로 갑니다

슬프던 마음 위로받고 이생의 풍파 잔잔하며

영광의 찬송 부르려고 주께로 갑니다

3. 교만한 맘을 내버리고 예수께로 나갑니다

복되신 말씀 따르려고 주께로 갑니다

실망한 이 몸 힘을 얻고 예수의 크신 사랑받아

하늘의 기쁨 맛보려고 주께로 갑니다

4. 죽음의 길을 벗어나서 예수께로 나갑니다

영원한 집을 바라보고 주께로 갑니다

멸망의 포구 헤어나와 평화의 나라 다다라서

영광의 주를 뵈오려고 주께로 갑니다

성경봉독 / 맡은이(회중이 앉은 후 아래의 성경구절 중에 하나를 선택하여 봉독한다.)

성경봉독 1 : 광야와 메마른 땅이 기뻐하며 사막이 백합화 같이 피어 즐거워하며 무성하게 피어 기쁜 노래로 즐거워하며 레바논의 영광과 갈멜과 사론의 아름다움을 얻을 것이라. 그것들이 여호와의 영광 곧 우리 하나님의 아름다움을 보리로다. 너희는 약한 손을 강하게 하며 떨리는 무릎을 굳게 하며 겁내는 자들에게 이르기를 굳세어라, 두려워하지 말라, 보라 너희 하나님이 오사 보복하시며 갚아 주실 것이라. 하나님이 오사 너희를 구하시리라 하라. 그 때에 맹인의 눈이 밝을 것이며 못 듣는 사람의 귀가 열릴 것이며 그 때에 저는 자는 사슴 같이 뛸 것이며 말 못하는 자의 혀는 노래하리니 이는 광야에서 물이 솟겠고 사막에서 시내가 흐를 것임이라.(이사야 35:1~6)

성경봉독 2 : 주 여호와의 영이 내게 내리셨으니 이는 여호와께서 내게 기름을 부으사 가난한 자에게 아름다운 소식을 전하게 하려 하심이라. 나를 보내사 마음이 상한 자를 고치며 포로된 자에게 자유를, 갇힌 자에게 놓임을 선포하며 여호와의 은혜의 해와 우리 하나님의 보복의 날을 선포하여 모든 슬픈 자를 위로하되 무릇 시온에서 슬퍼하는 자에게 화관을 주어 그 재를 대신하며 기쁨의 기름으로 그 슬픔을 대신하며 찬송의 옷으로 그 근심을 대신하시고 그들이 의의 나무 곧 여호와께서 심으신 그 영광을 나타낼 자라 일컬음을 받게 하려 하심이라.(이사야 61:1~3)

성경봉독 3 : 요한의 제자들이 이 모든 일을 그에게 알리니 요한이 그 제자 중 둘을 불러 주께 보내어 이르되 오실 그이가 당신이오니이까 우리가 다른 이를 기다리오리이까 하라 하매 그들이 예수께 나아가 이르되 세례 요한이 우리를 보내어 당신께 여쭈어 보라고 하기를 오실 그이가 당신이오니이까 우리가 다른 이를 기다리오리이까 하더이다 하니 마침 그 때에 예수께서 질병과 고통과 및 악귀 들린 자를 많이 고치시며 또 많은 맹인을 보게 하신지라. 예수께서 대답하여 이르시되 너희가 가서 보고 들은 것을 요한에게 알리되 맹인이 보며 못 걷는 사람이 걸으며 나병환자가 깨끗함을 받으며 귀먹은 사람이 들으며 죽은 자가 살아나며 가난한 자에게 복음이 전파된다 하라. 누구든지 나로 말미암아 실족하지 아니하는 자는 복이 있도다 하시니라.(누가복음 7:18~23)

찬양 / 찬양대(개체교회 또는 연합찬양대를 초청하여 찬양할 수 있다. 형편에 따라 찬송가 472장을 다함께 부르거나 생략할 수도 있다.)

1. 네 병든 손 내밀라고 주 예수님 말씀하네
   그 말씀을 굳게 믿고 병든 손을 내밀어라

옛날같이 오늘날도 주 권능이 크시오니
전능하신 권능으로 병든 네 몸 고치시리

2. 기도하는 손 내밀고 믿음의 손 내밀어라
순종의 손 내밀어서 주님의 손 붙잡아라
저 갈릴리 바다에서 주 예수님 행하신 일
오늘날도 믿는 자는 그 능력을 보리로다

3. 모든 의심 물리치면 허약한 맘 사라지니
주를 믿는 마음으로 주님 앞에 손 내밀라
주 예수는 자비하사 크신 사랑 베푸시니
지체말고 믿는 자는 영생복을 받으리라

(후렴)
네 병든 손 내밀어라 주 예수님 고치시리
네 병든 손 내밀어라 주님 고치시리라

말씀선포 / 맡은이

신앙고백(사도신경) / 다함께

건물봉헌 / 맡은이(이사들이나 위원들이 회중 앞에 서고 그 중 한 명이 집례자에게 다
음과 같이 말한다.)

기증자 : 우리는 이 건물을 전능하신 하나님께 봉헌하기 위해 드립니다. 우리
는 이 건물을 병자와 고통당하는 이가 나음을 받는 일에 사용되도록
주님께 드립니다.

(만약 이 건물이 기념관이 된다면 이렇게 덧붙인다.)
우리는 ○○○를 기념하기 위해 이 건물을 드립니다.

봉헌교독 / 집례자와 회중(모두 일어서서 다음과 같이 교독한다.)

집례자 : 사랑하는 여러분, 주 예수 그리스도를 통하여 이러한 봉사를 위해 세
워진 건물이 이렇게 특별한 목적을 위해 성별되었다는 것은 아름다운
일입니다. 우리는 이 건물의 봉헌을 위해 모였습니다. 재물과 수고로
도왔던 분들의 헌신이 없으면 이 봉헌이 헛된 것이기에, 우리는 지금
자신을 새롭게 하여 하나님께 예배합니다. 그리스도의 형상을 닮아
새롭게 된 우리 자신을 드립시다. 성령이 거하시기에 합당한 우리의
몸을 드립시다. 하나님의 거룩한 의지에 따라 행함으로, 하나님 나라
의 확장을 도운 이들의 노고를 드립시다.

집례자 : 성부와 성자와 성령의 이름으로
회　중 : 이 건물을 드립니다.

집례자 : 고통 중에 있을 때 계속적인 성령의 역사하심과 치유의 거룩한 사역
을 위하여
회　중 : 이 건물을 드립니다.

집례자 : 치료와 평안을 가져다주는 인술과 지혜를 위하여, 공중보건에 기여할
수 있는 새로운 방법의 계속적인 탐구를 위하여
회　중 : 이 건물을 드립니다.

다함께 : 주님께서 말씀하시기를 너희 주 하나님을 사랑하고 이웃을 네 몸과
같이 사랑하라 하셨습니다. 우리는 이 말씀에 순종하여 최선을 다해
이웃을 섬기는 일에 우리 자신을 새롭게 드립니다.

기도 / 맡은이(회중이 앉은 후에 기도한다. 맡은이 외에 몇 사람이 더 기도할 수 있다.)

기도 1 : 전능하신 하나님, 하늘에 계신 하나님, 항상 의를 행하시고 인간의 부
르짖음에 귀를 기울이시는 주님, 간구하오니 주님의 영광을 위해 지
금 봉헌하고자 하는 이 건물을 기뻐 받아 주옵소서. 이 건물을 통하여
의술과 사랑이 하나가 되어 도움을 얻고자 찾아온 이들이 건강을 되
찾게 하옵소서. 다시 간절히 비옵나니 여기 자신을 새롭게 하여 주님
께서 기뻐하실 사랑과 선한 일을 위해 드리려 하는 종된 저희를 받아
주옵소서. 약하여 찾아온 이들이 강해지게 하옵시고, 고통 중에 찾아
온 이들이 나음을 얻게 하옵시고, 슬픔 중에 찾아온 이들이 즐거움과
기쁨을 찾게 하옵소서. 찬양을 주님께 영원히 드립니다. 우리 주 예수
그리스도의 이름으로 기도합니다. 아멘.

기도 2 : 복을 주신 주님, 하늘에 계신 하나님, 삶과 죽음과 건강과 질병을 주
관하시는 하나님, 환자들을 돌보는 모든 의사와 간호사에게 힘과 지
혜와 너그러움을 주시고 함께하시어 그들이 치료뿐 아니라 주님의 인
도하심을 받게 하셔서 절망과 두려움의 어두움 속에서 희망의 빛을
비추는 이들이 되게 하옵소서. 우리 주 예수 그리스도의 이름으로 기
도합니다. 아멘.

기도 3 : 지극히 자비하신 하나님, 저희는 질병의 슬픔을 가지고 들어온 이들
이 절망하거나 슬픔으로 돌아가지 아니하고 주님을 믿는 이들에게 주
시는 영원한 생명으로 들어갈 수 있는 이들이 되기를 원하오니, 주님
의 은총을 허락하여 주옵소서. 주님께서 말씀하시기를 하늘이 땅보다
높은 것같이 주님의 길이 저희 길보다 높다 하셨습니다. 이미 주님의
부드럽고 변함없는 사랑 속에 모든 자녀가 평안함을 얻고 있기에, 저
희는 성령의 치유하심이 그들에게 계속 되기를 기도하오며, 영원한
빛이 그들 위에 비춰지기를 우리 주 예수 그리스도의 이름으로 기도
합니다. 아멘.

기도 4 : 사랑의 하나님, 하늘과 땅의 모든 것에 이름을 주신 주님께 머리를 숙여 기도합니다. 주님의 영광의 풍성하심을 따라 속사람 안에 성령의 능력으로 충만케 하옵소서. 저희를 믿음으로 그리스도 안에 거하게 하옵시고, 사랑에 뿌리를 내리고 그 넓이와 길이와 높이와 깊이가 무엇인지 이해할 수 있게 하사 지식을 초월하는 그리스도의 사랑을 알게 하옵소서. 하나님의 은혜로 충만하기를 원하오며 우리 주 예수 그리스도의 이름으로 기도합니다. 아멘.

찬송(찬송가 212장) / 다함께(일어서서)

1. 겸손히 주를 섬길 때 괴로운 일이 많으나
   구주여 내게 힘 주사 잘 감당하게 하소서
2. 인자한 말을 가지고 사람을 감화시키며
   갈 길을 잃은 무리를 잘 인도하게 하소서
3. 구주의 귀한 인내를 깨달아 알게 하시고
   굳건한 믿음 주셔서 늘 승리하게 하소서
4. 장래의 영광 비추사 소망이 되게 하시며
   구주와 함께 살면서 참 평강 얻게 하소서 아멘

축도 / 맡은이

7. 학교 건물 봉헌식 순서

집례 : 맡은이

봉헌식사 / 집례자

　사랑하는 여러분, 하나님의 은혜로 세워진 이 건물은 한 세대가 그 다음 세대에게 지혜와 지식을 전해야 하는 책임을 지니고 있습니다. 우리는 이러한 사명을 감당케 하기 위하여 최선을 다해야 할 뿐만 아니라, 하나님의 은혜를 구해야 합니다. 그러므로 주님이 이 일에 함께하심을 인하여 찬양합시다. 재물과 몸으로 봉사하여 이 건물의 목적을 이루는 데 협력하려고 하는 이들을 위하여 함께 기도합시다.

조용한 기도(전주) / 다함께(전주 중에 집례자는 다음과 같이 낭독한다.)

　저희의 도움이 주님의 이름 안에 있으니, 그분은 하늘과 땅을 창조하셨도다. 선하신 주님께 감사하며, 영원하신 그분의 사랑에 감사할지어다.

찬송(찬송가 552장) / 다함께(일어서서)

1. 아침 해가 돋을 때 만물 신선하여라 나도 세상 지낼 때 햇빛 되게 하소서
2. 새로 오는 광음을 보람 있게 보내고 주의 일을 행할 때 햇빛 되게 하소서
3. 한번 가면 안 오는 빠른 광음 지날 때 귀한 시간 바쳐서 햇빛 되게 하소서
4. 밤낮 주를 위하여 몸과 맘을 드리고 주의 사랑 나타내 햇빛 되게 하소서
(후렴)
　주여 나를 도우사 세월 허송 않고서 어둔 세상 지낼 때 햇빛 되게 하소서
　아멘

기도 / 맡은이(회중이 앉은 후에 기도한다.)

역사를 주관하시고 모든 문화의 주인이신 하나님, 저희에게 오늘 크신 복을 내리사 이 집을 주님께 봉헌하게 하심을 감사합니다. 주님의 지시와 명령을 따라 주님의 귀하신 뜻을 젊은이들에게 가르칠 귀한 기관을 세워 주시고, 또 이 집을 건축하게 하신 은혜를 감사합니다. 이 집에서 행하는 모든 교육을 통하여 주님의 복음이 보다 깊이 있게 증거되도록 도와주옵소서. 이 봉헌식을 행함으로 저희의 사명과 책임을 밝히 인식하고, 이 집을 봉헌한 목적이 성취되도록 마음과 정성을 다하여 살아가도록 하옵소서. 저희의 참된 스승이신 예수 그리스도의 이름으로 기도합니다. 아멘.

성경봉독 / 맡은이(아래의 성경구절 중에 하나를 선택하여 봉독한다.)

성경봉독 1 : 지혜를 얻은 자와 명철을 얻은 자는 복이 있나니 이는 지혜를 얻는 것이 은을 얻는 것보다 낫고 그 이익이 정금보다 나음이니라. 지혜는 진주보다 귀하니 네가 사모하는 모든 것으로도 이에 비교할 수 없도다. 그의 오른손에는 장수가 있고 그의 왼손에는 부귀가 있나니 그 길은 즐거운 길이요, 그의 지름길은 다 평강이니라. 지혜는 그 얻은 자에게 생명 나무라, 지혜를 가진 자는 복되도다. 여호와께서는 지혜로 땅에 터를 놓으셨으며 명철로 하늘을 견고히 세우셨고 그의 지식으로 깊은 바다를 갈라지게 하셨으며 공중에서 이슬이 내리게 하셨느니라. 내 아들아, 완전한 지혜와 근신을 지키고 이것들이 네 눈 앞에서 떠나지 말게 하라. 그리하면 그 것이 네 영혼의 생명이 되며 네 목에 장식이 되리니(잠언 3:13~22)

성경봉독 2 : 좁은 문으로 들어가라. 멸망으로 인도하는 문은 크고 그 길이 넓어 그리로 들어가는 자가 많고 생명으로 인도하는 문은 좁고 길

이 협착하여 찾는 자가 적음이라.(마태복음 7:13~14)

성경봉독 3 : 그러므로 누구든지 나의 이 말을 듣고 행하는 자는 그 집을 반석
위에 지은 지혜로운 사람 같으리니 비가 내리고 창수가 나고 바
람이 불어 그 집에 부딪치되 무너지지 아니하나니 이는 주추를
반석 위에 놓은 까닭이요 나의 이 말을 듣고 행하지 아니하는 자
는 그 집을 모래 위에 지은 어리석은 사람 같으리니 비가 내리고
창수가 나고 바람이 불어 그 집에 부딪치매 무너져 그 무너짐이
심하니라.(마태복음 7:24~27)

찬양 / 찬양대(찬양대가 찬양을 할 수 없으면 회중과 함께 586장을 부른다.)

말씀선포 / 맡은이

교독 / 다함께(회중은 일어서서, 미리 인쇄된 교독문으로 집례자와 함께 교독한다.)

집례자 : 지혜가 그 집을 짓고 일곱 기둥을 다듬고
회　중 : 지혜가 부르지 아니하느냐? 명철이 소리를 높이지 아니하느냐?

집례자 : 그가 길가의 높은 곳과 사거리에 서며
회　중 : 성문 곁과 문 어귀와 여러 출입하는 문에서 불러 가로되

집례자 : 사람들아, 내가 너희를 부르며 내가 인자들에게 소리를 높이니라.
회　중 : 어리석은 자들아, 너희는 명철할지니라. 미련한 자들아, 너희는 마음
이 밝을지니라.

집례자 : 너희는 들을지어다. 내가 가장 선한 것을 말하리라. 내 입술을 열어
　　　　 정직을 내리라.

회　중 : 내 입은 진리를 말하며 내 입술은 악을 미워하느니라.

집례자 : 너희가 은을 받지 말고 나의 훈계를 받으며 정금보다 지식을 얻으라.

회　중 : 대저 지혜는 진주보다 나으므로 무릇 원하는 것을 이에 비교할 수 없
　　　　 음이니라.

집례자 : 그러나 지혜는 어디서 얻으며 명철의 곳은 어디인고.

회　중 : 주를 경외함이 곧 지혜요, 악을 떠남이 명철이라 하셨느니라.

송영(찬송가 3장) / 다함께

성부 성자와 성령 찬송과 영광 돌려보내세
태초로 지금까지 또 영원 무궁토록 성삼위께
영광 영광 아멘

봉헌위임 / 맡은이(이사들이나 위원들이 회중 앞에 서고 그 중 한 사람이 집례자에게
　　　　　　 다음과 같이 말한다.)

봉헌위임자 : 우리는 전능하신 하나님의 영광과 자녀들을 가르치는 일을 위하
　　　　　　 여 이 건물을 드립니다.

（만약 이 건물이 기념관이라면 이렇게 덧붙인다.)
우리는 하나님의 영광을 위하여 그리고 ○○○을 기념하기 위하
여 이 건물을 드립니다.

집례자 : (위임장을 받은 후 회중을 세우고)
사랑하는 여러분, 예수 그리스도의 영광을 위해 이 건물이 특별한 목적을 위해 성별되었다는 것은 귀한 일입니다. 우리는 이 건물의 봉헌을 위해 모였습니다. 그러나 이 봉헌은 재물과 수고로 도왔던 이들의 헌신이 없었다면 헛된 것이기에 우리는 지금 자신을 새롭게 하여 하나님께 예배합니다. 그리스도의 형상을 닮아 새롭게 된 우리의 마음을 드립시다. 성령이 거하시기에 합당한 우리의 몸을 드립시다. 하나님의 거룩한 의지에 따라 행함으로 하나님의 영광을 위해 그분의 나라와 그분의 의를 위해 우리의 수고와 노고를 드립시다.

집례자 : 성부와 성자와 성령께
회　중 : 우리는 이 건물을 드립니다.

집례자 : 교육이라는 거룩한 사명을 위하여
회　중 : 우리는 이 건물을 드립니다.

집례자 : 이곳에 들어온 모든 사람의 영적인 풍성함을 위하여
회　중 : 우리는 이 건물을 드립니다.

집례자 : 헌신적으로 학생들을 가르치는 이들의 충성된 봉사를 위하여
회　중 : 우리는 이 건물을 드립니다.

집례자 : 유능함과 풍성함으로 이 건물을 경영하며, 이 건물의 임무를 지혜롭게 감당하기 위하여
회　중 : 우리는 이 건물을 드립니다.

다함께 : 주님께서 말씀하시기를 너희는 너희 주 하나님을 사랑하고 이웃을 네

몸과 같이 사랑하라 하셨습니다. 우리는 이 말씀에 순종함으로 하나
님의 일을 위하여 최선을 다하며 이웃들을 섬기려고 우리 자신을 새
롭게 드립니다.

기도 / 맡은이(회중은 앉고 기도를 맡은 한 사람 또는 2, 3명이 다음과 같이 연속으로
기도한다.)

기도 1 : 전능의 하나님, 언제나 정의를 행하시고 인간의 부르짖음을 들으시는
주님! 주님의 영광을 위해 바치려는 이 건물을 기뻐 받으시고 이 건물
을 통해 사랑과 지혜가 연합하여 건물에 모인 이들에게 좋은 지식이
되게 하옵소서. 간절히 비옵나니 여기 새롭게 자신을 드리고자 하는
주님의 종된 저희가 주님이 기뻐하실 선과 사랑을 위해 이 건물을 드
리오니 받으옵소서. 여기에 들어오는 사람들은 누구든지 청결한 마음
과 확고한 목표와 뜨거운 정열을 가지고 들어와 주님의 거룩한 의를
배우고 그것을 행하는 자들이 되게 하옵소서. 우리 주 예수 그리스도
의 이름으로 기도합니다. 아멘.

기도 2 : 하나님 아버지, 사랑과 헌신으로 저희에게 건강과 진실과 경건을 물
려주신 분들께 저희가 진심으로 감사할 수 있게 하옵소서. 저희가 그
큰 은혜를 깊이 알아 덕을 끼치게 하옵시고 그것을 오는 세대들에게
충실히 전하게 하사 그들로 주님께 헌신하는 이들이 되게 하옵소서.
우리 주 예수 그리스도의 이름으로 기도합니다. 아멘.

축사 / 내빈 중에서

인사와 알리는 말씀 / 집례자(감사패 증정, 경과 보고 등을 여기서 할 수 있다.)

찬송(찬송가 64장) / 다함께(일어서서)

1. 기뻐하며 경배하세 영광의 주 하나님
   주 앞에서 우리 마음 피어나는 꽃같아
   죄와 슬픔 사라지고 의심구름 걷히니
   변함없는 기쁨의 주 밝은 빛을 주시네
2. 땅과 하늘 만물들이 주의 솜씨 빛내고
   별과 천사 노래소리 끊임없이 드높아
   물과 숲과 산과 골짝 들판이나 바다나
   모든 만물 주의 사랑 기뻐 찬양하여라
3. 우리 주는 사랑이요 빛과 진리이시니
   삶이 기쁜 샘이 되어 바다처럼 넘치네
   아버지의 사랑 안에 우리 모두 형제니
   서로서로 사랑하게 도와주시옵소서
4. 새벽별의 노래따라 힘찬 찬송 부르니
   주의 사랑 줄이 되어 한맘 되게 하시네
   노래하며 행진하여 싸움에서 이기고
   승전가를 높이 불러 주께 영광 돌리세 아멘

축도 / 맡은이

8. 기념관 봉헌식 순서

집례 : 맡은이

(기념관이나 사회복지관 봉헌식으로 사용할 수 있다. 예배 순서 중에 행할 수도 있다. 별도로 행할 때는 적당한 성경구절과 말씀선포, 찬양, 기도를 준비한다. 예배 순서 중에 사용할 때는 말씀선포와 봉헌과 봉헌기도 순서 다음에 넣어 사용한다.)

봉헌 / 기증자와 집례자(기념관이나 사회복지관의 위임자 또는 기증자는 위임받을 집례자 앞으로 나온다.)

기증자가 집례자에게 : 우리는 이 건물이 전능하신 하나님의 영광을 위해 봉헌되어, 사랑하는 ○○○를 기념하면서(또는 사회복지를 위해) ○○○ 교회에서 쓰이도록 드립니다.

집례자가 회중에게 : (집례자는 위임장을 받으면서) 우리는 이 건물을 신령한 위탁물로 여기어 받습니다. 경건한 마음으로, 그리고 그 기념물 속에 담겨 있는 신실하고 헌신적인 정신에 경의를 표하면서 이것을 받아 보존할 것입니다.

선언 / 집례자

성부와 성자와 성령의 이름으로 우리는 이 건물을(주님의 일꾼 ○○○를 기념하면서) 하나님의 영광을 위하여 주님께 봉헌된 것을 널리 알립니다.

기도 / 집례자 또는 맡은이

전능의 하나님, 주님께서 저희와 함께하지 아니하시면 저희의 언행심사는 의미가 없습니다. 저희의 예물을 받으시는 주님, 주님의 영광을 위하여 이 예물을 드릴 때, 은혜를 베풀어 주옵소서. 저희가 지금 봉헌하는 이 기념관이(또는 사회복지관이) 모든 사람 앞에서 지속적이고 신실한 봉사의 증거가 되게 하옵소서. 주님의 일을 위해 쓰임받은 저희가 신실한 이들과 연합하여 주님 안에서 거룩한 공동체로 지어 가게 하옵소서. 우리 주 예수 그리스도의 이름으로 기도합니다. 아멘.

축사 / 내빈 중에서

인사와 알리는 말씀 / 맡은이(감사패 증정, 경과 보고 등을 여기서 할 수 있다.)

(이후 순서는 예배 순서에 따른다.)

봉헌식

9. 교회 주택 봉헌식 순서

집례 : 교회담임자

(예배 순서에 포함할 수도 있고 이 순서만 따로 행할 수도 있다. 따로 행할 경우에는 적당한 성경구절과 말씀선포, 찬양, 기도를 준비한다. 예배 순서 중에 사용할 때는 말씀선포와 봉헌과 봉헌기도 순서 다음에 넣어 사용한다.)

봉헌식사 / 집례자(감독이나 감리사가 참석했을 때는 이들 중 한 사람이 집례할 수 있다.)

사랑하는 여러분, 오늘 우리가 주님의 종인 교역자와 그의 가족이 거주할 주택 봉헌식을 거행코자 이곳에 모였습니다. 이 집은 하나님이 주신 은혜와 복으로 이곳에 거주할 사람에게는 안식처가 될 것입니다. 그러므로 이 집을 먼저 하나님께 봉헌하여 구별함으로써 이 가정이 교역자의 가정으로서 제 기능을 다하도록 함께 기도합시다. 여러분은 이 예식을 거행함에 있어 이곳에서 가정의 높고 거룩한 목적이 실현되며 주님의 종이 즐거움으로 주님을 섬기며 교인들을 돌보아 주님을 영화롭게 할 수 있도록 기도합시다.

찬송(찬송가 213장) / 다함께(예배 순서에 넣어 사용할 때는 생략할 수 있다.)

1. 나의 생명 드리니 주여 받아 주셔서 세상 살아갈 동안 찬송하게 하소서
2. 손과 발을 드리니 주여 받아 주셔서 주의 일을 위하여 민첩하게 하소서
3. 나의 음성 드리니 주여 받아 주셔서 주의 진리 말씀만 전파하게 하소서
4. 나의 보화 드리니 주여 받아 주셔서 하늘나라 위하여 주 뜻대로 쓰소서
5. 나의 시간 드리니 주여 받아 주셔서 평생토록 주 위해 봉사하게 하소서 아멘

성경봉독 / 집례자(아래의 성경구절 중에 하나를 선택하여 봉독한다.)

성경봉독 1 : 여호와께서 집을 세우지 아니하시면 세우는 자의 수고가 헛되며 여호와께서 성을 지키지 아니하시면 파수꾼의 깨어 있음이 헛되도다. 너희가 일찍이 일어나고 늦게 누우며 수고의 떡을 먹음이 헛되도다. 그러므로 여호와께서 그의 사랑하시는 자에게는 잠을 주시는도다. 보라 자식들은 여호와의 기업이요, 태의 열매는 그의 상급이로다. 젊은 자의 자식은 장사의 수중의 화살 같으니 이것이 그의 화살통에 가득한 자는 복되도다. 그들이 성문에서 그들의 원수와 담판할 때에 수치를 당하지 아니하리로다.(시편 127:1~5)

성경봉독 2 : 이러므로 너희는 나의 이 말을 너희의 마음과 뜻에 두고 또 그것을 너희의 손목에 매어 기호를 삼고 너희 미간에 붙여 표를 삼으며 또 그것을 너희의 자녀에게 가르치며 집에 앉아 있을 때에든지, 길을 갈 때에든지, 누워 있을 때에든지, 일어날 때에든지 이 말씀을 강론하고 또 네 집 문설주와 바깥 문에 기록하라. 그리하면 여호와께서 너희 조상들에게 주리라고 맹세하신 땅에서 너희의 날과 너희의 자녀의 날이 많아서 하늘이 땅을 덮는 날과 같으리라.(신명기 11:18~21)

성경봉독 3 : 그러므로 너희는 하나님이 택하사 거룩하고 사랑 받는 자처럼 긍휼과 자비와 겸손과 온유와 오래 참음을 옷 입고 누가 누구에게 불만이 있거든 서로 용납하여 피차 용서하되 주께서 너희를 용서하신 것 같이 너희도 그리하고 이 모든 것 위에 사랑을 더하라. 이는 온전하게 매는 띠니라. 그리스도의 평강이 너희 마음을 주장하게 하라. 너희는 평강을 위하여 한 몸으로 부르심을 받았나니 너희는 또한 감사하는 자가 되라. 그리스도의 말씀이 너희 속에 풍성히 거하여 모든 지혜로 피차 가르치며 권면하고 시와 찬송과 신령한 노래를 부르며 감사하는 마음으로 하나님을 찬양하고 또 무엇을 하든지 말에나 일에나 다 주 예수의 이름으로 하고 그를 힘입어 하나님 아버지께 감사하라. 아내들아, 남편에게 복종하라. 이는 주 안에서 마땅하니라. 남편들아, 아내를 사랑하며 괴롭게 하지 말라. 자녀들아, 모든 일에 부모에게 순종하라. 이는 주 안에서 기쁘게 하는 것이니라. 아비들아, 너희 자녀를 노엽게 하지 말지니 낙심할까 함이라. 종들아, 모든 일에 육신의 상전들에게 순종하되 사람을 기쁘게 하는 자와 같이 눈가림만 하지 말고 오직 주를 두려워하여 성실한 마음으로 하라. 무슨 일을 하든지 마음을 다하여 주께 하듯 하고 사람에게 하듯 하지 말라. 이는 기업의 상을 주께 받을 줄 아나니 너희는 주 그리스도를 섬기느니라. 불의를 행하는 자는 불의의 보응을 받으리니 주는 사람을 외모로 취하심이 없느니라.(골로새서 3:12~25)

말씀선포 / 집례자(예배 순서 중에 넣었을 때는 생략한다.)

공사 보고 / 건축위원장

봉헌위임 / 관리부장(앞으로 나아와 집례자를 향하여 다음과 같이 말한다.)

우리가 이 집을 교역자와 가족의 주택으로 하나님께 봉헌하기를 목사(감리사, 감독)에게 위임합니다.

봉헌 선언 / 집례자

기독교대한감리회의 교리와 장정에 따라 우리 주 예수 그리스도의 이름으로 이 집을 하나님께 봉헌합니다. 아멘.

봉헌기도 / 맡은이

　전능하신 하나님, 저희가 이 집을 주님께 드리오니 성별하여 주옵시고, 주님의 영광을 삼으시며 복과 은혜와 사랑으로 채워 주옵소서. 이 집에 주님의 뜻과 사랑의 온전한 열매가 맺히게 하여 주옵소서. 이 집에서 생활하는 주님의 종에게 주님의 뜻을 따라 복음을 전하고 저희에게 믿음과 지혜와 능력을 주셔서 겸손하고 기쁜 마음으로 양들을 인도하게 하옵소서. 이 집에 거하는 가족으로 하여금 주님의 뜻을 따라 성실한 마음으로 날마다 일하게 하옵소서. 이 집에 긍휼과 사랑이 넘쳐, 상한 자를 고쳐 주며, 시험 당하는 자를 위로하는 가정이 되게 하옵소서. 주님께서 이 집을 항상 지켜 주사, 연약할 때 하나님의 능력의 손길을 펴 주시고, 질고가 있을 때 위로의 영을 보내 주옵소서. 앞으로 이 가정을 통하여 그리스도의 사랑을 나타내고 그리스도의 뜻이 성취되게 하시어 믿음의 식구가 더욱 늘어나게 하옵소서. 우리 주 예수 그리스도의 이름으로 기도합니다. 아멘.

축사 / 내빈 중에서(형편에 따라 생략할 수도 있다.)

인사와 알리는 말씀 / 맡은이(감사패 증정, 경과 보고 등을 행할 수 있다.)

　(예배 순서에 넣어 진행할 때는 다음 순서들은 생략하고 예배 순서에 따라 진행한다.)

영광송(찬송가 5장) / 다함께(일어서서)

이 천지간 만물들아 복 주시는 주 여호와
전능 성부 성자 성령 찬송하고 찬송하세 아멘

축도 / 맡은이

Ⅷ. 교회 설립

1. 교회 설립(개척)식의 의미

교회는 그리스도의 몸인 공동체로서 세상과 사회 속에 하나님의 뜻을 실현하는 사명을 갖는다. 교회는 개인을 구원할 뿐만 아니라 역사와 사회를 성화하며 이를 위하여 교회가 없는 곳에 교회를 설립하여 그 지역사회에서 사랑과 섬김과 봉사를 통하여, 하나님의 평화와 정의, 자유와 평등을 실현함을 종말까지 계속해 나아가야 한다.

교회 설립의 목적은 마태복음 28장 19~20절에 기록된 바, "너희는 가서 모든 민족을 제자로 삼아 아버지와 아들과 성령의 이름으로 세례를 베풀고, 내가 너희에게 분부한 모든 것을 가르쳐 지키게 하라."는 주님의 지상명령에 따라 복음을 증거하는 일과, 교회를 통하여 예배와 교육과 봉사와 친교의 사명을 다하는 것이다. 그런 뜻에서 교회 설립(개척)식은 다음과 같은 의미를 포함하여야 한다.

첫째, 교회 설립의 근본이 하나님에게 있음을 명백히 하는 예식이 되어야 한다. 교회 설립자의 공로를 부각시키는 일은 이차적인 문제다. 교회의 설립은 명백히 하나님의 주권으로 이루어진다는 것이 우리의 신앙고백이 되어야 한다. 교회가 특정개인이나 단체의 특별한 투자로 인하여 혜택을 입고 세워질 경우에도 개인이나 그 단체의 공로를 지나치게 나타낸다든가 계속 그 영향력을 행하려고 해서는 안 된다. 또한 사사로운 목적으로 교회를 설립해서는 안 된다. 어떤 곳에 교회를 설립하든 교회의 주인, 교회의 설립자가 예수 그리스도라는 것을 분명히 해야 한다.

둘째, 교회는 죄인들이 모이는 곳임을 기억하고, 죄인을 부르신 하나님께 감사하는 예식이 되어야 한다. 죄인을 구원하려는 뜨거운 열정과 사명을 가지고 교회를 설립해야 하지만, 한편으로 설립하는 구성원들 또한 여전히 죄의 속성을 품은 채 불완전한 인간으로 살아가고 있음을 잊어서는 안 된다. 교회 설립 예배는 교회가 불완전한 사람들의 모임임을 알아야 하고, 그럼에도 주님께서 버리지 않고 계속 돌보아주실 것을 간구하는 예배가 되어야 한다.

셋째, 교회가 그 사명을 다함에 있어서 지나치게 사람의 방법이 동원되거나, 강제적으로 교세를 확장하는 자세를 가져서는 안 된다. 인간의 수단과 방법보다는 섬김과 참음과 사랑의 용납이 따라야 한다. 교회는 그 지역에서 섬김과 삶의 모범을 보이는 성숙한 선교를 해야 한다.

넷째, 교회가 하나됨을 기원하는 예식이 되어야 한다. 특정한 교파를 통하여 교회가 설립되더라도 교파간의 분리를 지양하고 교회 설립 때부터 교파의 교리를 강조하기보다는 그리스도가 어떤 분이라는 것과 그분이 가르쳐 주신 삶의 지혜를 널리 알리는 데 목적을 두어야 한다. 교회의 하나됨은 하나님께서 기뻐하시는 것으로서, 설립 교회는 그 지역에 있는 다른 교회와 대립하는 것이 아니라 교제의 기쁨을 풍성하게 해야 한다.

다섯째, 선교대상인 지역사회를 구체적으로 이해하는 예식이어야 한다. 교회 울타리 안에서만 하는 교제가 아니라 세상을 향한 하나님의 역사의 한 통로로서, 교회가 쓰임 받고 있다는 사명의식을 가지고 세상을 이해하는 자세를 가져야 한다. 지역사회와 이웃사람들을 구체적으로 이해하고 수용하여야 한다. 즉 지역사회에 사랑을 실천하지 않는 교회가 되어서는 안 된다는 말이다.

각 교회가 설립식을 갖고자 할 때는 먼저 성경적인 교회의 존재 이유를 확인하는 예식이 되어야 하겠지만, 그에 못지않게 그 교회가 처한 특수한 시대적, 지리적 여건에 따라 상황적인 존재이유를 찾는 것도 중요하다. 이러한 교회의 존재목적이 분명하게 설정되면 그것을 하나님 앞에서 확인하고 교회 공동체가 수용하여 감당하려는 헌신의 예배로 순서를 만들어야 한다.

교회 개척에는 순조로운 면보다는 어려운 면이 많을 것이다. 이때는 어려운 가운데 교회를 설립하게 된 것을 하나님께 감사하고 하나님의 은총을 더욱 의지해야 한다. 교회 설립이 어려울수록 주님의 십자가의 의미를 생각해야 한다. 그리고 이곳에 교회를 설립할 수밖에 없었던 의미를 다시 한 번 되새기며, 하나님의 능력이 예배 가운데 나타나기를 간구해야 한다.

2. 교회 설립(개척)식

1) 설립식 지침

(1) 교리와 장정에 따라 교회 설립을 위한 수속을 마친 후, 예배 순서는 물론 설립 예배에 대한 모든 것을 지방회의 선교부 총무의 도움을 받아 감리사와 의논한다.

(2) 설립 날짜와 설립 장소를 확정한다.

(3) 초대장을 보내되 교인이 되고자 하는 관심을 가진 사람들, 지원해 주는 교회의 교인들, 지방회 교회와 이웃교회의 교역자들, 지방회의 임원들 등에게 보낸다.

(4) 현판식을 위한 준비와 다과가 준비되어야 한다.

(5) 순서지를 준비한다.

(6) 초대한 인사들, 특히 순서 맡은 이들에게 확인 전화를 하여 참석이 불가능할 때는 집례자에게 미리 말하여 순서에 차질이 없게 한다.

(7) 처음 교회를 설립하는 만큼 위치를 정확히 모르기 때문에 안내에 만전을 기한다.

(8) 준비물들을 최종적으로 점검한다.

(9) 담임교역자는 안내와 접대 때문에 예식을 소홀히 하기 쉽다. 식이 시작하면 다른 것에 관심을 두지 말고 처음부터 끝까지 식에만 참석하여야 한다.

(10) 집례는 지방회 선교부 총무가, 설립선언은 감리사가 함이 관행이다.

2) 설립식 순서(1)

집례 : 맡은이

(이 예배는 설립지가 구체적으로 정해지고 예배할 처소가 마련되었을 때, 그곳에서 행한다.)

교회 설립식사 / 집례자

사랑하는 여러분! 지금 우리는 그리스도의 몸의 일부인 기독교대한감리회 ○○연회 ○○지방회 ○○구역 ○○교회를 설립하려고 이곳에 모였습니다. 이 목적을 위해 우리는 시간과 물질뿐만 아니라 우리 자신도 드려야 합니다. 이 교회가 여기에 세워져서 하나님께 영광드리도록 우리 함께 기도합시다.

조용한 기도(전주) / 다함께(전주 중에 집례자는 아래의 성경구절을 낭독한다.)

그는 우리의 하나님이시요 우리는 그가 기르시는 백성이며 그의 손이 돌보시는 양이기 때문이라.(시편 95:7 상)

이 닦아 둔 것 외에 능히 다른 터를 닦아 둘 자가 없으니 이 터는 곧 예수 그리스도라.(고린도전서 3:11)

또 만물을 그의 발 아래에 복종하게 하시고 그를 만물 위에 교회의 머리로 삼으셨느니라. 교회는 그의 몸이니 만물 안에서 만물을 충만하게 하시는 이의 충만이니라.(에베소서 1:22~23)

찬송(찬송가 64장) / 다함께(일어서서)

1. 기뻐하며 경배하세 영광의 주 하나님 주 앞에서 우리 마음 피어나는 꽃같아
   죄와 슬픔 사라지고 의심구름 걷히니 변함없는 기쁨의 주 밝은 빛을 주시네
2. 땅과 하늘 만물들이 주의 솜씨 빛내고 별과 천사 노래 소리 끊임없이 드높아
   물과 숲과 산과 골짝 들판이나 바다나 모든 만물 주의 사랑 기뻐 찬양하여라
3. 우리 주는 사랑이요 빛과 진리이시니 삶이 기쁜 샘이 되어 바다처럼 넘치네
   아버지의 사랑 안에 우리 모두 형제니 서로서로 사랑하게 도와주시옵소서
4. 새벽별의 노래따라 힘찬 찬송 부르니 주의 사랑 줄이 되어 한맘되게 하시네
   노래하며 행진하여 싸움에서 이기고 승전가를 높이 불러 주께 영광 돌리세
   아멘

기도 / 맡은이(회중이 앉은 후에 기도한다.)

　전능하신 하나님, 예수 그리스도는 교회의 주인이고 머리입니다. 주님의 이름으로 교회를 설립하는 저희에게 복 주옵소서. 간절히 원하옵기는 성자와 성령과 함께 살아 계셔서 영원히 이 세상을 다스리시는 유일하신 하나님께서 이 일의 시작과 진행과 끝마침을 모두 주관하여 주옵소서. 우리 주 예수 그리스도의 이름으로 기도합니다. 아멘.

성경봉독 / 맡은이(아래 성경구절 중에 하나를 선택하여 봉독한다.)

성경봉독 1 : 예수께서 빌립보 가이사랴 지방에 이르러 제자들에게 물어 이르시되 사람들이 인자를 누구라 하느냐. 이르되 더러는 세례 요한, 더러는 엘리야, 어떤 이는 예레미야나 선지자 중의 하나라 하나이다. 이르시되 너희는 나를 누구라 하느냐. 시몬 베드로가 대답하여 이르되 주는 그리스도시요, 살아 계신 하나님의 아들이시니이다. 예수께서 대답하여 이르시되 바요나 시몬아, 네가 복이 있도다. 이를 네게 알게 한 이는 혈육이 아니요, 하늘에 계신 내 아버

지시니라. 또 내가 네게 이르노니 너는 베드로라, 내가 이 반석 위에 내 교회를 세우리니 음부의 권세가 이기지 못하리라. 내가 천국 열쇠를 네게 주리니 네가 땅에서 무엇이든지 매면 하늘에서도 매일 것이요, 네가 땅에서 무엇이든지 풀면 하늘에서도 풀리리라 하시고 이에 제자들에게 경고하사 자기가 그리스도인 것을 아무에게도 이르지 말라 하시니라.이 때로부터 예수 그리스도께서 자기가 예루살렘에 올라가 장로들과 대제사장들과 서기관들에게 많은 고난을 받고 죽임을 당하고 제삼일에 살아나야 할 것을 제자들에게 비로소 나타내시니 베드로가 예수를 붙들고 항변하여 이르되 주여, 그리 마옵소서. 이 일이 결코 주께 미치지 아니하리이다. 예수께서 돌이키시며 베드로에게 이르시되 사탄아, 내 뒤로 물러가라. 너는 나를 넘어지게 하는 자로다. 네가 하나님의 일을 생각하지 아니하고 도리어 사람의 일을 생각하는도다 하시고(마태복음 16:13~23)

성경봉독 2 : 나는 참포도나무요, 내 아버지는 농부라. 무릇 내게 붙어 있어 열매를 맺지 아니하는 가지는 아버지께서 그것을 제거해 버리시고 무릇 열매를 맺는 가지는 더 열매를 맺게 하려 하여 그것을 깨끗하게 하시느니라. 너희는 내가 일러준 말로 이미 깨끗하여졌으니 내 안에 거하라. 나도 너희 안에 거하리라. 가지가 포도나무에 붙어 있지 아니하면 스스로 열매를 맺을 수 없음 같이 너희도 내 안에 있지 아니하면 그러하리라. 나는 포도나무요, 너희는 가지라. 그가 내 안에, 내가 그 안에 거하면 사람이 열매를 많이 맺나니 나를 떠나서는 너희가 아무 것도 할 수 없음이라. 사람이 내 안에 거하지 아니하면 가지처럼 밖에 버려져 마르나니 사람들이 그것을 모아다가 불에 던져 사르느니라.(요한복음 15:1~6)

찬양 / 찬양대(그 지방회의 남·여 선교회나 개척을 돕는 이웃교회 찬양대가 해도 좋
　　　다.)

말씀선포 / 맡은이

찬송(찬송가 208장) / 다함께

1. 내 주의 나라와 주 계신 성전과 피 흘려 사신 교회를 늘 사랑합니다
2. 내 주의 교회는 천성과 같아서 눈동자 같이 아끼사 늘 보호하시네
3. 이 교회 위하여 눈물과 기도로 내 생명 다하기까지 늘 봉사합니다
4. 성도의 교제와 교회의 위로와 구주와 맺은 언약을 늘 기뻐합니다
5. 하늘의 영광과 베푸신 은혜가 진리와 함께 영원히 시온에 넘치네 아멘

응답기도 / 집례자와 회중(형편에 따라 생략할 수도 있다.)

집례자 : 족장들과 예언자들과 지혜 있는 자들을 통해 저희에게 하나님 자신을
　　　　계시해 주심으로 인하여
회　중 : 저희는 주님의 이름을 찬양합니다.

집례자 : 주님의 사랑으로 죄에서 구원을 받고 온 세계에 흩어져 복음을 전하
　　　　는 이들을 위하여
회　중 : 저희는 주님의 이름을 찬양합니다.

집례자 : 제자로 삼아주시고 주님의 교회로서 봉사할 수 있는 기쁨을 허락해
　　　　주심을 인하여
회　중 : 저희는 주님의 이름을 찬양합니다.

집례자 : 저희를 통하여 하나님의 은총이 확증되고, 하나님의 백성이 구원을
　　　　얻는다는 소망 안에서, 거룩한 교회의 교인이 되고자 하는 이 사람들
　　　　로 인하여
회　중 : 저희는 주님의 이름을 찬양하고 오늘 주님께 헌신을 다짐합니다.

다함께 : 교회의 머리이신 예수 그리스도의 이름으로 기도합니다. 아멘.

담임교역자와 설립교인 소개와 문답 / 감리사(회중은 앉는다.)

감리사 : 담임교역자를 소개합니다. 설립교인은 일어서 주십시오.

　　(감리사는 적당한 말로 담임교역자와 설립교인을 소개한다. 소개한 후 감리사가 설
립교인에게 묻는다.)

감리사 : 이후로 이 교회가 어떤 이름으로 불리기를 원하십니까?
설립교인 : 기독교대한감리회 ○○연회 ○○지방회 ○○구역 ○○교회로 불
　　　　리기를 원합니다.

설립선언 / 감리사

　　이제 기독교대한감리회 ○○연회 ○○지방회 ○○구역 ○○교회가 하나
님의 영광과, 복음의 선포와, 섬김과 봉사를 위하여 기독교대한감리회의 교리
와 장정에 따라 적법하게 설립되었음을 선언합니다.

봉헌 / 다함께(봉헌송, 봉헌기도를 여기에 포함한다.)

담임자와 교인들에게 부탁할 말씀 / 맡은이

인사와 알리는 말씀 / 담임교역자(설립하기까지 경과 보고를 할 수 있다.)

찬송(찬송가 600장) / 다함께(일어서서)

1. 교회의 참된 터는 우리 주 예수라 그 귀한 말씀 위에 이교회 세웠네
   주 예수 강림하사 피흘려 샀으니 땅 위의 모든 교회 주님의 신부라
2. 온세계 모든 교회 한 몸을 이루어 한 주님 섬기면서 한 믿음 가지네
   한 이름 찬송하고 한 성경 읽으며 다같은 소망 품고 늘 은혜 받도다.
3. 땅 위의 모든 교회 주 안에 있어서 하늘의 성도들과 한 몸을 이루네
   오 주여 복을 주사 저 성도들같이 우리도 주와 함께 늘 살게 하소서 아멘

축도 / 맡은이

(예식 후 담임교역자와 설립교인은 감리사와 함께 현판을 달고 다과회를 갖는다.)

3) 설립식 순서(2)

집례 : 맡은이

(이 예배는 교회 설립의 조건을 갖추고 재정지원뿐 아니라 속을 나누어 주고 설립교인까지 나누어 주면서 교회를 개척하기를 원하는 교회가, 그 교회에서 교인들과 함께 행한다.)

교회 설립식사 / 집례자

사랑하는 여러분! 지금 우리는 그리스도의 몸의 일부인 기독교대한감리회 ○○연회 ○○지방회 ○○구역 ○○교회를 설립하기 위해 모였습니다. 이를 위해 우리는 시간과 물질뿐만 아니라 자신도 드리기로 결심합시다.

조용한 기도(전주) / 다함께(전주 중에 집례자는 아래의 성경구절을 낭독한다.)

그는 우리의 하나님이시요 우리는 그가 기르시는 백성이며 그의 손이 돌보시는 양이기 때문이라.(시편 95:7 상)

이 닦아 둔 것 외에 능히 다른 터를 닦아 둘 자가 없으니 이 터는 곧 예수 그리스도라.(고린도전서 3:11)

또 만물을 그의 발 아래에 복종하게 하시고 그를 만물 위에 교회의 머리로 삼으셨느니라. 교회는 그의 몸이니 만물 안에서 만물을 충만하게 하시는 이의 충만함이니라.(에베소서 1:22~23)

찬송(찬송가 64장) / 다함께(일어서서)

교회 설립

1. 기뻐하며 경배하세 영광의 주 하나님 주앞에서 우리 마음 피어나는 꽃같아
   죄와 슬픔 사라지고 의심구름 걷히니 변함없는 기쁨의 주 밝은 빛을 주시네
2. 땅과 하늘 만물들이 주의 솜씨 빛내고 별과 천사 노래 소리 끊임없이 드높아
   물과 숲과 산과 골짝 들판이나 바다나 모든 만물 주의 사랑 기뻐 찬양하여라
3. 우리 주는 사랑이요 빛과 진리이시니 삶이 기쁜 샘이 되어 바다처럼 넘치네
   아버지의 사랑 안에 우리 모두 형제니 서로서로 사랑하게 도와주시옵소서
4. 새벽별의 노래따라 힘찬 찬송 부르니 주의 사랑 줄이 되어 한맘되게 하시네
   노래하며 행진하여 싸움에서 이기고 승전가를 높이 불러 주께 영광 돌리세
   아멘

기도 / 맡은이(회중이 앉은 후에 기도한다.)

전능하신 하나님, 교회의 주인이며 머리이신 예수 그리스도의 이름으로 이
교회를 설립하는 저희에게 복을 내려주옵소서. 간절히 원하옵기는 성자와 성
령과 함께 살아 계셔서 영원히 이 세상을 다스리시는 유일하신 하나님께서 이
일의 시작과 진행과 끝마침을 모두 주관하여 주옵소서. 우리 주 예수 그리스도
의 이름으로 기도합니다. 아멘.

성경봉독 / 맡은이(아래의 성경구절 중에 하나를 선택하여 봉독한다.)

성경봉독 1 : 예수께서 빌립보 가이사랴 지방에 이르러 제자들에게 물어 이르
시되 사람들이 인자를 누구라 하느냐. 이르되 더러는 세례 요한,
더러는 엘리야, 어떤 이는 예레미야나 선지자 중의 하나라 하나이
다. 이르시되 너희는 나를 누구라 하느냐. 시몬 베드로가 대답하
여 이르되 주는 그리스도시요, 살아 계신 하나님의 아들이시니이
다. 예수께서 대답하여 이르시되 바요나 시몬아, 네가 복이 있도
다. 이를 네게 알게 한 이는 혈육이 아니요, 하늘에 계신 내 아버

지시니라 또 내가 네게 이르노니 너는 베드로라, 내가 이 반석 위에 내 교회를 세우리니 음부의 권세가 이기지 못하리라. 내가 천국 열쇠를 네게 주리니 네가 땅에서 무엇이든지 매면 하늘에서도 매일 것이요, 네가 땅에서 무엇이든지 풀면 하늘에서도 풀리리라 하시고 이에 제자들에게 경고하사 자기가 그리스도인 것을 아무에게도 이르지 말라 하시니라. 이 때로부터 예수 그리스도께서 자기가 예루살렘에 올라가 장로들과 대제사장들과 서기관들에게 많은 고난을 받고 죽임을 당하고 제삼일에 살아나야 할 것을 제자들에게 비로소 나타내시니 베드로가 예수를 붙들고 항변하여 이르되 주여, 그리 마옵소서. 이 일이 결코 주께 미치지 아니하리이다. 예수께서 돌이키시며 베드로에게 이르시되 사탄아, 내 뒤로 물러가라. 너는 나를 넘어지게 하는 자로다. 네가 하나님의 일을 생각하지 아니하고 도리어 사람의 일을 생각하는도다 하시고.(마태복음 16:13~23)

교회 설립

성경봉독 2 : 나는 참포도나무요, 내 아버지는 농부라. 무릇 내게 붙어 있어 열매를 맺지 아니하는 가지는 아버지께서 그것을 제거해 버리시고 무릇 열매를 맺는 가지는 더 열매를 맺게 하려 하여 그것을 깨끗하게 하시느니라. 너희는 내가 일러준 말로 이미 깨끗하여졌으니 내 안에 거하라. 나도 너희 안에 거하리라. 가지가 포도나무에 붙어 있지 아니하면 스스로 열매를 맺을 수 없음 같이 너희도 내 안에 있지 아니하면 그러하리라. 나는 포도나무요, 너희는 가지라. 그가 내 안에, 내가 그 안에 거하면 사람이 열매를 많이 맺나니 나를 떠나서는 너희가 아무 것도 할 수 없음이라. 사람이 내 안에 거하지 아니하면 가지처럼 밖에 버려져 마르나니 사람들이 그것을 모아다가 불에 던져 사르느니라.(요한복음 15:1~6)

찬양 / 찬양대

말씀선포 / 맡은이

찬송(찬송가 208장) / 다함께

1. 내 주의 나라와 주 계신 성전과 피 흘려 사신 교회를 늘 사랑합니다
2. 내 주의 교회는 천성과 같아서 눈동자 같이 아끼사 늘 보호하시네
3. 이 교회 위하여 눈물과 기도로 내 생명 다하기까지 늘 봉사합니다
4. 성도의 교제와 교회의 위로와 구주와 맺은 언약을 늘 기뻐합니다
5. 하늘의 영광과 베푸신 은혜가 진리와 함께 영원히 시온에 넘치네 아멘

응답기도 / 집례자와 회중

집례자 : 족장들과 예언자들과 지혜 있는 자들을 통해 저희에게 하나님 자신을
　　　　계시해 주심으로 인하여
회　중 : 저희는 주님의 이름을 찬양합니다.

집례자 : 주님의 사랑으로 죄에서 구원을 받고 온 세계에 흩어져 복음을 전하
　　　　는 이들을 위하여
회　중 : 저희는 주님의 이름을 찬양합니다.

집례자 : 제자로 삼아주시고 주님의 교회로서 봉사할 수 있는 기쁨을 허락해
　　　　주심을 인하여
회　중 : 저희는 주님의 이름을 찬양합니다.

집례자 : 저희를 통하여 하나님의 은총이 확증되고, 하나님의 백성이 구원을

얻는다는 소망 안에서, 거룩한 교회의 교인이 되고자 하는 이 사람들
로 인하여

회 중 : 저희는 주님의 이름을 찬양하고 헌신을 다짐합니다.

다함께 : 교회의 머리이신 예수 그리스도의 이름으로 기도합니다. 아멘

설립선언 / 감리사

이제 기독교대한감리회 ○○연회 ○○지방회 ○○구역 ○○교회가 하나
님의 영광과, 복음의 선포와, 섬김과 봉사를 위하여 기독교대한감리회의 교리
와 장정에 따라 적법하게 설립되었음을 선언합니다.

설립자 소개 / 맡은이(회중은 앉고, 지방회 선교부 총무나 개척을 지원한 교회의 선교
부장이 설립담임자와 개척교인으로 나누어질 교인들을, 어린아이까지
모두 소개한다.)

개척 설립 보고 / 맡은이(설립담임자나 선교부장이 교회 설립에 관련된 일들을 자세
하게 보고한다. 설립지의 현황, 설립계획 등을 비디오나 사진전시
등을 통하여 소개할 수도 있다.)

헌신으로 초청 / 집례자

예수께서 이르시되 나의 양식은 나를 보내신 이의 뜻을 행하며 그의 일을 온
전히 이루는 이것이니라. 너희는 넉 달이 지나야 추수할 때가 이르겠다 하지
아니하느냐 그러나 나는 너희에게 이르노니 너희 눈을 들어 밭을 보라 희어져
추수하게 되었도다.(요한복음 4:34~35)

헌신확인 / 설립담임자(설립담임자는 자신이 개척함에 있어서 헌신과 사명감을 고백하는 고백문을 미리 준비하여 두었다가 읽는다.)

봉헌과 봉헌기도 / 맡은이(맡은이가 헌금하는 목적을 설명한 후 다함께 헌금에 참여한다.)

설립담임자와 설립교인들에게 부탁할 말씀 / 맡은이

찬송(찬송가 511장) / 다함께(일어서서)

1. 예수 말씀하시기를 누가 오늘 일할까 곡식 익어 거둘 때니 누가 추수하리요
   후한 상을 주시려고 일할 사람 부르니 주의 직분 맡으려고 대답할 이 누구냐
2. 멀리 가서 이방사람 구원하지 못하나 네 집 근처 다니면서 건질 죄인 많도다
   천사같이 말 못하고 바울같이 못하나 예수께서 구속함을 힘을 다해 전하세
3. 죽을 사람 구하라고 예수 너를 부르니 힘이 없어 못한다고 핑계하지 말지라
   주가 주신 직분맡아 항상 기뻐 지키고 부르실 때 대답할 말 나를 보내주소서

축도 / 맡은이

(예배 후 개척을 격려하는 잔치를 행할 수 있다.)

3. 교회 설립기념식

1) 설립기념식 지침

(1) 이 예배는 교회가 설립된 것을 기념하여 지금까지 교회가 해 온 결실을 돌아보며 교회의 역사를 새롭게 인식하고, 교회사명을 다시 확인하는 동시에, 앞으로 계속 하나님의 은혜가 넘치기를 기원하는 예배다.

(2) 현재 본 교회를 떠난 이를 포함, 노인에서 어린이까지 온 교우가 함께 예배하도록 미리 알리고, 참석하는 데 착오가 없도록 해야 한다.

(3) 이 예배는 교회 설립을 기념하는 예배이므로 모든 예배가 그러하듯 기쁘고 즐거운 마음으로 하되, 현재 어려움을 당하여 고통 중에 있는 교인들도 있으므로 이들에게 위로와 격려, 그리고 실제적으로 도움을 줄 수 있는 순서를 넣으면 더욱 뜻깊은 예배가 될 것이다.

(4) 교회 설립 기념사업을 병행하여 추진한다.

(5) 성찬을 행할 수 있으며, 주일이 아닌 다른 날에 다른 순서와 함께 드릴 경우에는 성찬을 생략한다.

2) 설립기념식 순서

집례 : 교회담임자

전주 / 반주자

입례송 / 찬양대

예배로 부름과 기원 / 집례자

오라 우리가 여호와께 노래하며 우리의 구원의 반석을 향하여 즐거이 외치자. 우리가 감사함으로 그 앞에 나아가며 시를 지어 즐거이 그를 노래하자. 여호와는 크신 하나님이시요 모든 신들보다 크신 왕이시기 때문이로다. 땅의 깊은 곳이 그의 손 안에 있으며 산들의 높은 곳도 그의 것이로다. 바다도 그의 것이라. 그가 만드셨고 육지도 그의 손이 지으셨도다. 오라 우리가 굽혀 경배하며 우리를 지으신 여호와 앞에 무릎을 꿇자. 그는 우리의 하나님이시요 우리는 그가 기르시는 백성이며 그의 손이 돌보시는 양이기 때문이라. 너희가 오늘 그의 음성을 듣거든(시편 95:1~7)

전능하신 하나님, ○○년 전에 이곳에 ○○교회를 세워 주셔서 감사합니다. 저희가 함께 모여 예배하니 얼마나 감격스러운지요. 그동안 고난과 역경 중에도 지켜 주셔서 믿음으로 잘 싸워 이기게 하시고 잘 참게 하시어 오늘의 모습이 있게 하시니 감사합니다. 연약한 저희를 더욱 강건하게 붙들어 주시고, 믿음이 자라 주님 안에서 강건하게 살아가게 도와주옵소서. 이 교회를 통하여 이 지역이 더욱 복되게 하옵기를 우리 주 예수 그리스도의 이름으로 기원합니다. 아멘.

경배찬송(찬송가 35장) / 다함께(일어서서)

1. 큰 영화로신 주 이곳에 오셔서 이 모인 자들로 주 백성 삼으사
   그 중에 항상 계시고 그 중에 항상 계시고 큰 영광 나타내소서
2. 이 백성 기도와 또 예물 드림이 향내와 같으니 곧 받으옵소서
   주 예수 크신 복음을 주 예수 크신 복음을 만백성 듣게 하소서
3. 또 우리 자손들 다 주를 기리고 저 성전돌 같이 긴하게 하소서
   주 구원하신 능력을 주 구원하신 능력을 늘 끝날까지 주소서
4. 주 믿는 만민이 참 진리 지키며 옛 성도들 같이 주 찬송하다가
   저 천국 보좌 앞에서 저 천국 보좌 앞에서 늘 찬송하게 하소서 아멘

죄의 고백 / 다함께

집례자 : 교우 여러분, 지극히 높으시고 거룩하신 하나님 앞에 겸손히 엎드려
         한 마음으로 우리 죄를 자복하고 회개합시다.
다함께 : 자비하신 하나님, 저희는 하나님 앞에 다 죄인들입니다. 말씀을 분별
         치 못하고 죄를 지어 주의 뜻을 거슬렀습니다. 약하고 무지하여 저희
         가 마땅히 해야 할 일을 다하지 못한 잘못을 범하였습니다. 긍휼과 자
         비가 많으신 하나님, 이 모든 죄를 회개하며 고백하는 저희가 독생자
         예수 그리스도의 십자가 공로로 용서함을 받게 하시고, 이 예배를 통
         하여 성령의 크신 능력과 은혜를 충만히 받게 하옵소서. 우리 주 예수
         그리스도의 이름으로 기도합니다. 아멘.

용서의 말씀 / 집례자

하나님은 진심으로 회개하는 이들에게 그 죄를 영원히 용서하기로 약속하셨
고, 우리 주님은 수고하고 무거운 짐 진 자들아, 다 내게로 오라. 내가 너희를

쉬게 하리라는 복된 약속을 하셨으며 성령으로 인도해 주십니다. 믿음으로 용서와 구원과 평안을 얻은 우리는 감사함으로 ○○교회의 설립을 기념하면서 주 앞에 신령과 진정으로 예배합시다.

교독(교독문 110번) / 다함께

집례자 : 온 땅이여 여호와께 노래하며 그의 구원을 날마다 선포할지어다.

회   중 : 그의 영광을 모든 민족 중에, 그의 기이한 행적을 만민 중에 선포할지어다.

집례자 : 여호와는 위대하시니 극진히 찬양할 것이요 모든 신보다 경외할 것임이여

회   중 : 예수께서 또 이르시되 너희에게 평강이 있을지어다 아버지께서 나를 보내신 것같이 나도 너희를 보내노라.

집례자 : 그러므로 너희는 가서 모든 족속을 제자로 삼아 아버지와 아들과 성령의 이름으로 세례를 베풀고

회   중 : 내가 너희에게 분부한 모든 것을 가르쳐 지키게 하라.

집례자 : 볼지어다, 내가 세상 끝날까지 너희와 항상 함께 있으리라 하시니라.

회   중 : 오직 성령이 너희에게 임하시면 너희가 권능을 받고

다함께 : 예루살렘과 온 유대와 사마리아와 땅끝까지 이르러 내 증인이 되리라 하시니라.

송영(찬송가 3장) / 다함께

성부 성자와 성령 찬송과 영광 돌려보내세
태초로 지금까지 또 영원 무궁토록 성삼위께 영광 영광 아멘

기도 / 맡은이(회중이 앉은 후 기도한다.)

기도응답송 / 찬양대

성경봉독 / 맡은이

성경봉독 1 : 그런즉 심는 이나 물 주는 이는 아무 것도 아니로되 오직 자라게
하시는 이는 하나님뿐이니라. 심는 이와 물 주는 이는 한가지이나
각각 자기가 일한 대로 자기의 상을 받으리라. 우리는 하나님의
동역자들이요, 너희는 하나님의 밭이요, 하나님의 집이니라. 내게
주신 하나님의 은혜를 따라 내가 지혜로운 건축자와 같이 터를 닦
아 두매 다른 이가 그 위에 세우나 그러나 각각 어떻게 그 위에 세
울까를 조심할지니라. 이 닦아 둔 것 외에 능히 다른 터를 닦아 둘
자가 없으니 이 터는 곧 예수 그리스도라.(고린도전서 3:7~11)

성경봉독 2 : 이로 말미암아 주 예수 안에서 너희 믿음과 모든 성도를 향한 사
랑을 나도 듣고 내가 기도할 때에 기억하며 너희로 말미암아 감
사하기를 그치지 아니하고 우리 주 예수 그리스도의 하나님, 영
광의 아버지께서 지혜와 계시의 영을 너희에게 주사 하나님을 알
게 하시고 너희 마음의 눈을 밝히사 그의 부르심의 소망이 무엇
이며 성도 안에서 그 기업의 영광의 풍성함이 무엇이며 그의 힘
의 위력으로 역사하심을 따라 믿는 우리에게 베푸신 능력의 지극
히 크심이 어떠한 것을 너희로 알게 하시기를 구하노라. 그의 능
력이 그리스도 안에서 역사하사 죽은 자들 가운데서 다시 살리시

고 하늘에서 자기의 오른편에 앉히사 모든 통치와 권세와 능력과 주권과 이 세상뿐 아니라 오는 세상에 일컫는 모든 이름 위에 뛰어나게 하시고 또 만물을 그의 발 아래에 복종하게 하시고 그를 만물 위에 교회의 머리로 삼으셨느니라. 교회는 그의 몸이니 만물 안에서 만물을 충만하게 하시는 이의 충만함이니라.(에베소서 1:15~23)

성경봉독 3 : 이제는 전에 멀리 있던 너희가 그리스도 예수 안에서 그리스도의 피로 가까워졌느니라. 그는 우리의 화평이신지라. 둘로 하나를 만드사 원수 된 것 곧 중간에 막힌 담을 자기 육체로 허시고 법조문으로 된 계명의 율법을 폐하셨으니 이는 이 둘로 자기 안에서 한 새 사람을 지어 화평하게 하시고 또 십자가로 이 둘을 한 몸으로 하나님과 화목하게 하려 하심이라. 원수 된 것을 십자가로 소멸하시고 또 오셔서 먼 데 있는 너희에게 평안을 전하시고 가까운 데 있는 자들에게 평안을 전하셨으니 이는 그로 말미암아 우리 둘이 한 성령 안에서 아버지께 나아감을 얻게 하려 하심이라. 그러므로 이제부터 너희는 외인도 아니요, 나그네도 아니요, 오직 성도들과 동일한 시민이요, 하나님의 권속이라. 너희는 사도들과 선지자들의 터 위에 세우심을 입은 자라. 그리스도 예수께서 친히 모퉁잇돌이 되셨느니라. 그의 안에서 건물마다 서로 연결하여 주 안에서 성전이 되어 가고 너희도 성령 안에서 하나님이 거하실 처소가 되기 위하여 그리스도 예수 안에서 함께 지어져 가느니라.(에베소서 2:13~22)

찬양 / 찬양대

말씀선포 / 맡은이

신앙고백(사도신경) / 다함께

찬송(찬송가 220장) / 다함께

> 1. 사랑하는 주님 앞에 형제자매 한자리에
>   크신 은혜 생각하며 즐거운 찬송 부르네
>   내 주 예수 본을 받아 모든 사람 내 몸같이
>   환난근심 위로하고 진심으로 사랑하세
> 2. 사랑하는 주님 앞에 온갖 충성 다 바쳐서
>   괴로우나 즐거우나 주님만 힘써 섬기네
>   우리 주님 거룩한 손 제자들의 발을 씻어
>   남 섬기는 종의 도를 몸소 행해 보이셨네
> 3. 사랑하는 주님 예수 같은 주로 섬기나니
>   한피 받아 한몸 이룬 형제여 친구들이여
>   한몸같이 친밀하고 마음으로 하나되어
>   우리 주님 크신 뜻을 지성으로 준행하세

봉헌 / 맡은이

봉헌기도 / 맡은이

성찬 / 집례자(담임자가 목사가 아니면 행할 수 없다. 주일 낮 예배 때 행하는 순서대로 한다.)

찬송(찬송가 302장) / 다함께(형편에 따라 생략할 수 있다.)

> 1. 내 주 하나님 넓고 큰 은혜는 저 큰 바다보다 깊다

너 곧 닻줄을 끌러 깊은 데로 저 한가운데 가보라

언덕을 떠나서 창파에 배 띄워

내 주 예수 은혜의 바다로 네 맘껏 저어가라

2. 왜 너 인생은 언제나 거기서 저 큰 바다 물결 보고

그 밑 모르는 깊은 바다속을 한번 헤아려 안보나

언덕을 떠나서 창파에 배 띄워

내 주 예수 은혜의 바다로 네 맘껏 저어가라

3. 많은 사람이 얕은 물가에서 저 큰 바다 가려다가

찰싹거리는 작은 파도 보고 마음 약하여 못 가네

언덕을 떠나서 창파에 배 띄워

내 주 예수 은혜의 바다로 네 맘껏 저어가라

4. 자 곧 가거라 이제 곧 가거라 저 큰 은혜 바다 향해

자 곧 네 노를 저어 깊은 데로 가라 망망한 바다로

언덕을 떠나서 창파에 배 띄워

내 주 예수 은혜의 바다로 네 맘껏 저어가라

교회연혁과 교세현황 보고, 기념사업 보고 / 맡은이

공로자 표창 / 맡은이

축가 / 맡은이

인사와 알리는 말씀 / 집례자

찬송(찬송가 208장) / 다함께(일어서서)

1. 내 주의 나라와 주 계신 성전과 피 흘려 사신 교회를 늘 사랑합니다

2. 내 주의 교회는 천성과 같아서 눈동자같이 아끼사 늘 보호하시네

3. 이 교회 위하여 눈물과 기도로 내 생명 다하기까지 늘 봉사합니다

4. 성도의 교제와 교회의 위로와 구주와 맺은 언약을 늘 기뻐합니다

5. 하늘의 영광과 베푸신 은혜가 진리와 함께 영원히 시온에 넘치네 아멘

축도 / 맡은이

(예배 후 애찬 순서를 갖는다. 기념선물이 준비되었으면 예배 후에 나누어 준다.)

가정의례

Ⅰ. 경축례

1. 생애를 경축하는 신학적 의미

한 사람이 태어나서 죽을 때까지를 일생이라고 한다. 그 일생 동안에 경축해야 할 여러 가지 사건이 생긴다.

출생, 돌, 생일, 회갑은 일생 가운데 중요한 일이며 감사하고 기뻐하여 축하해야 할 일이다. 아브라함은 아들을 낳은 지 팔일 만에 할례를 행하였고, 젖을 뗄 때는 큰 잔치를 배설하였다(창 21:4~8). 욥의 아들은 생일을 축하하여 잔치를 베풀었고 그 누이들도 청하여 함께 먹고 마셨다.(욥 1:4)

출생은 인생을 출발하는 서곡이고, 돌은 생의 환희를 맛보는 힘찬 출발이며, 생일은 기적 같은 삶의 아름다움을 다시 확인하는 것이다. 회갑은 그런 삶을 정리하는 것으로, 그런 삶을 주신 하나님께 감사하며 경축해야 할 것이다.

우리는 생을 통하여 적어도 두 가지 것을 생각할 수 있다. 하나는 생명의 근원이신 하나님께서 사람으로 하여금 출생하게 하시고 돌, 생일, 성년, 회갑을 맞이하게 하신 것과, 다른 하나는 이러한 사건들을 통과하는 동안 삶을 값지게 살고 그것을 의미 있게 살도록 해야 한다는 점이다. 생명을 주신 하나님께 감사하며 생의 한 순간을 통과할 때마다 그 의미를 새롭게 발견하여 가치 있는 삶을 살 수 있도록 경축해야 한다.

1) 출생 : 한 생명이 세상에 태어났다는 것은 하나님이 주신 복이다. 예수님이 탄생하셨을 때도 "지극히 높은 곳에서는 하나님께 영광이요, 땅에서는 하나님이 기뻐하신 사람들 중에 평화로다"(눅 2:14)라고 기뻐하며 하나님께 영광을 드렸다. 사람의 생명은 참으로 아름답고 고귀하며 신비하다.(시 139:13~14)

자식은 여호와의 주신 기업이요, 태의 열매는 그의 상급이다. 그러므로 생명을 주신 하나님께 감사하며, 그의 능력을 찬양하고 한 생명이 태어남을 경축하면서, 산모의 수고를 위로하고, 그 생명을 주님 안에서 보호하며 양육할 것을 다짐해야 할 것이다.

2) 백일 : 백일은 어린아이가 태어난 날로부터 백 일째 되는 날에 어린아이를 위하여 베풀어주는 잔치다. 연약한 생명이 백일 동안 무사하게 자란다는 것은 대단히 경축할 일이다. 의술이 발달하지 못한 옛날에는 이 동안 어린아이가 많이 죽었다. 오늘날에도 어린 생명을 위협하는 여건은 얼마든지 있다. 태어난 지 석 달이 지나면 한 계절이 바뀜과 함께 무사히 고비를 넘겼다는 안도감이 생긴다. 그리고 산모도 건강을 회복할 때다. 이런 의미에서 하나님께 감사하며 친지와 교인 간에 친교의 기회로 삼아 축하잔치를 한다.

3) 돌 : 구약에 보면 "아이가 자라매 젖을 떼고, 이삭이 젖을 떼는 날에 아브라함이 큰 잔치를 베풀었더라"(창 21:8)고 하였다. 한 생명이 태어나서 일 년 동안 무사하게 자란다는 것은 쉬운 일이 아니다. 예나 지금이나 하루 동안 무슨 일을 당할지 알 수 없는 세상에서, 연약한 생명이 1년 간 살았다는 것은 하나님의 도움 없이는 불가능하다. 그런 뜻에서 아이가 출생한 지 일 년이 지나 첫 번째 맞이하는 생일인 돌이 되었을 때 가정 형편에 따라 아이에게 좋은 옷을 입히고 음식을 차려 함께 먹으면서 하나님께 감사하며 예배한다.

4) 생일 : 사람이 태어난 날을 축하하는 일은 세계 공통적인 풍습이다. 해마다 돌아오는 태어난 날에, 생애를 주신 하나님께 감사하고, 온갖 것을 희생하며 길러 준 부모님께 감사하며, 음식을 만들어 부모 형제 친척 친구들이 한자리에 모여 먹고 마시며 즐거워한다.

욥의 아들들은 생일이 되면 각각 자기의 집에서 잔치를 베풀었다(욥 1:4). 창세기에는 애굽의 왕이 자신의 생일에 죄인들에게 특사를 행하였다. 사람이 이 땅에 태어났다는 것은 하나님의 복이므로, 매년 생일만 돌아오면 그날을 잊지 않고 기념하여 경축한다.

5) 성인식 : 만 19세가 된 젊은이가 그동안 지켜 주신 하나님께 감사하며, 가족과 함께 믿음으로 자신을 하나님께 바치며 마음의 결단을 새롭게 하는 행사다. 이제부터 독립된 성인으로서, 삶을 주님께 맡기며 출발할 것을 계획하는 계기가 되어야 한다.

6) 장수연(육순, 회갑, 진갑) : 하나님이 주신 복으로 장수할 때, 장수를 기념하여 축하하는 잔치를 수연(壽宴)이라고 부른다. 장수를 축하하는 잔치에는 다음의 종류가 있다. (1) 육순(六旬) : 우리나라 나이로 60세 때 행하는 잔치다. (2) 회갑(回甲) : 우리나라 나이로 61세의 생일을 말한다. (3) 진갑(進甲) : 지방에 따라 다르다. 서울과 이남지방에서는 회갑 이듬해를, 이북에서는 70세의 생일을 진갑이라고 한다. (4) 칠순(七旬) : 우리나라 나이로 70세 때 행하는 생일잔치다. (5) 팔순(八旬) : 80세의 생일이다. (6) 구순(九旬) : 90세의 생일이다. 졸수(卒壽) 라고도 한다. (7) 백수(白壽) : 99세의 생일이다.

성경은 오래 사는 것을 하나님께서 주신 복으로 여긴다. 지금까지 무사하게 살게 하신 하나님의 은혜를 감사하는 데 장수를 축하하는 의미가 있다. 또한 자녀들을 낳고 기르고 가르쳐, 오늘을 살게 하신 부모님의 은혜의 보답으로, 이 날을 기념하는 것은 뜻깊은 의미가 있다.

이 날을 맞이하는 사람은 자신이 과연 하나님의 뜻에 부끄럽지 않게 살았는가를 반성하며, 자녀들은 이 시간을 통하여 삶이 무엇인지, 인생의 주관자가 과연 누구였는가를 반성하는 기회를 삼아야 할 것이다.

2. 출생

1) 출산 감사예배 지침

(1) 병원에 입원했으면 출산한 후에 퇴원하여 예배하도록 한다.

(2) 산모와 아기의 건강을 해치지 않는 환경을 만들어 주며 조용히 예배한다.

(3) 출산에 관한 미신적인 풍습을 과감하게 버리고 신앙 안에서 예배한다.

(4) 아기의 옷이나, 산모와 아기의 건강에 도움이 될 것을 출산 축하의 선물로 준비한다.

(5) 초산일 경우에는 신앙과 관계한 육아법이 소개된 책을 선물로 줄 수 있다.

(6) 아기의 이름에 대하여 교회담임자와 상의하고, 지은 이름은 가족 심방록에 기록한다.

2) 출산 감사예배 순서

인도 : 교회담임자

시작하는 말 / 인도자

하나님이 복 주셔서 자녀를 낳았음을 감사하면서 함께 조용한 기도로 예배를 시작합시다.

조용한 기도 / 다함께(조용히 기도하는 중에 인도자는 시편 127:1~5을 낭독한 후 기원한다.)

여호와께서 집을 세우지 아니하시면 세우는 자의 수고가 헛되며 여호와께서 성을 지키지 아니하시면 파수꾼의 깨어 있음이 헛되도다. 너희가 일찍이 일어나고 늦게 누우며 수고의 떡을 먹음이 헛되도다. 그러므로 여호와께서 그의 사랑하시는 자에게는 잠을 주시는도다. 보라, 자식들은 여호와의 기업이요, 태의 열매는 그의 상급이로다. 젊은 자의 자식은 장사의 수중의 화살 같으니 이것이 그의 화살통에 가득한 자는 복되도다. 그들이 성문에서 그들의 원수와 담판할 때에 수치를 당하지 아니하리로다. 아멘.

찬송(찬송가 569장) / 다함께

1. 선한 목자 되신 우리 주 항상 인도하시고
   푸른 풀밭 좋은 곳에서 우리 먹여 주소서
   선한 목자 구세주여 항상 인도하소서
   선한 목자 구세주여 항상 인도하소서
2. 양의 문이 되신 예수여 우리 영접하시고

길을 잃은 양의 무리를 항상 인도하소서
선한 목자 구세주여 기도 들어주소서
선한 목자 구세주여 기도 들어주소서

3. 흠이 많고 약한 우리를 용납하여 주시고
주의 넓고 크신 은혜로 자유 얻게 하셨네
선한 목자 구세주여 지금 나아갑니다
선한 목자 구세주여 지금 나아갑니다

4. 일찍 주의 뜻을 따라서 살아가게 하시고
주의 크신 사랑 베푸사 따라가게 하소서
선한 목자 구세주여 항상 인도하소서
선한 목자 구세주여 항상 인도하소서 아멘

(참고 / 79장, 225장, 304장, 384장, 28장)

기도 / 맡은이

생명을 주관하시는 전능하신 하나님, 이 가정에 귀한 생명이 태어나게 하심을 감사합니다. 이 어린 생명을 통하여 영광 받으시고 이 가정에 큰 기쁨이 넘치게 하옵소서. 여기 모인 사람들 모두 생명의 귀중함을 깨달으며 하나님께서 생명 주신 것을 감사하며 일생을 살아가게 하옵소서. 하나님의 사랑으로 출생의 기적을 통하여 아기를 얻게 하심을 감사합니다. 이 가정에 가장 좋은 선물인 이 아기의 생명과 건강을 위해 기도합니다. 이 아이가 하나님과 사람 앞에 사랑을 받으며 예수님이 기뻐하시는 어린이로 자라게 하옵소서. 이 아이가 예수님처럼 자라서 튼튼하고 지혜롭고 사랑이 넘치며 하나님을 알고 하나님과 이웃을 위해 봉사하는 사람이 되게 해 주옵소서. 해산하기까지 수고한 산모에게도 건강을 주옵소서. 생명의 근원이신 우리 주 예수 그리스도의 이름으로 기도합니다. 아멘.

성경봉독 / 맡은이

여자가 해산하게 되면 그 때가 이르렀으므로 근심하나 아기를 낳으면 세상에 사람 난 기쁨으로 말미암아 그 고통을 다시 기억하지 아니하느니라. 지금은 너희가 근심하나 내가 다시 너희를 보리니 너희 마음이 기쁠 것이요 너희 기쁨을 빼앗을 자가 없으리라.(요한복음 16:21~22)

(참고 / 누가복음 2:28~35; 이사야 40:9~11)

말씀선포 / 맡은이

기도 / 말씀선포자 또는 맡은이

생명의 근원이시며 사랑이신 하나님, 이 가정에 아기를 주신 것을 감사합니다. 순산하게 하시고 산모와 아기가 건강하게 하신 것을 감사합니다. 이 아기는 하나님이 주신 가장 귀한 선물이오니 하나님의 뜻에 합당하게 키울 수 있게 도와주옵소서. 주님의 말씀과 부모의 기도로 키움받아 하나님의 영광을 드러내는 사람으로 성장하게 하옵소서. 이 아기가 자랄 때 기쁨이요, 자랑거리가 될 뿐 부끄러움을 당하지 않게 하옵시고, 이 세상에 사는 동안 모든 유혹을 물리칠 믿음을 주옵소서. 이 아기가 자랄수록 이 가정에 큰 복이 되게 하옵소서. 가정을 사랑하시는 우리 주 예수 그리스도의 이름으로 기도합니다. 아멘.

축하의 말 / 인도자와 교인들

인도자가 부모에게 : 출산을 축하합니다. 하나님께서 이 가정을 사랑하셔서서 아기를 주시고 또 자라는 동안에도 사랑해 주실 줄 믿습니다.

부모의 인사 : 축복해 주시니 감사합니다. 저희 가정과 이 아이를 위해 계속 기도해 주세요.

교인들이 부모에게 : 하나님께서 이 아이를 주셔서 얼마나 기쁩니까? 축하합니다.

부모의 인사 : 저희도 기쁩니다. 찾아와 주시고 기도해 주셔서 감사합니다.

찬송(찬송가 564장) / 다함께

1. 예수께서 오실 때에 그 귀중한 보배 하나라도 남김없이 다 찾으시리
2. 정한 보배 빛난 보배 주 예수의 보배 하늘나라 두시려고 다 거두시리
3. 주를 사랑하는 아이 이 세상에 살 때 주의 말씀 순종하면 참 보배로다
(후렴)
   샛별같은 그 보배 면류관에 달려 반짝반짝 빛나게 비치리로다

(참고 / 304장, 569장)

축도(또는 주님의 기도) / 인도자

사랑의 하나님, 하나님께서 택하여 짝 지어 주신 이 가정에, 이토록 귀엽고 소중한 아기를 주시어 사랑과 기쁨이 넘치게 하시니 감사합니다. 이 아기가 사는 동안 하나님의 포근한 사랑의 품 안에서 하나님의 도우심으로 건강하게 자라고, 이 가정과 여기 모인 모든 사람에게 예수 그리스도의 크신 은혜와 하나님의 지극하신 사랑과 성령의 감화 감동하심이 영원토록 함께하기를 간절히 축원합니다. 아멘.

경축례

3. 백일

1) 백일 감사예배 지침

(1) 그리스도인은 출생과 관계된 온갖 미신에 현혹되지 말고, 아기를 백일 동안 건강하게 보호하여 주심과, 출산으로 수고한 산모가 다시 건강을 회복한 것을 감사하는 뜻으로 잔치를 한다.

(2) 가정형편에 따라 백일은 생략하거나 간소하게 하고, 돌 예배에 중점을 둘 수 있다.

(3) 아기에게 백일복이나 돌복을 입히거나, 또는 평소 때 입는 깨끗한 옷으로 입히고 기념 촬영함이 좋다.

(4) 생명을 주관하시는 하나님께 감사예배를 함으로 어린 생명을 더욱 귀하게 양육할 것을 다짐하게 한다.

(5) 기념식수를 준비하여 가옥의 정원에나 교회 화단에 심는다.

(6) 격식을 차릴 필요는 없다. 자연스럽게 앉아 예배하고, 아기에게 안수기도 하여 주는 것도 좋다.

(7) 아기는 예배에 반드시 참여하게 한다.

2) 백일 감사예배 순서

인도 : 교회담임자

시작하는 말 / 인도자

생명의 근원이시고 우리에게 복 주시는 하나님께서 여러분에게 은혜와 평강을 주시기를 빕니다. 아멘.

사랑하는 여러분, 하나님께서는 백일 전에 한 생명을 허락하시고 이 가정과 교회가 믿음으로 양육하게 하셨습니다. 그러므로 우리가 이제 ○○○의 백일을 맞이하여 하나님의 은혜에 감사하는 시간을 갖도록 하겠습니다.

조용한 기도 / 다함께(조용히 기도하는 중에 인도자는 요한3서 1:2을 낭독한 후 기원한다.)

사랑하는 자여, 네 영혼이 잘됨 같이 네가 범사에 잘되고 강건하기를 내가 간구하노라. 아멘.

찬송(찬송가 565장) / 다함께

1. 예수께로 가면 나는 기뻐요 걱정근심 없고 정말 즐거워
   예수께로 가면 나는 기뻐요 나와 같은 아이 부르셨어요
2. 예수께로 가면 맞아 주시고 나를 사랑하사 용서하셔요
   예수께로 가면 나는 기뻐요 나와 같은 아이 부르셨어요
3. 예수께로 가면 손을 붙잡고 어디서나 나를 인도하셔요
   예수께로 가면 나는 기뻐요 나와 같은 아이 부르셨어요

경축례

(참고 / 563장)

기도 / 맡은이

복의 근원이신 하나님, 이 가정에 복의 기업으로 허락하신 어린 생명이 주님의 사랑 안에서 건강하게 자라 백일을 맞게 하시니 감사합니다. 주님의 섭리하시는 은총 가운데 귀한 생명을 허락하셨으니 하나님의 선하신 뜻대로 자라게 하시고 온전한 주의 일꾼으로 자라게 하셔서 하나님을 영화롭게 하고 부모에게 기쁨이 되고 이웃에게 유익을 끼치는 복된 사람이 되게 하옵소서. 생명의 근원이신 예수 그리스도의 이름으로 기도합니다. 아멘.

성경봉독 / 맡은이

그 때에 제자들이 예수께 나아와 이르되 천국에서는 누가 크니이까 예수께서 한 어린 아이를 불러 그들 가운데 세우시고 이르시되 진실로 너희에게 이르노니 너희가 돌이켜 어린 아이들과 같이 되지 아니하면 결단코 천국에 들어가지 못하리라. 그러므로 누구든지 이 어린 아이와 같이 자기를 낮추는 사람이 천국에서 큰 자니라. 또 누구든지 내 이름으로 이런 어린 아이 하나를 영접하면 곧 나를 영접함이니 누구든지 나를 믿는 이 작은 자 중 하나를 실족하게 하면 차라리 연자 맷돌이 그 목에 달려서 깊은 바다에 빠뜨려지는 것이 나으니라.(마태복음 18:1~6)

(참고 / 신명기 6:4~9; 마태복음 19:13~15; 시편 128:1~4)

말씀선포 / 맡은이

축하의 말 / 인도자

인도자 : ○○○의 백일을 진심으로 축하합니다. 예수님 닮기를 바랍니다.

부 모 : 축하해 주셔서 감사합니다. 앞으로 주님 안에서 잘 자라도록 기도하
여 주세요.

찬송(찬송가 570장) / 다함께

1. 주는 나를 기르시는 목자요 나는 주님의 귀한 어린 양
   푸른 풀밭 맑은 시냇물가로 나를 늘 인도하여 주신다
   주는 나의 좋은 목자 나는 그의 어린 양
   철을 따라 꼴을 먹여 주시니 내게 부족함 전혀 없어라
2. 예쁜 새들 노래하는 아침과 노을 비끼는 고운 황혼에
   사랑하는 나의 목자 음성이 나를 언제나 불러 주신다
   주는 나의 좋은 목자 나는 그의 어린 양
   철을 따라 꼴을 먹여 주시니 내게 부족함 전혀 없어라
3. 못된 짐승 나를 해치 못하고 거친 비바람 상치 못하리
   나의 주님 강한 손을 펼치사 나를 주야로 지켜 주신다
   주는 나의 좋은 목자 나는 그의 어린 양
   철을 따라 꼴을 먹여 주시니 내게 부족함 전혀 없어라 아멘

축도 / 인도자(아기가 직접 안수받을 수 없으면, 부모 중에 한 사람이 아기를 안고, 인
도자는 아기의 머리에 손을 얹어 축복한 후, 이어서 전체에게 축도한다.)

사랑의 하나님, 하나님께서 택하여 짝 지어 주신 이 가정에, 이토록 귀엽고
소중한 아기를 주시어 사랑과 기쁨이 넘치게 하시니 감사합니다. "어린이들이
내게 오는 것을 허락하고 막지 말라. 하늘나라는 이런 사람들의 것이니라."고
예수님이 말씀하신 후 어린이들에게 손을 얹어 축복해 주셨습니다. 백일 전에
이 가정에 귀여운 아기 ○○를 태어나게 하신 주님, 하나님께서 주신 생명을

지켜 주옵소서. 이 아기가 사는 동안 늘 하나님 은혜의 품 안에 거하며 마침내 하나님의 도우심으로 무럭무럭 자라게 하옵소서. 그리고 이 아기가 건강하고 지혜롭게 크며 늘 엄마와 아빠의 기도의 믿음을 본받게 하옵소서. 이 가정과 여기 모인 모든 사람에게 예수 그리스도의 크신 은혜와 하나님의 지극하신 사랑과 성령의 감화 감동하심이 영원토록 함께하기를 간절히 축원합니다. 아멘.

4. 돌

1) 돌 감사예배 지침

(1) 아이가 출생한 지 1년이 지나 돌이 되었을 때, 가급적 검소하게 잔치를 베풀면서 하나님께 감사예배를 한다.

(2) 그리스도인은 돌과 관계된 온갖 미신에 현혹되지 말고, 1년 동안 건강하게 보호하여 주심을 감사하는 뜻으로 잔치를 한다.

(3) 돌복을 만들어 입히거나, 깨끗한 옷으로 입히고 기념 촬영함이 좋다.

(4) 생명을 주관하시는 하나님께 감사함으로 어린 생명을 더욱 귀하게 양육할 것을 다짐하게 한다.

(5) 생명 주시고 건강하게 하심을 감사하면서, 그 표시로 감사헌금이나 기념으로 장학금이나 선교비를 헌금하면 더욱 뜻깊은 생일이 될 것이다.

(6) 아기와 부모를 중심으로 앉는다.

(7) 아기를 예배에 참여하게 한다.

(8) 성경과 찬송가를 앞에 놓고 생일 케이크를 가운데 놓고 촛불을 밝히며, 주변에 과일, 꽃, 백설기, 경단, 찰떡과 같이 실용적인 음식으로 돌상을 차림이 바람직하다.

(9) 예배 후 기념촬영을 하며, 가능하면 기념촬영은 미리 하는 것이 좋다. 기도 후 준비한 음식을 나누며 친교한다.

(10) 돌 전에 교회담임자에게 알려서 광고하게 하며 순서와 진행을 담임자와 의논한다.

2) 돌 감사예배 순서

인도 : 교회담임자

시작하는 말 / 인도자

이제부터 이 가정에 생명을 허락하시어 가장 귀한 선물로 주신 ○○○의 돌을 맞아 조용한 기도로 하나님께 감사예배를 시작하겠습니다.

조용한 기도 / 다함께(조용히 기도하는 중에 인도자는 예레미야 17:7~8을 낭독한 후 기원한다.)

그러나 무릇 여호와를 의지하며 여호와를 의뢰하는 그 사람은 복을 받을 것이라. 그는 물 가에 심어진 나무가 그 뿌리를 강변에 뻗치고 더위가 올지라도 두려워하지 아니하며 그 잎이 청청하며 가무는 해에도 걱정이 없고 결실이 그치지 아니함 같으리라. 아멘.

찬송(찬송가 569장) / 다함께

1. 선한 목자 되신 우리 주 항상 인도하시고
   푸른 풀밭 좋은 곳에서 우리 먹여 주소서
   선한 목자 구세주여 항상 인도하소서
   선한 목자 구세주여 항상 인도하소서
2. 양의 문이 되신 예수여 우리 영접하시고
   길을 잃은 양의 무리를 항상 인도하소서
   선한 목자 구세주여 기도 들어주소서
   선한 목자 구세주여 기도 들어주소서

3. 흠이 많고 약한 우리를 용납하여 주시고
   주의 넓고 크신 은혜로 자유 얻게 하셨네
   선한 목자 구세주여 지금 나아갑니다
   선한 목자 구세주여 지금 나아갑니다

4. 일찍 주의 뜻을 따라서 살아가게 하시고
   주의 크신 사랑 베푸사 따라가게 하소서
   선한 목자 구세주여 항상 인도하소서
   선한 목자 구세주여 항상 인도하소서 아멘

(참고 / 563장, 566장)

기도 / 맡은이

복의 근원이신 하나님, 이 가정에 허락하신 아기가 주님의 사랑 안에서 건강하게 자라 돌을 맞게 하시니 감사합니다. 주님의 섭리와 은총 가운데 귀한 생명을 허락하셨으니 하나님의 선하신 뜻대로 자라 온전한 주님의 일꾼이 되게 하셔서 하나님을 영화롭게 하고 부모에게 기쁨이 되고 이웃에게 유익을 끼치는 복된 사람이 되게 하옵소서. 우리 주 예수 그리스도의 이름으로 기도합니다. 아멘.

성경봉독 / 맡은이

예수는 지혜와 키가 자라가며 하나님과 사람에게 더욱 사랑스러워 가시더라.(누가복음 2:52)

(참고 / 누가복음 2:40; 에베소서 6:1~3; 시편 127:3~5)

말씀선포 / 맡은이

축하의 말 / 인도자

> 인도자 : ○○○의 돌을 진심으로 축하합니다. 예수님 닮기를 원합니다.
> 부 모 : 축하해 주셔서 감사합니다. 앞으로 주님 안에서 잘 자라도록 기도해
> 주시면 감사하겠습니다.

촛불 붙이기 / 부모(준비된 생일 케이크에 불을 붙인다.)

축하의 노래 / 다함께(생일 축하의 노래를 한다.)

촛불 끄기 / 아이와 부모(불을 끄면 축하하는 사람들은 축복의 박수를 한다.)

감사의 말 / 부모 중에 한 사람

찬송(찬송가 564장) / 다함께

1. 예수께서 오실 때에 그 귀중한 보배 하나라도 남김 없이 다 찾으시리
   샛별같은 그 보배 면류관에 달려 반짝반짝 빛나게 비치리로다
2. 정한 보배 빛난 보배 주 예수의 보배 하늘나라 두시려고 다 거두시리
   샛별같은 그 보배 면류관에 달려 반짝반짝 빛나게 비치리로다
3. 주를 사랑하는 아이 이 세상에 살 때 주의 말씀 순종하면 참 보배로다
   샛별같은 그 보배 면류관에 달려 반짝반짝 빛나게 비치리로다

(참고 / 430장, 570장, 566장)

축도 / 인도자(아기가 직접 안수받을 수 없으면 부모 중에 한 사람이 아기를 안고 인도자는 아기를 안은 사람의 머리에 손을 얹어 축복한 후, 이어서 전체에게 축도한다.)

일 년 전에 이 가정에 귀여운 아기 ○○를 태어나게 하신 주님, 하나님께서 주신 생명을 지켜 주옵소서. 이 아기가 사는 동안 늘 하나님 은혜의 품 안에 거하며 마침내 하나님의 도우심으로 무럭무럭 자라게 하옵소서. 그리고 이 아기가 건강하고 지혜롭게 크며 늘 엄마와 아빠의 믿음을 본받게 하옵소서. 사랑의 하나님, 하나님께서 택하여 짝 지어 주신 이 가정에, 이토록 귀엽고 소중한 아기를 주시어 사랑과 기쁨이 넘치게 하시니 참으로 감사합니다. 이 아기가 사는 동안 하나님의 포근한 사랑의 품 안에서 하나님의 도우심으로 주님을 위해 사명을 다할 수 있는 일꾼이 될 수 있도록 건강하게 자라고, 이 가정과 여기 모인 모든 사람에게는 예수 그리스도의 깊은 은혜와 하나님의 크신 사랑과 성령의 감화 감동하심이 영원토록 함께하기를 축원합니다. 아멘.

5. 생일

1) 생일 감사예배 지침

(1) 생일을 맞아, 삶을 주신 하나님의 은혜를 감사하고, 부모님에 대한 고마움을 되새긴다.

(2) 가까운 친척이나 교우들을 초청하여 기쁨을 같이 나누면서 주님의 사랑을 경험하게 한다.

(3) 생일잔치는 검소하게 준비하여 낭비하는 일이 없게 한다.

(4) 한 해를 허락해 주신 하나님께 감사헌금을 함으로써 더 깊은 은혜의 삶을 갖도록 한다.

(5) 친척 중 불신자들이 있을 때 어색하지 않도록 좋은 분위기를 조성한다.

(6) 생일 케이크를 준비하면 더욱 좋다.

2) 생일 감사예배 순서

인도 : 교회담임자

시작하는 말 / 인도자

생명의 근원이신 하나님께서 여러분에게 은혜와 평화를 주시기를 빕니다. 아멘.

하나님께서 ○○년 전에 ○○○를 이 땅에 태어나게 하시고 그동안 어려울 때나 기쁠 때나 함께하여 주셨습니다. 그러므로 지금부터 이 모든 것을 하나님께 감사하며 예배하겠습니다.

찬송(찬송가 28장) / 다함께

1. 복의 근원 강림하사 찬송하게 하소서 한량없이 자비하심 측량할 길 없도다
   천사들의 찬송가를 내게 가르치소서 구속하신 그 사랑을 항상 찬송합니다
2. 주의 크신 도움 받아 이때까지 왔으니 이와 같이 천국에도 이르기를 바라네
   하나님의 품을 떠나 죄에 빠진 우리를 예수 구원 하시려고 보혈 흘려 주셨네
3. 주의 귀한 은혜 받고 일생 빚진 자 되네 주의 은혜 사슬 되사 나를 주께 매소서
   우리 맘은 연약하여 범죄하기 쉬우니 하나님이 받으시고 천국인을 치소서
   아멘

(참고 / 23장, 301장, 569장, 563장, 566장)

기도 / 맡은이

만물의 주인이시며 개인의 생사화복을 주관하시는 하나님, 또 한 번의 생일을 허락하시니 감사합니다. 생명을 주신 하나님의 뜻을 헤아려 알게 하시고, 조금 더 주님께 가까이 다가가는 기회가 되도록 인도하여 주옵소서. 그리고 오늘을 있게 한 부모와 가족의 사랑을 기억하옵소서. 또 한 해를 온전히 이끌어 주시고 주장해 주셔서 복된 날들이 되게 하옵소서. 생명의 근원이신 예수 그리스도의 이름으로 기도합니다. 아멘.

성경봉독 / 맡은이

복 있는 사람은 악인들의 꾀를 따르지 아니하며 죄인들의 길에 서지 아니하며 오만한 자들의 자리에 앉지 아니하고 오직 여호와의 율법을 즐거워하여 그의 율법을 주야로 묵상하는도다. 그는 시냇가에 심은 나무가 철을 따라 열매를 맺으며 그 잎사귀가 마르지 아니함 같으니 그가 하는 모든 일이 다 형통하리로다. 악인들은 그렇지 아니함이여, 오직 바람에 나는 겨와 같도다. 그러므로 악인들은 심판을 견디지 못하며 죄인들이 의인들의 모임에 들지 못하리로다. 무릇 의인들의 길은 여호와께서 인정하시나 악인들의 길은 망하리로다.(시편 1:1~6)

(참고 / 욥기 1:4~5; 시편 23:1~6; 요한복음 3:3~6; 3:16; 에베소서 5:15~21; 데살로니가후서 2:13~17)

찬양 / 맡은이

말씀선포 / 맡은이

촛불 붙이기와 케이크 자르기 / 생일을 맞이한 사람

(말씀선포가 끝나면 케이크의 초에 촛불을 붙이고 축하노래를 부른 후 케이크를 자른다.)

남은 생애를 결단하는 말 / 생일을 맞이한 사람

찬송(찬송가 430장) / 다함께

1. 주와 같이 길 가는 것 즐거운 일 아닌가
   우리 주님 걸어가신 발자취를 밟겠네
   한걸음 한걸음 주 예수와 함께 날마다 날마다 우리 걸어가리
2. 어린 아이 같은 우리 미련하고 약하나
   주의 손에 이끌리어 생명길로 가겠네
   한걸음 한걸음 주 예수와 함께 날마다 날마다 우리 걸어가리
3. 꽃이 피는 들판이나 험한 골짜기라도
   주가 인도하는 대로 주와 같이 가겠네
   한걸음 한걸음 주 예수와 함께 날마다 날마다 우리 걸어가리
4. 옛 선지자 에녹같이 우리들도 천국에
   들려 올라갈 때까지 주와 같이 걷겠네
   한걸음 한걸음 주 예수와 함께 날마다 날마다 우리 걸어가리

(참고 / 570장, 384장, 564장, 565장)

축도 / 인도자

(생일을 맞이한 사람의 머리에 손을 얹어 축복을 하고, 이어서 전체를 향해 축도한다.)

자비하신 하나님, ○○○가 평생토록 하나님의 은혜와 사랑 안에 살게 하시며, 마침내 하나님의 도움으로 맡겨진 사명을 이룰 수 있도록 끝까지 동행하여 주옵소서. 오늘 여기 참석한 이 가족과 함께 믿는 저희는 오늘 생일을 맞이한 ○○○을 통하여 하나님의 은혜를 깨닫고 함께 기쁨과 사랑을 넘치게 하시니

감사합니다. 지금은 그리스도의 깊은 은혜와 하나님의 크신 사랑과 성령의 감화 감동하심이 영원토록 함께하기를 간절히 축원합니다. 아멘.

기념식수 / 생일을 맞이한 사람(나무는 적당한 위치에 심겨져 있어야 하며, 인도자와 생일을 맞이한 사람이 두어 삽 흙을 덮어서 완성한다.)

6. 장수

1) 장수 감사예배 지침

(1) 기도하듯이 마음을 단정히 하고 깨끗한 옷을 입는다.

(2) 간소하게, 그러나 정성껏 음식을 마련하고 예배 후에 음식을 나누도록 한다.

(3) 회갑 당사자의 배우자의 존재가 소홀히 여겨지지 않도록 유의해야 한다.

(4) 인도자는 가족대표와 예식의 진행 절차를 협의하여야 한다.

(5) 회갑을 맞이하는 분과 그의 자녀들은 입구에서 회중을 맞이하도록 준비한다.

(6) 1부는 예배 순서, 2부는 약력소개, 축사, 축가 등의 축하 순서를 갖도록 한다.

(7) 회갑예식 장소의 배치는 임의로 하되 회갑 당사자와 그 배우자를 중심으로 좌우에 앉게 한다.

(8) 불신자들이 다수 참석하리라는 것을 유념하여 결례가 되지 않도록 각별히 신경을 쓴다.

(9) 초대장과 더불어 순서지를 만들면 좋다.

2) 장수 감사예배 순서

인도 : 교회담임자

Ⅰ부 : 예배

시작하는 말 / 인도자

사랑하는 여러분, 생명의 근원 되시는 하나님께서는 60년(또는 70년) 전에 ○○○님(장로, 권사, 집사)을 이 땅에 태어나게 하시고, 그동안 어려울 때나 기쁠 때나 함께하여 주셨습니다. 그러므로 우리가 이제 이 모든 하나님의 은혜에 감사하는 시간을 갖도록 하겠습니다.

조용한 기도 / 다함께(조용히 기도하는 중에 인도자는 시편 23:1~6을 낭독한 후 기원한다.)

여호와는 나의 목자시니 내게 부족함이 없으리로다. 그가 나를 푸른 풀밭에 누이시며 쉴 만한 물가로 인도하시는도다. 내 영혼을 소생시키시고 자기 이름을 위하여 의의 길로 인도하시는도다. 내가 사망의 음침한 골짜기로 다닐지라도 해를 두려워하지 않을 것은 주께서 나와 함께 하심이라. 주의 지팡이와 막대기가 나를 안위하시나이다. 주께서 내 원수의 목전에서 내게 상을 차려 주시고 기름을 내 머리에 부으셨으니 내 잔이 넘치나이다. 내 평생에 선하심과 인자하심이 반드시 나를 따르리니 내가 여호와의 집에 영원히 살리로다. 아멘.

찬송(찬송가 301장) / 다함께

1. 지금까지 지내온 것 주의 크신 은혜라

510

한이 없는 주의 사랑 어찌 이루 말하랴
자나깨나 주의 손이 항상 살펴 주시고
모든 일을 주 안에서 형통하게 하시네
2. 몸도 맘도 연약하나 새 힘 받아 살았네
물 붓듯이 부으시는 주의 은혜 족하다
사랑 없는 거리에나 험한 산길 헤맬 때
주의 손을 굳게 잡고 찬송하며 가리라
3. 주님 다시 뵈올 날이 날로날로 다가와
무거운 짐 주께 맡겨 벗을 날도 멀잖네
나를 위해 예비하신 고향집에 돌아가
아버지의 품 안에서 영원토록 살리라

(참고 / 28장, 304장, 354장, 370장, 559장)

기도 / 맡은이

자비하신 하나님, 오늘 ○○○ 님(장로, 권사, 집사)의 회갑(육순, 진갑, 칠순, 팔순)을 맞이하여 영광과 존귀를 드립니다. 그를 60년(70년, 80년) 전에 이 땅에 보내 주시고 하나님의 백성으로 택하시고 오늘까지 복을 주셔서 주님의 은총으로 건강하게 살게 하시니 감사합니다. 더욱 큰 믿음으로 살게 하시고 하나님을 영화롭게 하며 큰 열매를 맺는 복된 삶을 주옵소서. 자녀들은 귀한 믿음을 본받게 하시고 신앙의 대를 이어가는 복되고 거룩한 가문이 되게 하옵소서. 남은 삶에도 풍성한 은혜를 주옵소서. 우리에게 영생을 주시는 예수 그리스도의 이름으로 기도합니다. 아멘.

내가 산을 향하여 눈을 들리라. 나의 도움이 어디서 올까. 나의 도움은 천지를 지으신 여호와에게서로다. 여호와께서 너를 실족하지 아니하게 하시며 너를 지키시는 이가 졸지 아니하시리로다. 이스라엘을 지키시는 이는 졸지도 아니하시고 주무시지도 아니하시리로다. 여호와는 너를 지키시는 이시라. 여호와께서 네 오른쪽에서 네 그늘이 되시나니 낮의 해가 너를 상하게 하지 아니하며 밤의 달도 너를 해치지 아니하리로다. 여호와께서 너를 지켜 모든 환난을 면하게 하시며 또 네 영혼을 지키시리로다. 여호와께서 너의 출입을 지금부터 영원까지 지키시리로다.(시편 121:1~8)

(참고 / 시편 1:1~3; 9:1~17; 17:1~5; 128:1~5; 에베소서 4:13~15; 창세기 47:7~10)

말씀선포 / 맡은이

기도 / 말씀선포자

자비하신 하나님, 저희가 ○○○ 님(장로, 권사, 집사)을 통하여 하나님의 은혜를 깨닫게 하시고, 기쁨과 사랑이 넘치게 하시니 감사합니다. ○○○ 님(장로, 권사, 집사)이 사는 동안에 늘 하나님의 넉넉하신 사랑의 품 안에 거하시며 마침내 하나님의 도우심으로 맡겨 주신 사명을 이룰 수 있도록 끝까지 동행하여 주옵소서. 우리 주 예수 그리스도의 이름으로 기도합니다. 아멘.

II부 : 축하

약력소개 / 가족대표

    (육순, 회갑, 진갑, 칠순, 팔순을 맞이한 본인의 출생, 부모 · 형제, 결혼, 자녀, 경력, 학력, 신앙경력, 교회봉사 등을 소개한다.)

회갑 당사자에게 부탁드릴 말씀 / 맡은이

찬양 혹은 가족합창 / 맡은이

예물 증정 / 가족대표

    (증정할 예물이 많아 시간이 오래 걸릴 경우라면, 케이크를 자른 후로 순서를 옮겨, 따로 사회자를 두어 질서 있게 진행할 수 있다.)

감사의 인사 / 본인 혹은 가족

알리는 말씀 / 가족대표

찬송(찬송가 435장) / 다함께

    1. 나의 영원하신 기업 생명보다 귀하다 나의 갈 길 다 가도록 나와 동행하소서
    2. 세상 부귀 안일함과 모든 명예 버리고 험한 길을 가는 동안 나와 동행하소서
    3. 어둔 골짝 지나가며 험한 바다 건너서 천국 문에 이르도록 나와 동행하소서
(후렴)
    주께로 가까이 주께로 가오니 나의 갈 길 다 가도록 나와 동행하소서 아멘

    (참고 / 95장, 460장)

축도 / 맡은이

케이크 자르기 / 회갑을 맞이한 분

　　(맏아들 내외가 불을 켜고, 회갑을 맞이한 분〈혹은 내외분〉이 함께 끄게 한 다음, 회갑 당사자가 케이크를 자른다. 케이크를 자르기 전에 자녀들이 세 번 절하게 할 수도 있다. 첫 번째는 "키워 주신 은혜에 감사합니다."라고 말한 후에 절하고, 두 번째는 "불효했던 것 용서하여 주세요."라고 말한 후 절한다. 세 번째는 "오래 오래 장수하세요."라고 말한 후 절한다.)

감사기도 / 맡은이(음식을 나누기 전에 인도자나 참석한 내빈 중에 한다.)

7. 성인식

1) 성인식 지침

(1) 성인식 해당자는 만 19세가 되는 교인이어야 한다.

(2) 가정의 달인 5월 중에 가정에서 또는 교회적으로 의식을 행한다.

(3) 성인으로서 책임 있는 삶을 살도록 일깨워 주는 기념품을 준비한다. 가족도 개별적으로 선물을 준비하도록 한다.

(4) 부모를 비롯한 친지들이 다함께 참여하도록 광고를 미리 한다.

(5) 순서지에 해당자의 인적 사항과 사진을 넣어, 성인으로서 교회 가정 전체에게 알려지게 하는 것도 좋다.

(6) 당사자의 복장은 가능하면 한복으로 하는 것이 좋다.

(7) 해당자의 가족은 음식을 장만하여 이 의식이 끝난 후 애찬을 하면 좋다.

2) 성인식 순서(교회에서 행할 경우)

집례 : 교회담임자

시작하는 말 / 집례자(만 19세가 된 사람을 미리 앞에 와 앉게 한 후 집례자는 다음과
같이 시작한다.)

우리 주 예수 그리스도께서 주시는 은혜와 평강이 여러분과 함께하기를 빕
니다. 아멘.

사랑하는 여러분, 하나님께서는 이 앞에 선 ○○○, ○○○, ……, ○○○
를 이렇게 어엿한 성인이 되게 하셨습니다. 그러므로 우리가 이제 하나님의 은
혜에 감사하며 신앙으로 스스로 삶을 하나님께 헌신하는 시간을 갖도록 하겠
습니다.

찬송(찬송가 574장) / 다함께

1. 가슴마다 파도친다 우리들의 젊은이 눈동자에 어리운다 우리들의 푸른 꿈
   주의 말씀 주의 행함 길과 진리 되시니 우리 평생 한결같이 주만 따라 살리라
2. 하늘같이 높푸르자 우리들의 젊은이 바다같이 넓고 깊자 우리들의 사랑이
   우리들은 주의 자녀 부름받은 한 형제 몸과 마음 다바쳐서 주 뜻대로 살리라
3. 화산같이 타오르자 우리들의 젊은이 폭포같이 줄기차자 우리들의 붉은 피
   할 일 많은 이 나라에 우리 태어났으니 복음 들고 앞장 서서 충성되게 일하자
4. 대지같이 광활하자 우리들의 젊은이 산과 같이 우람하자 우리들의 기상이
   십자가를 높이 들고 노래하며 나가자 하늘 뜻이 이 땅 위에 이루어질 때까지
   아멘

(참고 / 566장)

기도 / 맡은이

생명의 근원이신 하나님, 생명을 주시고 오늘 우리 교회 만 19세 되는 청년들을 성인이 될 수 있도록 인도하신 것을 감사합니다. 하나님의 말씀에 순종하여 몸이 성장한 것과 같이 신앙이 더욱 그리스도의 장성한 분량까지 성장하게 하여 주옵소서. 우리 주 예수 그리스도의 이름으로 기도합니다. 아멘.

성경봉독 / 맡은이

이러므로 우리에게 구름 같이 둘러싼 허다한 증인들이 있으니 모든 무거운 것과 얽매이기 쉬운 죄를 벗어 버리고 인내로써 우리 앞에 당한 경주를 하며 믿음의 주요, 또 온전하게 하시는 이인 예수를 바라보자. 그는 그 앞에 있는 기쁨을 위하여 십자가를 참으사 부끄러움을 개의치 아니하시더니 하나님 보좌 우편에 앉으셨느니라.(히브리서 12:1~2)

(참고 / 에베소서 4:13~16; 베드로후서 1:3~11)

말씀선포 / 맡은이
(다른 예배 순서 중에 행할 때는 생략한다.)

신앙의 확인 / 집례자와 성인이 된 청년
(신앙의 확인 부분은 미리 인쇄한 것을 성인이 된 청년들에게 나누어 주는 것이 좋다.)

집례자 : 우리는 하나가 되어 언제 어디서든지 삼위일체 하나님 안에서 우리의
　　　　신앙을 입술로 고백합시다.

집례자 : 여러분은 하나님을 믿습니까?
청　년 : 예, 저희는 하나님을 믿습니다.

집례자 : 여러분은 예수 그리스도를 믿습니까?
청　년 : 예, 저희는 예수 그리스도를 믿습니다.

집례자 : 여러분은 성령을 믿습니까?
청　년 : 예, 저희는 성령을 믿습니다.

집례자 : 여러분은 성인으로서 가정과 교회와 사회에서 맡은 책임을 다하겠습니까?
청　년 : 예, 다하겠습니다.

청년들이 함께 : 생명의 근원이 되시고 저를 청년이 되게 하여 주신 하나님! 예수 그리스도 안에서 제가 하나님을 알았습니다. 그리스도께서 그리하신 것처럼, 저도 평생 온 몸을 바쳐 하나님을 사랑하고 충실히 섬기겠습니다. 아멘.

(이어서 집례자가 다음과 같이 말한다.)
집례자 : 전능하신 하나님, 하나님께서는 오늘 성인으로서 자신을 바치는 이들을 받아들이시어 죄를 용서하시고 영원한 생명을 약속하셨으며, 그 안에 성령의 은사를 더하셨습니다. 다른 사람을 위하여 사랑을, 하나님을 섬기는 데 기쁨을, 다툼이 있는 곳에서 평화를, 고난 속에서 인내를, 모든 사람에게 친절을, 유혹 속에서도 신실함을, 대적자 앞에서도 온유함을, 모든 일에 절제함을 주옵소서! 또한 간구하옵니다. 어려운 일을 만났을 때 이를 해결할 수 있는 지혜를, 세상에 나가 섬김을 베풀 때도 겸손함과 이를 능히 감당할 지혜를 주옵소서. 우리 주 예수

그리스도의 이름으로 기도합니다. 아멘.

성인인사 / 성인이 된 청년

(집례자는 해당자를 호명한다. 해당자는 성단을 바라보고 나란히 서서 집례자에게 절을 한 다음 돌아서서 회중을 바라본다.)

집례자 : 교우 여러분, 오늘 어엿한 성인으로서 스스로 하나님께 자신을 봉헌한 이들을 환영하며 축하합시다.

(당사자들은 회중에게 정중하게 인사를 하고 회중은 박수로 환영한다. 집례자는 부모를 앞으로 나오게 하며 성인이 된 자녀의 손을 맞잡게 한 후에 다음과 같이 기도한다.)

집례자 : 은혜로우신 하나님, 이 가정에 귀한 자녀를 주시어 날마다 기쁨과 사랑을 넘치게 하시니 감사합니다. 오늘 성인이 된 이들을 거룩하게 하시어, 사는 동안 늘 하나님의 은혜로움으로 도움을 받아 맡겨 주신 사명을 다 감당할 수 있도록 앞길을 인도하여 주옵소서. 우리 주 예수 그리스도의 이름으로 기도합니다. 아멘.

선물증정 / 맡은이(교회, 부모, 친지가 준비한 화환과 선물, 기념품을 질서 있게 전달한다.)

찬양 / 맡은이

감사의 인사 / 해당자 중에 맡은이

알리는 말씀 / 집례자

찬송(찬송가 349장) / 다함께

1. 나는 예수 따라가는 십자가 군사라 주 이름 증언하기를 왜 주저하리요
   다른 군사 피흘리며 나가서 싸울 때 나 혼자 편히 앉아서 바라만 보리오
2. 큰 싸움은 시작되어 용사를 부른다 일어나 전쟁마당에 다 어서 나가자
   거룩하신 주님 위해 싸우러 나가자 주님의 권능 힘입어 다 이길 때까지
3. 그 승리의 영광 위해 싸워야 하리라 주 말씀 나의 힘 되니 겁낼 것 없도다
   모든 싸움 이긴 후에 그날이 이르면 승전가 높이 부르며 큰 영광 누리리
(후렴)
   다른 사람 어쩌든지 나 주님의 용사되리 나는 주의 군사되어 충성을 맹세하여
   내가 승리하기까지 주 은혜로 싸우리 주의 용사된 내게 주의 일 맡기소서

(참고 / 1장, 3장, 5장)

축도 / 집례자

Ⅱ. 주택과 생업

1. 주택의 신앙적 의미

가족이 사는 실제적인 건물을 주택이라고 한다(창 19:2~4). 주택은 의식주 중에 하나로서 우리가 신앙생활을 하며 삶을 영위하는 데 대단히 중요하다. 그래서 사람은 집을 지어야 하고 그 안에서 살고 자라고 활동하면서 생활을 한다.

하나님은 우리에게 가족을 허락하시고, 삶의 터전으로서 가족이 살 수 있는 집도 주신다. 만물을 창조하신 하나님은 우리에게 생명을 주시고, 세상에서 살 수 있게 거주할 터전으로 집을 주셨으니, 우리는 하나님께 감사하지 않을 수 없다. 그러므로 집을 새로 짓는 사람이나 구입하는 사람이나 다른 집으로 이사하는 사람 모두 하나님이 그 집을 세우심을 믿고 감사하며 하나님께 영광드려야 한다.

이렇게 주택은 우리가 생활하는 데 반드시 있어야 하기에, 예부터 집을 짓는 데 여러 가지 의식이 있었다. 성경에서도 새 집을 짓고 낙성식을 행할 것을 명하였다.(신 20:5)

우리나라에서는 집을 지을 때 여러 가지 미신적인 풍습이 많다. 그러나 우리는 만물을 창조하시고 역사를 섭리하시며 우리 삶을 주관하시는 하나님께서 우리가 살 수 있는 주택도 허락하심을 믿어야 한다. 집을 짓거나 거주지를 구했다면 이것은 처음부터 끝까지 하나님께서 도우신 것이다.

그러므로 건축공정의 모든 것을 하나님께 맡기고, 주택을 얻었다면 얻게 된 모든 과정을 하나님께 감사한다.

주택에 관계한 모든 의식, 즉 기공식에서 정초식, 상량식, 준공식, 입주식을 교회의 의식대로 행하고, 거주지를 옮길 때에도 하나님께 감사한다.

2. 직업의 의미

개인은 물론 가족이 살아가려면 하나님께 받은 바 소질과 은사를 따라 다양한 직업을 가져야 한다. 그릇에는 여러 가지가 있는데 각각의 그릇은 쓰임을 받도록 노력을 해야 한다. 직업에는 귀천이 없다. 모든 직업과 노동은 하나님이 주신 사명으로서 신성한 것이다. 각기 맡은 직업을 통해서 이웃을 돕고 하나님께 영광 드릴 수 있다. 그러므로 우리가 어떤 직장을 얻거나 개업을 했을 때, 하나님께서 복 주시고 허락하신 줄 믿고 하나님께 감사해야 한다.

3. 주택 기공식

1) 기공식 지침

(1) 건축공사를 허락하신 하나님께 감사하며, 완공까지 도우실 것을 확신하는 마음을 갖게 한다.

(2) 공사에 참여하는 사람들을 보호, 인도하시기를 간구하며 준비한다.

(3) 잘 보이는 곳에 신축할 건물 투시도를 설치하고, 가까운 곳에 좀 높게 임시 강단을 꾸민다.

(4) 삽뜨기를 위한 흙을 준비하고, 띠줄을 끊기 위해 기둥을 세우고, 무지개 약속의 상징인 7색 띠줄을 친 다음, 가위, 삽, 흰 장갑을 마련한다.

(5) 많은 인원이 예상되면 야외용 마이크와 스피커를 준비한다.

(6) 공사의 규모가 작아 검소하게 의식을 갖고자 할 경우에는 띠줄 끊기와 삽 뜨기를 생략한다.

2) 기공식 순서

인도 : 교회담임자

시작하는 말 / 인도자

주 예수 그리스도께서 여러분에게 은혜와 평강을 주시기를 빕니다. 아멘.

사랑하는 여러분, 우리는 하나님의 뜻 안에서 이 집을 기공하려고 모였습니다. 집을 짓는 이 일이 하나님께는 영광이 되고, 우리 모두에게는 기쁨인 귀한 일이어야 하겠습니다. 그러므로 이 시간 주께서 이 집의 기공에 복을 내려 주심을 믿고 우리 하나님께 감사합시다. 또한 이 집이 완공될 때까지 하나님이 도우시고 보호할 줄 믿고 기도합시다.

찬송(찬송가 204장) / 다함께

1. 주의 말씀 듣고서 준행하는 자는 반석 위에 터 닦고 집을 지음 같아
   비가 오고 물 나며 바람 부딪쳐도 반석 위에 세운 집 무너지지 않네
   잘 짓고 잘 짓세 우리 집 잘 짓세 만세 반석 위에다 우리 집 잘 짓세
2. 주의 말씀 듣고도 행치 않는 자는 모래 위에 터 닦고 집을 지음 같아
   비가 오고 물 나며 바람 부딪칠 때 모래 위에 세운 집 크게 무너지네
   잘 짓고 잘 짓세 우리 집 잘 짓세 만세 반석 위에다 우리 집 잘 짓세
3. 세상 모든 사람들 집을 짓는 자니 반석 위가 아니면 모래 위에 짓네
   우리 구주 오셔서 지은 상을 줄 때 세운 공로 따라서 영영 상벌주리
   잘 짓고 잘 짓세 우리 집 잘 짓세 만세 반석 위에다 우리 집 잘 짓세

(참고 / 310장)

기도 / 맡은이

　삶의 반석이신 하나님, 새로운 ○○○의 건축공사를 허락해 주셔서 감사합니다. 이 건물이 굳건한 반석 위에 세워져서 흔들림이 없는 건물이 되게 하시며, 공사기간 동안 모든 일이 주님의 도우심을 통해 안전하게 진행되게 하옵소서. 우리 주 예수 그리스도의 이름으로 기도합니다. 아멘.

성경봉독 / 맡은이

　그러므로 누구든지 나의 이 말을 듣고 행하는 자는 그 집을 반석 위에 지은 지혜로운 사람 같으리니 비가 내리고 창수가 나고 바람이 불어 그 집에 부딪치되 무너지지 아니하나니 이는 주추를 반석 위에 놓은 까닭이요 나의 이 말을 듣고 행하지 아니하는 자는 그 집을 모래 위에 지은 어리석은 사람 같으리니 비가 내리고 창수가 나고 바람이 불어 그 집에 부딪치매 무너져 그 무너짐이 심하니라.(마태복음 7:24~27)

　(참고 / 시편 127:1; 고린도전서 3:12; 에베소서 2:20~22)

말씀선포 / 인도자

찬양 / 맡은이(형편에 따라 생략할 수 있다.)

건축개요 설명 / 맡은이

　(상황에 따라 설계자, 시공자, 감독을 소개할 수 있고 축사도 할 수 있다. 그러나 식의 흐름이 깨지지 않게 넣어야 한다.)

기공 / 맡은이들

(기공을 위하여 미리 뽑아둔 이들이 흙을 쌓아둔 장소에 둘러서서 삽을 잡고 기도한 다음, 흙을 한 삽씩 떠 넣는다. 비가 오거나 부득이한 사정으로 공사할 곳이 아닌 곳에서 식을 행할 경우에는 축도 뒤에 순서를 둘 수 있다. 이때는 흙을 쌓아둔 곳으로 가서 준비된 무지개 약속의 상징인 칠색 띠줄을 끊고 첫 삽을 뜬다.)

찬송(찬송가 383장) / 다함께

1. 눈을 들어 산을 보니 도움 어디서 오나
   천지 지은 주 하나님 나를 도와 주시네
   나의 발이 실족않게 주가 깨어 지키며
   택한 백성 항상 지켜 길이 보호하시네
2. 도우시는 하나님이 네게 그늘 되시니
   낮의 해와 밤의 달이 너를 상치 않겠네
   네게 화를 주지 않고 혼을 보호하시며
   너의 출입 지금부터 영영 인도하시리 아멘

축도 / 인도자

하늘과 땅의 주인이신 하나님께서 이 집의 기공에 복을 내리셨으니 여기 모인 우리에게도 하늘의 복을 내려 주옵소서. 지금은 예수 그리스도의 깊은 은혜와 하나님의 크신 사랑과 성령의 감화 감동하심이 이 집을 짓는 이와 여기 모인 모든 이에게 영원토록 함께하기를 간절히 축원합니다. 아멘.

4. 주택 정초식

1) 정초식 지침

(1) 동양식 건축에서는 상량식을 크게 하는 편이지만, 어떤 모양이든지 정초식을 하는 것이 좋다.

(2) 이 예식은 기초공사 후 건축을 시작할 때, 머릿돌을 놓음으로써 건물의 기초가 완료된 것을 축하하는 의식이다.

(3) 머릿돌을 잘 다듬어 정초 년 월 일이나, 성구를 새겨 준비하고 흰 보자기로 싸서 건축물의 전면 우측 지면에 두는 것이 좋다.

(4) 집례자는 머릿돌의 옆에 서고, 회중은 집례자를 중심으로 배열한다.

2) 정초식 순서

인도 : 교회담임자

시작하는 말 / 인도자

우리 주 예수 그리스도께서 여러분에게 은혜와 평강을 주시기를 빕니다. 아멘.

사랑하는 여러분, 우리는 하나님의 뜻 안에서 이 집을 위하여 머릿돌을 놓으려고 모였습니다. 집을 짓는 이 일이 하나님께는 영광이 되고, 우리 모두에게는 기쁨과 감사의 일이 되어야 하겠습니다. 그러므로 이 시간 주께서 이 집을 짓는 동안 복을 내려 주심을 믿고 우리 하나님께 감사합시다. 또한 이 집이 완공되어 ○○○의 목적으로 사용할 수 있게 하나님이 도우시고 보호할 줄 믿고 기도합시다.

찬송(찬송가 204장) / 다함께

1. 주의 말씀 듣고서 준행하는 자는 반석 위에 터 닦고 집을 지음 같아
   비가 오고 물 나며 바람 부딪쳐도 반석 위에 세운 집 무너지지 않네
2. 주의 말씀 듣고도 행치 않는 자는 모래 위에 터 닦고 집을 지음 같아
   비가 오고 물 나며 바람 부딪칠 때 모래 위에 세운 집 크게 무너지네
3. 세상 모든 사람들 집을 짓는 자니 반석 위가 아니면 모래 위에 짓네
   우리 구주 오셔서 지은 상을 줄 때 세운 공로 따라서 영영 상벌주리
(후렴)
   잘 짓고 잘 짓세 우리 집 잘 짓세 만세 반석 위에다 우리 집 잘 짓세

기도 / 맡은이

성경봉독 / 맡은이

여호와께서 집을 세우지 아니하시면 세우는 자의 수고가 헛되며 여호와께서 성을 지키지 아니하시면 파수꾼의 깨어 있음이 헛되도다. 너희가 일찍이 일어나고 늦게 누우며 수고의 떡을 먹음이 헛되도다. 그러므로 여호와께서 그의 사랑하시는 자에게는 잠을 주시는도다. 보라, 자식들은 여호와의 기업이요, 태의 열매는 그의 상급이로다. 젊은 자의 자식은 장사의 수중의 화살 같으니 이것이 그의 화살통에 가득한 자는 복되도다. 그들이 성문에서 그들의 원수와 담판할 때에 수치를 당하지 아니하리로다.(시편 127:1~5)

(참고 / 마태복음 7:24~27; 골로새서 1:23; 에베소서 2:20)

말씀선포 / 맡은이

정초 / 인도자

(인도자는 머릿돌 곁에 서고, 기념품을 담은 상자를 머릿돌 속에 넣은 다음, 아래와 같이 선언한다.)

성부와 성자와 성령의 이름으로 이 기초 위에 머릿돌을 둡니다. 예수 그리스도께서 우리 믿는 이들의 반석이 되신 것처럼 이 기초가 반석이 될 것입니다. 아멘.

기도 / 맡은이

은혜로우신 하나님, 하나님께서 이 집을 짓도록 허락하시니 감사합니다. 이 집을 정초하고자 하오니, 이 시간에 하나님의 복을 내리시어, 집을 짓는 이들이 하나님의 말씀과 거룩한 신비를 체험할 수 있도록 하여 주옵소서. 우리 주 예수 그리스도의 이름으로 기도합니다. 아멘.

공사 보고 / 맡은이

건물주에게 부탁할 말씀 / 맡은이(형편에 따라 생략할 수도 있다.)

찬송(찬송가 559장) / 다함께

1. 사철에 봄바람 불어잇고 하나님 아버지 모셨으니
   믿음의 반석도 든든하다 우리 집 즐거운 동산이라
2. 어버이 우리를 고이시고 동기들 사랑에 뭉쳐 있고
   기쁨과 설움도 같이 하니 한간의 초가도 천국이라
3. 아침과 저녁에 수고하여 다같이 일하는 온식구가
   한상에 둘러서 먹고 마셔 여기가 우리의 낙원이라
(후렴)
   고마워라 임마누엘 예수만 섬기는 우리집
   고마워라 임마누엘 복되고 즐거운 하루하루

축도 / 인도자

하늘과 땅의 주인이신 하나님께서 이 집의 머릿돌에 복을 내리셨으니 여기 모인 저희에게도 하늘의 복을 내려 주옵소서. 지금은 예수 그리스도의 깊은 은 혜와 하나님의 크신 사랑과 성령의 감화 감동하심이 정초식에 참여한 모든 이 에게 영원토록 함께하기를 축원합니다. 아멘.

5. 주택 상량식

1) 상량식 지침

(1) 상량식은 집을 지을 때, 기둥에 보를 얹고 위에 마룻대를 올리는 의식이다. 지금까지 건축공사가 무사했음을 하나님께 감사하고, 앞으로 완성될 것을 소원하며 이 의식을 행한다.

(2) 상량할 때 미신적인 일이 없도록 미리 주의를 준다.

(3) 공사에 임하는 인부들의 노고를 치하하는 의미에서, 약간의 선물을 준비하여 미신적인 방법으로 금품을 강요당하지 않게 미리 대비한다. 그리고 의식 후에 음식을 준비했다가 수고한 이들을 위로하며 나누어 먹음도 바람직하다.

(4) 들보 혹은 이를 대신할 목재를 다듬어서 밧줄로 묶어 달아 올리기 편하게 준비를 한다.

(5) 혹은 들보를 우선 올리고 나서 흰 보자기를 씌웠다가 이 의식에서 보자기를 벗길 수도 있다.

(6) 건물의 구조를 고려해서 배치를 준비한다. 어떤 형편이든 건물의 안전에 주의를 해야 한다.

(7) 대들보에 원한다면 다음과 같이 쓸 수 있다.

$\Alpha$　이 집의 주인은 예수 그리스도이십니다.　Ω

○○○○년　○월　○일　○시

2) 상량식 순서

인도 : 교회담임자

시작하는 말 / 인도자

　우리 주 예수 그리스도께서 여러분에게 은혜와 평강을 주시기를 빕니다. 아멘.

　사랑하는 여러분, 우리는 하나님의 뜻 안에서 상량하려고 모였습니다. 마룻대(마루도리, 상량대)를 올리는 이 일이 하나님께는 영광이고, 우리 모두에게는 기쁨과 감사의 일이 되어야 하겠습니다. 그러므로 이 시간 주께서 이 집의 상량에 복을 내려 주심을 믿으며, 또한 이 집의 주인이 그리스도이심을 믿고 감사합니다. 또한 이 집이 완공될 때까지 하나님께서 도우시고 보호하실 줄 믿고 기도합시다.

찬송(찬송가 310장) / 다함께

　1. 아 하나님의 은혜로 이 쓸데없는 자
　　왜 구속하여 주는지 난 알 수 없도다
　　내가 믿고 또 의지함은 내 모든 형편 아시는 주님
　　늘 보호해 주실 것을 나는 확실히 아네
　2. 왜 내게 굳센 믿음과 또 복음 주셔서
　　내 맘이 항상 편한지 난 알 수 없도다
　　내가 믿고 또 의지함은 내 모든 형편 아시는 주님
　　늘 보호해 주실 것을 나는 확실히 아네
　3. 왜 내게 성령 주셔서 내 마음 감동해

주 예수 믿게 하는지 난 알 수 없도다

내가 믿고 또 의지함은 내 모든 형편 아시는 주님

늘 보호해 주실 것을 나는 확실히 아네

4. 주 언제 강림하실지 혹 밤에 혹 낮에

또 주님 만날 그곳도 난 알 수 없도다

내가 믿고 또 의지함은 내 모든 형편 아시는 주님

늘 보호해 주실 것을 나는 확실히 아네

기도 / 맡은이

상량식을 행하게 하신 하나님께 감사합니다. 마룻대를 올리는 저희의 마음이 이 건물이 완공될 때까지 하나님의 도우심을 바라게 하시고 기쁨으로 완성하여 찬양할 수 있도록 인도하여 주옵소서. 우리 주 예수 그리스도의 이름으로 기도합니다. 아멘.

성경봉독 / 맡은이

네가 말하기를 여호와는 나의 피난처시라 하고 지존자를 너의 거처로 삼았으므로 화가 네게 미치지 못하며 재앙이 네 장막에 가까이 오지 못하리니 그가 너를 위하여 그의 천사들을 명령하사 네 모든 길에서 너를 지키게 하심이라.(시편 91:9~11)

(참고 / 시편 91:9~11; 베드로전서 2:4~8; 시편 65:4, 128:1~4)

말씀선포 / 맡은이

건축 보고 / 맡은이

(건축의 진척상황과 앞으로 해야 할 일정을 짧게 보고한다.)

상량 / 맡은이들(인도자와 건축주, 그리고 관계자들이 들보를 들어 올려서 자리에 완전히 고정케 한다. 이때 찬양이나 반주가 있으면 좋다.)

선언 / 인도자(상량 순서가 끝남과 동시에 아래와 같이 선언한다.)

내가 성부와 성자와 성령의 이름으로 ○○ 집(건물)의 상량을 마쳤음을 선언합니다. 아멘.

찬송(찬송가 66장) / 다함께

1. 다 감사드리세 온맘을 주께 바쳐 그 섭리 놀라워 온 세상 기뻐하네
   예부터 주신 복 한없는 그 사랑 선물로 주시네 이제와 영원히
2. 사랑의 하나님 언제나 함께 계셔 기쁨과 평화의 복 내려 주옵소서
   몸과 맘 병들 때 은혜로 지키사 이 세상 악에서 구하여 주소서
3. 감사와 찬송을 다 주께 드리어라 저 높은 곳에서 다스리시는 주님
   영원한 하나님 다 경배하여라 전에도 이제도 장래도 영원히 아멘

축도 / 인도자

하늘과 땅의 주인이신 하나님께서 이 집의 상량에 복을 내리셨으니 여기 모인 우리에게도 하늘의 복을 내려 주옵소서. 지금은 예수 그리스도의 깊은 은혜와 하나님의 크신 사랑과 성령의 감화 감동하심이 상량식에 참여한 모든 이에게 영원토록 함께하기를 축원합니다. 아멘.

6. 주택 준공식

1) 준공식 지침

(1) 많은 난관 속에서도 공사를 마치도록 하신 하나님께 감사하는 마음으로 행사를 준비한다.

(2) 건축에 관여한 분들의 노고를 치하하며, 서로 감사하는 마음을 나눈다.

(3) 소정의 준공검사를 마치고 준공식을 행한다.

(4) 이웃과 친지들에게 건물의 준공을 알려 참여하게 한다.

(5) 수고한 분들을 위하여 감사패를 준비한다.

(6) 가위, 손장갑, 띠줄을 끊을 분들에게 달아 줄 꽃, 무지개 약속의 상징인 칠색 띠줄을 준비한다. 건물입구에 무지개 약속의 상징인 칠색의 띠줄을 드리우고, 미리 선정된 사람들이 나란히 서서 기도한 후에 띠줄을 끊고 예배를 시작한다.

2) 준공식 순서

인도 : 교회담임자

시작하는 말 / 인도자

　　우리 주 예수 그리스도께서 여러분에게 은혜와 평강을 주시기를 기원합니다. 아멘.

　　사랑하는 여러분, 우리는 하나님의 뜻 안에서 이 집을 준공하려고 모였습니다. 준공이 하나님께는 영광이고, 우리 모두에게는 기쁨인 귀한 일이어야 하겠습니다. 그러므로 이 시간 주께서 이 집의 준공에 복을 내려 주심을 믿고 우리 하나님께 감사합시다.

찬송(찬송가 370장) / 다함께

1. 주 안에 있는 나에게 딴 근심 있으랴
   십자가 밑에 나아가 내 짐을 풀었네
   주님을 찬송하면서 할렐루야 할렐루야
   내 앞길 멀고 험해도 나 주님만 따라가리
2. 그 두려움이 변하여 내 기도 되었고
   전날의 한숨 변하여 내 노래 되었네
   주님을 찬송하면서 할렐루야 할렐루야
   내 앞길 멀고 험해도 나 주님만 따라가리
3. 내 주는 자비하셔서 늘 함께 계시고
   내 궁핍함을 아시고 늘 채워 주시네
   주님을 찬송하면서 할렐루야 할렐루야

　내 앞길 멀고 험해도 나 주님만 따라가리

4. 내 주와 맺은 언약은 영 불변하시니

　그 나라 가기까지는 늘 보호하시네

　주님을 찬송하면서 할렐루야 할렐루야

　내 앞길 멀고 험해도 나 주님만 따라가리

(참고 / 301장, 310장)

기도 / 맡은이

알파와 오메가가 되신 하나님, 이곳에 건물을 아름답게 짓게 하신 하나님의 은혜를 진심으로 감사합니다. 지어진 이 건물의 주인이 되시고 이곳에 사는 사람들이 하나님의 뜻대로 살 때 한없는 복을 누릴 수 있도록 은혜 내려 주옵소서. 우리 주 예수 그리스도의 이름으로 기도합니다. 아멘.

성경봉독 / 맡은이

여호와께서 집을 세우지 아니하시면 세우는 자의 수고가 헛되며 여호와께서 성을 지키지 아니하시면 파수꾼의 깨어 있음이 헛되도다. 너희가 일찍이 일어나고 늦게 누우며 수고의 떡을 먹음이 헛되도다. 그러므로 여호와께서 그의 사랑하시는 자에게는 잠을 주시는도다. 보라, 자식들은 여호와의 기업이요, 태의 열매는 그의 상급이로다. 젊은 자의 자식은 장사의 수중의 화살 같으니 이것이 그의 화살통에 가득한 자는 복되도다. 그들이 성문에서 그들의 원수와 담판할 때에 수치를 당하지 아니하리로다. (시편 127:1~5)

(참고 / 시편 121:1~8; 고린도전서 10:31~33)

찬양 / 맡은이(형편에 따라 생략할 수도 있다.)

말씀선포 / 맡은이

건축 경과 보고 / 맡은이

감사패 증정 / 건물주(설계자, 시공자, 감독 유공자에게 증정한다.)

건물주에게 부탁할 말씀 / 내빈 중에서

인사와 알리는 말씀 / 건물주 또는 맡은이

찬송(찬송가 301장) / 다함께

1. 지금까지 지내온 것 주의 크신 은혜라
   한이 없는 주의 사랑 어찌 이루 말하랴
   자나 깨나 주의 손이 항상 살펴 주시고
   모든 일을 주 안에서 형통하게 하시네
2. 몸도 맘도 연약하나 새 힘 받아 살았네
   물붓듯이 부으시는 주의 은혜 족하다
   사랑없는 거리에나 험한 산길 헤맬 때
   주의 손을 굳게 잡고 찬송하며 가리라
3. 주님 다시 뵈올 날이 날로날로 다가와
   무거운 짐 주께 맡겨 벗을 날도 멀잖네
   나를 위해 예비하신 고향집에 돌아가
   아버지의 품 안에서 영원토록 살리라

(참고 / 23장, 28장)

축도 / 인도자

하늘과 땅의 주인이신 하나님께서 이 집의 준공에 복을 내리셨으니 여기 모인 저희에게도 하늘의 복을 내려 주옵소서. 지금은 우리 주 예수 그리스도의 깊은 은혜와 하나님의 크신 사랑과 성령의 감화 감동하심이 준공식에 참여한 모든 이에게 영원토록 함께하기를 축원합니다. 아멘.

7. 주택 입주식(이사)

1) 입주식 지침

(1) 새로 이사하게 됨을 하나님께 감사하며 복된 터가 되기를 간구한다.

(2) 새 집에서 사는 동안 하나님이 인도하시기를 기도한다.

(3) 음식을 마련하고 친지들과 이웃을 초청하여 기쁨을 나눈다.

(4) 교회는 거룩한 장식이 될 수 있는 것을 선물로 준비한다.

2) 입주식 순서

인도 : 교회담임자

시작하는 말 / 인도자

예수 그리스도께서 여러분에게 은혜와 평강을 주시기를 기원합니다. 아멘.

사랑하는 여러분, 우리는 하나님의 뜻 안에서 이 집에 입주하려고 모였습니다. 입주가 하나님께는 영광이고, 우리 모두에게는 기쁨과 감사의 일이 되어야 하겠습니다. 그러므로 이 시간 주께서 이 집에 입주함에 복을 내려 주심을 믿고 우리 하나님께 감사합시다.

찬송(찬송가 430장) / 다함께

1. 주와 같이 길 가는 것 즐거운 일 아닌가
   우리 주님 걸어가신 발자취를 밟겠네
   한걸음 한걸음 주 예수와 함께 날마다 날마다 우리 걸어가리
2. 어린 아이 같은 우리 미련하고 약하나
   주의 손에 이끌리어 생명길로 가겠네
   한걸음 한걸음 주 예수와 함께 날마다 날마다 우리 걸어가리
3. 꽃이 피는 들판이나 험한 골짜기라도
   주가 인도하는 대로 주와 같이 가겠네
   한걸음 한걸음 주 예수와 함께 날마다 날마다 우리 걸어가리
4. 옛 선지자 에녹같이 우리들도 천국에
   들려 올라갈 때까지 주와 같이 걷겠네
   한걸음 한걸음 주 예수와 함께 날마다 날마다 우리 걸어가리

(참고 / 383장, 428장)

기도 / 맡은이

전능하신 하나님, 하나님의 은혜 가운데 입주(이사)하게 하신 것을 진심으로 감사합니다. 새 집에서 온 가족이 행복한 생활을 할 수 있도록 풍성한 사랑을 베풀어 주시고, 주님 안에서 강건하며, 이웃과도 좋은 만남을 가질 수 있도록 인도하여 주옵소서. 또한 항상 기도하는 가정이 될 수 있도록 은혜 내려 주옵소서. 우리 주 예수 그리스도의 이름으로 기도합니다. 아멘.

성경봉독 / 맡은이

평안을 너희에게 끼치노니 곧 나의 평안을 너희에게 주노라. 내가 너희에게 주는 것은 세상이 주는 것과 같지 아니하니라. 너희는 마음에 근심하지도 말고 두려워하지도 말라.(요한복음 14:27)

(참고 / 창세기 13:14~18; 에베소서 1:3~6; 요한복음 10:1~5)

말씀선포 / 인도자

찬송(찬송가 408장) / 다함께

1. 나 어느곳에 있든지 늘 맘이 편하다 주 예수 주신 평안함 늘 충만하도다
2. 내 맘에 솟는 영생수 한없이 흐르니 목마름 다시 없으며 늘 평안하도다
3. 참되신 주의 사랑을 형언치 못하네 그 사랑 내맘 여시고 소망을 주셨네
4. 주 예수 온갖 고난을 왜 몸소 당했나 주 함께 고난 받으면 면류관 얻겠네

(후렴)

나의 맘 속이 늘 평안해 나의 맘 속이 늘 평안해

악한 죄 파도가 많으나 맘이 늘 평안해

(참고 / 441장)

축도 / 인도자

하늘과 땅의 주인이신 하나님께서 이 집의 입주에 복을 내리셨으니 여기 모인 우리에게도 하늘의 복을 내려 주옵소서. 지금은 예수 그리스도의 깊은 은혜와 하나님의 크신 사랑과 성령의 감화 감동하심이 입주식에 참여한 모든 이에게 영원토록 함께하기를 축원합니다. 아멘.

주택 · 생업

8. 개업식

1) 개업식 지침

(1) 하나님의 인도하심과 복 내려 주심을 기원하며 예배한다.

(2) 친지와 이웃과 사업상의 거래처들도 초청한다.

(3) 사업취지문 및 현판식에 필요한 것을 준비한다.

(4) 자축연회는 예배가 끝날 때까지 음식을 배설하지 않는다.

2) 개업식 순서

인도 : 교회담임자

시작하는 말 / 인도자

우리 주 예수 그리스도께서 여러분에게 은혜와 평강을 주시기를 기원합니다. 아멘.

사랑하는 여러분, 우리는 이 가정의 ○○○ 개업식에 모였습니다. 개업이 하나님께는 영광이고 우리 모두에게는 기쁨인 귀한 일이어야 하겠습니다. 그러므로 이 시간 주께서 이 집이 개업함에 복을 내려 주심을 믿고 우리 하나님께 감사합시다.

찬송(찬송가 384장) / 다함께

1. 나의 갈 길 다가도록 예수 인도하시니
   내 주 안에 있는 긍휼 어찌 의심하리요
   믿음으로 사는 자는 하늘위로 받겠네
   무슨 일을 만나든지 만사 형통하리라
   무슨 일을 만나든지 만사 형통하리라
2. 나의 갈 길 다가도록 예수 인도하시니
   어려운 일 당한 때도 족한 은혜 주시네
   나는 심히 고단하고 영혼 매우 갈하나
   나의 앞에 반석에서 샘물나게 하시네
   나의 앞에 반석에서 샘물나게 하시네
3. 나의 갈 길 다가도록 예수 인도하시니

주택 · 생업

그의 사랑 어찌 큰지 말로 할 수 없도다
성령 감화 받은 영혼 하늘나라 갈 때에
영영 부를 나의 찬송 예수 인도하셨네
영영 부를 나의 찬송 예수 인도하셨네 아멘

(참고 / 302장, 383장, 419장)

기도 / 맡은이

우리의 경영자가 되시는 하나님, 귀한 날 주님이 허락해 주신 새로운 일 시작하게 하시니 감사합니다. 저희 생각에 따라 시작하지만 하나님께서 경영자가 되셔서 어떠한 상황에 있더라도 주님의 도우심과 인도하심이 함께하여 주옵소서. 특별히 이 사업을 통해 하나님께 영광을 나타나게 하시며, 모든 이에게 유익한 기업이 되게 하옵소서. 우리 주 예수 그리스도의 이름으로 기도합니다. 아멘.

성경봉독 / 인도자

너의 행사를 여호와께 맡기라. 그리하면 네가 경영하는 것이 이루어지리라.(잠언 16:3)

(참고 / 창세기 13:1~13; 야고보서 4:13~17)

말씀선포 / 인도자

사업취지와 인사 / 개업주

찬송(찬송가 28장) / 다함께

1. 복의 근원 강림하사 찬송하게 하소서 한량없이 자비하심 측량할 길 없도다
   천사들의 찬송가를 내게 가르치소서 구속하신 그 사랑을 항상 찬송합니다
2. 주의 크신 도움 받아 이때까지 왔으니 이와 같이 천국에도 이르기를 바라네
   하나님의 품을 떠나 죄에 빠진 우리를 예수 구원하시려고 보혈 흘려 주셨네
3. 주의 귀한 은혜 받고 일생 빚진자 되네 주의 은혜 사슬 되사 나를 주께 매소서
   우리 맘은 연약하여 범죄하기 쉬우니 하나님이 받으시고 천국인을 치소서
   아멘

(참고 / 302장)

축도 / 인도자

은혜로우신 하나님, 이 집에 좋은 일터를 주시고 하는 일마다 잘되게 하시니 감사합니다. 하나님께서 복을 부어 주셔서 이 집을 드나드는 사람들이 하나님의 말씀과 거룩한 신비를 체험할 수 있도록 해 주시기를 기원합니다. 하늘과 땅의 주인이신 하나님께서 이 집의 개업에 복을 내리셨으니 여기 모인 우리에게도 하늘의 복을 내려 주옵소서. 지금은 예수 그리스도의 깊은 은혜와 하나님의 크신 사랑과 성령의 감화 감동하심이 개업식에 참여한 모든 이에게 영원토록 함께하기를 축원합니다. 아멘.

예복

1. 예복사용의 신학적 의미

예복을 사용하는 기본적인 목적은 예(禮)를 갖추어 하나님께 영광을 드리는 동시에, 하나님의 사랑과 예수 그리스도의 은혜와 성령의 교통하심을 표상(表象)하기 위함이다. 그러므로 우리가 교역자 우월주의를 정당화하거나 예복을 입는 사람의 권위를 높이기 위하여 사용하는 것이 아니다.

예복은 예수 그리스도의 계속적인 은총과 구원의 근원이신 하나님의 '신성함'을 반영하고, 하나님 앞에서 우리의 죄악된 모습을 '가리우며', 하나님께서 은혜로 주신 '정결한 옷'을 입는다는 의미를 지닌다. 성경이 밝혀 주듯 의인은 이 세상에 하나도 없으므로(롬 3:10), 그리스도를 믿는 자는 의롭다 칭함을 받는다는 확신 위에서 하나님의 정결한 옷을 입는다.

또한 만인사제직 신앙의 토대 위에서 예복을 사용한다. 예복은 교역자만을 위한 것이 아니라 예배하는 공동체 안에 속해 있는 평신도도 함께 사용할 수 있는 의상이다. 이런 점에서 예배의 집례, 말씀선포, 성례, 기타 예배 순서를 담당하는 그리스도인은 누구나 예복을 입을 수 있다.

예복을 입는 것은 하나님의 아름다움을 반영하기 위함이다. 그러므로 우리는 예복을 입은 사람을 돋보이게 하거나 시각적인 효과를 얻기 위해 예복을 사용하지 않는다. 예복은 아름다움을 나타내야 한다. 그러나 예복 위에 복잡한 상징물을 부착하여 나타내지 않는다. 하나님의 아름다움을 반영하는 색상과 옷감과 적합한 유형으로 나타낸다.

2. 예복을 입는 사람들의 바람직한 마음가짐

교역자와 평신도는 '하나님께서 나를 감싸주신다.'라는 마음가짐으로 예복을 입어야 한다. 우리는 연약하여 죄에 넘어지고 빠질 수밖에 없지만, 하나님의 은혜와 사랑이 감싸줄 때, 하나님이 맡기신 신성한 일을 수행할 수 있다.

예복을 입을 때 예배가 더욱 진지하고 숭고함을 느낀다. 따라서 예복을 입으면 예배를 거룩하게 수행하려는 경건함과 진지한 자세를 갖게 된다. 예복을 입은 사람은 개인이 아니라, 예배 공동체를 위한 인도자로서, 예배의 진지함과 숭고함을 인지하게 된다. 이같이 예복을 입음으로써 예배의 엄숙한 성격과 예배의 경축을 표현하는 데 균형을 유지하게 된다.

교역자는 예복을 입을 때 자신이 누구라는 것을 더 깊이 느끼게 된다. 예복을 입음으로써 자신이 집례자로서, 말씀선포자로서, 성례를 행하는 성직자로서, 목양자로서 자신의 위상과 사명감을 보다 깊이 느끼게 된다.

예복을 입을 때와 입지 않았을 때 예배에 임하는 자세에 차이가 있음을 발견할 것이다. 말씀선포자는 예복을 입을 때 '오늘 하나님의 말씀을 증거할 때 함께하여 주옵소서.'라는 기도를 무의식적으로 하게 된다. 집례자는 예복을 입는 동안에 '이 성례를 통하여 하나님의 은혜와 사랑이 넘치게 하옵소서.' 하고 무심중에 기도하는 자신을 발견할 것이다. 교역자는 예복을 입음과 동시에 '이 예배를 통하여 치유와 온전함을 이루게 하옵소서.' 하고 마음으로 하나님께 아뢴다. 평신도는 예복을 입음으로써 그리스도를 통해 구원하신 하나님의 사랑과 보호를 마음속 깊이 감사하게 될 것이다.

교역자는 영대(stole)를 두를 때마다, 하나님의 은총에 의하여, 예수 그리스도께서 본을 보이신 섬기는 자의 자세와 마음이 생긴다. 따라서 그는 안수 받음의 깊은 의미를 다시 기억하여 그리스도의 사자(使者)로서 화해의 복음을 전하는 일에 전념하고자 한다.

평신도가 예복을 입을 때는 만인제사직의 개신교의 정신 아래 하나님의 백성이 수행해야 할 업무를 행한다는 느낌을 갖게 된다. 오늘날 평신도는 예배에서

예
복

방관자가 아니라 적극적인 참여자로서 교역자와 함께 신앙 공동체 안에서 예배한다.

교역자와 평신도가 예복을 입을 경우에 동일하게 가져야 할 태도는 '겸손한 마음과 복종의 자세와 봉사의 정신'이다. 예복은 '하나님이 신성하시다.'는 것을 느끼게 하는 옷이며, 하나님의 신비와 미를 표상하는 옷이다. 그러므로 예복을 입는 사람은 누구나 자신을 과시하거나 자신의 권위를 나타내기보다는 하나님과 회중 앞에서 겸손한 태도와 봉사의 정신을 보여야 한다.

예복을 입는 까닭은 이 예복의 오랜 역사를 거쳐온 '그리스도인의 예배의 연속성'을 반영하기 때문이다. 우리가 입는 예복은 예수 그리스도를 구주로 믿는 신앙인으로 구성된 예배 공동체가, 오랜 세월 동안 표현해 온 '예배의 연속성'을 반영한 것이다.

지금까지 감리교회는 개혁교회와 마찬가지로 검은색 예복을 입었으나, 그 검은색은 성경적으로 볼 때 예복이 상징하는 깊은 뜻을 반영하지 못했다. 그러므로 우리는 신앙적으로 깊은 의미와 내용을 나타내는 흰색의 예복을 입는다.

구약의 대 제사장은 정규제사를 드릴 때 흰 속옷(케토넷)을 입었다. 이 흰 속옷은 하나님의 사랑과 은총에 의하여 그의 의로움과 거룩함을 덧입는 것이다. 그런데 이 흰 속옷은 대 제사장에게는 속옷이었지만 제사장에게는 유일한 예복이었다. 그런 점에서 제사장의 예복은 흰색으로 된 정결한 옷이었다.

흰색은 무엇보다도 예수 그리스도의 순결을 나타낸다. 흰색은 그 외에도 그리스도로 인한 기쁨, 빛, 승리, 진리, 완전, 성결, 영광을 나타낸다. 우리는 그리스도를 통하여 이루어진 승리와 그리스도의 부활을 경축하는 의미에서 흰 예복을 입는다.

예배학의 관점에서 주일은 '주님이 부활하셨음을 상징하는 날'이므로, 이 날은 주께서 십자가를 지시고 죄와 죽음의 권세를 이기셨을 뿐 아니라, 부활하심을 경축하는 날이다. 이 날은 구원의 기쁨을 나누는 날이요, 자유와 해방을 경축하는 날이다. 그러므로 주일 아침에 부활의 상징을 드러내기 위해 입은 흰 옷은 하나님의 승리를 경축하는 귀한 예복임에 틀림없다.

3. 예복사용의 실천적인 지침

　기독교대한감리회는 예배 때마다 예복을 입어야 한다고 강요하지 않는다. 예복사용은 나라와 관습에 따라 또는 신앙의 양심에 따라 자신이 선택할 수 있다. 그러나 기독교대한감리회는 주일 아침 예배, 성찬, 세례, 특별한 예식(장례, 결혼)의 경우, 깊은 의미를 지닌 예복을 착용하도록 권장한다. 우리는 너무 복잡한 형이나 사치스런 재료로 예복을 만들지 않는다. 간단하며 효용성 있는 것으로 예복을 만들어 입는다. 예복 위에 여러 가지 상징물을 부착하여 울긋불긋하게 장식하지 않고 예복의 원단에 의미를 부여하면서 단순한 형을 취한다.

　목사와 예배진행을 돕는 전도사와 평신도 또는 임원은 그리스도의 정결과 빛과 승리를 상징하는 흰색의 예복을 입는다. 단, 목사는 예복 위에 '그리스도의 섬기는 자의 자세'를 상징하는 영대(領帶)를 두른다.

　감독은 위엄과 회개와 충성을 표상하는 적자색의 예복을 입는다.

　찬양대원은 백색, 청색, 녹색, 흑색, 황색의 찬양대복을 입는다.

　어린이 찬양대는 여러 가지 밝은 색의 찬양대복을 입는다.

1) 감독의 예복

　감독의 예복은 기본적으로 넓고 풍성한 소매와 품으로 된다. 이 예복은 위엄과 회개와 충성을 표상하는 적자색의 색상을 지닌다. 그리고 이 예복의 안 소매는 그리스도의 정결을 나타내는 흰색의 옷감으로 만든다. 예복의 길이는 발목까지 내려오게 한다. 감독의 예복은 그림과 같으며 이 두 가지 중 하나를 택한다.

(그림)

적자색　　　적자색

2) 목사의 예복

목사의 가장 적합한 예복은 풍성한 소매와 품을 지닌 흰색의 예복이다. 이 예복은 기본적으로 예수 그리스도의 정결과 승리를 나타내는 의상이다. 지금까지 기독교대한감리회의 목사는 주로 검은색 가운을 예복으로 사용하였으며 여름철에는 흰색 예복을 입었다. 그런데 검은색보다는 흰색이 예복에 더 적합한 색이다. 루터와 칼뱅을 비롯한 초기 종교개혁자들은 가톨릭교회의 예복이 지닌 가치와 강조점을 부인하면서 검은색을 택하였다. 특히 칼뱅은 검은색 가운과 흰 띠를 두르는 제네바 가운(Genevan gown)을 만들어, 이것이 개신교회의 교역자를 위한 엄숙한 예복이라고 하였다. 그리고 종교개혁자들은 이 검은 가운이 '하나님의 거룩하고 사도적인 전통을 나타낸다.'라고 주장하였다. 종교개혁자들은 당시 교권 중심적이요, 성직권위 중심적인 가톨릭교회를 철저하게 개혁하기 위하여 말씀 중심의 교회와 만인사제직 신앙에 근거한 교회를 수립한다는 뜻에서 큰 공헌을 하였다. 이들은 당시 가톨릭교회의 예복이 종교개혁의 정신에 어긋난다고 보고, 이와 대조적인 검은색 예복을 채택하였다. 존 웨슬리도 초기에는 성공회의 예복을 사용하였으나, 감리교 운동이 독립적 성격을 갖추기 시작하자 검은색 예복을 사용하였다. 우리는 종교개혁자들과 존 웨슬리가 복잡하고 지나치게 형식적인 장식에 치중한 가톨릭의 예복에 반대하여 검은색을 택하여 구별하고자 한 점을 이해한다. 그러나 오늘날 이 검은색 예복이 정말 예복으로서 적합한가 하고 질문하지 아니할 수 없다. 예복이 지니는 의미와 아름다움, 그리고 실용성을 편견 없이 나타내려면 다음과 같은 질문에 적합한 것이라야 한다.

(1) 그 예복이 하나님의 영광을 드러내며 하나님의 현존을 느끼게 돕는가?

(2) 그 예복은 하나님의 신성함과 미(美)를 반영하는가?

(3) 그 예복은 그리스도의 정결과 승리를 표상하고 있는가?

(4) 그 예복은 그리스도를 예배하는 내용을 나타내는가?

(5) 그 예복은 그리스도를 통한 하나님의 승리를 축하하며 부활을 경축하는 내

용을 반영하는가?

(6) 그 예복은 단순하면서도 품위가 있는가?

(7) 그 예복은 우리나라 사람들의 정서에 맞는가?

검은색 의상은 정확하게 말한다면 원래 교역자들이 평상시에 입는 교역자 복장이다. 그리고 검은색은 예배의 전통에서 볼 때 죽음, 애도, 슬픔, 엄숙함을 나타내며, 때에 따라서는 회개와 겸손을 나타내기도 한다. 그런데 이 검은색 예복은 위에서 말한 일곱 가지 질문에 충분하게 답을 주지 못하고 있다. 그러면 위의 일곱 가지 질문에 충분한 답이 될 예복의 색상은 어떤 것이어야 할까?

흰색은 모든 색깔 중에서 가장 심오한 뜻을 나타낸다. 흰색은 무엇보다도 예수 그리스도의 정결을 표상한다. 흰색은 그리스도의 빛과 승리를 나타내며 경축과 기쁨, 진리, 완전, 성결, 영광을 나타낸다. 성경은 흰색에 대하여 이렇게 말한다.

"이기는 자는 이와 같이 흰 옷을 입을 것이요, 내가 그 이름을 생명책에서 결코 지우지 아니하고 그 이름을 내 아버지 앞과 그의 천사들 앞에서 시인하리라."(요한계시록 3:5)

"이 흰 옷 입은 자들이 누구며 또 어디서 왔느냐."(요한계시록 7:13)

"어린 양의 피에 그 옷을 씻어 희게 하였느니라."(요한계시록 7:14 하)

전체적으로 보아 흰색은 하나님의 미와 신성함을 나타내며, 예수 그리스도의 정결과 그리스도를 통한 하나님의 승리를 표상한다.

그리고 흰색은 우리 민족의 정서에도 맞다. 우리나라 사람들은 흰 옷을 즐겨 입기 때문에 '백의민족'이라고 한다. 흰색은 한국인의 공감대를 형성해 주는 친근한 색깔이다.

한편, 예복의 모양에 있어서 검은색 예복은 대학교의 교수들이 입는 것을 대폭 모방한 것이어서 교회 예복으로 적합하다고 보기는 어렵다.

개신교 교역자의 예복은 학위를 나타내는 의상보다는 예수 그리스도의 정결을 나타내고 교회의 직임을 나타내는 것이라야 한다. 예복에 학위를 표시하는 것은 성직자의 정체성에 문제가 되므로 목사의 예복에는 학위표시를 하지 말 것을 권장한다. 그리고 예복의 모양에 있어서도 대학교수의 예복보다는 우리나라 사람들이 예절을 갖출 때 입는 두루마기 형식이 고려해 볼 만 하다. 원래 감리교회 교역자가 사용한 기본 예복은 풍성한 소매와 품을 지닌 흰색의 예복이었다. 우리는 감리교회 교역자가 입는 옷을 다음과 같이 만들도록 규정한다.

재단할 때 주의할 점

1) 미색 계열의 흰색 천으로 예복을 만든다.

2) 이 흰색 천은 속이 드러나 보이지 않는 것이라야 한다.

3) 봄, 가을, 겨울에는 두꺼운 천으로, 여름에는 얇은 천으로 된 예복을 입도록 재단한다.

4) 목둘레의 뒷부분은, 속에 입은 양복이 보이지 않을 정도로 약간 높게 재단하며 영대(stole)가 잘 걸쳐지게 한다.

5) 이 예복은 주름 잡힌 부분이 없도록 재단한다.

6) 예복의 길이는 발목까지 내려오게 한다.

556

7) 소매 안에는 얇은 천으로 된 안 소매를 만든다.

8) 목의 앞부분은 성직자 칼라 혹은 넥타이가 보일 수 있도록 재단한다.

목사는 예복 위에 '그리스도의 섬김'을 상징하는 영대(領帶)를 두른다. 그렇게 함으로써 예수 그리스도께서 본을 보이신 완전한 순종을 따르겠다는 마음가짐을 갖게 된다.

그리고 영대의 색깔은 교회력에 따라 다르게 한다. 그 색깔 사용의 기본원칙은 준비절기(preparatory seasons)에는 보라색, 경축절기(festival seasons)에는 흰색, 성장의 일반적인 때('ordinary time' of growth)는 녹색이다.

강림절(Advent) – 보라색(자색)

성탄절(Christmas) – 흰색(금색 테두리)

주현절(Season after Epiphany) – 첫 주일(세례주일)과 마지막 주일(변화주일)에는 흰색, 그 외는 모두 녹색

사순절(Lent) – 성회수요일에는 흰색, 성금요일과 토요일에는 검은색, 그 외 모두 보라색(자색)

부활절(Easter Seasons) – 흰색(금색 테두리)

성령강림절(오순절, Season after Pentecost)–성령강림주일(Pentecost)에는 빨간색, 성령강림주일 후 첫 주일(삼위일체주일)과 마지막 주일(왕국주일)에는 흰색, 그 외는 모두 녹색

교회력에 관련하지 않고 제반 예배에 사용할 때는 예를 들어 입당 예배, 봉헌 예배 때는 녹색 테두리를 한 흰색 영대를 사용하며, 결혼식, 약혼식에는 빨간색 테두리를 한 흰색 영대를 사용한다. 입관, 출관(장례), 하관, 추모 때는 검은색을 사용한다. 목사 안수식에는 빨간색 영대를 사용한다. 성찬, 세례, 주일, 감독 취임, 감리사 취임, 장로 취임에는 금색 테두리를 한 흰색 영대를 사용한다.

영대를 만들 때는 아름답고 실용적인 천을 사용하고, 단순한 기독교상징물을 그 위에 부착한다.

(그림)

목사는 성직자 칼라(clerical collar)를 착용할 수 있다. 성직자 칼라는 다른 사람과 구별하려는 것이 아니라, 모든 사람과 함께 대화하며 봉사하기 위한 것이다. 교역자는 예수 그리스도의 정결을 덧입을 뿐만 아니라, 예수님을 위해 소명 받았음을 확증하면서, 자신을 하나님께 바친다는 마음가짐으로 칼라를 착용한다. 그리고 성직자 칼라를 착용할 때 입는 셔츠의 색깔에 대하여서도 아래와 같이 정하여 입는다.

감독은 흰색, 검은색, 연보라색의 셔츠를 입는다.

목사는 흰색, 검은색, 회색의 셔츠를 입는다.

3) 전도사와 평신도의 예복

예배 순서에 참여하는 전도사나 평신도는 흰색 가운의 예복을 입는다.

4) 찬양대의 예복

성인 찬양대의 예복은 흰색, 청색, 녹색, 흑색, 황색의 천으로 만든 예복을 입으며 다양하게 재단할 수 있다.

예복을 착용하는 의미와 효용을 받아들이는 교역자와 평신도는 예수 그리스도의 정결과 빛과 승리를 나타내는 흰색의 예복을 입는다. 그리고 목사는 예복을 입을 때 '예수 그리스도의 멍에'를 표상하는 영대를 착용한다.

예복은 임의대로 질서 없이 입는 것이 아니다. 예복을 착용함에 있어서 지침과 내용을 이해하고 받아들여 온 회중이 '예배의 공동체'가 되도록 노력할 것이다.

558

■ 신앙과 직제 위원회(선교국)

위 원 장 : 고흥배 목사
서　　기 : 유승훈 목사
지도위원 : 박은규 교수 김외식 교수 나형석 교수 남호 교수

1. 예배와 성례 분과
분과 위원장 : 가흥순 목사
분 과 위 원 : 안희선 목사 황문찬 목사 이보철 목사 최상용 목사 고신일 목사

2. 예식 분과
분과 위원장 : 이송관 목사
분 과 위 원 : 고흥배 목사 고수철 목사 유승훈 목사 김준형 목사 신문구 목사

3. 예복 분과
분과 위원장 : 백구영 목사
분 과 위 원 : 고흥배 목사 김남철 목사 박종욱 목사 한연수 장로

■ 예문연구위원회(2001 입법의회)

위 원 장 : 이석만 목사
서　　기 : 이송관 목사

서 울 연 회 : 교역자 – 전용환 심응남 최청수 정우현 정신택
　　　　　　　평신도 – 전일성 김경복 김종태 박상준 백남기
서울남연회 : 교역자 – 이석만 김종만 구자호 전규현 김국도
　　　　　　　평신도 – 정연택 류경렬 허윤석 서덕진 박효진
중 부 연 회 : 교역자 – 홍문기 조중기 가흥순 이송관 고신일 이상윤 이철우
　　　　　　　평신도 – 장은순 이용선 이종훈 김철근 남응우 정헌채 김경존
경 기 연 회 : 교역자 – 이상호 김수길 홍중양 백근기 최현규 이영우 김경수 이정원
　　　　　　　평신도 – 이동석 조일묵 함정화 김종록 목영수 이성원 변동원
동 부 연 회 : 교역자 – 박길송 이종서 임택창 이재호
　　　　　　　평신도 – 최상필 김종욱 이은균 이정균
충 북 연 회 : 교역자 – 남궁성기 한영제
　　　　　　　평신도 – 정정화 장명순
남 부 연 회 : 교역자 – 김명구 최재현 전종근
　　　　　　　평신도 – 김화순 김영천 이방우 김인숙
충 청 연 회 : 교역자 – 박병섭 정수동 김요찬 박용선 김낙인
　　　　　　　평신도 – 유제록 이재성 유재길 구자병 김흥식
삼 남 연 회 : 교역자 – 김형진 안영명 이종용 오용교
　　　　　　　평신도 – 이내백 전경만 강재주
미주선교연회 : 교역자 – 김용해 김성근
　　　　　　　평신도 – 한세현